이효석 전집 4

이효석 전집 4

초판 1쇄 인쇄 2016년 11월 25일
초판 1쇄 발행 2016년 11월 30일

엮은이 이효석문학재단
펴낸곳 서울대학교출판문화원
펴낸이 성낙인

책임편집 박희자
디자인 장혜원

출판등록 제15-3호

주소 (08826) 서울 관악구 관악로 1
대표전화 02-880-5252 | 팩스 02-888-4148
마케팅팀(주문상담) 02-889-4424, 02-880-7995
이메일 snubook@snu.ac.kr
홈페이지 www.snupress.com

ISBN 978-89-521-1799-1 04810
978-89-521-1795-3 04810 (세트)

이효석 전집

장편 벽공무한
번역소설
시
시나리오

4

이효석문학재단 엮음

서울대학교출판문화원

이효석(구본웅 그림)

❶ '푸른집' 정원에서
❷ '푸른집' 거실에서
❸ 1939년 평양 대동공전 영문학 교수 시설
❹ 1929년 경성제대 재학 시절

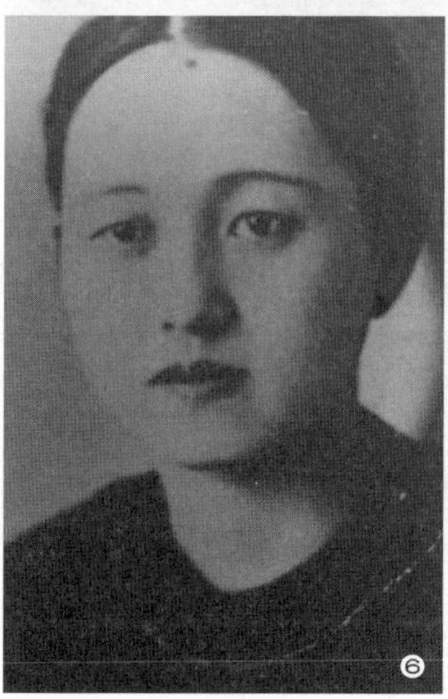

❺ 1940년대의 이효석과 그의 육필 서명

❻ 부인 이경원

❼ 말년의 이효석

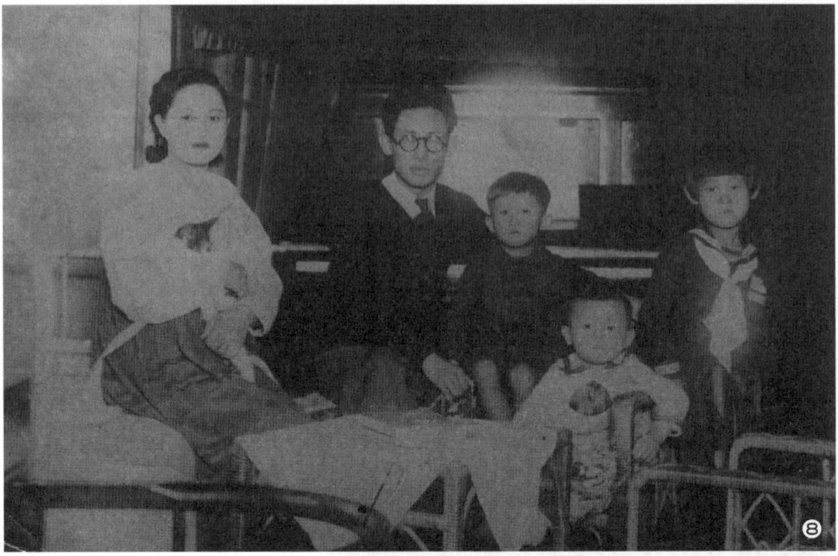

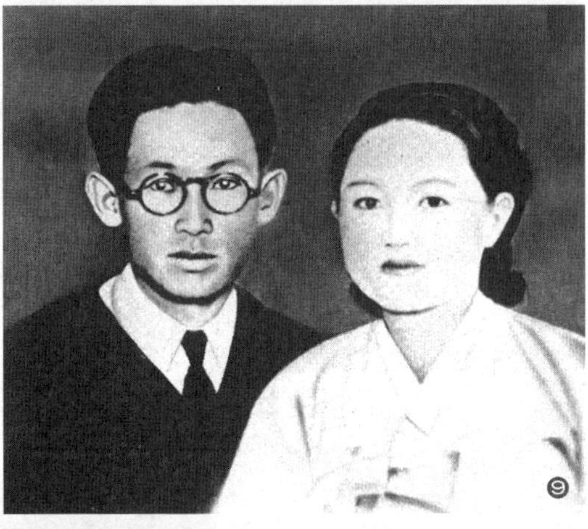

❽ 가족사진('푸른집' 거실에서)

❾ 부인 이경원과 함께

❿ 모친 강홍경

⓫ 부친 이시후와 모친 강홍경

◆ 이효석 전집 교감 및 편집을 마치고

최초의 이효석 전집은 1959년에 춘조사(春潮社)에서 간행된 『李孝石全集』(전 5권)이다. 이 한 질의 책은 이효석의 장남 이우현의 헌신적 노력의 결실로 빛을 보게 되었다. 1956년에 경기고등학교를 졸업한 그는 연소한 나이로 국립도서관 등지를 찾아다니면서 1942년에 작고한 부친의 작품들을 일일이 모아서 필사한 후 다섯 권의 전집으로 묶었던 것이다.

그 후 미국 유학길에 올랐던 이우현은 반생 동안 고국을 떠나 살다가 2011년에 귀국했다. 이듬해 사재를 출연하여 이효석문학재단을 설립한 그는 부친의 문학을 기리는 몇 가지 중점 사업을 시작하였다. 그중의 하나가 텍스트 비평을 거친 정본 전집 간행 사업이다. 기왕에 전집을 편찬해 본 경험이 있는 그에게 이번 전집 출간이 결코 생소한 일은 아니었을 것이다. 그러나 50여 년 전에 나온 전집과 이번 전집은 그 성격이 판이하다고 할 수 있다. 왜냐하면 이번에 간행된 것은 원전을 포함한 관련 문헌을 엄격히 교감하면서 작성한 텍스트로 이루어진 이른바 '결정판' 전집이기 때문이다.

교감 작업은 쉽지 않았다. 예전부터 우리나라 학계에서 문헌학이나 훈고학은 학문의 중요 분야로 전승되어 왔지만, 근자에 이르러서는 웬일인지 원전 문헌을 교감하는 일이 소홀히 대접되고 있다. 학자들이 개인적인 필요성에 따라 문헌을 조사하고 정본 텍스트를 확정한 사례는 더러 있지만, 현대의 중요 작가들, 특히 소설가들의 작품이 철저한 텍스트 비평을 거쳐 정본 전집으로 출간된 예는 찾아보기 어렵지 않을까 싶다. 이런 풍토 속에서는 문헌 교감에 대한 학계의 깊은 이해나 호의적 후원을 얻어 내기가 쉽지 않았고, 또 그런 작업의 준거가 될 만한 학계의 관행이나 기준을 찾아보기도 어려웠다.

어려움은 거기에 그치지 않았다. 이효석은 1920년대 말엽에서 1940년대 초엽에 걸쳐 작품 활동을 했는데, 그 시기에는 국한문 혼용이 시작된 지 얼마 되지 않아 우리말 정서법이 제대로 확립되어 있지 않았으므로 작가들마다 어법이 달라 극심한 혼란을 겪고 있었다. 그래서 오늘날의 독자들이 70, 80년 전의 우리나라 문헌을 대할 때에는 현대 영국 독자들이 400여 년 전 셰익스피어 시대 영어를 마주하는 것에 못지않은 어려움을 겪을 수도 있다. 바로 이 점이 텍스트 비평을 거친 정본 전집 간행의 필요성이나 그 시급성을 정당화해 주지만, 한편 그 작업에 임하는 사람들에게는 적잖은 부담이 되고 있다.

전집에 수록할 정본 텍스트를 작성하기 위해서 우리는 우선 작업 지침을 마련한 후 전문가들의 자문을 거쳤다. 2012년 9월에 구성된 이효석 전집 텍스트 교감·편집 팀은 이 지침에 의거하여 기왕에 나온 전집의 텍스트를 전산 입력한 후 그 최초본 및 후속본과 대조 교감하는 작업을 시작했다. 개개 작품의 텍스트는 담당 위원에 의

해 교감된 후 소위원회의 검토를 거쳐 잠정적으로 확정되었다. 이런 방식으로 개별 작품의 교감 작업이 세 차례 이루어졌다. 이런 절차의 교감을 거친 텍스트는 최종적으로 작업 책임자에 의한 교감을 거쳐 정본 텍스트로 확정되었다. 새로이 발굴된 작품도 모두 이와 같은 과정을 거쳤다. 한편 이효석이 일어로 쓴 작품들은 모두 번역해서 이번 전집에 수록했다. 그중의 일부는 기왕에 번역되어 있었지만 이번에 거의 전부를 새로이 전문 번역가들에게 청탁하여 번역했음을 밝혀 둔다.

이 모든 과정을 거쳐 오면서 우리는 이효석의 작품에 나오는 어휘를 모아 사전으로 편찬해야 할 필요성을 절감하게 되었다. 그래서 이효석 특유의 어휘와 사투리 및 잘 쓰이지 않거나 뜻이 어려운 표현들을 골라서 그 뜻풀이와 함께 제6권 권말 부록에 '이효석 어휘 해설'로 달았다.

이 전집 편찬을 처음 기획할 때 우리는 이효석을 연구하는 학자들에게 꼭 필요한 연구 자료가 될 수 있을 뿐만 아니라, 교양 있는 일반 독서대중이 읽기에도 적합할 만큼 반듯한 텍스트를 제공하자는 데 주안점을 두었다. 아울러 이번 전집의 출간이 우리나라 학계에서 이른바 '결정판 정본 전집' 간행의 필요성을 일깨우는 계기가 될 수 있기를 바란다. 이런 목표를 달성하기 위해서 우리는 최선의 노력을 기울였지만, 실제로 얼마만큼의 성과를 거두었는지 모르겠다. 전집 출간 후에도 이효석문학재단에서는 계속해서 텍스트를 살피고 미흡한 대목이 눈에 띄면 바로잡아 두었다가 개정판에 반영하고자 한다. 이런 후속 작업이 성공적으로 수행될 수 있도록 각계의 독자 여러분들이 기탄없는 질정을 아끼지 않기를 바란다.

전집 간행을 위한 자문에 꾸준히 응해 주시고 격려해 주신 분들과 일어 작품을 우리말로 옮겨 주신 장순하 선생, 한성례 선생 및 이로미 선생에게 고마움을 전한다. 아울러 새로이 이효석의 많은 작품을 발굴하여 빛을 보게 한 이현주 박사에게도 감사 드린다. 그리고 3년이 넘는 긴 세월 동안 어려운 일을 마다 않고 분담해 주신 네 분 젊은이들의 노고도 이 자리에서 기억하고 싶다. 그러나 무엇보다도 그 숱한 모임에 빠짐없이 합석해 주신 이우현 편찬위원장의 열성을 잊을 수 없다. 끝으로, 출판업이 유례없는 어려움에 처해 있는 시기임에도 이 전집의 간행을 선뜻 맡아 주신 서울대학교출판문화원 관계자 여러분께 감사를 드린다.

2016년 11월
이효석 전집 교감·편집 책임자
이상옥

◆ 감사의 글

— 유족을 대표하여

선친께서 작고하신 지 75년이라는 세월이 흘렀다. 1925년부터 1945년까지는 일제의 강압적인 식민 정책과 다양한 이데올로기가 충돌하며 한국사에 암흑이 드리운 혼란기였다. 국어와 한문이 혼재하였고, 어법 기준이 고르지 못하였으며, 일본어를 국어로 강요당한 시대였다. 이 시기에 선친께서는 지식인이자 문필가로서 모진 시련을 겪지 않을 수 없었다.

선친께서 「메밀꽃 필 무렵」을 발표한 1936년 무렵은 한국문학이 근대문학에서 현대문학으로 자리를 잡아 가면서 시, 소설, 수필, 평론 등이 장르적 개별성을 드러내며 분화하는 시기였다. 이러한 때 이효석은 '소설을 배반한 소설가'로 불렸다. 작품 속에 시적 요소와 산문적 요소를 뒤섞어 장르의 경계를 허물었기 때문이다.

경향문학적 요소를 뒤로하고 순수문학을 추구함으로써 이효석은 한국문학사에 당신의 이름을 분명히 새겨 넣었으며, 시적 문체로 승화한 단편소설들은 지금까지도 많은 독자들의 사랑을 받고 있다.

사실 선친의 전집을 엮는 일은 이번이 두 번째이다. 나는 미국으로 유학하기 전, 3년 동안 도서관을 헤집으며 아버지의 작품을 필사하여 1959년 춘조사에서 5권 분량으로 전집을 간행한 바 있다. 50

여 년이 지나 그 작업을 다시 시작하는 감회가 새롭다.

새로이 편찬되는 '이효석 정본 전집'에 대해 이상옥 교수는 "이효석을 연구하는 학자들에게 꼭 필요한 연구 자료가 될 수 있을 뿐만 아니라, 교양 있는 일반 독서대중이 읽기에도 적합할 만큼 반듯한 텍스트를 제공하는 데 주안점을 두었다."라고 말하였다. 이상옥 선생의 헌신적 노고가 없었다면 이와 같은 텍스트 비평을 거친 전집 간행은 어려웠을 것이다. 특히 우리나라 학계에서 처음 간행되는 '결정판 정본 전집'이 근현대문학사 연구의 필요성을 일깨우는 계기가 되기를 바란다는 말씀을 늘 귀하게 여기고 있다.

이 작업을 하는 동안 작은 바람이 있었다. 나를 비롯한 우리 네 남매를 위한 글을 찾고 싶었다. 너무도 개인적인 바람이지만, 요절하신 아버지의 사랑을 그런 식으로라도 확인하고 싶었고 보상받고 싶었다. 그 소망을 이룰 수는 없었지만, 그때 미처 발견하지 못한 작품들을 찾을 수 있었고, 여러 번의 교정을 거치며 잘못된 부분들을 바로잡을 수 있었다.

이런 일들은 아낌없는 자문과 격려를 보내 주신 문단과 학계의 여러분 덕분에 가능하였다. 깊이 머리 숙여 감사의 마음을 전한다. 3년여의 긴 여정에서 한결같이 함께 호흡을 맞춰 주신 편찬위원 송민자, 공강일, 이지훈, 그리고 나보령 선생께 심심한 사의를 표한다. 그 고마움 길이 가슴에 새겨 간직할 것이다. 또한 우수한 번역으로 전집을 새로이 단장해 주신 장순하, 한성례, 이로미 선생을 비롯한 많은 분들께 진심으로 감사한 마음을 전한다.

끝으로 이 전집의 출간을 맡아 주신 서울대학교출판문화원의 여러분에 대해서는 '감사하다'는 표현만으로는 모자라 최고의 찬사를 찾고 싶은 마음이 절실하다.

생전에 쓰셔서 발표하신 아버님의 글을 모두 모은 결정판을 이제서야 영전에 드리게 되었다. 함께 기뻐해 주시리라 믿는다.

2016년 11월

이우현

차례

시나리오

권외 차례

1권

2권

최정희 씨에게
문인 시객(詩客)의 서한
유진오 씨에게 1
유진오 씨에게 2
노성석 씨에게
최재서 씨에게
금강산에 계신 문우에게
김동환 씨에게

◆ **평론**

존 밀링턴 싱의 극 연구
「깨뜨러지는 홍등」의 평을 읽고
시나리오에 관한 중요한 술어
과거 일 년간의 문예
첩첩자(喋喋子)를 질타함
소포클레스로부터 고리키까지
문학수첩
창작 활동의 왕성과 비평의 천재를 대망(待望)
낭만 리얼 중간의 길
즉실주의의 길
기교 문제
건강한 생명력 추구
현대적 단편소설의 상모(相貌)
서구 정신과 동방 정취
단편소설
임학수 신저(新著) 『팔도풍물시집』
문운(文運) 융성의 변
『화분』을 쓰고
문학 진폭 옹호의 변
신간평
국민의 마음 훈련 과정을
생활과 창조
문학과 국민성
특수가치의 참가

◆ **좌담**

조선 문화의 재건을 위하여
평양문인 좌담회
현대작가창작고심합담회
지성 옹호와 작가의 교양
내 지방 특색을 말하는 좌담회 (평양 편)
신문소설과 작가의 태도

6권

◆ **콩트, 소설**

은빛 송어(銀の鱒)
은은한 빛(ほのかな光)
가을(秋)
봄 의상
엉겅퀴의 장(薊の章)
소복과 청자
녹색의 탑(綠の塔)
미완의 일문소설

◆ **수필 외**

계절의 낙서(季節の落書)
마음의 그늘(こころの陰翳)
조개 숟가락(貝殼の匙)
수목에 대하여(樹木について)
춘향전 내연 무렵(春香傳來演の頃)
신추(新秋)
대륙의 껍질(大陸の皮)
물 위(水の上)

북만주 소식(北滿だより)
유도 소식(柳都だより)
새것과 옛것(新しさと古さ)
주을소묘(朱乙素描)
복도에서(廊下で)
포도 그늘(葡萄の蔭)
겨울 여행(冬の旅)
나는 이렇게 생각한다
(私はこう考えている)
오월의 하늘(五月の空)
앞으로 어떻게 써야 하는가?
(今後如何に書くべきか?)
일본어가 세계어로
(日本語が世界語に)

◆ **설문**

신년삼원(新年三願)
포부고 말고
현실에 따라 움직이라
문답
근독단평(近讀短評)
1935년두의 문답록
설화체(說話體)와 생활의 발명
추등(秋燈)독서
십이월과 나
소재의 빈곤
제작과 시절
가을의 탐승처
근실한 편집 내용
산타크로스는 무엇을 가져오나
작가작품연대표
문인과 여성·문인과 부부
도세(渡世)문답
문화문답
생활문답
유머설문
취미문답
공상설문
독서설문
유머설문
인생설문
연예설문
생활설문
애정설문
여행설문
유머설문
일기설문
유머설문
향수설문
설문
나의 십 년 계획
조선작가단편자서전
설문
설문
문사(文士)가 말하는 명영화(名映畵)
금년은 무방도
설문
개리와 쇠리 낚는 재미
명사 만문만답(1)
명사 만문만답(2)
명사 만문만답(3)
선생께서는 신여성과 구여성을 무엇
으로 구별하시렵니까?
서책 추천
설문
우문현답

일러두기

1. 이 전집 편찬의 기본 방침은 작가의 최초본을 포함한 원본에 되도록 충실하자는 데 있다. 그러므로 사투리와 작가 고유의 어휘는 가급적 존중되었고, 맞춤법과 띄어쓰기만 현행 규정에 따라 바로잡았다.
2. 소설 작품 속의 대화 부분은 원전을 거의 존중했다. 그러나 소설과 산문을 가리지 않고 서술문에서는 사투리를 가급적 표준말로 바꾸었다.
3. 의미가 모호한 대목도 그 뜻을 짐작할 수 있는 경우에는 고치지 않고 그대로 두었다. 확실한 비문은 뜻이 통하게 바로잡기도 했으나, 더러는 그대로 두고 각주로 비문임을 밝혔다.
4. 각주는 최소화하고 그 대신 미심한 낱말 및 생소한 표현은 그 뜻풀이와 함께 6권 권말 부록의 '이효석 어휘 해설'에 첨부해 두었다.
5. 원전의 한자는 모두 한글로 전환했지만, 의미소통에 필요한 경우 괄호 속에 남겨 두었고, 드물게는 원전에 없는 한자를 추가하기도 했다.
6. 대화 부분은 " "로, 강조 부분은 ' '로, 단행본 제목은 『 』로, 단행본 속의 장별 제목이나 작품 제목은 「 」로, 정기간행물, 영화, 악곡 등의 제목은 《 》로, 그리고 혼잣말 부분은 ( )로 각각 표기했다.
7. 모든 저작물은 장르별로 구분한 후 거의 모두 저작 연대순으로 배열했다.
8. 작품마다 그 말미에 탈고 일자, 간행 일자, 잡지사가 기획한 편집 제목 등을 밝혀 독자나 연구가가 참고할 수 있게 했다.

장편 벽공무한

꽃묶음

늦여름의 해는 유난스럽게 길어 오후가 한층 지리하다.

세 시 반 신경(新京)행 급행차 시간을 앞둔 경성역 구내는 느릿한 속에서도 수선스럽기 짝 없다. 역전 마당에 늘어선 무수한 새까만 자동차 속에 한 대의 하이야가 굼시르 와 닿더니 꽃묶음을 든 사나이가 내렸다. 대단한 차림도 아닌 그는 소설가 문훈(文薰)이다. 벽 위의 시계를 쳐다보고 시간을 헤아리면서 문 안으로 들어선다. 많은 시선 속에서 꽃묶음을 든 자기의 모양을 겸연히 여겨선지 빙그레 웃어 본다.

"여자 손님이나 보내는 것처럼 괜한 꽃묶음을 다―."

대합실 이곳저곳을 기웃거리다가 이 역시 그 무엇을 찾아 두리번거리는 젊은 의학박사 박능보(朴能普)를 만났다. 코 아래에 수염을 깜츠르하게 기른, 거리에 수두룩한 풋박사의 한 사람이다.

"꽃은, 잘 생각한 선물인걸."

"쑥스럽긴 하나 친한 동무 새에 무관할 듯해서."

"난 무얼 살꼬."

대합실을 나와 매점 앞에서 어른거리다가

"옳지, 위스키. 벌판에서는 취해야 하느니. 맑은 정신으로 만주 가는 친구도 없을 테니."

"거 장쾌해."

술병을 사들고 꽃묶음을 쥐고 두 사람은 보내려는 동무 천일마(千一馬)를 찾으나 쉽사리 눈에 띄지 않는다.

대합실을 다시 들치고 차점 안을 살피고 나서 이층으로 뛰어올라갔으나 식당에도 보이지 않는다.

"만주를 댕겨 버릇하면 사람까지 느려지는 모양인가."

"이번 길은 뜻이 다르니까, 준비에 공이 드는 셈인지."

"일마는 이러다 만주 귀신 되지 않나 보게나."

일마에게는 늦어진 이유가 있었다. 며칠 전에 사 두었던 하얼빈까지 가는 삼등차표를 오늘 별안간 이등으로 갈게 되었다. 이번에 우연히 교섭을 가지게 된 현대일보 사장의 호의로 일이 적으나마 촉탁의 이름을 얻게 되고 여비에도 특별한 우대를 받게 되어 외부에 대한 체면도 있고 하니 기차는 이등으로 하라는 것이었다.

'뷰로'에서 표를 바꾸어 이등차표를 받고 나니 기차 시간도 어언 임박해 있다.

사장의 명령으로 자기를 보내러 나온 신문사 동무 김종세(金鍾世)와 함께 역으로 나가는 차 속에 앉은 것은 불과 반 시간을 남긴 때였다. 운전수에게 속력을 분부하고 깊숙한 자리에 몸을 맡기고 있노라니 일마에게는 일종의 만족이 솟았다.

"이등차가 처음이네. 자넨 패스를 가진 덕으로 종종 타련만 난 처음이야."

"기쁜가. 어서 이번 길로 팔자나 고치게나."

"삼등 신세가 이등으로 뛰어오른 것이 엄엄해 못 배기겠어."

"언제나 그 가난뱅이 타령, 그만 두게나. 일등의 세계로 들어선다면 기절을 하겠네그려. 한다하는 문화사절의 임무를 띠었는데 그까짓 이등쯤이 무어게 그러나."

"문화사절 — 이름이 좋지."

"어서 일이나 잘 성사시키구 와. 이번에 성공한다면 사로서의 대접도 있을 테구, 자네두 좀 더 솟아날 수 있으리."

"웬일인지 마음에 잘될 것두 같구만 원."

일마에게 맡겨진 문화사절의 임무라는 것은 별다른 게 아니었다. 하얼빈에 가서 교향악단의 초빙을 교섭해 오라는 것이었다. 일마의 명함에 비록 직업의 기입은 없다고 해도 문화시평도 쓰고 음악평론도 쓰고 하는 동안에 거리에서는 어느 결엔지 한 사람의 문화사업가로 자타가 공인하는 처지에 놓이게 되었다. 동경서 이름난 극단도 초빙해 왔고 무용단도 교섭해 오는 등 그 방면의 재간과 성공이 눈을 끄는 바 되어 이번에는 현대일보의 사장이 하얼빈교향악단에 착목하게 되어 그 교섭의 사절로 일마를 등용하게 된 것이었다. 일마 단독으로도 계획함직한 일이었지만 신문사의 배경을 비는 것이 그로도 유리했던 까닭에 즉시 타협의 조건으로 승낙하고 길을 떠나게 된 것이다.

"하긴 나두 이만하면 자네들 신문인에게도 빗질 게 없는 문화사업가라구 생각 못할 배 아니네만."

일마는 오늘 사실 그가 현재 사회적으로 하고 있는 일에 대한 일종의 자만을 느꼈다.

"아무렴, 자네를 단순히 문화사업 브로커라고만 여길 사람은 없을 테니깐."

종세의 대답도 물론 조롱의 뜻으로 하는 말은 아니다.

"학부의 문과까지를 나와가지구 내가 지금 이 노릇을 하게 된 것을 숨어서 한탄해 주는 사람도 있을는지 모르나 난 조금두 부끄러울 것이 없구 되려 자랑으로 생각할 때가 많으이. 그도 제멋이겠지만 동창들이 거개 과장이니 박사로 출세했다구 해두 내게는 지금 내 하는 일이 제일인 것 같거든."

"그런 자랑이 없이야 어찌 맡은 일을 즐겁게 해 가겠나. 나두 솔직하게 말하면 자네가 전번에 데려왔던 동경극단의 공연이 요새 흔한 박사의 논문쯤보다는 시민에게 주는 문화적 뜻이 더 크다구 생각하는 바네."

"이번 길두 내게는 웬일인지 한없이 자랑스럽게 여겨진단 말야. 방랑객인 것처럼 이때껏 만주 천지를 문앞같이 드나들구 했어두 이번같이 마음이 긴장되구 대견한 때는 없었어."

"자네, 벌써 서른다섯이든가. 인생두 반이 넘었으니 앞으로 좀 더 피어가두 좋지 않겠나."

"나이를 따지면 부끄럽네만 솟을 날에는 솟게두 되겠지. 설마 언제까지나 이 꼴로야—."

차가 역 앞에 이른 까닭에 말도 멈추어졌다.

트렁크를 들고 내려섰을 때 일마에게는 먼 길을 떠난다는 생각이 새삼스럽게 들면서 짐을 든 팔이 유난히 벅차다.

어깨를 의젓이 펴고 들어설 수 있는 일이등 대합실의 공기도 오늘만은 삼등의 자격을 가지고 살며시 숨어들 때와는 달라서 어려울 것 없이 편편하다. 여전히 두리번거리고들 있던 꽃묶음을 든 훈과 위스키 병을 든 능보가 달려와서 앞들을 막는다.

"만주 바람을 쏘인 사람은 이렇게 만만딘가."

"왜 야단스럽게들 나와 주었나. 알뜰한 동무들은 몇 달씩 못 보다가두 정거장에서만은 이렇게 한꺼번에 만날 수 있는 건가."

친구들의 그만 우정의 표현이 장구한 세월을 대개 고독하게 지내온 일마에게는 미상불 반가웁다.

"자네 이번 길이 중요한 것이 아닌가. 시민의 한 사람으로서만도 고개를 길게 뽑구 성과를 기다려야 할 판인데, 어서 좋은 예술이나 듬뻑 싣구 오게나."

"내 선물을 어떻게 생각하나."

훈이 불쑥 내미는 꽃묶음을 받아들면서 일마는 낯은 천연스러워도 가슴은 쯔릿했다. 맑은 한 묶음의 꽃이 고운 심정과 행복 이외의 무엇을 의미하랴. 고마운 정미가 은연중 마음을 찔렀다.

"소설가는 꼭 이렇게 소설가다운 선물을 해야만 되나."

"내 손이 여자의 손이었더면 더 생색이 있었을 걸 무트럭 사내의 손으로 꽃을 준다는 게 좀 어색해."

"내가 여자를 잊은 지 벌써 몇 핸 줄 아나."

"난 소설가가 아니니까 의사의 선물은 이것이네."

능보가 주는 위스키 병을 트렁크 속에 수습하고 났을 때 확성기가 소리를 치기 시작한다.

"신경행 열차 개찰 시작!"

와르르 몰리는 사람 속에 섞여 개찰구를 향해 들어섰을 때 삼등 대합실의 혼잡한 경우에 비기면 호젓하기 짝 없는 편이었다. 계급적인 영달과 사치의 만족이 반드시 일마의 원하는 바는 아니었으나, 삼등실과는 다른 그 일이등 대합실의 실감이 오늘은 별스러이 마음을 파고든다.

"자네 신수가 오늘은 열 곱은 나 뵈여."

일마의 속을 알고서인지 모르고서인지 종세는 걱실걱실 웃는 것이었다.

이등차실 창 기슭에 자리를 잡고 폼에 내려섰을 때 일마는 앞에 와 선 세 사람의 동무를 보고 믿음직하고 탐탁한 느낌이 들었다. 능보, 종세, 훈—다시 말하면 의학박사요, 신문기자요, 소설가인 그 세 동무의 건장하고 츨츨한 자태가 폼에 모여선 수많은 사람들 속에서도 각별히 뛰어나 보이면서 그들이 거리에서 각각 가지고 있는 소중한 지위라든지 명망이 더욱 귀한 것으로 여겨지면서 불현듯이 동무로서의 기쁜 마음이 솟았다. 그런 동무를 가지고 있는 자기의 행복감이 뒤를 이으면서 자기도 그 츨츨한 동무들 속에서 부끄럽지 않은 한몫을 보아야겠다는 자각이 치밀어 오른다.

"언제나 자네 그 코 값은 하리."

종세가 농 삼아 하던 말을 마음속으로 새겨 보면서 춘향 코 이도령 코에 내 코도 한몫 넣어서 동무들과 자기를 겨누어 보며 자신을 한 번 더 매질해 봄이 무의미한 일은 아니었다.

"세 사람과 한 사람과—."

자기를 보내는 세 사람과 떠나는 자기 한 사람과, 그 사이에 될 수 있는 대로 차이가 없도록 떠나는 자기가 보내는 그들의 희망과 부탁을 저버리지 않도록 힘씀이 마땅하다고도 느껴진다.

(이것두 다 공연한 여행의 감상일까.)

하고 말해 버리기에는 너무도 긴장된 오늘의 일마의 심경이었다.

"한 가지 섭섭한 건 아까두 말했지만 지금 이 자리에 여자가 한 사람두 없는 일이야. 자네를 보내는 이 뜻있는 장면에서 우리들 속에 끼어 일점홍이 있대두 무방했을 것을."

훈이 아까 대합실에서 던진 말의 뒤를 이으려는 듯이 또 여자의 문제로 화제를 이끌고 간 것은 사실 폼 이곳저곳에 피어난 풍성풍성한 여인 풍경 속에서 자기네들 한 패만이 유독 청교도의 일단인 듯 초연한 선 밖에 서 있다는 것이 아무리 생각해도 섭섭해서 하는 말인 모양이다.

"지금 내게 여자가 아랑곳인가."

"그런 고집이 소용 있다든가. 아무 때에나 여자 없는 풍경이라는 것은 쓸쓸한 것이거든."

"것두 자넨 소설가로서의 말일 듯싶네."

그 대답을 능보가 받는다.

"일마는 인제 세상에서 제일가는 여자를 얻어 가지구 세상에서 제일가는 연애를 한다네. 그때까지는 눈 귀 꽉 틀어막구 쓸데없는 장난은 안 하기로 했다네. 웬만한 여자야 지릅이나 떠 보겠나. 오늘 이 자리에 만약 그리 대단치 않은 여자가 나왔다구 했댔자 일마로서는 명예 될 것이 없거든."

"첫사랑에 실패했기로서니 그렇게 완고할 것이야 있나. 빡빡해서 사람이 어떻게 산단 말인가."

종세가 빈정대니 일마는 멈칫했다가

"걱정 말게나. 자네들을 놀라게 할 여자가 내게두 한번은 생겨지리. 그때까지는 무슨 말들을 하든 꾹 참구 있겠네."

"세계적 연애라면 윈저공 같은 연애를 한단 말인가."

"낸들 알겠나, 무엇이 생길지."

"어서 내친걸음에 이번 길에 연애까지를 수입해 오게나, 예술과 함께."

"소원대로 되면 좋겠네만 미래의 뜻이 무엇인지를 누가 알 수 있겠나."

일동이 껄껄껄 웃는 동안에 출발을 고하는 확성기의 소리가 들리고 뒤를 이어 벨이 울린다.

"잠간 동안의 작별이네. 다시 돌아올 때 내 얼굴이 변해 있을지도 모르리."

"자네 돌아올 날을 손곱아 기다리겠네."

일마는 자리에 올라가서 차창으로 동무들을 내다보았다. 그렇게 자리가 떨어지니 세 사람과 자기의 사이가 현격하게 갈라지면서 자기는 길 떠나는 사람이라는 느낌이 한층 또렷이 든다.

(용기를 내라. 사내 대장부가 세계 지도두 갈아 칠하거니. 하나 둘 셋!)

차가 움직이기 시작하자 일마는 마음을 다구지게 먹으며 창으로 손을 내저었다. 모자들을 흔드는 세 동무의 모양이 눈에 어리는 둥 만 둥 멀어져 간다.

좌석의 푸른 주단이 깨끗하고 허리걸이에 흰 보를 씌운 것만이 차실의 특색이 아니라 손님들의 모양이며 태도도 삼등차실과는 다르게 보인다. 군인이며 관리며 장사치며 여인들이며 멀끔하고 깨끗한 품들이 사회의 위층에 서 있다는 자랑을 제 스스로들 보이고 있는 셈일까.

일마는 자기는 대체 그들 틈에서 얼마나한 자리에 가는 사람일까 하고—별수 없이 얼마간의 황금을 더 보태서 그날의 그 좌석을 산 데 지나지는 않건만—일종의 신기한 느낌을 금할 수 없었다. 지금까지 그 길이 그렇게도 잦았고 달포 전만 해도 같은 선로를 지났으나 오늘의 이 좌석을 사기는 처음이다.

훈에게서 받은 꽃묶음을 화병이 없는 까닭에 흰 파라핀지에 싼 채 그대로를 창 기슭에 놓고 차실을 휘엿이 바라볼 때 유쾌한 기차의 움직임에 한 줄기 여행의 감상이 솟으면서 꽃을 가진 자기의 신세는 그날 그 차 속에서는 행복된다면 행복되었지 불행한 편이 아니라는 느낌이 생겼다.

'꽃묶음을 가지고 여행하는 나'라는 제목이 떠오르며 여러 해 동안 무엇을 구해서인지 빈번한 나그네의 길을 걸었어도 그날만큼 떳떳한 여행을 하기는 처음인 듯해서 그 길이 행복의 길같이만 여겨진다.

행복—반생 동안 행복의 여신이 대체 얼마나 그를 돌보아 주었던가. 십오륙 년 동안의 학창생활이 그에게는 결코 평탄치 않은 불안과 괴롬의 길이었다. 학교를 마치고 나왔다고 눈앞에 수월한 출세와 성공의 길이 등대하고 섰던 것도 아니다. 외로운 길을 혼자 더듬으면서 비위에 맞는 일을 고른다는 것이 상례를 벗어난 오늘의 엉뚱한 업무에 손을 대게 되었다. 선배도 지도자도 없는 순전히 독창적인 곤란한 길이었다. 평탄하기는커녕 찌그러진 가시덤불의 반생이다. 첫사랑에 실패한 것쯤은 오히려 그만두고라도 불과 몇 달 전에 당한 커다란 불행—시골에 단 한 사람 남았던 마지막 혈육인 어머니를 여읜 것은 얼마나 세차게 그의 정신을 휘둘러 놓았던가. 마지막 불행인 듯도 싶었다.

전보를 받고 내려가니 병세는 위독하다. 홀몸이라 가까운 친척의 집에 몸을 붙이고 있었던 것이 병을 얻게 되었다. 일마 요량으로는 자기의 생활이 좀 더 안정해지면 어머니를 데려다 마지막 봉양을 해 보려고 별렀더니만큼 슬픔이 커서 병석 머리맡에서 며칠 동안 정신을 못 차리고 울기만 했다. 임종에서 늙은 어머니의 외줄기 변치 않는 사랑을 알고는 통곡이 뒤를 이었다. 재산이라기에는 보잘것없는 몇 이랑의 땅을 그때껏 가져오다가 유언으로 아들에게 물리는 것이었다. 하치않은 것이기는 하나 일마에게는 뼈에 사무쳐서 아프게 느껴졌다. 죽음이라는 것이 인생으로서의 한 가지 당연사인 듯이 사람은 그것을 처리하고 눈물을 씻을 수밖에는 없다. 모든 것을 과거로 묻어버리고 일마는 용기를 내었다. 몇 이랑의 유산을 정리해 버리고 친척의 집에 하직을 하고 그 무엇에게나 졸리우는 것같이 다시 서울로 올라오니 이제는 벌써 매일 곳도 돌볼 곳도 없는 천하의 외로운 몸이 되어버렸다. 바로 눈앞에 괴롬이 있든 죽음이 일어나든 인생은 언제나 여전히 계속되는 법. 그는 이를 물고 거리의 생활 속으로 휩쓸려 들어갔다.

"모든 것이 지나갔다. 원컨대 내 불행두 이것으로써 막을 닫쳤다."

사실 웬일인지 그것이 불행의 마지막인 듯한 예감이 일마의 가슴속에는 뾰죽이 싹트기 시작했다. 얼마 안 되는 유산을 품에 지니고 거리에 나섰을 때, 새로운 경영의 욕심이 불붙듯 가슴을 치밀어 올랐다. 이번의 문화사절의 임무도 전에 없이 긴장되고 기쁜 마음으로 자진해 맡았던 것이다.

오늘 이등차실 속에서도 이 예감이 억제할 수 없이 솟으면서 꽃묶음을 가지고 떠나게 된 그 길이 행복 이외의 길 같이는 느껴지지 않는다.

"새로운 마음, 새로운 출발—."

이런 생각이 자꾸만 들면서 차창을 스치는 풍경도 한결 즐겁다.

침대차에서 밤을 새우고 눈을 뜨니 아침 일곱 시, 차는 봉천(奉天)역에 머무르고 있는 중이었다.

(완전히 만주의 벌판으로 들어섰구나.)

일마는 눈을 비비면서 침침한 폼을 창으로 내다보았다. 자주 지나고 자주 보는 곳이라 별로 신기할 것이 없었고 그 까닭에 하룻밤잠도 푹 이루었던 것이나, 구내에서 느릿느릿 일들을 하고 있는 쿨리(苦力)의 무리와 그것을 감독하는 역원들의 자태를 바라볼 때 역시 시대의 변천과 역사의 움직임이라는 것을 느끼지 않을 수 없었다. 그 어디인지 어마어마하고 긴장되어 있어서 육칠 년 전과는 판이한 인상을 띠게 되었다. 낡은 것과 새 것이 바뀌어지고 위대한 정리가 시작된 까닭이다. 몇 해 동안의 엄청난 변화를 일마는 사실 경이와 탄식 없이는 볼 수 없었다. 그 길을 지날 때마다 느껴지는 감회였다.

물론 그 위대한 정리는 아직 시작이 되었을 뿐이요, 완성까지에는 앞날이 먼 듯하다. 가령 차가 떠나기 시작해 역 부근의 긴 빈민지대를 지날 때 일마가 문득 빙그레 웃음을 띤 것은 둑 아래에서 바로 지나는 기차를 향해 한 사람의 만주 사람이 바지를 벗고 유유히 용변을 하고 앉은 것을 본 까닭이다. 신선한 아침 공기 속에서 한 폭의 유머러스한 풍경이라고 할까. 역 구내에서의 어마어마한 풍경과는 거리가 먼 한 폭이다. 이런 풍속까지가 정리되려면 참으로 몇 세대의 시간이 필요할지 모른다.

그 아침 장면에서 받은 미소를 금치 못하면서 세수를 하고 몸을 거두고 식당차에서 식사를 마치고 나서 흰 좌석에 앉았다. 오늘 또 하루의 여행이 맑은 정신에 즐겁게 여겨진다. 무제(無際)한 만주의 벌판이 내다보인다. 산도 없고 시내도 없는 일망무제의 편한 벌판에 초목이 푸르고 곡식이 우거졌다. 군데군데에 한 떨기씩 누렇게 되어 있는 해바라기가 태양의 정기를 그대로 흠뻑들 마시고 자랐는지 힘차고 찬란하다. 벌판을 다스리는 사람은 어디에 숨었는지 그림자는 없고 보이는 건 벌판뿐이다. 그 살진 벌판에서 유구한 시간이 흐르고 모르는 결에 역사가 바뀌어지는 것을 생각할 때 신기한 마음을 금할 수 없다.

(변하는 건 무심한 벌판이 아니고 그것을 지배하는 사람이요 주인이다. 참으로 사람만이 변하는 것이다.)

뒤를 잇는 생각은 고삐 잃은 말같이 걷잡을 수 없게 벌판과 함께 한없이 닫는다.

철령(鐵嶺)을 지나 사평가(四平街)를 거의 바라볼 때였다. 이동 경찰의 몇 번째의 순회가 시작된 모양이었다. 일마의 눈에는 즉시 그인 줄 짐작할 수 있는 사복한 사람이 저편에서부터 좌석을 훑으면서 온다. 대개 명함 한 장씩을 얻으면 별말 없이 그만인 것이나 일마에게 와서 조금 지체되게 된 것은 그의 명함에는 직업의 기입이 없었던 까닭이다.

"어디까지 가오."

"하얼빈까지외다."

간밤 국경을 넘을 때에도 경찰과 세관 두 군데서나 같은 절차를 치렀고 이때까지 그 길에서 수없이 당했던 경험이었던 까닭에 일마는 벌써 범연한 태도를 가질 수 있었다.

"무엇하려요."

"교향악단을 데리러 가는 길인데 직업을 무엇이라구 붙였으면 좋을는지, 일종의 문화사업을 하려는 셈이긴 하나."

어색하게 설명하면서 차라리 일시적이나마 신문사 촉탁의 명함이라도 찍어 넣었더라면 하는 생각이 난다. 신문사와 협력하는 사업이라는 것을 알리기 위해 현대일보 사장에게서 얻은 명함을 내보이려고 속주머니에서 수첩을 집어냈다.

"돈은 얼마나 가졌는지."

"그저 몇백 원 지녔소."

대답하면서 수첩을 열었을 때였다.

사이에 끼워 두었던 수많은 명함장이 와르르 흩어지면서 그 속에서 겹겹으로 접어 두었던 쪽지 한 장이 드러났다.

집어 올려 새삼스럽게 펴 보일 것도 없는 것은 일마나 경관이나 만주에서 오랫동안 다스려난 사람에게는 그다지 진귀할 것도 없는 한 장의 채표였다. 만주국 정부 발행의 유민채표(裕民彩票)의 한 장이었던 것이다.

"채표는 웬 거요."

사복의 질문에 일마는 웃음을 띠면서

"만주 다니는 길이 잦은 까닭에 한 장 사두었죠."

"만주에 거주하는 사람에게만 허락되는 것인데."

"거주는 안 해두 이곳 백성이나 별반 다를 것이 없도록 빈번히 다니는 까닭에 일 년에 몇 번씩은 사보게 되죠."

"더러 맞아떨어집디까."

"웬걸요. 판판이 낙자죠."

채표 한 장으로 말미암아 경관의 마음도 제물에 누그러진 모양이었다.

"왜 한 만 원짜리 맞춰 보지."

"수십만 총중에 하나 뽑힌다는 게 여간 팔자 가지구야 되겠소. 평생에 한 번 있을까 없을까 한 행운이겠는데 그렇게 쉽게야."

"만주 백성치구 다달이 한 장씩 안 사는 사람이 없으리다. 채표 사는 맛에 만주에 산다구들두 하는데—사실 나두 한 장 가지군 있소이다만.”

“피차 일반이외다그려.”

“만 원이 떨어진다면 나두 이 ××을 하구 있겠수?”

아닌 실토까지를 하게 된 것을 보면 거친 벌판에 사는 사람들에게 채표의 꿈이란 지극히 허물없는 것인 모양이다. 행운에의 갈망이 누구나의 가슴속에 서리고 있는 것은 죄 될 것 없는 노릇인 모양이다.

사실 만주 사람으로서 채표의 유혹을 모르는 사람이 없다. 정부는 당선의 행운을 미끼삼아 수십만 민중에게 조금씩의 분담을 지게 하고 긁어모은 돈으로 수만 원의 행운의 당선자를 뽑고는 나머지 수십 만금을 국민구제사업에 유용하자는 목적이었다. 그러나 이 중요한 구제사업의 고안보다도 백성에게 주는 채표의 인상은 참으로 그 당선 여부의 매력과 흥분에 있었다. 자기들 모두가 조금씩 출렴(出斂)낸 대금의 이익이 대체 어떤 구제사업으로 나타나 그 은혜의 물방울이 자기 몸에 미치게 되는지를 생각할 필요는 없다. 다만 도회 사람은 도회에서 채표를 사고, 시골 농민은 도회로 가는 사람에게 가만히 부탁해서 몇 원의 푓돈으로 채표를 사오고, 일마같이 여행하는 사람은 여행의 도중에서 심심파적으로 몇 장씩을 사서 꼬깃꼬깃 주머니 속에 건사했다가 다음 달 보름날의 개표를 기다려 당선 낙선의 결과를 알고는 웃기도 하고 울기도 하면 족한 것이다.

행여나 맞춰낼는지 혹은 미끄러질는지 하고 다음 보름날까지 꿈꾸고 조바심하는 그 한 달 동안의 흥분과 자극이야말로 중요한 것이다. 넉넉한 사람은 넉넉한 사람으로서의 유장한 꿈을 꾸고 가난한 사람은 가난한 사람으로서의 필사적인 갈망을 해서 그것으로써 생활의 동력을 삼는 그 감흥의 정도와 자극의 분량은 누구나가 일반이다. 요행 당선이 되면 춤을 추고 기뻐해도 좋고, 낙선이 되면 눈물을 머금고 또 한 장을 살며시 사서 간직했다가 다음 달의 결과를 곱절의 새로운 흥분으로 기다리면 그만이다. 평생을 두고 속을는지도 모르나, 평생을 감격에 살 수 있다면 이 또한 값싼 선물이 아닌가.

(일종의 국민적 도박이다.)

일마는 그 국가적 행사를 과히 허물할 것 없이 만주 사람과 마찬가지로 지나는 길마다 신경쯤에서 몇 원으로 그달의 흥분을 사곤 했다.

이제 알고 보니 자기를 조사하러 온 그 낯모를 관리까지도 자기와 한 가지 그 같은 도박 속에 한몫을 보고 있음을 고백하지 않았는가. 인생의 흥미는 다 마찬가지인 모양이다.

까다롭게 질문을 걸어오던 그가 채표의 일건으로 낯을 부드럽히고 빙그레 웃으면서 다시 더 파묻는 법도 없이 뒤편으로 사라짐을 볼 때 일마는 그 한때가 유쾌한 것으로 여겨져서 일부러 채표를 펴 보기까지 한다. 다섯 쪽으로 된 쪽지마다 '三七五二五'의 숫자가 또렷이 적혀 있다.

"삼칠오이오, 삼만 칠천 오백 이십 오—행운의 숫자인고 불행의 숫자인고."

중얼거리며 뜻 없이 또 한 번 웃어 본다.

사평가를 지나 공주령(公州嶺)에 이르니 앞으로 신경까지는 한 시간쯤밖에는 남지 않았다. 뜻밖에 채표를 번국질하게 된 데서 받은 흥분이 좀처럼 사라지지 않으면서 일마는 여행의 도도한 흥 속에 잠겼다.

공주령 — 늘 들어도 아름다운 이름이다. 조촐한 역 앞에 화단이 있어 시절을 맞은 새빨간 샐비어가 화려하고, 야트막한 느릅나무 수풀 저편으로 으늑한 시가지가 짐작된다. 인구가 삼만이 된다는 그 조그만 도회 저편에 옛 로서아 시대의 건물들이 늘어섰다는 주택지를 상상하면서 그곳에는 어떤 생활들이 있을까 생각해 봄도 기쁜 일이다.

"공주의 전설이 있었다구 공주령이라구 한 것일까."

아닌 상상을 다해 보면서 차가 움직이기 시작할 때 여전히 밖을 내다보며 감동을 마지않는 일마였다. 사람은 때를 따라 — 더구나 그것이 나그네의 몸일 때 시인의 소질을 나타내는 것일까.

"무얼 정신없이 내다보세요."

문득 옆에 와서 두 손으로 일마의 눈을 가리우면서 공주령의 풍경을 뺏는 사람이 있다.

따뜻한 봄기운과 향기가 풍기지 않더라도 그 부드러운 손매와 목소리만으로도 여자인 줄을 직각할 수 있었으나 그 이상 그가 누구인 줄은 다따가 일마로서는 생각할 수 없었다. 그러나 성급히 손을 빼칠 것도 없어서 유하게

"누구란 말요."

물으니까 여자는 더욱 목소리를 선명하게 높이면서

"어디 맞춰 보세요. 호호호."

"하늘에서 떨어진 선녀란 말요."

"왜 공주령에서 뛰어나려 왔다구나 해보시죠."

"내가 만주에 웬 아는 사람이 있다구."

만주에 아는 여자가 있지도 않았거니와 그런 차 속에서 별안간 아는 여자가 생겨질 리도 없었다.

"서울서부터 뒤를 따랐어요. 어제 낮에 같은 차에 살며시 올랐을 줄야 선생인들 꿈이나 꾸었겠어요. 그만하면 짐작하시겠죠."

손을 풀었으나 돌아앉아 대면하기도 전에 일마는 물론 그의 이름을 댈 수 있었다.

"단영이란 말요."

막상 낯을 대하자 일마는 짜장 놀라며

"아니 웬일이오."

눈을 멀뚱히 뜬다.

"맘먹구 차에 오르긴 했어두 내 하는 짓이 옳은지 그른지를 몰라서 밤새도록 잠 한숨 못 이루구 번민만 했어요."

맥없이 풀썩 주저앉으면서 단영(丹英)은 기뻐야 할 얼굴이 어둡게 가라앉는 것이다.

"이게 어디라구 예까지 따라오다니 꼭 거짓말만 같구려."

일마는 좀체 놀람이 풀리지 않으면서 사치한 차림의 단영을 똑바로 바라본다. 지져서 헤트린 단발이며 진한 화장이며 빈틈없이 어울리는 양장이며가 색깔이 가난한 차 속에서는 유독 환하게 어리우면서 눈을 끈다. 말하지 않아도 그가 여배우일 것쯤은 쉽게 짐작할 수 있는 차림이다. 밤새도록 번민했다면 사실 늘 보는 일마의 눈에는 얼마간 훌쭉해 보이기도 한다.

"나두 지금 내 맘을 잡진 못하겠어요. 하는 짓이 겁이 나면서두 내 자신 억제할 수 없거든요. 이등차에 타신 줄을 물론 알었구 역에 훈들이 나와 선 것두 멀리서 보긴 했었으나 찾아가기가 어찌두 그리 어렵게 여겨지는지 밤새도록 고시랑거리다가 — 신경두 가까워 왔기에 체면불구하구 달려들었죠. 놀라셨겠지만 용서하세요. 만나구 보니 되려 뉘우쳐는 집니다만 어젯밤 같아서는 이러는 수밖에는 다른 길 없었어요."

"쫓아 온단들 무슨 수가 있겠수. 늘 말한 것같이 내 맘은 뻔한 것을 낸들 더 휘어잡을 수 있수. 내게 지금 여자가 아랑곳이오. 뜻을 이룰 때까지는 한눈은 팔지 않을 작정이오."

일마의 말투는 확실히 책망의 어조였다.

단영은 역시 여배우라고 부르는 것이 마땅한 듯하다. 반도영화사에 전속으로 있으면서 일 년이면 두어 번가량 새 영화에 출연되어 영화라는 은막 위에 자태를 나타내는 까닭이다. 거리 사람들은 그를 독부형의 요염한 여배우라고 기억하고 있고 가난한 영화계에서 웬만큼 이름을 날리고도 있다. 은막에 나타나면 갈채를 받았고, 거리에 나타나면 팬들에게서 지칭을 받고 이야깃거리가 되고 하는 처지다. 그러나 일마에게는 여배우라는 사회적인 지위보다도 그의 숨은 사생활이 눈을 끌면서 불건전한 존재라는 인상만을 받게 되었다. 난맥의 생활과 빈번한 치정 관계를 알 때 사회에 이익을 끼치는 것보다는 독을 흘리는 해로운 벌레라는 생각이 들었다. 물론 사회의 온전하지 못한 사태가 한 사람의 그런 병적인 인물을 만들었다면 만들었다고도 볼 수는 있는 것이나 그럴수록에 눈썹을 찌푸리게 되고 한편 측은한 생각도 없지는 않았다.

그 단영이 오래전부터 자기를 사모하고 있는 눈치를 알면서도 일마는 냉정한 태도를 지녀왔다. 인물에 대한 비판보다도 첫째 즐기는 타입의 여자도 아니었고 둘째로는 사실 지금 그에게는 여자가 아랑곳이 아니었던 까닭이다. 서울서의 기회를 그가 번번이 물리쳤기로서니 이제 길 떠난 뒤를 쫓아 그렇게 멀리까지 나타날 줄은 몰랐다. 일마는 사실 놀라지 않을 수 없었다.

"만나지 않으면 용기가 나구 만나면 용기가 줄었다가두 떨어지면 또 용기가 나요. 이러다간 평생 선생의 뒤를 따르는지두 모르겠어요."

그런 무더운 열정을 보여 올 때 일마는 불쾌할 뿐이었다.

"훈을 좀 생각해 보구려. 부끄럽지 않은가."

소설가 훈이 그토록 애를 태워도 본체만체해 오는 단영이었다.

"싫은 건 할 수 없죠. 전 웬일인지 훈을 사랑할 수 없어요. 생각해주는 게 고맙긴 해두."

"일반 아니오. 내가 단영을 사랑할 수 없는 것과. 훈은 내 친구요. 그의 체면을 봐서래두 내가 단영을 챌 수야 있수. 자 여기 이 꽃묶음두 훈이 내게 준 선물이오."

단영은 고개를 숙인 채 한마디도 말을 못 잇는다.

침묵 속에서 차는 종점인 신경역에 도착되었다. 단영과의 좌석이 어색하던 차에 일마는 시원한 생각이 들었다.

"어떻게 할 작정이오. 난 오후차로 하얼빈을 향할 텐데 여기서 헤어지는 게 어떻소."

단영은 삼등차에 가서 짐을 들고는 일마와 어깨를 겯고 역으로 나왔다. 얻어맞은 듯이나 맥없는 그의 자태가 일마에게는 주체스럽게만 여겨진다.

"헤어는 지지만 하룻밤을 신경서 쉬시는 게 어떠세요. 모처럼의 길인데."

"바빠서 그럴 수 있수. 올 때나 들리죠."

단말에 귀를 막으면서 유혹을 물리치기에 일마는 필사적이다.

"그럼 식사래두 거리에 나가 하실까요."

"여기서 하죠."

간신히 끌고 역 식당으로 들어가 번잡한 속에 자리를 잡았을 때 단영은 우는 모양이었다. 손수건으로 눈물을 훔치면서 콧물을 켠다. 그것조차 일종의 유혹인 듯해서 일마는 냉정하게 목소리를 가라앉혔다.

"별 계획이 없다면 다음 차로 서울로 되돌아서는 것이 어떻소. 홑몸으로 괜히 이 외지에서 날을 지내지 말구."

과혹했던 모양이다. 단영은 발끈하면서 낯을 붉힌다.

"모욕두 분수가 있지 왜 아닌 참견까지 하세요. 그와 이와는 다른 문제가 아니에요?"

"걱정돼서 하는 말이지 누가 ─ ."

"그만두시라니깐요……. 그만하면 알어요. 첫사랑의 상처만 받으면 그윗 여자는 사람으로 안 뵈는 모양이죠. 미려 ─ 미려만이 세상에서 제일가는 여자죠. 언제나 만나면 그 정성 전해드리죠. 전하구 말구요.”

미려(美麗)라는 이름으로 아픈 상처를 찔리운 것을 노여워하며

“괜한 소리를!”

하고 소리를 높이나 단영은 뜨끔도 안 하며

“다 안다니깐요.”

도리어 짜증을 낸다.

더 겨루는 것이 무의미할 것 같아서 일마는 입을 다물고 식탁 위에서 전보를 썼다.

— 오후 육 시 반 하얼빈 착.

하얼빈에 있는 동무인 하얼빈일보 기자 한벽수(韓碧水)에게 보내는 것이다. 단영과는 그것으로 작별하고 한 시 차로 단독 하얼빈을 향할 작정이다.

어떤 가정

현대일보사 편집실.

도하(都下)의 대신문사로서의 이름에 값가리만치 외모도 굉장은 하지만 편집실 안도 넓고 복잡한 것이 외모에 지지 않는 규모이다.

늦은 아침의 한때 수십 명 사원이 각각 맡은 책상 앞에서 그날 석간 준비를 하느라고 눈코 뜰 새 없이 분주한 한 고비다. 원고지 위에 펜이 달리고 탁상전화가 무시로 울리고 두런두런 이야기소리가 삐지 않는다.

사장실에서 나온 여급사가 어수선한 책상 사이를 고비고비 돌아 연예부 책상께로 오더니 원고에 정신이 없는 김종세의 앞에 머뭇는다. 종세는 한때 사회부 기자로도 이름을 날렸으나 요새는 연예부실로 몸을 옮기게 되었다. 두 가지 일에 다 재능을 겸한, 신문사로서는 중요한 인물이었다. 일마를 만주로 떠내 보낸 다음 날이다. 마음도 가라앉아 일에 잡념이 없다.

"사장께서 좀 보시자구요."

급사의 말에 고개를 들고 머리카락을 긁어 올리면서

"분주한데 무슨 일이라든."

"잠간만 왔다 가시래요."

펜을 던지고 뒤를 따라 사장실을 향했다. 반갑기보다도 귀치않은 생각이 앞선다.

주필과 이야기 중이던 사장은 들어온 종세를 보더니 긴하게 자리를 권한다.

"바쁜데 안됐네만 잠간 앉게나."

궂은 일이든 좋은 일이든 간에 불리우게 된 내용보다도 사실 바쁠 때에는 시간에만 정신이 팔리는 것이었다.

"오늘 기사는 아무에게나 맡겨 두구 자네 이 길로 곧 가볼 곳이 생겼어."

항상 꽁생원이던 사장이 빙그레 웃음을 띠우는 것을 보며 종세도 긴장되었던 마음이 누그러진다.

"이번 일이 아마두 성공인 듯하네."

종세는 문득 직감하면서

"교향악단 초빙의 계획 말씀입니까."

하고 내용을 맞혀 본다.

"계획두 때를 맞춘 것이었지만 자네 추천으로 일마 군을 파견한 것두 잘한 노릇인 것 같애."

"그야 일마 군의 하는 일이 범연이야 하겠습니까."

"결과는 두구 봐야겠지만 각 방면에서의 반향과 찬사가 빗발치듯 날아들거든. 전화로 서신으로."

책상 위에 널려진 엽서와 편지장을 헤쳐 보이니 주필도 기뻐하는 양이다.

“지금두 막 한 군데서 전화가 왔기에 주필과 의논 중이나 무슨 방법으로든지 후원을 하겠다는 청인데 어떻게 했으면 좋을지 해서 이왕 관계된 자네를 함께 불러본 것인데.”

“후원이라면 받죠. 뭐 사업두 한층 흥성흥성할 테구 선전두 될 테니깐요.”

서근서근한 종세의 대답에 주필은 내 뜻을 얻은 듯이나

“자네두 같은 생각인가. 사실 이번 일이 사(社)로서는 결코 적은 일이 아닌데 일찍부터 이런 반향이 나타난 것만두 반가운 일이란 말야.”

사장이 뒤를 이어서

“누군구 하니 자네두 알겠지만 동양무역상회의 류만해라네. 지금 집에서 전화를 걸구 후원을 신탁하면서 누구나 사람을 보내면 만나서 타협해 보겠다는 거야.”

“류만해, 류만해라면 비록 실업가이긴 하나 문화사업에 몰이해하지는 않을 테니깐 그런 청이 고이찮긴 하죠.”

“이번 시세에 또 약은 사람이 한몫 톡톡히 볼 셈이지. 선선히 이런 일에 말을 걸어올 젠.”

“외국 무역은 맥혔을는지 몰라두 철물을 한다, 금광에 손을 댄다 해서 아마 근자만 해두 몇백만 원은 좋이 잡았죠. 문화사업에 그까짓 천이나 만쯤 낸댔자 주머니끈이 까딱이나 하겠습니까. 모처럼의 청을 물리칠 거야 없겠죠.”

“그럼 자네 이 길로 가서 만나보구 오겠나.”

"갔다 오죠. 이왕 제 맡은 일이구 하니 기어이 성사시켜 보겠습니다."

종세는 대답하면서 사장과 주필에게 만족을 준다.

"류만해, 별안간 류만해를 찾아가게 됐다니 것두 고이찮은 일야."

자리에 와서 혼자 중얼거리면서 종세는 쓰던 원고를 대충 끊어 버리고 그날의 편집을 옆자리의 동료에게 맡기고는 신문사를 나왔다.

"인연이래두 여간 이만저만한 인연은 아닌 모양이야. 일마다 맞부딪히게 될 젠."

그날 아침의 그 우연한 용무를 선뜻 맡고 알 수 없이 흥분되는 길에 나선 것은 청년 실업가 류만해를 만나러 간다는 뜻 외에 또 한 가지 종세로서는 숨은 뜻이 있었다.

류만해(柳萬海)는 거리에서 이름 높은 실업가일 뿐이 아니라 종세에게는 또 다른 한 가지 흥미의 대상이었다. 자기와보다도 실상을 말하면 친구 일마와 기괴한 한 줄기 인연을 가지고 있는 터이었다. 일마를 경성역에서 보낼 때에 첫사랑에 실패했다고 한바탕들 떠들었고 신경역 식당 속에서 단영이 일마에게 첫사랑의 상대자 미려의 이름을 들어 짜증을 냈던 그 남미려(南美麗)야말로 다른 사람이 아니라 현재 만해의 부인이었던 것이다. 모르는 사람은 몰라도 아는 사람들에게 이 괴이한 인연의 한 토막은 숨은 이야깃거리가 되어 있고 그 당시의 기억은 지금까지도 흥분을 자아낸다. 친구인 종세들에게 그 일건이 더욱 흥미의 대상임은 물론이었다. 동무의 한 사건이 그토록 친구들에게 범연하게 여겨지지 않았던 것은 거리의 소문거리가 되었을 뿐 아니라, 일마로서는 반생의 한 중대한 사건이었던 까닭이다.

일마와 만해는 한 해의 동창이었고 미려는 두 사람이 함께 원하는 대상이었다. 속세에 있어서 사랑에 이기는 무기는 역시 가장 손쉽게 황금인 모양이다. 일마와 만해 두 사람의 승패도 이 범속한 기준을 넘지는 않았다. 일마가 패한 것은 문과 출신의 가난뱅이 학사였던 까닭이요 만해가 이긴 것은 백만금의 상속을 받은 법학사였던 까닭이다. 미려가 선택을 옳게 했는지 그릇했는지는 장구한 인생을 두고 보아야 판명될 일이기는 하나 만해는 뜻을 얻어 확실히 행복된 편이었고 일마의 실망은 컸다. 결혼식장에 초대받은 일마는 무슨 까닭이던지 짓궂이 출석해서는 사람 틈에 숨어 배우같이 살며시 울었던 것이다. 그런 극적 장면이 지난 지 칠팔 년의 세월이 흘렀다. 일마가 기구한 방면에 길을 잡아 오늘에 이르는 동안에 만해는 풍족한 유산을 움직여 무역상을 시작한 것이 점점 일게 되어 근자에 와서는 철공업에 손을 댄다 금광을 사들인다 해서 사업도 늘리고 유산도 더욱 불려 청년 실업가로서의 이름을 쟁쟁히 날리고 있다. 이 너무도 선명한 대조가 세상의 주목을 오래도록 끌게 하였고 친구 종세들의 관심을 지금껏 이어 오게 한 이유였다. 같은 장안에 행복되고 불행된 두 패의 경쟁자가 살고 있는 셈이 되어, 그들의 생애의 변천이라는 것이 친구들에게는 은연중의 흥미를 끌고 내려오는 제목이었던 것이다.

종세가 오늘 의외의 책임을 맡고 전에 없는 흥분을 느끼면서 거리에 나선 것은 이런 이유에서였다.

(인연이래두 여간 이만저만한 인연은 아닌 모양이야.)

혼자만 알기가 아까워서 위선 첫길로 훈들이나 혹시 만날까 해서 단골 찻집에 들렀으나 아직도 출근 전이다. 한바탕 발장구를 치면서 노닥거리지 못하게 된 것을 애틋이 여기면서 서대문행 전차를 타려다가 고쳐 생각하고 의젓한 위풍도 보일 겸 택시를 한 대 잡아탔다.

"연희장까지 한달음에."

전에 사회부 기자를 할 때에 돌발 사건이나 생겨 그 기사를 얻으러 갈 적에 느끼던 것과도 흡사한 모험감을 느끼면서 차 속에 번듯이 몸을 기대었다.

빛나는 차는 거슬리는 것 없이 전찻길을 닫고 골목을 들어서서 금화장을 오르고 연희장으로 들어선다. 부근에서도 눈에 띄게 호화로운 붉은 지붕의 양옥을 가리키면서 종세는 운전수에게 류만해의 이름을 또 한 번 일러 주었다.

그날 아침 그 붉은 지붕의 양옥 만해의 집 객실에서는 부부 사이에 조그만 토론의 한 장면이 있었다.

늦은 아침을 마치고 나서 객실에 들어가 조간신문들을 들척거리다가 미려는 문득 한 장을 남편 앞에 내놓으면서 그의 주의를 일깨워 주었다.

현대일보였다. 받아 들고 단눈에 내려 훑어보더니

"굉장한 계획이군."

만해는 오도깝스럽게 소리를 높인다. 교향악단 초빙의 기사였다. 다섯 단 길이의 넓은 지면에 굵은 목각활자로 이번 계획을 야단스럽게 발표한 것이었다.

"조선의 음악계두 상당하죠. 외지의 교향악단을 데려오게 됐으니."

미려는 내 일같이나 반가워서 기쁜 마음을 금할 수 없다.

"교향악을 이해할 사람이 몇 사람이나 된다구."

"몇 사람이라니요. 음악에 대한 일반 시민의 교양이 몇 해 동안에 얼마나 높아졌게요."

"높아지면 얼마나 높아졌을구. 정말 알구들이나 하구 그러나. 괜히 아는 척들 할 뿐이지."

"잘못하다간 모르는 건 당신뿐일지두 몰라요, 괜히. 베토벤이나 쇼팽을 모를 사람이 현대인치구야 당신을 내놓고 누가 있겠수. 그걸 듣구 좋아하지 않을 사람이 어디 있을 줄 아우."

음악이나 예술에 관해서는 부부는 언제나 의견이 다르다. 미려가 현대 여성으로서—물론 교육도 전문 정도까지를 치러 받을 대로는 받았지만—교양이 높고 예술이나 문화에 대한 이해가 보통 이상으로 깊은 데 비겨 만해는 최고학부를 마친 편으로서는 그런 것에 대한 이해가 보통 이하로 얕고 때로는 등한시하는 완고한 보수주의자였다. 더구나 음악에 대한 지식은 남부끄러울 정도로 저급한 것으로서 부부간의 의견의 간격은 이런 교양의 차이에서도 왔다.

"일반의 교양 정도를 살펴가지구 하는 일이지 괜히야 이런 큰 계획을 할 리 있겠수. 대단히 귀중한 사업이구 말구요. 두 손을 들어 찬성할 사람이 비단 우리뿐이겠수."

그래도 만해는 이해가 바로 못 가고 생각이 다르다.

"한마디로 하면 허영이야. 계획하는 것두 허영이구 찬성하는 것두 허영이야. 순진한 시민을 허영의 구렁 속에 빠뜨려 넣자는 게야.”

“허영이라니요. 왜 허영이란 말요. 예술을 이해하자는 시민의 자랑을 가리켜 그렇게 만만히 허영이라구 해서 옳단 말이오.”

미려는 웬일인지 오늘 아침 남편의 의견을 도시 좇을 수가 없어서 기어코 발끈했다. 까무잡잡한 얼굴에 약을 올리면서 이 역시 까무잡잡한 남편의 얼굴을 똑바로 바라본다. 두어 주일 동안의 해변 피서에서 돌아온 지 며칠이 안 되었다. 해마다 정해 놓고 가는 피서가 부부에게 그다지 신기한 행복도 안 주었으나 불행도 없었다. 판에 박은 듯이 평범한 연중행사에서 돌아왔을 때 부부는 전에 없던 피곤을 느끼면서 게으른 며칠 동안을 답답하게 지내오던 중이었다. 여름 한고비라 별로 분주한 일이 있지도 않았지만 만해는 아직 일터인 거리의 사무소에도 나가지 않고 휴양 후의 몸을 집에서 쉬이는 것이었고 식구라고는 부부 외에 사용인(使用人)이 있을 뿐인 따로난 단출한 살림살이라 가정에서 그런 남편과 똑같은 나날을 동무하면서 지내기가 미려에게는 무료한 노릇이었다. 답답할 때 사람의 심사는 공연스리 터져 보는 때가 있다. 의외의 신문기사가 실마리가 되어 부부에게는 그 폭발이 이날 아침에 오게 된 모양이었다.

미려는 얼굴이 붉어지고 관자놀이에 핏대가 섰다. 곧은 콧대에 빛나는 눈방울이 부드러운 속에서도 펄펄한 결을 감추어서 도리어 별로 특징이 없고 둥그스름한 남편보다는 고집이 윗길인 듯하다. 한때 거리에서 인물로 이름을 날렸던 것만큼 삼십이 채 못 되는 그의 모양이 원만하게 피어난 꽃송이같이 허물할 데가 없이 뛰어나 보인다. 짜증을 머금은 가인은 한층 아름다운 것일까. 해에 그을은 얼굴에 가는 눈썹을 찌푸린 것이 이날 아침 미려는 유별스럽게도 아름답게 보인다.

"허영이라니 그건 당신 자신 당신을 모욕하는 셈이구 무지를 폭로하는 폭밖엔 더 되우."

"허영이 아니구 머요. 그럼 속을 채리구 난 후에 문화를 숭상해두 하는 것이지, 입에 밥두 못 들어가는 처지에 음악이니 예술이니 하구 휜멋들을 피우는 게 허영 아니구 무엇이란 말요."

만해도 호락호락 넘어가지는 않아서 부부는 뜻밖에도 점점 맞서가게 되었다.

"밥만 먹어야 속이 든든해지는 줄 아는 모양이오. 음악도 양식의 하나라나요. 뱃속만 알구 정신은 모르시우."

"빈속에 음악만 먹어두 배가 부르다? 어디 그럼 음악만 먹구 살어보지 좀."

"아따, 그 잘난 장사 좀 하면서 실업이나 하는 듯이 그 야단이오. 돈푼이나 모이면 우엔 더 사람이 없는 것 같수. 실업가 실업가 하니까 내 세상만 같지만 숨어선 수전노란 욕밖에 더하는 줄들 아우. 어찌 반드시 넉넉한 후에만 문화사업을 하겠수. 가난한 속에서 애쓰는 모양들이 안 뵈이우."

"오라, 미려 같은 사람이 많으니까 이 가난한 땅에서두 문화사업이 흥성해 가는 모양이군."

"시끄러워요, 다 당신보다두 난 줄이나 아세요."

미려는 화를 버쩍 내면서 신문을 탁자 위에 던지고 자리를 일어섰다. 신문이 찻잔을 다치면서 홍차가 쟁반 위에 쏟아져 흐른다. 그것도 모르는 척하면서 복도로 휙 나가는 것을 보고는 만해는 더 그를 노염칠까를 두려워해서 움츳하면서 한참이나 말을 못 잇는다.

세상의 가정 쳐 놓고 얼마간 아내의 목소리가 더 크지 않은 집안이 드물다. 남편의 행세는 밖 세상에 속하는 것이라는 듯 온갖 권세와 세력을 부리다가도 한걸음 집에 들어서면 아내의 손에 스스로 즐겨 모든 것을 맡겨버린다. 밖에서 거드름 부리던 수염을 이상스럽게도 아내에게 끄들리우게 되고 그것을 과히 부끄럽게도 여기지 않는다. 만해의 가정같이 그런 풍습이 더욱 심한 집안은 없어서 미려의 큰소리 앞에서는 만해는 쥐구멍도 찾지 못하는 때가 있다. 이런 운명은 당초 결혼 때부터 시작되었으니 만해는 많은 경쟁자 속에서 애걸복걸하고 미려의 뜻을 얻었던 까닭에 그때부터 아내를 섬기는 몸이 되고 말아서 웬만한 억지면 대개는 받아 주었고 비위를 맞추기에 애를 써도 아내의 진심을 얻지 못하는 때가 많았다. 결혼 팔 년 동안의 세월이 그런 노력의 연속이었다. 미려의 편으로 보면 처음부터 만족스런 결혼이 아니었던 그에게는 일마다 불만이 많았던 데다가 단조한 가정생활도 무척 무료하게 느끼게 되었고 더구나 한가한, 말하자면 유한부인의 처지로는 피곤밖에는 느낄 것이 없게 되었던 것이다. 남편이 하는 몰취미한 사업에도 싫증이 나서 좀 더 문화 방면에의 전향을 권하나 종시 들어주지는 않아서 그런 데서도 미려의 불만은 커지게 되었다.

"두구 보구려. 나두 문화사업할 날이 있지 않은가."

미려를 내다보면서 목소리를 부드럽히는 만해의 태도였다.

"저승에 가서 한단 말요. 당신 아는 게 밤낮 금광밖에 더 있수. 그러다간 되려 봉빠질 날 있지 않으리."

"사업을 크게 하자니까 금광에두 열중하는 게지, 아무리 내겐들 황금이 마지막 목적이야 되겠수."

"더두 말고 동요원이나 하나 맨들어 보재두 말 안 들어, 음악원을 세워 보재두 귀 안 기울여, 그러면서 언제 무얼 한단 말이오. 당신이 증 싫다면 나 혼자래두 무어나 해볼 테에요."

"차차 아무거나 생각해 봅시다그려."

"이번 교향악단 초빙의 일만 해두 얼마나 보람있는 일이오. 아무나 하면 할 일이지 신문사에만 맡겨 둬야 좋을 일이오."

"벌써 한 수 뺏긴 걸 어떻게 한단 말요."

"뺏긴 건 뺏겼다구 하구 후원이야 못할 게 있수. 그래서 차차 이름을 알려서 사업의 실마리를 잡더래두."

"후원, 글쎄……."

"자, 그럼 이렇게 해요."

미려는 비로소 속이 풀리면서 들어와서 남편의 팔을 잡고는 책상 앞 전화 있는 편을 가리켰다.

"얼른 전화나 한 통 거세요."

남편을 전화 앞으로 끌고 가서는

"현대일보 사장을 부르세요."

기어코 사장을 청해 내어 교향악단의 일건을 말하고 그 후원을 제의하게 한 것이었다. 미려는 비로소 그날 아침의 노염이 풀렸고 만해도 괴롭던 공기에서 벗어나서 처음으로 마음이 놓였다. 오래간만에 얼크러지려던 가정의 분위기가 이렇게 해서 활짝 개어버렸다.

사장이 종세를 불러서 의논했고 종세가 구체적 의논을 하러 사를 나와 만해의 집을 향했던 것이다. 연희장에서도 가장 아담한 붉은 지붕의 양옥을 바라보면서 어느덧 문 앞에 이르러 현관의 초인종을 눌렀을 때 부부는 마침 뜰에 내려서 나무 그늘 벤치에서 더운 햇살을 피하고 있는 중이었다.

종소리를 듣고 미려는

"신문사에서 왔나부우."

종종걸음으로 복도에 올라가 슬리퍼를 끌고 현관으로 나갔다.

"사장의 분부로 연예부에서 왔습니다."

종세의 명함을 받고 미려는 방긋이 웃으며 그 아침 손님을 반갑게 불러 올렸다. 종세는 미려를 잘 기억하고 있는 터이나 미려로서는 종세를 대강 그라고 짐작하고 있을 뿐 그다지 익숙한 얼굴은 아니었다. 그러나 그날 일은 자기들 편에서 자진해 제의하고 청했던 것인 만큼 다른 손님과는 다른 의미로서 각별히 반갑게 맞이할 수 있었다.

객실이 아직도 무더웠던 까닭에 미려는 종세를 뜰로 청해 내렸다. 늦여름의 끝이 한창 찬란하고 벚나무 그늘이 으늑하고 조그만 못에는 고기 그림자까지 어른거리는 뜰 안이 방보다는 훨씬 견디기가 나았던 것이다. 그늘 아래 나무의자가 서늘해 보이고 흰 페인트를 칠한 나무탁자도 선선해 보인다. 종세는 만해와도 약간 면목이 있을 뿐이지 그다지 익숙한 편은 아니었다. 도시 아내의 발설로 되어 가는 일이었던 까닭에 손수 나서서 서둘기도 겸연해서 뜰에 머무른 채 엉거주춤 일어나서 종세를 맞이했다.

"이번엔 또 장한 사업을 계획하시는데 일부러 가서 치사는 못하구 되려 오시게 해서 미안합니다."

"천만에요. 이렇게 찾아뵈러 온 것이 저로선 영광으로 생각됩니다."

여러 가지 의미로 종세가 이렇게 대답한 것은 진정이었다. 계획에 대한 의논도 의논이려니와 그 하루의 방문을 뒷날 동무 일마에게 전하게 될 때 얼마나 큰 뉴스일까를 생각하는 마음도 물론 한구석에 있었던 것이다.

"나보다도 되려 아내가 이번 일에는 더 구미를 느끼며 적극적으로 법석을 해서 기어코 이렇게 오시게까지 했는데 후원이라군 해두 어떻게 해야 좋을는지 알 수 없구 해서 기다리구 있던 차입니다."

"여자라구 가정에서 너무 놀구만 있기두 무료해서 무엇이나 일을 좀 해보았으면 한 것이지 법석이야 무얼 했단 말요."

미려는 은연중에 남편을 핀잔주면서 웃음으로 알맞게 좌석을 맞추어 간다.

"아무렴요. 힘이 남으시면 무어나 다 일을 하셔야죠. 실업가로 이름이 높은 댁에서 조만간 그 무엇을 시작하리라는 소문이 자자한데요."

종세가 부채질하는 바람에 만해도 마음이 너볏이 누그러졌거니와 미려도 일이 가벼워졌다.

"계획은 많었답니다. 동요원을 꾸며서 아이들을 모아 볼까두 했었구, 한때는 음악원을 세워서 음악단을 맨들어 볼까두 궁리했었죠."

"반가운 말씀입니다."

종세는 기회나 잡은 듯이 뒤를 받아서

“그럼 차라리 이 기회에 음악원을 세우시구 그 이름을 내걸어서 후원해 주시면 어떻습니까. 아무래두 개인의 이름을 내거는 것보다는 무엇이나 단체 이름을 내놓아야 할 테니까요.”

“대체 이번 일은 얼마나한 규모로 시작하신 것인가요.”

“한 만 원 정도의 계획이죠.”

“그럼 그 반을 부담하기로 하구 무엇이나 음악원의 이름을 내세워 볼까요.”

아내의 말로 일은 의외에도 수월하게 결정되어 가는 것이었다.

만해 부부와 종세는 그 자리로 부랴부랴 ‘녹성음악원(綠星音樂園)’이라는 가상의 이름을 지어 가지고는 그 기관의 명의로 신문사의 계획을 후원하기로 작정하였다.

“‘녹성음악원’ 거 훌륭하군요.”

종세가 무심히 말해본 것이 부부의 동의를 얻어 그 자리로 결정되었다.

“희망에 넘치는 좋은 이름이야.”

남편이 찬동하니 아내가 기쁘게 화한다.

“좀 부드럽긴 하나 여자들끼리로만 모을 기관이니까 아주 맞춤인 이름인데요. 음악에 웬만큼 소양이 있는 순수한 동호자들만을 모아 가지구 합창부 기악부를 두어 교향악을 연구할 수 있을 정도까지 교육하게 하겠어요. 실력 있는 개인을 맨드는 건 물론이지만 단체로서는 훌륭한 합창단 실내악단 교향악단을 차례차례로 양성해 내서 이 땅의 음악 문화를 위해 대 기염을 토해 볼 작정이에요. 교육, 경리 모든 것을 여자들의 손으로서만 하는 점에다 다른 데서 볼 수 없는 특색을 둘까 해요."

"대단한 포부이십니다. 젊은 원장이 되실 부인의 자태가 벌써부터 선합니다."

종세가 충충대는 바람에 만해도 즐거우면서 배짱이 커진다.

"그렇게 되면 내 한 이십만 원은 내지. 이십만 원 자본이라면 당장 웬만큼은 할 수 있을 테니까."

미려로서는 지금까지 한번도 들어보지 못했던 남편의 염량이다. 종세의 격려가 의외에 공을 이루게 된 모양이었다.

"이십만 원! 당신 입으로 그것을 듣기는 오늘이 처음이구료. 문화 사업의 뜻을 이제 옳게 안 모양이군. 진작 성립이 되었던들 녹성음악원은 벌써 탄생했을 것이구 그랬더라면 하얼빈교향악단의 교섭두 신문사에 뺏기지는 않았을 것을."

미려가 애석하게 여기니까 종세는 빙그레 웃으면서

"이번만은 어림없습니다. 그저 후원의 정도로나 하시구 다음 기회에나 독점을 생각을 하시죠. 사에선 벌써 교섭해 데려올 사람까지 보냈답니다."

"아깝게 됐어."

"가장 적임일 일마 군을 보냈죠. 떠난 지 날이 지났으니까 오래지 않아 교섭을 시작할 것입니다."

"누 누구를 보냈어요?"

"문화 비평가 천일마 군이오."

종세가 무심히 던진 한 마디가 그때까지 그인 줄을 몰랐던 모양인

부부에게는 금시에 큰 놀람인 모양이었다.

"일마요?"

미려가 눈을 휘둥그렇게 뜨고 반문할 때 만해도 입에는 그 이름을 채 입 밖에 내지는 못하고 입술을 떠는 것이었다.

"왜 그인 줄 모르셨나요. 신문에 이름을 안 냈을 뿐이지 세상이 다 아는 일인데."

사실 종세는 일마의 이름이 부부에게 초문이었음을 놀라는 한편 그것을 퇴어 주게 된 그날의 자기의 역할을 거듭 이상한 것으로 여기지 않을 수 없었다.

"일마 씨가 갔어요?"

미려가 곰곰이 그 신비로운 이름을 입으로 새길 때

"일마 군은 바로 내 동창인데."

만해는 같은 이름을 이렇게 부르게 되어 부부의 입에서 흐르는 발음은 같아도 한때 두 사람의 마음속에 일어나는 회오리바람은 그 뜻이 각각 달랐다. 그 각기의 심중을 민첩하게 살피는 종세는 자기 자신의 마음이 얼뻥뻥해짐을 느끼면서 한참 동안의 그 무거운 침묵을 깨뜨리기에 고심하는 것이었다.

"일마 군이 재주가 놀라워, 음악 비평을 해두 날카롭구, 실제로 그런 일을 시켜두 수완이 있어서 거리에서야 그 방면으로 제일인자죠."

"재학 당시에두 꽤 재조가 출중했었답니다."

만해가 얼굴빛을 바로잡고 천연스럽게 말할 때 종세는 그의 마음의 그림자 속을 두 번째 예민하게 살피고

"위인이 뜻을 못 얻어 이때껏 헤매이긴 하지만 기골된 품이 반드시 성공할 날이 있을 걸요."

그 부부의 심리를 가늠 보면서 들으라는드키 목소리를 높여 동무를 칭찬해 볼 때 미려는 심중에 무슨 회포를 감추었는지 끝까지 고집스럽게 침묵하는 것이었다.

그날 밤 종세는 세상이라도 항복 받은 듯이 자랑스런 낯으로 단골찻집에 나타나 훈과 능보를 잡아 놓고는 연설이었다.

"오늘 내가 어딜 갔다 왔겠나."

장한 문답이나 하는 듯 제목을 갈아가면서

"누굴 만나구 무엇을 얘기했겠나."

하고 법석을 대니 훈은

"지옥이나 다녀왔나."

도리어 조롱도 해 본다.

"만해를 찾어갔었다네."

"미려도 만났단 말인가."

그제서야 능보도 목소리를 바로잡으면서 보통 일이 아니라는 듯이 몸을 으쓱 내민다.

"미려를 만났을 뿐이겠나. 기막힌 계획까지를 들었다네."

"무 무슨 계획이란 말인가. 어 어떻게 해서 만났단 말인가."

"하긴 일마 군에 관한 일이니까 내가 이렇게 기뻐할 법은 없으나 오래간만에 만나 보니까 감회두 없지 않어서 하는 소리네."

"옛날 용모가 변치나 않았던가. 모든 것이 변하는 세상에서."

"나이가 드니 되려 야물어져서 옛날보다 곱절 아름답네. 이십 대를 붉은 장미라구 한다면 지금은 한 송이 카네이션이라구 할까, 짜이구 야물어진 붉은 카네이션—삼십 대 미인의 용모는 꼭 이 꽃의 인상인가보데. 가제 해수욕에서 돌아왔다던가 약간 거스른 살결이 한층 매력이 있어. 만해가 얼마나 행복된 결혼을 했는가를 오늘 또 한 번 느꼈네."

"그리구 일마가 얼마나 불행한가를 말이지."

능보는 말하면서 역시 감탄하는 투다.

"삼십 대에 들었다구 아름답겠나. 미려가 원래 어떤 미인이게 그러나. 그 얼굴 한번 보려구 천 리 길을 걸어와두 좋은 인물이 아닌가. 자네가 오늘 만나본 것만두 큰 행복이야."

"내 행복보다두 결국 일마 군을 위한 행복인 줄 아는데, 그 절대가인이 별안간 무슨 제의를 했는구 하니 —."

종세는 낮에 들은 부부의 계획, 이십만 원 자본으로 녹성음악원을 설립하고 그 음악원의 후원으로 하얼빈교향악단 초청의 사업을 후원하기로 작정했다는 소식을 대충 이야기하고 부부가 일마의 출현을 알고서 한 계획이 아니라, 작정한 후에 비로소 일마가 이번 일에 관계를 가진 것을 알고 그 의외의 우연에 놀라더라던 것까지 붙여 말했다.

"흐음 —."

훈도 아닌 게 아니라 놀랐다.

"굉장한 계획이야."

"유한마담의 사업욕이란 것인가."

"유한마담이라구 누구나 다 사업욕이 있다든가. 그렇다면 이 땅의 문화사업이 좀더 흥성흥성했게.”

“그럼 그 굉장한 욕망을 자넨 무엇으로 해석하려나. 결혼의 권태기에 스며든 유혹이란 말인가. 하긴 권태두 올 때는 됐지만 무엇보다두 미려의 성격이 만해보다 세단 말야. 결혼도 빌다시피 해서 한데다가 결머리까지 세어 놓으니 만해는 아내의 호령 앞에서 꿈쩍을 못하는 모양이지.”

능보의 해석에다가 종세는 한 가지를 덧붙인다.

“결혼 팔 년에 아직 아이가 하나두 없다는 것이 미려의 또 한 가지 불만이라구 해두 좋을 걸. 만해의 밖에서의 생활이 지나치게 방종하단 말야. 아이 없는 것이 그 탓인지 어쩐지는 몰라두 그런 남편의 태도에 불만이 없을 수야 있겠나.”

“그래서 ‘녹성음악원’의 탄생이 되구 교향악단의 후원으로 나타났다, 일마 군과 또 교섭을 가지게 된다 — 심상치 않은 인연인 모양인 걸.”

“일마 군이 돌아오면 볼만하겠군. 탄 자리에 불이 붙으면 좀체 끄기 어렵다는데.”

“한번 식었던 일마가 다시 타오를까. 하긴 사람의 가슴속을 알 수는 없지만.”

“두말 말구 어서 만주로 편지나 하게나. 뜨끔하구 가슴을 달리구 되쫓아오게.”

훈은 농이 아니라 진정으로 종세에게 일러 준다.

미려에 대한 이야기로부터 화제는 일마에게로 옮아가 세 사람은 길 떠난 동무의 뒷공론을 이렇게도 해 보고 저렇게도 해 본다.

"편지 받으면 총각이 기뻐하렷다."

"이런 고비를 기다리누라구 지금껏 노총각 행세를 한 셈이지."

"아무 때나 그 사람 제구실 할 사람 아닌가."

동무의 반가운 소식을 가져온 것이 종세의 공으로 돌려져 허출하던 판에 종세를 들쑤셔 결국 그날 밤의 술을 우려내기로 했다.

능보가 은파(銀波)를 보기를 주장한 까닭에 세 사람은 그길로 남촌으로 나가 바 '실낙원'을 찾았다.

술을 청하고 은파를 데려다 놓고 일마의 뒷공론에서 시작한 것이 어느덧 이야기는 행복론에까지 발전해 갔다.

"행복, 행복 하니 행복이 대체 무어란 말인가."

도리어 이렇게 반문도 해 본다.

"행복이 행복이지 무언가. 불행과 구별되는 것이 행복이지 별다른 겐가."

"그럼 불행은 무언가."

"옛날 철학자 플라톤은 사람의 행복을 분류해서 건강, 미용, 힘, 돈 — 의 네 가지를 들었다는데, 대강 이 네 가지를 가지구 못 가지는 데서 행복과 불행이 갈라지지 않겠나."

"그 네 가지를 가지면 반드시 행복되겠네그려."

"자넨 불행두 행복될 때 있단 말인가. 행불행은 마음 가지기 나름이란 말인가."

"'피카르디' 사람의 얘기를 들은 적이 있는데 사형수인 그가 마지막 단두대에 올라가려 할 때 형리가 여자 한 사람을 권하면서 이와 결혼하면 네 한 목숨을 살려주마구 하니 그는 한참이나 여자를 보다가 절름발인 것을 알구 죽으면 죽었지 결혼은 못하겠다구 거절하면서 목숨을 버렸다는 것인데, 죽음과 결혼과 이 두 가지 중에서 피카르디 사람에게는 죽음이 더 행복되었단 말이야. 결혼이 반드시 죽음보다 행복된 것은 아니야."

"미친 녀석이지, 절름발이든 무어든 결혼을 할 게지, 그래 죽음을 취한단 말이야."

"또 하나! 철학자 '포시도니우스'가 몹시 앓아서 누웠을 때 동무한 사람이 철학을 물으러 와서 미안히 여기니까 하는 말이, '고통은 내겐 아무것두 아니야. 괴로워두 철학은 생각하구 말할 수 있거든. 괴롬이여, 네가 아무리 나를 괴롭혀두 헛것이다. 괴롬이 불행이라고는 죽는 한이 있어두 나는 말하지 않을 테다!'구 했다든가. 포시도니우스에게야 고통인들 불행이라구 할 수 있겠나."

"미친 녀석들이야. 철학자 나부랭이의 잠꼬대가 무슨 소용 있다든가. 행복에는 상식론이 첫째니 행복은 행복, 불행은 불행, 뻔한 노릇이지 그 외 잡소리가 다 쓸데 있다든가."

끝까지 이렇게 상식론을 주장하는 것은 능보였고, 철학자의 예를 들어 한 고비 깊게 생각해 보는 것은 종세였다. 종세는 능보의 반대를 맡아오던 끝에 말머리를 돌려 본다.

"그럼 대체 자넨 지금 행복된 편이라구 생각하는가."

"그야 행복두 천층만층일 테니까, 지금 다따가 이 순간을 행복되다구 할지 어쩔지는 모르나 불행하다구는 생각지 않네. 단골인 '실낙원'에 와서 이쁜 은파를 옆에 앉히구 친구들과 술 마시는 이 시간이 불행할 리가 있겠나."

"낙원이라면 몰라두 실낙원이 머 그리 행복되단 말인가."

종세의 재담에 한바탕 껄껄껄들 웃다가 능보는 어조를 갈면서

"하기야 지금보다 좀 더 행복스런 때라는 것을 생각할 수야 있겠지 — 내가 병원 개업이나 해 놓구 은파를 데려다가 가정살림을 시작할 때 지금보다야 얼마 더 행복스럽겠지."

"내가 신문사 사장이 되구 훈이 세계적 소설을 써서 노벨상을 타게 되구 할 때 말이지."

"옳지 옳지."

"굉장한 꿈들은 꾼다. 이 알량한 의학박사, 어서 개업할 돈이나 마련해 놔요."

은파도 웃으면서 자기의 잔을 들어 능보의 입에 대어 준다.

술이 거나해서 때 아닌 행복론에 참가하게 된 것을 훈도 기쁘게 여겼다. 술은 마음을 활달하게 해 주고 마음이 트이니 공상도 크다.

능보가 개업을 하고 종세가 사장이 되고 자기가 노벨상을 타고…….

"내가 노벨상을 타면 그때 일마는 어떻게 될꾸."

"장안의 갑부쯤 된다구 생각하게나."

"장안의 갑부라면 천만장자는 되겠지. 그럼 류만해보다 낫게."

"만해야 그때쯤엔 몰락해 버릴는지 뉘 아나."

"일마가 미려와 재봉춘하게 된다? 아아 공상은 즐겁다."

"즐거울 뿐이겠나, 결국 공상만이 행복될는지 모르네."

"그럴 리야 있나. 지금 한 소리가 모두 공상에만 그친다면 그런 섭섭할 데가 있겠나. 공상은 가끔 가다가 실현이 되어야 공상인 것이

지 그렇지 않으면 공상의 값이 있는 줄 아나."

훈은 어느새 행복론을 혼자서 도맡아 가지고 나선 듯이나 소리를 높이면서 의기가 장하다.

"그럼 어서 자네 노벨상을 타도록 힘쓰게나."

"아무렴, 그리구 일마는 장안의 갑부가 될 테구, 돼야지."

"자네 술이 과해서."

"돼야지. 우리가 지금 누구나 그다지 행복된 처지는 아니야. 반드시 더 좋은 때 오기를 생각하지 않을 수 없잖나. 그런 기대 없이는 살 수도 없는 노릇이구 기대 좀 했단들 허물할 사람 있겠나."

"사실 이대로 가다 죽는다는 건 생각할 수 없는 노릇이야."

"인간사라는 건 항상 변하는 것, 우리의 처지가 좀더 좋게 변한단들 조물주가 설마 시기하겠나—알렉산더 대왕의 뒤를 이은 마케도니아의 많은 왕 속에는 로마의 거리에서 별별 천한 업을 가졌던 사람이 다 있었다네. 시실리아의 왕들은 코린트에서 학교 교사 노릇들을 했다네—인간사는 무시로 변하는 거야. 거지두 왕 되구 왕두 거지 되구……."

"왕이 거지가 돼서야 쓰겠나. 거지가 왕 되는 경우만을 생각하세나그려."

"아무렴 아무렴, 거지가 왕 되는 경우만을—내가 노벨상을 타구 일마가……."

"술이 좋기는 해. 이렇게 유쾌하구 좋은 양반들이 되는 것을."

은파도 한몫 공상의 축에 끼이면서 술을 나르는 바람에 세 사람은 초저녁인데도 벌써 곤드레만드레 취하게 되었다.

총중에서도 술이 약한 훈이 가장 심해서 공상론이 잔소리가 되고 잔소리가 울음으로 변해서 뜻 없는 눈물을 줄줄 흘리면서 요란한 술좌석을 혼자서 휘저어 놓았다. 오래간만에 도도한 취흥이었다.

종세들이 불러 준 자동차에 정신없이 몸을 던지고 두 동무와 각각 헤어져서 성북정(町) 집까지 나와 방 안에 쓰러진 것도, 밤을 새운 것도—모두가 꿈속의 일이었다.

이튿날 잠자리에서 겨우 눈을 뜬 것도 오정을 지난 때였으나 눈을 뜨기는 떴어도 맑은 정신은 들지 않았다. 이틀 장취였다. 얼굴은 버얼겋고 몸은 달아서 아직도 취중이었다. 머리맡에 놓인 냉수를 주발채 벌떡벌떡 켜고는 다시 오훗잠이 들었다. 생시인지 꿈인지 반오반매 혼몽한 상태 속에서 그는 일마에게서 온 한 장의 전보를 받았던 것이다.

—교섭 순조 만 원 당선 놀라지 말라 하얼빈 천일마.

의아해서 전문을 두 번 읽고 세 번 읽어도 같은 문구이다.

"만 원 당선, 놀라지 말라."

"무슨 뜻인구. 만 원 당선이라니. 어떻게 해서 만 원을 얻었단 말인구. 무엇 때문에 만 원의 행운을 맞혔단 말인구."

전보지를 다시 놓고

"꿈두 이상해라, 일마—만 원—무슨 뜻이란 말인가."

사실 아직도 희미한 훈의 정신으로는 꿈속 일로밖에는 생각할 수 없었다. 너무도 큰 소식이요 큰 놀람이었던 것이다.

그러나 꿈이긴커녕 훈은 지금 틀림없이 일어나 책상 앞에 앉아 있는 것이요 눈앞에 거짓 아닌 전보가 놓여 있는 것이 아니던가. 정신을 똑똑히 차려 보려고 훈은 또 한 번 주발의 냉수를 벌떡벌떡 켰다.

일만원

일마가 훈에게 '만 원 당선'의 전보를 쳤을 때까지의 경위는 이러하다―.

신셩역에서 간신히 단영을 떼 놓고 오후차를 탄 일마는 다섯 시가 가까워서야 하얼빈역에 도착했다.

폼에는 망간 전보를 받고 뛰어나온 벽수가 맞이해 주었다.

"삼등찬 줄 알었더니."

이등차가 의외라는 듯 두리번거리다가 달려와서는 트렁크를 받아든다.

"오늘부터 해가 서으로 떴다네."

"전보다 신수두 나졌어."

"문화사절이 빈약해서야 쓰겠나."

"자네 편지두 읽구, 신문으로두 보았네만."

벽수도 신문에 종사하는 몸이라 소식도 빠르거니와 눈치도 빠르다.

"문화사절이니 뭐니 하니 함께 걷기두 엄엄한데."

"어서 지금 함께 걸어야지, 좀 있다가 내가 더 좀 장하게 되면 내 곁에두 못 오게 되리."

"만주 길이 잦더니 자네두 이젠 허풍을 다 떨게 됐나. 작작 위협해 두게나."

잘름하고 오돌진 몸집에다가 마도로스 파이프를 문 벽수의 자태는 한층 다구져 보인다. 얼굴 빛깔조차 검츠레 거스른 것이 만주에 와 군 지 십 년, 확실히 용모조차 변한 듯하다. 숙부 한운산이 근 백만대 자본으로 일찍부터 약방 '대륙당'을 경영하고 있었던 까닭에, 그의 인줄로 벽수도 하얼빈에 들어와 각가지 직업을 거쳐 오면서 청춘기를 거의 소비하고 있는 것이었다. 만주에까지 굴러온 목적이 무엇인지—돈인지 뜻인지 그것도 분간할 겨를이 없이 엄벙해서 나날을 지내오는 것이다.

"곧 대륙당으로 가려나."

늘 하던 습관으로 벽수가 함께 유숙하기를 권해 볼 때 오늘의 일마는 대답이 다르다.

"자네 신세두 그만 져야겠네. 너무 지면 갚을 도리가 없어."

"그럼 호텔로 가겠단 말인가."

"호텔두 이만저만한 호텔인 줄 아나, '모데른'에 전보로 방을 예약해 놓았네."

"모데른 호텔—굉장은 하군."

"음악가가 대개 모이는 데래서 여러 가지 교섭에 편리할 것두 같어서."

서성거리고 있을 때 포터 한 사람이 달려와서 늦었다고 미안해

하면서 전보의 손님이냐고 묻는다. 호텔에서 맞으러 나온 것이었다. 트렁크를 들리고 뒤를 따라 폼을 나가자, 역 앞에 자동차까지 등대하고 있다. 벽수와 함께 올라앉았을 때 차는 마당을 굼돌아 닫기 시작한다. 전찻길과 맞서 제홍교(霽虹橋)에 올라서니 북쪽으로 무연한 넓은 시가지가 석양에 비치어 찬란하게 내려다보이고 그 너머로 송화강의 흐름이 부옇게 짐작된다. 언덕길을 내려서서 차는 쏜살같이 프리스탄구(區)로 내닫는다.

가로수는 군데군데 물들었고 느릅나무 잎새가 우수수 흩어져 깔린 곳도 있다. 시절이 서울보다는 몇 달이나 빠른지 서울은 아직 늦여름의 무더위로 견디기 어렵던 것이 북쪽의 그 도회에서는 어느새 무릎 아래가 선선하게 느껴진다. 전번 한여름에 왔을 때와는 또 다른 감회이다.

키타이스카야가(街)에 들어서니 감회는 한층 더하다. 좌우편에 즐비한 건물이며 그 속에 왕래하는 사람들이며—거기는 완전히 구라파의 한 귀퉁이다. 외국에 온 듯한 느낌에 일마는 번번이 마음이 뛰노는 것이었다. 여름보다 남녀의 복색들이 달라진 것이 또한 새로운 흥을 돋아 준다.

"이곳에 들어서면 웬일인지 올 곳에 왔다는 느낌이 난단 말야."

"자네의 구라파 취미야 벌써 언제 적부터 시작된 것이게."

호텔에 이르러 가장 익숙하게 카운터에서 장부에 서명을 하고 작정된 방에 올라가 짐을 풀고 목욕을 하고 몸을 가다듬고 났을 때, 일마는 벽수에게 분부나 하는드키

"오늘부터는 내가 주인이네. 나 하는 대로 나와 함께 행동을 같이

해야 돼. 자 곧 저녁을 같이하세."

말하면서 어깨를 떠밀 듯이 함께 식당으로 들어간다.

일마는 조선 이야기를 벽수는 만주 이야기를 주고받으면서—호텔의 저녁 식사는 즐거운 시간이었다. 그동안의 하얼빈 음악계의 소식과 동향을 들으면서 식사를 마쳤을 때에는 이미 밤이다. 일마에게는 한시도 속히 목적의 일을 시작하고 싶은 생각도 없지 않았으나 밤에 사람을 방문할 수도 없는 터였고, 실상인즉 사무보다는 대륙의 첫 밤을 더 긴하게 보내고 싶은 욕망이 컸던 것이다.

그 욕망을 벽수가 눈치채지 못할 리가 없다. 로비에 나와 담배를 붙여 물었을 때 벽수는 동무의 마음속을 영락없이 맞춰낸다.

"그다지 일르지두 않은 것 같은데 스적스적 출장해 보려나."

"어딜 말인가."

"하얼빈까지 여행 온 사람이 새삼스레 어딘 무언가. 뻔한 노릇이지."

"벌써부터 유혹인가."

"여행에는 여행의 도덕이 있느니."

"나두 실상은 생각하고 있는 중이네만."

그것 보라는 듯이 벽수는 일마를 다구지게 노리면서 자리를 일어설 차비를 한다.

"번번이 자네 소식을 묻고 하는 품이 범연한 심정은 아닌 모양이야."

"누구 말인가."

"누군 뭘 누군가—나아자 말이지."

"나아자가 내 소식을 묻더라?"

일마는 마음이 번쩍 뜨이면서 입이 벌어진다.

"사실 하얼빈에 와서 제일 먼저 마음에 떠오르는 게 나아잔데 나아자가 내 말을 하더라?"

"자넨 무서운 사람이야. 남은 만주 와서 십 년을 굴어두 차례지지 않는 것을 몇 번 걸음에 잡아버린단 말야. 그 길의 천재가 아닌가."

"나아자는 보통 여자와는 경우가 다르다구 생각하네. 카바레에서 춤은 추구 지낼지언정 나는 그를 누구나와 같이 생각하지는 않어."

"그 맘이 심상치 않거든."

"아까운 여자야."

"외국 여자는 맘의 애정을 첫째로 쳐서 아무런 수단에두 좀해 굴하는 법이 없는데—그렇게 수월하게 맘을 잡았을 젠 자넨 이만저만한 난꾼이 아닌 모양이야."

두 사람은 호텔을 나와 밤거리를 걷고 있었다. 낮과 달라 밤거리란 한층 찬란하게 보인다. 아스팔트 대신에 돌을 깐 포도가 발아래 도툴거리면서 이역의 밤 정서가 그런 데서도 흘러온다. 송화강에서 불어오는 바람을 맞으면서 북쪽으로 큰 거리를 내려가 바른편으로 구부러진 곳에 카바레 '모스코바'가 있다. 층층대를 내려가면 지하실이 바로 홀이다.

어두컴컴한 긴 방 안에 아직도 모여든 손님이 듬성하고, 춤이 시작될라 말라 한 시간이었다. 두 사람이 자리를 차지하고 앉았을 때 한편 식탁에서 막 식사를 마친 나아자가 뛰어왔다.

그의 자태가 문득 눈앞에 나타난 것이 거짓말 같으면서 일마에게는 꿈속같이 반갑다.

"웬일이세요, 언제 오셨어요."

외국 여자치고는 그다지 야단스런 품성이 아닌 나아자에게는 어디인지 동양 사람다운 침착한 데가 보인다.

"가스파딘한테서 소식은 자주 들었습니다만."

"차에서 내려서 호텔에 들었다가 나오자 여기가 첫길이오."

"여러 날 묵으세요?"

"볼 일이 있구 해서, 그 일이 끝날 때까지—빠르면 빠르구, 늦으면 늦구."

"될 수 있는 대로 오래 묵으세요."

"스파시보."

사실 일마에게는 그 간단한 한 마디가 더없이 반가웠다.

나아자와 말할 때 일마는 물론 영어나 혹은 러시아어의 토막말로써 말과 감정이 지금과는 판연히 달라지는 것이었으나, 그런 국제인의 자격으로 조금도 서투른 법 없이 나아자와는 이상하게도 조화가 되었다. 몇 번밖에는 만나지 않은 사이언만 친밀한 구면인 듯한 느낌이 난다.

음악에 맞추어 스텝을 밟아도 익숙하다. 그날 밤 마지막 시간까지 일마는 나아자와만 겯고 일어섰다.

자정이 넘어 춤이 끝난 후 일마들은 나아자를 데리고 카바레를 나와 늦은 밤참을 먹고—지껄이고—차로 나아자를 집까지 돌려보내고 나니 밤이 깊었다. 벽수와도 헤어져 호텔로 돌아와 침대 속에 들었을 때에는 두 시를 울리는 소리가 들렸다. 대륙의 첫날밤은 이렇게 해서 새어 갔다.

이튿날 일마가 늦잠을 이루게 되어 의외에도 늦게 호텔을 나서게 된 것은 순전히 전날 밤의 유흥으로 말미암은 것이었고 나아자와의 즐거운 시간을 생각할 때 물론 뉘우침이 있을 리는 없었다.

사무의 첫길로 위선 철로총국을 찾았다. 하얼빈교향악단은 그곳의 소속인 까닭이다.

복지과장을 만나 사연을 설명하고 승낙을 빌었을 때 그도 이미 신문사에서의 교섭을 받은 뒤였던 까닭에 선선하게 대답한다.

"사장의 편지와 몇 군데서의 격려의 말까지를 들었습니다만 좋은 계획이시죠. 우리두 두 손을 들어 찬성합니다. 그곳의 문화 사회를 위해서도 필요한 사업이어니와 본 교향악단 자체의 명예와 발전을 위해서도 뜻깊은 일입니다. 외부에서의 교섭을 받지 않더래두 본 과로서두 자진해서 하고 싶던 사업입니다. 아무쪼록 이번 계획이 크게 성공되기를 빌며 곧 알선해서 뜻에 맞도록 하겠습니다."

과장의 부드러운 태도에 일마도 만족되어서 두 사람은 문화 교환의 필요에 대해서 피차의 의견을 장황하게 피력하면서 의외에도 수월하게 해결된 즐거운 회담이었다.

모든 것이 순조로워서 웬일인지 이번 여행이 다행하게 되어 나가는 것을 반가워하면서 과장과 다시 만나기를 약속하고 총국을 나왔을 때 오정이 가까웠다.

신문사 벽수에게 전화를 걸어 호텔 밖에서 오찬을 같이하기로 작정하고 약속한 '반관쯔(飯館子)'로 마차를 몰았다. 마차가 느렸던 모양이다. 가가(假家) 앞에는 벌써 벽수가 기다리고 있다. 식당과 호텔을 겸한 큰 집으로 바로 아래층은 백화점이었다. 문 앞에서 서성거리던 벽수는 일마를 보자 뛰어왔다. 마차에서 붙들어 내리다시피 하면서 급스러운 언조(言調)로

"자네 놀라지 말게."

"멋 말인가?"

"반갑지가 않구 되려 무슨 흉보만 같어."

"왜 이리 설레나."

"자네 채표 몇 번이더라."

"채표가 어쨌단 말인가."

백화점 문턱을 넘어가면서 수첩을 뒤적거릴 때 벽수는 동무의 손을 끌어 카운터 편을 향하면서

"三七五二五가 아닌가. 저걸 좀 보게."

가리킨 곳의 현판에 굵게 써서 내건 누에 같은 숫자가 눈을 뺏는다.

"三七五二五—저 저게 무슨 뜻인가."

"당선이네. 자네 당선이야. 일등 당선이야."

일마는 어안이 벙벙해서 무어가 무엇인지를 분간할 수가 없다.

"내가 간밤에 무슨 꿈을 꾸었게."

"꿈이 아니야. 생시야. 오늘이 보름날 채표 당선 발표의 날이구, 자네가 일등이야. 돈 만 원이야."

"만 원!"

공교롭게도 이채 삼채 사채까지의 당선이 그 달 그 집에서 나게 되어서 모여든 사람으로 카운터 앞은 웅성웅성하다. 일마가 얼뻥뻥

한 속에서 채표를 내들고 사무원 앞에까지 갔을 때 그도 빙그레 웃으면서 기뻐해 준다.

"반갑소이다. 웬일인지 이 몇 달째 일등이 번번이 우리 집에서 난단 말예요. 그 덕에 가가두 이렇게 번창해져서 이런 기쁠 데는 없습니다."

줄레줄레 모여든 사람들도 일등을 맞히는 사람은 대체 어떻게 생긴 사람인지 하는 듯이 일마를 이모저모 뜯어 본다.

"오는 이십삼일 날 중앙은행에 가서 현금 만 원을 몽탕 찾으시오. 삼부만은 수수료로 본점의 차지가 되겠습니다."

사무원의 말소리도 귀에 들리는 둥 만 둥 어지러운 눈앞에 세상도 옳게 보이지 않는다.

오찬이고 말고 벽수와 함께 백화점을 나와 가까운 우편국을 찾았다. 누구보다도 소설가 훈이 떠오른다. 이번 여행의 행운은 그가 선사한 꽃묶음의 덕으로만 생각되었던 것이다.

—만 원 당선 놀라지 말라 하얼빈 천일마.

의 전보를 치고 국을 나왔을 때 여전히 몸이 달며 눈앞이 휘둘리는 것이었다.

일마는 다는 몸이 좀체 식지 않아서 벽수와 잠시 거리를 거닐기로 했다.

(수십만 사람 중에서 뽑혀진 꼭 한 사람이 왜 하필 나였던구— 왜 내게 만 원이 차례졌는구.)

아무리 생각해도 꿈속 일만 같아서 정신이 혼몽하다. 거리를 오고가는 뭇사람이 딴 세상 속을 헤매이는 고기떼와도 같다. 뭇사람

중에서 내가 왜 한 사람으로 뽑혔단 말인구. 그 무슨 인연이 있는 것일까. 그렇지 않으면 행운은 장님이 제비 뽑듯 그저 무턱대고 자기 한 사람을 집어낸 것일까.

(행운과 불행은 그럼 아무 뜻도 없는 것인가.)

일상에 무심히 지내오던 행불행의 뜻이 곰곰이 생각되면서 우주의 뜻을 고비고비 의심해 볼 때 마음은 더욱 혼란해질 뿐이다.

"자네 만주 길이 잦더니 기어코 이 일을 칠랴구 그런 모양이야."

"머가 먼질 모르겠네. 바른 정신이 없어."

"행운이란 밖에서 보기가 찬란한 것이지 실상 그 속에 들어서면 아무치두 않은 것이지."

벽수도 혼란한 일마의 심중을 추측할 수 있었다.

"꽉 차니까 되려 비인 것 같어. 찼는지 비었는지 분간을 못하겠네."

"비이면 비인 줄을 알어두 차면 찬 줄을 모른단 말인가."

"찬 건 비인 것과 일반인 모양이네."

옆을 스쳐 지나는 사람들의 하나하나가 다 각각 행복과 불행 속에 사무쳐 있으련만 그들이 본질적으로 그다지 구별되어 보이지는 않는다. 행길 양편으로 즐비한 집들이나 그 사이로 빈번하게 내왕하는 마차나 흔들리는 가로수의 나뭇잎이나—그 모두가 오늘 일마가 행운을 얻었다고 해서 어제와 다를 것이 없어 보인다.

"가령 여기 오는 이 거지와 나와 무에 다를 게 있겠나. 내가 장할 것두 없구 그가 천할 것두 없구, 내 맘과 그의 맘의 구별이 대체 얼굴 어느 구석에 나타나 있단 말인가."

스치는 거지에게 돈 한 푼을 쥐어 주고 지나 놓으니 그를 보낸 뒤는 감감하면서 세상은 도로 그닥 아무 변화도 없다. 세상일의 조화에는 이상하고 신비로운 뜻이 있는 것도 같고 없는 것도 같으면서 — 굼성거리는 일마의 마음속에는 아무 해결도 터득도 없는 것이었다.

"생각할 것 없네. 행운은 역시 행운이요, 만 원은 만 원이야. 그저 그뿐이지 그 밖에 무슨 뜻이 있겠나."

벽수는 다시 현실주의로 돌아오면서 생각하는 일마를 꿈속에서 깨워 내려는 듯이 목소리를 높인다.

"너무 생각하다 되려 화 보리. 좋은 일이 있을 땐 천연스럽게 해야지, 변색했다간 화를 부르는 때가 있어. 실상인즉 채표 당선에 따르는 여러 가지 희비극이 있다네."

하면서 동무의 주의를 일깨울 겸 몇 가지의 실례를 든다.

" — 일등 당선이란 소식에 이층에서 기뻐하다가 창밖으로 떨어진 사람이 있었구."

" — 드난으로 벌이하던 사람인데, 맞혔다는 말에 그 자리로 맘이 실성해져서 일터에두 하숙에두 들리지 않구 그 길로 차를 타구 고향엘 간다구 정신없이 내뺐다는 얘기."

" — 한 집에서는 남편이 출타한 새 당선이 되니까 아내가 만 원을 채가지구 도망을 쳤다든지 하는 얘기, 남편이 돌아와 수색원을 내구 소송을 걸어서 이겼다든지 졌다든지……."

"그만두게나. 불길한 소리 자꾸 할 게 있나."

일마가 막으니까 벽수는 뜻을 얻은 듯이

"그러게 말이네. 자네 괜히 곰상스레 궁리할 게 없어. 생각하든 마든 행운은 행운이구 만 원은 만 원이야."

"궁리야 누가 궁린가. 엄청나서 머가 먼지 모르겠단 말이지."

"어서 만 원은 내 이름으로 고시란히 찾어 주리. 자넨 외지 사람이라구 말썽되기 쉬워. 내 이름이 안전해."

큰 고패나 경험하고 난 뒤같이 두 사람은 그제서야 마음이 놓이면서 비로소 점심 생각도 났다.

식사를 하고 났을 때 일마에게는 바른 정신이 들면서 만 원의 뜻과 값이 알려진다.

몸이 뿌듯이 차고 마음이 대견한 것은 식사를 하고 난 탓이 아니라 역시 만 원의 탓이었다. 만 원이 주는 만족감이었다.

식탁에 널려진 음식 접시가 하치않으면서도 귀해 보이고 한 잔 차가 속을 흐붓이 눅여 준다.

(―나는 지금 누구보다도 배부르다. 외에 별로 소원이 없다.)

세상을 차지한 왕이라도 지금 일마 이상으로 만족스럽지는 못할 법하다. 어느 누구를 데려와도 일마가 그 앞에 굽힐 사람은 없을 법하다. 세상에는 나 혼자노라―하는 생각조차 든다. 모든 것이 자기를 위해서 마련되어 있는 듯싶다. 식탁도 음식도 거리도 사람도―하늘과 땅까지도―자기 한 사람을 위해 장만되어 있는 듯싶다―바른 정신이 아니다. 아직도 꿈속을 헤매이고 있는지도 모른다.

"만 원으로 대체 무얼 하려나."

다음에 오는 문제였다. 일마가 감동에 잠겨서 그것만으로 더 생각이 없을 때 벽수가 이것을 뙤어 주었다. 일마보다는 벽수가 역시 현실에는 눈이 한결 밝은 셈이었다.

"글쎄, 멀 할꾸."

아직 거기까지는 생각이 미치지 않았던 것이다.

"—멀 하구 멀 하느니보다두 당분간 거저 막연한 만족감에 잠겨 있어 보려네."

"생각만으로 만족한단 말인가. 자넨 낭만주의자야. 수전노는 금덩어리를 가진 것만으로 기뻐한다데만, 금은 역시 쓰자는 것이거든. 소비의 즐거운 예상이 없이는 만 원두 뜻 없는 거야."

"어디 용도를 좀 생각해 보게나. 내 주제에 그까짓 만 원을 가지구 사회사업을 할 텐가 멀 할 텐가. 어떻게 쓰면 적당할지 생각해 보게나."

"쓸 도리가 없어 걱정이겠나. 사람마다 생각이 다르겠지만."

"'현대인에게 주어진 만 원'—이라는 게 한없이 즐거운 제목이 아닌가."

하면서 벽수는 제 스스로 즐거운 공상에 잠기는 듯 눈을 가슴츠레 뜨면서 손가락 끝에서 피어오르는 자줏빛 담배 연기를 바라본다.

"……가난한 시민에게 만 원으로 할 일이 많어."

"첫째 무엇을 하겠나."

"……자그마한 문화주택을 지어야 하잖겠나."

"집 한 채 지으면 뒤에 무에 남나. 집만 덩그렇게 해 놓으면 먹을 것이 제물에 생긴다든가."

"집이 거북하면 자동차 한 대두 좋구."

"개 발에 편자지. 차는 해 뭣하게?"

"여행을 해두 호화판으로 할 수 있을 터."

"그건 첨부터 소원이네만."

"사랑인들 만 원으로 못 살 줄 아나."

"사랑을―돈으로 사랑을 산다? 자네다운 말이야."

"마음으로 사랑을 얻는 줄 아나, 어수룩한 현대인두."

"그야 사랑하는 사람에게라면 돈 아니라 무언 못 바치겠나만, 더구나 가난하구 외로운 사람에게라면……."

하다가 일마는 문득 나아자를 생각했다. 가난하구 외로운 나아자가 머릿속에 떠오르는 것이었다.

"가령 나아자가 원한다면 만 원을 몽탕 그에게 바쳐두 좋겠네."

"……흠 나아자―그가 그렇게까지 자네 맘을 잡았던가."

만주리에서 아버지를 여의고 몇 해 전에 하얼빈에다가 어머니마저 묻어버린 외로운 나아자였다. 백모의 집에 한 몸을 붙이고 카바레에서 일급 일 원에도 못 차는 고용살이를 하는 신세였다. 가난하고 외롭다면 일마의 신변에서 나아자만큼 가여운 여자는 없다. 그러므로 더욱 그 애처로운 자태가 일마의 마음을 끄는 것도 사실이었다.

"그럼 나아자에게다 모든 것을 바치게나. 그두 자네에겐 범연한 심정이 아닌 모양인데."

"글쎄 말이야."

일마는 새로운 뜻에 얼굴을 빛내면서 먼 산을 바라본다.

다음 날—일마가 하얼빈서 채표에 당선된 다음 날—신경의 거리에서도 구석구석에 채표의 화제가 삐지 않았다.

역에서 일마에게 굴욕의 작별을 당하고 분연히 거리로 들어갔던 단영은 오늘도 한가하게 행길을 거닐고 있다. 화려한 치장은 뭇사람 중에서도 눈에 띄었고 가가 창에 비추이는 초초한 모양이 자신에게도 만족을 주었다.

혼자 걷는 것이 아니라 옆에는 한 사람의 기사가 동반해 있다. 비록 일마에게는 괄시를 받았을망정 자기를 사랑하는 사람이 없어 걱정되는 단영은 아니었다.

"이렇게 데리구 나와 보니 당신 모양이 꼴불견이구료. 서울서 십여 년을 지내면서 그렇게두 때를 못 벗었어요. 그 맵시며 걷는 모양이며가 흡사 시골뜨기니."

핀잔을 받는 명예의 기사는 시골뜨기는커녕 서울서도 한다 하는 인물, 반도영화사 사장 김명도였다. 영화사업계에서 난다 긴다 하는 그였만, 단영에게 걸리면 손안의 노리개다. 단영의 전보를 받고 어제 차로 서울서 뛰어온 것이었다. 단영은 일마에게 욕을 당한 화풀이로 그를 부른 것이었고, 명도 편으로 보면 항상 심중에 단영이 없지 않던 터에 좋아라 하고 뛰어온 것이다. 자기에게는 원래부터 영화에 몇 번이나 출연을 시켜 주면서 그 무엇을 은근히 바라는 것이나, 헛물을 켤 뿐 아직도 뜻을 못 얻은 채 그의 신변을 뱅뱅 도는 놈팽이의 한 사람이었다. 만나면 보기 좋게 휘둘리우고 항상 엄청난 낭비를 할 뿐이나 그래도 잊지 못하는 마음에 그의 분부라면 한마디 거역 없이 좇게 된다.

그렇게 차리고 나선 두 사람이 흡사 공작과 삽살개같이밖에는 안 보이는 것은 명도의 모양이 지나쳐 검박해서보다도 단영의 맵시가 뛰어나게 사치한 까닭이었다. 명도의 모양은 아무리 보아도—여배우와 사장의 대조가 아니라 귀부인의 뒤를 따르는 머슴의 꼴로밖에는 어리지 않았다.

"단영과 같이만 있으면야 시골뚜기구 무어구 내가 계관(係關)하는 줄 아나. 내 뜻만 받어 준다면 난 노예래도 될 테니."

"당신은 계관하지 않는대두, 내가 창피하니 말이죠……. 아이구 그 꼴 못 보겠네. 괜히 불렀나부다."

"그럼 어떡허란 말인구. 이렇게 오므리구 안종다리 걸음을 걸으란 말인구."

"안종다리구 뭐구 간에 허리를 좀 펴구 유쾌하게 걸어요. 만주 걸음이 처음이란 말요. 그렇게 잔뜩 주렵이 들었게."

"허리를 펴구 유쾌하게…… 자 이렇게 말이지."

"어서 아무렇게나 걸어도 속상해."

교사 앞에 생도같이 더욱 주렵이 들어 어기적거리는 꼴은 단영이 아니라도 사실 보기 어려운 것이었다.

횡하니 앞서 내빼는 단영을 따르려고 가제나 어기죽거리는 선비의 걸음이 풀무같이 휘뚱거리던 판에 행길을 옆으로 구부러들려다가 문득 가가 앞에 게시판이 눈에 뜨인 까닭에 그것을 우두커니 바라보고 섰는 동안에 단영의 그림자는 훨씬 앞으로 멀어졌다.

게시는 채표 발표의 광고였다. 채표는 명도에게도 관심사의 하나였다. 주머니 수첩 속에서 뒤적뒤적 찾아낸 쪽지가 역시 한 장의 채표였다. 지난달 만주 오는 동무에게 부탁해 사둔 것이다. 채표의 번호와 게시의 숫자와를 눈이 뚫어지라 하고 곰곰이 대조해 보는 그의 모양이 멀리서 발을 돌리고 바라보는 단영의 눈에는 잘름한 절구통으로밖에는 보이지 않는다.

"생원이 또 무엇에 한눈을 팔구 섰누."

하는 수 없이 되돌아와서 어깨너머로 채표를 바라보면서

"아니 그래 등에나 들었단 말요?"

물으니까 명도는 빙그레 웃으며

"들긴 머가 들겠수. 몇십만 속에서 내게 왜 하필 차례질려구."

"그러면 그렇지. 아무나 되는 줄 아우. 행운이란 드무니까 행운인 것이지 그렇게 흔하다면야 행운될 게 있수."

"올 법두 하건만 안 온단 말야."

"잔소리 말구 어서 가요."

단영은 이번에는 명도를 앞세우고 집오리나 몰 듯 혀를 차는 것이었다.

삽살개의 실망하는 양이란 보기 딱한 것이었다.

"끝의 숫자만 맞었더라면 일등이 되는 것을 꼭 셋이 부족해서 떨어지다니."

찻집에 들어가 차를 마시면서도 명도는 그 잘름한 체대(體大)에 잔소리가 그치지 않는다.

"참봉만 아니더라면 천하일색일 것을—그런 쓸데없는 소리는 자꾸 해 뭘해요."

"아깝단 말야, 아무리 생각해두."

"팔자에 없다구 생각하면 그만 아니오. 욕심두 작작 피워요. 그런 행운 더러 남주는 것두 좋지 뭘 그러우."

"팔자에 없다는 게 섭섭하거든."

한편으로는 가령 단영 같은 축에 걸리면 물 쓰듯 낭비를 하면서도 기실 물욕에 들어서는 누구에게도 지지 않게 인색하고 추잡한 명도였다. 거의 그의 근성이었다. 그 근성이 오늘의 그의 지위를 만들어 주었는지도 모른다. 단영의 앞이었으니 망정이지 그 혼자 숨어서 오늘의 낙자의 결과를 알았더라면 얼마나 더 실망하고 애석해 했을 것인가.

"내가 못 가지는 행운을 대체 어느 녀석이 차지했을까. 그 녀석은 나보다는 운수가 웃질이란 말인가. 녀석 낯짝이 보구 싶어."

"어떤 녀석인지는 알게 있수. 다 제 팔자지, 남의 험구는 왜 한단 말요."

"녀석두 눈이 둘이구 코가 하나구 입이 하나겠지."

바로 일마가 그들이 지금 말하는 행운자일 줄이야 어찌 알았으랴. 그인 줄을 안다면 얼마나 놀람이 컸을까. 그러나 모르고 말하는 것이 가장 마음 편한 노릇이다. 일마인 줄을 모르는 까닭에 명도의 공상은 자유롭고 즐거웠다. 바로 몇 시간 후에 그것을 알게 될 것도 물론 모른다. 미래라는 것은 짧고 길든 간에 그것을 모름으로써 값있고 행복스런 것이다.

"채표 얘긴 그만두구 어서 하얼빈 들어갈 생각이나 해요."

이렇게 제의하는 단영의 심중에는 일마의 그림자가 뚜렷이 솟아 있었으나, 그것은 물론 채표와 아무 관계도 없는 것이었다. 채표로 인해서 일마를 생각해 낸 것도 아니요, 그가 채표와 관련이 있을 줄이야 꿈에도 생각지 못했다. 다만 우연히 떠오른 것이 일마였고, 일마를 생각하면 하얼빈행이 한시가 바쁘게 마음을 달뜨게 했다.

"그래 기어이 하얼빈으로 가잔 말인가. 어제 들어온 사람을 하루두 못 묵게 하구, 또 들어가잔 말야."

"이까짓 신경에 무슨 재미로 오래 있어요. 놀기로야 하얼빈만한 데가 있는 줄 아우."

"그야 단영이 생각이지. 내게두 그런 줄 아나."

"또 한 가지 실토를 하면요."

단영은 여기서 일마의 일건을 귀띔해 놓아야 할 필요를 느낀다. 당장에서 문득 만나 사이가 거북해지는 것보다는 예비지식을 주어 마음의 준비를 하게 함이 명도를 얼마간이라도 생각하는 도리일 듯 싶었던 것이다.

"—하얼빈에는 지금 일마가 와 있다나요."

"머 일마가?"

명도는 확실히 주춤하는 표정이었다.

"신경에는 내리지 않구, 며칠 전 바로 하얼빈으로 들어갔어요. 왜 아시겠지만, 그 교향악단 일로 말예요."

"그러니까 일마에게 총을 맞구 나를 불러들였단 말이지. 흠 내 꼴이 머란 말인구."

단영이 일마에게 혼을 뽑히우고 있다는 것과 그런 까닭에 일마와 자기 사이가 어색한 것을 명도는 평소부터 느껴 오던 중이다. 이제 돌연히 소식을 듣고 불만의 낯빛이었으나, 그러나 일마와의 사이가 어떤 것이든지 간에 단영에게 대한 자기의 마음은 그 무엇보다도 강했다. 어색한 공기쯤은 그다지 탓할 것이 못 되었다.

"꼴이 머긴 머예요. 서로 원순가요. 머 사내 양반들이 의젓이 만나면 그만 아니에요."

"사람을 잘은 이용한다. 허수아비같이 질질 끌구 다니면서 실속은 딴 데로 채린단 말이지."

반드시 항의가 아닌 것이요, 어리석은 지아비의 측은한 하소연이었다.

대륙의 밤

그러는 동안에 하얼빈행은 제물에 결정되고 말았다. 결정을 하지 않고야 견디어낼 단영이 아니었고, 속심으로는 어쨌든지 간에 단영의 비위를 맞춰 주지 않고는 배겨낼 명도가 아니었다. 단영이 반드시 이긴 것도 아니요, 명도가 반드시 진 것도 아니다. 두 사람의 관계와 처지로서는 당연한 결말에 지나지 않았던 것이다.

"그러게 언제나 내가 당신을 존경하는 배 아니오."

단영은 만족된 마음에 명도를 후려 본다. 사실 속으로는 감사의 뜻이 없는 것도 아니었다.

"존경―그게 그래 존경하는 거야. 알량한 존경두 다 봤다."

명도는 아이같이 찌뿌듯해서 대단히 못마땅하다.

"그야 항상 내게 아쉬운 때가 많으니까 당신을 이용하는 것같이 보이지만―당신이 만약 진저리가 나게 싫다면야 내가 이용인들 하겠수. 수많은 사내 속에서 왜 하필 당신을 추려낸단 말요. 그렇지 않겠수. 생각해 봐요."

"요 능청맞은 것 봐라. 혼자만 제 속을 채리면서두 납신납신 입으로만 발러 맞추려구."

"아니 그래, 내가 당신을 존경 안 한 게 머구 못마땅한 게 머란 말요."

"어서 존경이구 머구 다 그만두구, 어느 때까지나 내 맘을 조롱은 말아. 나두 사내자식이지 죽을 때까지 돌부처로만 지낼 순 없으니."

이 명도의 은근한 마음의 요구는 이제 새삼스럽게 시작된 것이 아니다. 단영을 만난 당초부터 싹트기 시작했던 것이 언제까지나 꾸준히 마음속을 차지하게 되었고, 그것으로 말미암아 모든 굴욕을 참으면서도 단영 앞에서 넋을 잃고 있는 그의 꼴이 아니던가.

그러나 단영은 이 말을 들을 때 언제나 몸에 소름이 치며 구역이 났다. 화를 내며 짜증으로 쏘아붙이는 것이 그의 버릇이었다.

"조롱은 누가 했단 말요. 내가 뭘 조롱했단 말요……. 하얼빈이구 머구 싫으면 그만이지 싫은 소린 왜 자꾸 한단 말요."

"아 아니, 누 누가 싫은 소릴 했게."

이번에는 명도가 한 수 꿀리게 되어 뜨끔하면서 어쩔 줄을 모른다.

"—하얼빈을 누가 싫다구 그랬게. 가구 말구 여부가 있나. 밤차로 떠나자니깐그래."

빌 듯이나 내섬기면서 단영의 속을 풀기에 쩔쩔매는 것이다. 찻집을 나와서 걸으면서도 명도는 이 수 저 수를 써 가며 그 어여쁜 투정꾼의 마음을 누그르기에 무한한 애를 쓴다.

"겨울이 되기 전에 또 하나 작품을 시작해 보랴는데—이번두 물론 단영이 주연이 돼 줘야겠어. 여배우라구 이름 붙는 건 많어두 어디 하나 쓸만한 게 있어야지. 역시 단영이 총중에서는 제일 빛난단 말야."

"그런 비행기 이젠 안 타요. 영화에 출연은 한다구 하더래두 비행기는 작작 태워요."

"출연을 해 주겠다. 고마워라. 그럼 이번에 나가면 곧 배역을 작정하기로 할 테니 함께 나가주렷다."

"역시 맘에 들면 하구 그렇지 않으면 싫어요. 그까짓 달갑지 않은 영화에 자꾸 출연을 해서 멋하게요. 영화니 머니 다 시들해요."

"그렇게 영화계를 얕잡아 볼 게 아니야. 지금은 이 꼴이래두 좀 있어 보지. 얼마나 웅성웅성하구 넉넉해질까."

밤이 되기까지에 명도에게는 한 가지 일과가 있었다. 댄스 교습소를 찾아 속성으로 사교댄스를 익히는 일이었다. 육중한 체대에 스텝을 밟을 줄 모르는 그다. 만주에 들어올 때마다 필요를 느껴 뒷골목 교습소를 가만히 찾는 것이었으나, 아직도 온전히 터득하지 못했다. 정성이 대단해서 하루를 묵든 이틀을 묵든 간에 반드시 교습소를 찾는다.

이날도 물론 그것이 무엇보다도 중요한 하루의 과정이다. 단영을 앞세우고 단골인 교습소를 찾아 거의 반날 동안 체조나 하는드키 터벅터벅 방을 돌면서 젊은 교사를 괴롭히게 되었다.

창밖이 어슬어슬할 때 하얼빈행 차 시간을 생각하고 단영과 함께 역을 향하는 것이었다.

지단가(地段街)에 있는 '대륙당'은 근처에서는 으뜸가는 약방이었다. 큰 빌딩의 한몫을 차지해서 바로 거리로 향했고, 약방 외에 안으로는 몇 간의 살림방까지 차려 놓고 큰 가족을 이루고 있었다. 벽수는 숙부 한운산의 방 옆에 조그만 한 간을 차지하고 내 집같이 흉허물 없이 기거하고 있다. 신문사에 나가는 이외의 시간은 대개 그 방에서 지내게 되었다.

일마는 걸음이 잦았던 까닭에 자연 운산과도 면목이 있었다. 하얼빈 온 지 여러 날에 아직도 그를 찾지 못했던 것을 미안히 여기며, 인사 겸 그날 낮쯤 해서 대륙당을 들렀다. 벽수도 그런 줄을 알고 기다리고 있었다. 외근을 맡아 보는 까닭에 사(社)에서의 일이 불규칙해서 건듯 보면 대단히 한가한 듯도 하다.

그러나 정말 한가한 것은 일마였다. 맡은 일을 며칠 동안에 부랴부랴 끝내버렸던 것이다. 철로국 복지과장을 또 한 번 만났었고, 음악학원 원장을 찾았고, 모데른 호텔의 지배인과 의논했고—악단의 교섭은 그것으로 끝났다. 이제는 벌써 악단의 출발 날짜만을 기다리면 그만으로 되었다. 오는 시월이면 그들도 틈을 타 연주를 떠나게 된다는 대답이다. 그들을 서울서 맞이하게 될 날까지의 시간은 일마에게는 완전히 자유롭다. 서울로 속히 돌아가든, 하얼빈에 어느 때까지나 더 머무르든 임의이다. 그런 마음의 한가에서 오는 안심이 그를 한층 즐겁게 했다. 요새의 하루하루가 말할 수 없이 마음 편하다. 그런 유유한 여행은 처음인 듯싶었다.

한운산은 잘름하고 오돌진 풍격(風格)이 그 어디인지 벽수와 비슷하면서 그보다는 한층 윗길이다. 말하자면 벽수를 한 테두리 더 크게 해 놓은 것이 운산이다. 뚱뚱하면서도 탄탄하고 눈에 빛이 흐른 것이라든지 살결이 팽팽하게 그슬린 것이라든지가 벌판을 굴면서 어느 모를 비집든지 간에 제 마련은 하고야 말 위인이다. 수십 년을 두고 모진 풍상에 절은 탓일까. 흰 머리카락이 반백으로 머리를 물들였고 깊은 주름살에는 고난의 반생이 역력히 적혀 있으나, 지금에는 벌써 모든 것이 족한 이 대륙의 '성공자'는 그리울 것이 없는 유유한 자태이다. 대륙과 함께 살고 대륙과 함께 볶이우고 대륙과 함께 일어난 그의 배포에는 호락호락 범하기 어렵고 그 무엇에나 수월하게 넘어감직하지 않은 호담스럽고 벅찬 데가 있었다.

"우리 아저씨가 대체 뭘 해서 오늘의 성공을 얻은 줄 아나."

언제인가 벽수가 일마에게 숙부의 과거를 귀띔해 준 적이 있었다.

"성공이라는 게 돈을 모았다는 말일 텐데—무엇으로 모았단 말인가. 설마 약탈이야 했겠나."

"알구 보면 약탈이나 다름없다네—남의 것을 뺏지만 않았을 뿐이지 바르지 않은 수단임은 일반이야."

"바르거나 바르지 않거나 약을 팔어 모았겠지, 다른 별것을 했겠나."

"옳지 그 약이야—약은 약이래두 여기 늘어 논 이런 약들은 아니야. 숨어서 거래하는 약이라네. 중국이나 만주 백성들을 등골부터 녹여내는 약이라네. 그 거래가 크단 말야."

"음."

일마도 벽수의 뜻을 짐작할 수 있었다.

"그래 위험하진 않은가."

"왜 위험하지 않겠나. 필사적이지. 그러니까 하는 보람두 있구 수두 크단 말이야. 만주에 들어와 소위 성공했다는 조선 사람의 대부분은 아마도 다 그 같은 위험한 길을 걸은 사람들이리. 하긴 열린 길이라군 그것밖엔 없지만."

"명예롭단 말인가, 불명예란 말인가."

"명예롭다니—지금 만주서는 조선 사람만 보면 그 약을 연상하게 됐다네. 조선 사람과 약과—이런 불명예로울 데가 또 있을 줄 아나. 무얼 하든 간에 그런 인상밖엔 안 준단 말야……. 지금은 주제가 바르지만 알구 보면 우리 숙부두 과거가 어둡다네."

숙부의 과거에 대해 확실히 불만인 벽수의 어조였다. 곯아 죽는 한이 있더라도 '바른 것'에 대한 원—이것이 벽수의 일상의 지향이었다.

이런 예비지식이 있었던 까닭에 일마에게는 한운산의 자태가 심상하게 보이지는 않았다.

"이번에는 대단한 행운을 얻었다니 듣기에 반갑소이다."

운산은 일마를 잔잔히 바라본다. 그런 행운이 심상하게 여겨지지 않았던 모양이다.

"만주가 원래 만만치 않은 곳인데, 외지에서 온 사람에게 행운이 떨어진다는 건 거짓말 같어. 앞으로 큰 수가 트이려나보우."

"행운이 눈이 멀어 제게 떨어진 거죠. 성한 정신으로야 저 같은 걸 골라내겠습니까."

"요새 사람에게 요새 돈으로 만 원이 대단치 않은 것일지 몰라두 수로는 큰 수야……내가 만주 들어온 지두 어언 이십 년이 넘는데, 처음에야 수중에 단돈 십 원이 있었겠소. 요행 오늘의 이 결과를 보기는 했으나, 그간 적수공권으로 고생이라니 그런 고생은 없었소. 굶주리다시피 한 때두 있었구 사선두 여러 번을 넘었었구, 그저 모두 천명이거니만 생각하죠."

"아무렴요, 오죽하셨겠습니까."

"요새는 시대가 좋아서 가만히 앉었어두 행운이 제 발로 걸어들어 오지만, 지난 반생을 생각하면 소름이 치구 등골에 땀이 난단 말야."

"아저씨 같은 생업을 하시면야 그걸 각오하세야죠."

조카 벽수가 뒤를 채서 말을 넣으니까

"만주서야 아무 걸 하든 편한 노릇이 있다드냐. 다 모험이구 다 고생이지."

변명하는 듯도 하고 항의하는 듯도 하다.

"어수룩한 곳이긴 해, 뭘 하던 살아갈 순 있으니."

"요새 사람은 편하단다. 아무 고생을 한들 옛사람을 당하겠니."

다시 일마를 상대로 하면서

"만 원을 가지면 나 같으면 아무거나 장사를 시작하련만. 요새 사람이야 웬 그런 생각을 하겠나."

"장사보다두 먼저 살아야 한답니다."

또 벽수가 일마를 대신해서 말하다가

"그런 요량이니까 넌 아직두 그 나이에 그 꼴이지—현대 청년은 뜻이 박약해."

하고 핀잔을 맞는다.

"뜻이 박약하지 않고 길이 다르답니다. 옛날과 지금과는 할 일이

다르거든요."

"일은 달러두 뜻은 예나 지금이나 같거든. 아무 때래두 이상은 있는 게구, 이상이 크면 뜻두 굳거든—내게야 무슨 이상이 있었겠니만, 요새 청년에겐 그게 대체로 희박하단 말야."

약장사로서 성공한 운산에게서 이상론을 듣게 된 것이 일마에게는 낯간지러운 일이기는 했으나, 이상이라는 말을 새삼스럽게 듣고 보니 가슴이 오래간만에 찌릿하지 않은 것도 아니었다.

현대인에게는 이상이 희박하다—는 것이 그 유(流)의 독단이나 헛소리만 같지는 않았다. 가령 일마 자신의 마음속을 지금 당장 물어본대도 무엇이 이상이며 그것이 얼마나 굳은지를 한마디로 대답할 수 있을 성싶지는 않았다. 만 원으로 말미암아 아닌 때 격에 없는 이상을 그 자리에서 반성하게 된 것을 뼈저리게 생각하며 시선을 창밖 행길로 보냈다. 사람들의 왕래가 빈번한 그 어지러운 거리에 대체 무슨 이상이 있는고—하고 일마의 시선의 초점은 흐리멍덩했다.

"그럼 현대인의 이상은 무엇이어야겠습니까."

"그야 내가 아나. 현대 청년이 제일 잘 알 일이지."

숙질의 문답을 옆 귀로 들으면서 일마가 여전히 창밖을 내다볼 때였다.

아까부터 밖에서 어른거리던 그림자가 또 한 번 문 앞으로 나타나면서 가가(假家) 안을 흘금흘금 살피는 것이다.

공교롭게 일마의 시선과 마주치자 그는 하는 수 없이 가가 앞으로 선뜻 나서면서 문을 열었다. 유리문이 안으로 밀리면서 그가 들어와 섰을 때에야 비로소 가가 안 사람들도 그에게 주의가 쏠렸다.

그 오전의 손님은 외국인 소녀였다. 십 칠팔 세를 잡아들었을까. 비교적 조그만 체격에 얼굴빛도 창백하다.

시선이 한 몸으로 쏠린 까닭에 소녀는 적지 아니 겸연한 모양이었다.

무죽거리면서 사람들의 얼굴을 살피더니 카운터 쪽으로 쑤욱 들어가 점원 앞에 이른다. 그 뒷모습을 찬찬히 보면서 일마는 그 어디서 본 적이 있었던 듯이 느낀다.

점원과 귓속말로 한참이나 수군거리더니 점원은 자기 혼자로는 처단하기 어려운 듯 주인 운산에게로 와서 눈짓하며 무엇인지 귀띔한다. 운산은 천연스런 표정으로 승낙의 뜻을 표하는 모양이다. 점원은 소녀를 잠시 기다리게 하고 조심스럽게 가가 안으로 들어가는 것이었다.

"어디서 본 듯한 여잔데."

벽수는 일마에게 가는 목소리로 지껄이다가

"—옳지 댄서구나. 알구 보니 카바레 '숭가리'의 댄서야. 낮에 보니까 밤에 보는 얼굴과는 소양지판인데."

"댄서치군 몹시 어리구나."

"가엾다. 밤 등불 밑에서는 그런 줄 몰랐더니 신색이 말 아닌데. 중독이 푹 들었어. 아까운 청춘이야."

자탄하는 듯이 중얼거리면서 일마의 귀에 입을 댄다.

"뭘 사러 온 줄 아나."

"약 사러 왔겠지, 뭘 사러 왔겠나."

"그래 약이야—바로 약을 사러 왔어."

범연히 들었다가 일마는 문득 반성하면서

"음 그것 말인가."

비로소 뜻을 알아맞혔다.

"모양을 보게나, 여간 중독자는 아니야."

"저런 어린 소녀가—별 세상을 다 봤다."

"내 언젠가두 말하지 않던가. 만주서는 누구나 조선 사람만 보면 그걸 연상한다구. 조선 사람이면 다 그걸 감쳐 가지구 있는 줄 생각한다네. 여긴 약방이니까 물론이지만, 약방 아닌 다른 곳에서두—아마 거리에서 우리를 봐두 다 그런 줄 알리. 조선 사람의 약방이라면 재없이 이렇게 은근히 찾아든단 말야."

"그러다가……."

"물론 금물이지. 약방이라구 간판을 크게 걸구 너점부레하게 늘어논 게 많어두—실상은 아직두 그 거래가 크다네. 위험한 짓이지."

"저 어린 소녀가 그렇다니—저 몸이 점점 멸망해 간단 말인가그래."

"만주는 복잡한 구렁이야. 넓기두 하지만 속속들이루 무슨 세상이 숨어 있는지 헤아릴 수 있어야지."

"복잡한 구렁—그러니까 또 자미있지 않은가."

소중한 문제를 그런 자리에서 토의할 바도 아니어서 일마는 농으로 결론을 지어버리고는 궁금한 듯 다시 소녀를 바라본다.

안으로 들어갔던 점원이 푸른 종이에 싼 것을 들고 나와 소녀 앞에 내놓는다.

소녀가 말없이 돈을 내서 카운터에서 회계하는 동안에 운산은 그 비밀 매매의 한 장면을 보이게 된 것을 떳떳이는 생각하지 못하면서 그 무슨 한 마디로 변명이라도 하려는 듯 일마의 편을 본다. 그런 운산의 괴로운 심중을 알아채인 일마는 도리어 외면하면서 벽수와 함께 자리를 일어설 듯이 했다.

그렇게 엉거주춤하고 섰는 일마의 앞을 가로채서 먼저 지난 것이 소녀였다. 약싸개를 들고 고개를 숙인 채 휙 스치는 소녀의 자태를 일마는 똑똑히 볼 수 있었다.

단지 창백하다고 보았던 얼굴은 가까이 보니 누르꾸무레했다. 탄력이 없고 멀건 것이 흡사 밀(蜜)덩이 같다. 귓불이며 목덜미며 손이며 모두가 누르다. 여윈 몸이 약간 떨리면서 앞을 스치는 것이 가벼운 나뭇잎의 인상밖에는 주지 않는다—소녀의 육체는 파멸의 문을 들어선 지 이미 오랜 모양이었다.

벽수와 함께 뒤를 따라 가가를 나가니, 소녀는 비틀걸음을 쳐서 저편 포도 위에 기다리고 섰는 동무에게로 간다. 소녀를 맞으려고 이쪽으로 돌아선 여자—그는 틀림없는 나아자가 아니던가.

"웬일이오. 나아자가 아니오."

일마가 가까이 가서 소리를 치니까 나아자도 의외라는 듯이 눈을 뜨면서 겸연해 하는 기색을 보인다.

"의외의 곳에서 만나 뵙겠습니다. 오늘은 에밀랴의 동무를 해서 나섰죠."

에밀랴라는 이름을 듣고 소녀를 다시 보니 소녀도 일마를 그제서야 주의한다.

“에밀랴를 나두 지금 망간 봤습니다만.”

나아자가 의아해 하는 까닭에

“바로 한 군의 약방이니까요.”

일마가 설명해 들린다.

“그런가요.”

나아자는 더욱 겸연해 하는 눈치다.

“에밀랴는 제 친한 동문데 병이 쇠해서 걱정이에요.”

가는 목소리로 말하면서 걷기 시작한다.

“나두 지금 속으로 걱정해 봤습니다만.”

같은 방향으로들 걸음이 향하게 된 까닭에 벽수는 신문사 일을 걱정해서 그 자리로 작별을 하고, 일마만이 나아자들과 한길이 되었다.

일마의 앞에서 나아자는 마음이 저으기 편편해진 듯 간단히 에밀랴를 소개하고 아까보다는 한결 스스럽지 않은 태도이다. 동무를 얻어 기쁜 듯도 한 눈치다. 나아자가 일마와 짝이 되니 에밀랴는 한옆으로 떨어지기가 일쑤였다.

“에밀랴의 아파트로 가는 길인데 동행해 주시겠어요.”

“무관하다면 나야 얼마든지 동행하죠. 일두 없이 번들대는 판인데.”

“잘 됐어요. 단 둘이 걸으려니 사람들의 눈초리를 받기가 거북해 못 견디겠는데.”

물론 에밀랴의 온전치 못한 모양을 의미하는 것이었다. 일견 병색이 푹 씌인 가엾은 그 자태는 사실 밤 등불 아래에서나 볼 것이지, 한낮에 거리에서 뭇시선 속에 내놓기는 참혹한 것이었다. 나아자의 건강한 낯빛과는 비길 바가 아니었다.

"나두 그렇지만 에밀랴두 고아랍니다. 내겐 그래두 아주머니 집이나 있지, 에밀랴는 의지가지 없이 혼자 아파트에서 지내요. 부모를 어디서 잃어버린지두 모르구 해삼위(海蔘威)에서 어릴 때 이리로 들어와선 외롭게 자라났어요."

괴로운 처지에서는 꺼릴 것도 없고 숨길 것도 없는 모양이다. 실오리라도 있으면 잡으려고 할 판인 바닷속에서 나아자에게는 일마가 지금 큰 동무 맞잡이는 되었다.

"카바레 수인에게 특청을 해서 밤에 몇 시간씩 홀에서 벌기로 하구 낮에는 대게 아파트에 누워서 날을 보내구 있어요. 동무나 웬 있나요. 내가 손 자라는 데까지는 돌보아 주나 정성이 못 미치는 때가 많어요. 고생 속에서 배운 것이 왜 하필 그것인지, 지금은 벌써 약독에 젖어 그 힘을 빌지 않구는 한시두 견디지 못하는 형편이에요. 저주의 인생이죠. 딱해서 못 보겠어요."

"가여운 일이외다. 나두 오늘 처음으로 저런 모양을 보구 그런 속을 알었는데—만주의 속은 겹겹으로 깊구 무서운 곳이라는 생각이 불현듯이 드는구료."

"무서운 곳이죠. 불행과 죄악의 구렁이죠. 더구나 이 하얼빈에는 얼마나 어두운 속이 많은지 헤아리기 어려워요."

"다행인지 불행인지 만주의 인상이 어제와는 판이하게 달라졌소. 즐거운 곳만이 아니란 말요. 맘이 이렇게 울적하구료."

지껄이다가 일마는 문득 말이 끊어지고 발이 멈추어졌다. 나아자는 어느 결엔지 옆을 돌아서 쓰러지려는 에밀랴를 붙드는 것이었다. 일마가 나아자와만 정신없이 지껄이는 동안에 허전허전 몸을 떨던 에밀랴는 기어코 그 자리에서 기맥을 잃은 모양이었다.

일마는 황급히 자동차를 불러 세우고 에밀랴를 부축해 안았다. 나아자가 아파트의 이름을 대니 차는 속력을 내기 시작했다.

뒷골목 조그만 아파트의 이층 한구석—거기에 에미랴의 방이 있었다.

일마와 나아자는 소녀를 거의 맞들다시피 해서 침대에 올려 누이고는 무엇보다도 먼저 사가지고 온 약을 풀었다.

그 자리에서 에밀랴에게 베풀 응급 치료는 다른 아무것도 아니었다. 약의 효과를 일각이라도 속히 그의 육체 속에 시험하는 것—그 일뿐이었다. 그것을 갈망해서 그는 쓰러진 것이다. 한 모금의 물 대신에 몇 그램의 약즙을 피부 속에 넣으면 족한 것이다.

효과는 빨랐다. 서랍 속에서 주사기를 찾아내서 일정한 분량을 넣고 피부 속에 부으니 몇 분이 안 가 에밀랴의 얼굴에는 생기가 돌면서 눈이 벙긋이 뜨였다. 쓰러지고 지치고 한 것이 거짓말이었던 것같이 멀끔하게 정신을 차리고 일마들을 바라보고는 부끄러운 듯이 다시 눈을 감으면서 요를 뒤집어썼다. 나아자는 자주 그 변을 당하고 시중을 들고난 솜씨라 그런지 모든 절차가 대단히 익숙했다. 약의 분량을 나누는 것이라든지, 주사기를 쓰는 격식이라든지, 그 후에 모든 것을 치우는 솜씨라든지가 금시 그 자리에서 터득한 것이 아니고 오래 해낸 익은 것이었다. 솜씨가 익을 뿐 아니라, 그 알뜰한 마음씨에는 어머니나 누나로서의 자애가 넘쳤다. 동무로서의 우정만으로는 바라기 어려울 정도의 친절한 시중이었다. 나아자가 없으면 에밀랴는 얼마나 더욱 외롭고 쓸쓸할까.

한참 들볶은 후이라 일마는 비로소 나아자의 마음씨에 감동하며 방 안을 살펴보았다. 좁은 단간방에 의롱그릇과 살림그릇이 어수선하게 구석구석 포개져 있고, 침대 아래와 옆에는 트렁크 짝이 여럿이다. 그 트렁크 짝들이 웬일인지 안정하지 못한 달뜬 생활을 암시하는 것도 같다. 탁자 위에는 찻그릇이 널려졌고, 태우던 담배 끄트머리가 무수히 흩어져 있다. 모든 것이 그 불결한 속에서 외로운 소녀의 생활을 얼마나 거칠게 한 것이었을까.

장밖은 또 바로 이웃 빌딩이 막아서서 어둡고, 빌딩 모퉁이로 한 조각의 하늘이—마치 무지개의 한 조각같이 진귀한 그 한 조각이 빼꼼히 방 안을 엿볼 뿐이다. 그 하늘과 맞선 벽 위에 한 장의 사진이 걸려 있다. 아직도 젊은 여자의 사진이다. 온화한 웃음을 띤 그 한 장만이 침침한 방 안의 공기를 얼마간 부드럽혀 주고 밝혀 주는 듯하다.

"에밀랴의 어머니랍니다."

물끄러미 쳐다보노라니 나아자가 이렇게 설명한다.

"어쩌다 가지구 온 보 속에 그 사진 한 장이 남아 있어서 언제나 둘 없는 동무가 돼 주죠. 어머니가 저기서 저렇게 내려다보는 까닭에 에밀랴는 피곤하면 제집같이 이 알량한 아파트를 찾어든답니다."

어머니라면, 나아자에게도 어머니가 없음을 일마는 안다. 남의 어머니를 말함이 곧 자기의 어머니를 말함인 듯 나아자는 외면하고서 얕은 목소리로 지껄이다가, 일마에게 대답이 없음을 깨닫고 문득 돌아서더니 미소를 띠려고 애쓴다.

"별소리를 다하구, 별것을 다 뵈였네요."

하면서 주섬주섬 정돈하던 손을 멈춘다.

"별것은 왜 별것에요. 오늘 난 뜻밖에 이렇게 남의 방에 와서 여러 가지를 본 것을 결코 불행하다군 생각지 않는데요. 어떻게 생각하면 나아자의 덕으로 오늘 에밀랴를 알게 된 것이 다행한지두 모르죠. 사람은 행복보다두 불행 속에서 느끼구 얻는 것이 더 많으니까 말요."

"그만 나가시죠. 잠이 곤히 든 모양인데 깨난 때 또 만나기로 하구."

나아자는 에밀랴의 잠든 양을 보고 안심한 듯이 제 한 몸을 수습한다.

일마는 자리를 일어서서 에밀랴의 잠든 얼굴에 인사를 보내고 방문을 열었다.

"호텔로 갈까요."

따라 나온 나아자에게 말하고 층계를 나란히 서서 내려갈 때 두 사람의 시선은 새삼스럽게 마주치는 것이었다.

의외에 에밀랴의 일건으로 말미암아 일마와 나아자의 사이는 그날 한층 가까워진 듯도 했다. 에밀랴의 불행을 목격하고 그것을 이해함으로써 두 사람의 마음은 가까이 교통했고 한데 합쳤다. 불행은 참으로 그것만으로 그치지 않고 사랑을 낳아 주는 결과가 되었다.

두 사람의 하는 일은 말 없는 속에서 찬성되고 합의되어서 자연스럽게 행동이 합치되었다. 거리를 걷는 것도 쉬는 것도 식사를 하는 것도 조금도 거역 없이 일치되었다.

나아자의 밤 출근까지의 반날도 물론 이의 없이 두 사람의 것이었다. 호텔에서 점심을 먹고 난 후, 그날은 마침 낮 흥행이 있었던 까닭에 같은 호텔 안의 극장으로 들어갔다. 영화 주간이었다.《파리의 뒷골목》이라는 제목이 눈을 끌었던 까닭에 일마는 마음이 댕겼고 나아자도 동의한 것이었다.

소규모의 조그만 홀 안에는 어느덧 사람이 꼭 찼고, 영화도 퍽이나 진전되어 있었다. 어둠 속을 더듬고 맨 뒤편에 자리를 잡았다. 점점 눈이 밝아짐을 따라 자리의 사람들이 대강 짐작되었다. 대부분이 외국 사람인 데다가 거개가 남녀의 쌍이었다. 그 무수한 쌍 속에서 일마와 나아자도 하나의 쌍임에는 틀림없다. 부부이든 애인끼리이든 다른 쌍들의 사이를 각각 헤아릴 수 없듯이 일마와 나아자의 쌍도 다른 사람에게는 역시 알 도리가 없는 것이다. 부부인지 애인인지—사실 일마 자신에게도 자기들의 사이가 대체 무엇이며 무엇이라고 했으면 좋을는지를 분간할 수 없었다.

영화 속에는 어수선한 파리의 뒷골목이 나와, 그 한 폭 그림 속에서 일마는 또 한 번 이국정서를 맛보게 되었다. 야트막한 지붕들이 나오고, 아파트가 나오고, 술집이 나오고, 장거리가 나오고, 음악과 춤이 나오면서—지나쳐 화려하지 않은 조촐한 그 모든 생활의 규모가 그대로 바로 하얼빈에서 볼 수 있는 그것이었다. 그만큼 일마에게는 한층 친밀한 감동이 솟으면서 화면에 흠빽 정신을 빽기게 되었다.

가난한 파리의 소녀는 유학 온 외국 청년을 어느 결엔지 마음에 두게 되었다. 빨래집 소녀라 하숙에 빨래를 나르는 동안에 피차에 서로 심중에 배게 된 것이다. 청년은 아라비아 사람이었다. 그림을 배우러 파리로 온 것이, 아직 말도 서투른 참으로 서먹서먹한 한 사람의 에트랑제였다.

말이 잘 통하지 않는 까닭에 처음에는 소녀와의 사이에 표정의 거래밖에는 없었다. 소녀가 웃으면 청년도 따라 웃는 정도의 표현이 있을 뿐이었다. 청년은 그림을 공부하는 한편 어학에 무척 힘을 쓴다. 웬만큼 토막말을 지껄이게 되었을 때 소녀에게

—나를 정말 생각하우.

더듬어 물으니까 소녀는 웃으면서 고개를 끄덕인다.

—그럼은요.

—말두 통하지 않는 사람을 어떻게.

—이 눈으로 보구 이 맘으로 생각하면 그만이죠. 말이 반드시 그리 필요한가요 머. 나라두 다르구 피두 다른데 어떻게 생각한단 말요.

—나라는 달러두 이 눈은 같거든요. 검은자위와 흰자위와 다를 게 뭐 있나요.

—그래두 내가 당신을 생각하는 것만큼은 나를 못 생각하리다.

—어디 누가 더 많이 사랑하나 볼까요.

소녀는 뛰어와 청년의 팔에 몸을 맡기면서 사랑을 확적히 고백

했다.

청년은 소녀의 집을 찾게 되고 함께 거리를 걷게도 되었다. 차를 마시러도 가고 무도회에도 동행하고 소녀의 얼굴을 캔버스 위에 그리기도 했다. 소녀의 집안이 가난한 것을 알고 돈을 가져다주나 소녀는 그것을 굳게 사절한다.

굳은 언약을 맺었을 때 공교롭게도 청년은 아버지의 불행의 소식을 듣고 고국으로 뛰어간다. 재산을 상속받고 집안일을 정리해 놓고 다시 파리로 나오기로 약속한 것이나, 해가 넘어도 돌아오지 않는다. 고국에 약혼자가 있었던 것일까. 그렇지 않으면 무슨 변이 생긴 것일까. 편지조차 끊어졌다. 그러나 소녀는 어느 때까지나 그를 기다린다. 동쪽 하늘을 바라보면서 사랑하는 사람 오기를 기다리는 것이었다.

한 편의 동화같이 아름다운 이야기였다. 비현실적인 듯이 보이면서도 기실 현실적인 색채가 장면 장면에 배어서 자연스런 감동 속에 잠기게 했다. 더욱이 일마의 마음을 당긴 것은 아라비아 청년과 파리 소녀와의 사랑이 조금도 어색하지 않게 순순히 전개되는 것이었다. 소녀의 상대자가 파리의 청년이 아니고 아라비아의 청년인 까닭에 일마의 흥미를 곱절 붙든 것이 사실이었다.

— 이 눈으로 보고 이 맘으로 생각하면 그만 아니에요.

소녀의 범연한 사랑의 말이 귀한 것으로 귓속에 살아났다. 말과 피를 넘은 사랑 — 아무데나 흔하게 있을 성싶지 않게 여겨졌다.

고국으로 간 아라비아 청년이 다시 돌아오지 않은 채 영화는 끝났다. 슬픔에 잠긴 소녀의 얼굴을 가슴속에 새겨 놓고 불이 켜졌다.

나아자도 일마와 같은 감동을 받은 모양이었다. 긴장이 풀리며 애틋해 하는 어조였다.

"소녀가 가엾지 않어요."

"얘기가 너무 일찍 끝났구료. 좀 더 진전이 있었더면."

"남자가 돌아왔으면 좋았을걸요."

"하긴 서로 사랑을 얻었으니까 작가가 할 말은 다한 셈이지만."

나아자는 그래도 부족을 느끼듯이

"청년이 가혹해요. 고국에 무슨 일이 있든지 돌아올 것이지, 기다리는 소녀를 버려둘 법이 있나요."

일마를 돌아보면서

"동양 사람은 대체로 저렇게 매정하다죠. 책임감이 적구. 잘못됐으면 용서하셔요."

"그야 사람 나름이겠죠. 동양 사람이라구 다 그럴 리야 있나요."

"청년이 유산을 가지구 파리로 나오든지, 그렇지 않으면 고국으로 애인을 부르든지 해서 행복스런 일생을 보내게 돼야 뜻있는 게지. 그렇지 않구야 싱겁지 않어요."

나아자의 의견을 일마는 외국 사람다운 생각이라고 느끼면서

"그러나 고작해야 한 편의 영화밖엔 더 되우. 영화와 현실은 또 다를 테니깐."

"글쎄요. 현실은 영화와 달러야지. 이 영화 같다면야 무슨 재미예요."

나아자의 그런 의견과 희망이 일마에게는 반가운 것이었다. 영화에 대한 항의가 곧 현실에 대한 희망이라고 생각할 수 있었던 까닭

이다.

다음 영화가 시작되었을 때 두 사람은 영화실을 나오면서 같은 이야기를 계속했다. 그날의 우연한 영화가 두 사람에게 뜻밖에 마음의 제목을 준 셈이 되었다. 에밀랴의 일건으로 말미암아 단시간에 결속이 된 두 마음을 다시 그 영화가 같은 방향으로 인도한 것이었다.

"……국경이 없다는 것이 얼마나 아름다운 생각이오. 야박스런 세상에서."

"그래요. 나두 그렇게 생각해요."

"사랑으로밖엔 국경을 물리칠 수가 있소?—아라비아 청년이 파리 소녀보다 못할 것두 없구 파리 소녀가 아라비아 청년보다 날 것두 없구. 두 사람에겐 피차가 똑같은 구별 없는 사람이 아니겠소. 그런 아름다운 세상이 또 있겠소."

"제 눈에두 사람은 다 같이 일반으로 뵈어요. 구라파 사람이나 동양 사람이나 개인 개인 다 제 나름이지 전체로 낫구 못한 게 없는 것 같어요."

"각 사람이 편견을 버리구 그렇게 너그러운 생각을 가진다면 세상은 얼마나 아름다워지겠수."

꿈같은 소리를 지껄이는 일마였으나, 즐거운 감동에 아이같이 마음이 단순해지는 것이었다.

나아자 역시 일마와 같은 감동으로 마음과 생각이 맞으면서 보조까지 일치된다. 아라비아 청년이 파리 소녀에게 느끼듯 일마는 오늘 나아자와의 거리를 극히 가까운 것으로 느꼈다.

거리의 밤이 열렸을 때 일마는 '모스코바'에 있었다. 마수걸이자 가장 단골손님이 되었다.

호텔로 영화관으로 다시 거리로 해서 저녁때까지를 같이 보내다가 밤 준비로 잠깐 집에 들르게 된 나아자와 헤어지자 일찌거니 카바레를 찾았다.

옆에는 그림자같이 벽수가 붙어 있다. 그 역 사를 나오자 집에 들렀던 길로 즉시 일마의 뒤를 쫓은 것이었다.

"오늘 어디 어디를 갔었나. 죄다 대게나."

반날 동안 갈라져 있었던 것이 대단히 궁금한 듯이 벽수는 일마를 족쳐댄다.

"호텔로 영화관으로 찻집으로—그저 평범한 순서, 별다른 신통한 수야 있겠나."

"발의 순례는 평범해두 맘의 순례는 그렇지 않으렷다. 필시 파란곡절이 많았을 테지."

"다른 날보다 좀 다른 감격을 느끼긴 했네만."

"나아자의 정미가 맘속에 흠뻑 배던가."

어조를 갈아 가면서 혼자 설렌다.

"사랑에는 역시 일종의 숙명적인 동기라는 것이 있는 모양이데. 아무리 장구한 세월을 끌어두 안 될 사랑은 안 되구, 반대로 짧은 시간에두 성립될 사랑은 성립되구야 만단 말야. 피차에 순간적으로 결정되는 그 무엇이 있는 모양이야—자네들의 경우를 난 그것이라구 생각하는데, 그렇게 빠르게 맘이 화할 데는 없어."

"사랑이구 뭐구 벌써 그런 지경까지 간 줄 아나. 사랑은 역시 좀체 수월하게 작정되는 것이 아니야."

"건 괜히 구라파적 풍습에 지나지 않는 거구—사랑은 첫 순간부터 결정되는 것이네. 그 순간적 결정이 없이는 바른 사랑이라군 할 수 없어."

"《파리의 뒷골목》이란 영화를 봤는데, 아라비아 청년과 파리 여자와의 사랑을 그린 것으로 근래 없는 감흥을 받았어."

"실감에서 오는 감흥이란 말이지."

"암시를 받은 건 사실이네. 내나 나아자나 그 속에서 제멋대로 제 요량의 뜻을 발견한 셈이야—지금까지 이렇게 유쾌한 건 그 때문인지두 모르네."

"나아자를 놓지 말구 꽉 붙들게나. 그리구 책임을 가져야 해—그만한 여자가 아마두 드무리. 내 눈에 어김이 없어. 나아자를 붙듦으로 말미암아 자넨 채표의 행운 이상의 행복을 잡았는지 모르네. 지내보면 알리만."

벽수는 얼마간 제 장단에 취하면서 번설스러워졌다.

"만주에는 두 가지 종류의 여자가 있다네. 둘 다 대륙의 꽃은 꽃이래두 품질이 아주 다르단 말야. 자네 기차로 오면서 벌판에 지천으로 핀 해바라기를 보지 않었나. 그 해바라기 같은 여자와 또 하나는 그늘에 핀 양귀비라구 할까. 그 두 가지 여자가 있어. 해바라기는 해를 보구 힘차게 솟으랴구 하구, 그늘의 양귀비는 버둥거릴수록에 솟아오르긴커녕 제물에 썩어만 간단 말이네. 아침에 약국에서 에밀랴를 보지 않었나. 에밀랴가 바로 그 양귀비라네. 불쌍하지만 하는 수 없단 말야. 그리구 나아자 이건 해바라기야. 에밀랴와 오십보백

보인 듯하나 실상은 대단한 차이야. 햇빛만 보면 얼마든지 솟아날 여자야. 자네가 그 해바라기의, 나아자의 햇빛이 되란 말이네."

"에밀랴라면 오늘 에밀랴의 아파트까지 갔었네만—여러 가지 우울한 걸 알았네."

"우울할 뿐이겠나. 에밀랴 같은 여자가 얼마나 많은 줄 아나. 다 대륙의 죄야. 내가 가끔가다 만주에 싫증이 나는 건 그런 양귀비를 허다하게 보게 되는 까닭이야—제발 자넨 해바라기만을 보게나. 나아자에게 햇빛이 되게나."

두 사람이 지껄이고 있는 동안에 나아자가 나타났다.

망간 집에서 와서 옷을 바꾸어 입은 모양이었다. 낮과는 또 달라 우렷이 빛나는 얼굴이었다. 벽수가 말한 해바라기란 말이 자꾸만 떠오르면서 일마는 벌써 해바라기를 보는 마음으로 나아자를 보기 시작하는 것이었다.

어느덧 손님들이 모여들어 홀 안이 차지고 음악도 시작되었다.

그다지 큰 카바레가 아니건만 수십 명이 모여드니 홀 안의 분위기가 웅성웅성하고 수선스러 보인다. 일마들의 한 패쯤은 그 수선스런 속에서는 어느 구석에 끼었는지 헤아릴 수조차 없다. 반이 외국 사람이면 나머지 반이 이곳 사람이다. 외국 사람도 얼굴이 검붉은 사람으로부터 허여멀쑥한 사람에 이르기까지 각각 국적을 달리들 하고 있으나, 이곳 사람들도 단순하지는 않다. 모두가 반드시 만주 사람이 아님은, 가운데 일마 같은 축이 끼어 있음으로도 넉넉히 추측할 수 있다. 수다한 국적의 수다한 사람들이 한데 휩쓸려 설레는 것이 반드시 피차에 친밀하게만은 보이지 않는 것이며, 그 어디인지 서먹서먹하고 어울리지 않는 기색이 떠돈다.

음악에 따라 한 패 두 패씩 슬금슬금 겯고들 일어선다. 그렇게 해서 춤 속에 휩쓸려 들기들은 하나, 각 사람의 얼굴이며 체격이며는 흡사 물과 기름을 혼합한 듯이 결코 한데 화하는 법 없이 따로들 빙빙 나도는 것이다.

음악과 춤에 술이 섞인다. 술을 어느 정도로들 마신 후에 비로소 도연해져서 솟는 흥취에 춤도 어울리는 것이었으나, 그 음악과 춤과 술이 한데 합쳐서 밤의 흥을 북돋우는 속에서도 역시 잡동사니의 분위기에서 오는 일종의 부조화를 일마는 한결같이 느끼지 않을 수 없었다.

(나아자와 나와.)

부조화의 느낌에서 무엇보다도 먼저 떠오르는 것이 이 제목이었다.

(나아자와 나는 대체 잘 어울리는 것일까. 다른 사람들 눈에 멋적게 보이지는 않을까.)

하는 반성이 날카롭게 가슴을 치밀었다. 지금까지 주의도 안 하고 완전히 잊었던 이런 문제가 다른 사람들의 설레고 있는 것을 보노라니 우연히 치밀어 오는 것이었다.

"자네와는 진종일을 보냈으니까 내게 춤 한 번쯤은 사양하게나."

벽수가 재빠르게 나아자의 손을 잡고 일어섰고, 나아자 역시 거역할 수 없어 일마를 빙그레 보면서 춤을 시작했던 까닭에 일마는 하는 수 없이 한참이나 의자에 그대로 앉았다가, 마침 옆을 지나던 낯선 댄서 한 사람을 보고 따라 일어섰다. 쾌히 승낙하는 바람에 맞잡고 춤 속으로 휩쓸려 들어가노라니 차차 일마를 여겨보는 눈치였다.

"이름이 무어요."

물으니까

"안나."

시원스럽게 대답하고는 뒤미쳐서 빙글빙글 웃으면서

"나아자하구 그렇죠?"

엉뚱한 말을 묻는다.

"어떻게 아우."

"그와만 자꾸 춤 추구."

"그러구."

"낮에 거리에서 동행해 다니는 걸 봤어요. 정답더구먼요."

의외의 여자에게서 의외의 말을 듣게 된 것이 얼마간 자랑스럽지 않은 것도 아니어서 일마는

"그래 어울리기나 합디까. 두 사람의 꼴이 어설프지나 않습디까."

하면서 겸연쩍어 하니까

"어설프긴 왜요. 아주 어울려요. 이상적인 한 쌍이에요."

마침 나아자와 벽수의 짝이 눈앞을 지나는 것을 보고 안나는

"저 짝보다는 훨씬 웃길예요. 잘 어울려요."

일마도 벽수의 모양을 눈앞에 보면서

"그럴까."

의심스런 어조이면서도 한편 만족의 뜻이기도 했다.

"그까짓 외양만 어울리면 뭣해요. 맘이 맞어야 첫째죠."

"글쎄."

일마는 안나의 말을 맹랑하다고 여기면서 멀어진 나아자의 자태를 찾으려고 두리번거렸다.

일마의 두리번거리는 양을 보고

"잘 고르셨죠."

안나는 소근거린다.

"……."

"나아자 말예요."

"잘 고르다니."

은근한 안나의 말눈치에 사실 일마는 점점 귀가 뜨였다.

"나아자를 잘 고르시구 말구요."

"어떻게 하는 소리오."

"잘 고르셨단 말이죠."

"못 고르면 어떻게 하구."

"못 고르는 사람이 많으니 하는 소리예요."

"생선인가 고르게."

일마의 농에 안나는 웃으면서

"첫째 잘 생겼으니까 잘 고른거구."

"그리구."

"둘째 맘이 착하구."

"셋째."

"당신하구 잘 어울리구."

"또."

"나아자의 형편에 당신 같은 이가 필요하게 됐구."

"형편이라니."

"지금 아주머니 집에 붙어 있는데 여러 가지로 불편한 모양인지 집을 나왔으면 하구 있는 판이거든요."

"아주머니 얘기는 나두 조금 알긴 하는데 그렇게 절박하단 말요."

"다 전엔 훌륭하던 집안들이래서 집 규모가 지금두 여간 까다롭지 않은 모양예요. 백부는 제정시대엔 육군 소장이었었다나요. 아주머니 수우라는 나아자의 돌아간 어머니의 형인데, 어머니 편 족속의 집안이니깐 아버지 편과는 달러 나아자에겐 더 어렵거든요. 슈라보다두 백부의 앞이 어려워서 있기 싫다구 입버릇같이 말해 오는 중이에요—그 판에 당신이 나타났단 말이죠."

"급할 때 나타난 나룻배란 말이지."

"그 나룻배가 대단히 소중하거든요. 당신 같은 나룻배라면야 누가 원하지 않겠어요."

"내가 뭘……."

"나아자는 행복스러워요. 누구보다두 다행해요."

"충충대면 누가 좋아한다던가."

"충충대긴 누가요. 바른 말이죠."

안나의 말에 일마는 기쁜지 겸연한지 스스로도 분간하지 못하면서 마음속이 그 무엇으로 그득 차 갔다.

"나아자와만 추시지 말구 저하구두 이렇게 더러 추어 주세요."

음악이 끝났을 때 안나는 일마에게서 손을 떼면서 자리로 갔다.

일마가 눈으로 나아자를 찾으면서 미처 자기들 자리에 와 앉기도 전에 계속해 음악이 울렸다. 탱고였다. 부드러운 리듬에 몸의 흥을 돋우고 있을 때 역시 일마를 찾던 나아자가 앞에 나타났다. 말없는 속에서 두 사람은 자연스럽게 맞잡고 나섰다. 두 몸의 율동이 무한한 흥을 자아낸다. 음악이 몸 구석구석을 간지르는 것도 같다.

"지금 안나에게서 별소릴 다 들었는데."

일마가 꺼내는 것을 나아자는 곧 받아서

"좀 수다스런 아이니까요."

"나아자를 아주 추어올리던데."

"친한 편이랍니다. 다른 아이들보다는."

"우리들이 어울린다던가, 오늘 거리에서두 보았다구."

"어울리지 않으면 어떻게 하게요. 저두 그렇게 생각해요."

"나아자가 잘 생기구 착하다구 하면서 피차에 선택을 잘했다구 나다분히 늘어 놓는단 말요."

그대로를 그렇게 전하는 일마도 바른 정신은 아니었다. 춤과 사랑에 은연중 취한 모양이었다.

"아이두 별소릴 다했네 원, 선택을 잘했든 못했든 무슨 아랑곳이게. 샘을 놀자는 셈인가."

"불쾌할 것이야 있겠수…… 선택을 잘한 건 잘한 것이지, 그 누가 온들 지금 우리의 사이를 비집을 수 있겠수."

지껄이다 일마는 문득 말을 멈추고 몸이 움칫해졌다. 나아자의 어깨너머로 의외의 것을 본 까닭이다. 바로 두 사람 곁에서 휘뚱거리고 서툴게 춤추는 남녀—확실히 단영들이 아니었던가. 단영과 또 누구인고 하고 일마는 그들을 노리는 것이었다.

단영의 앞에서 휘뚱거리는 것은 틀림없이 명도임을 짐작할 수 있었다. 흉내내는 원숭이의 서투른 꼴들이 요절할 것으로 보였다.

"저것들이 웬일이야."

아닌 때 아닌 곳에서 그 두 사람을 만난 것이 의외였다. 물론 반갑다느니보다는 성가신 생각이 불현듯이 들었다.

(귀찮은 것들.)

피하려고 나아자를 이끌고 춤의 방향을 돌리는 것이나, 고집스럽게 자꾸만 눈앞에 어른거린다. 단영의 짓인 모양이었다.

휘뚱거리고 웃으면서 명도의 어깨너머로 쉴 새 없이 일마를 겨누는 것이다.

(놀랐지, 용 용—.)

말뚱거리는 눈이 이렇게 지껄이는 것 같다.

(암만 그래두 놀라지 않는다.)

하는 표정을 일마가 해 보이면

(그 태도가 그게 놀란 게 아니구 무어야.)

하고 단영은 대답하는 눈치다.

(왜 초라니같이 앞에서 간들거리니.)

(아무렇든 내 뜻이지 무슨 계관이게.)

(귀찮으니까 말이지.)

(당신 귀찮은 걸 내가 알게 있수.)

(꼴불견이다. 녀석하구 짝이 되니 아주 맞춤인데.)

(맞춤이든 아니든 무슨 아랑곳이게.)

(그래두 냉큼 내 앞을 못 물러선다?—이것 봐라. 또 눈앞을 어른

거린다.)

(그렇게 만만히 숙어들 줄 알구. 어느 때까지나 괴롭혀 보구야 말걸 좀.)

(어디 생각대로 해 보려무나, 실컷.)

(그렇게 살금살금 피하면 또 이러거든.)

눈과 눈이 회화를 건네면서 단영은 끝까지 고집스럽게 일마를 쫓는다. 일마가 바른편으로 돌면 왼편으로 나타나고, 왼편으로 돌면 바른편으로 나타나서 쉴 새 없이 아른거리면서 그의 시선을 가로채기에 급급해 하는 것이었다. 일마는 곁눈으로 그의 자태를 무시해 버리려고 애쓰는 것이나 무시로 신경을 건드려 오는 데는 배겨나는 재주가 없었다.

(저걸 어떻게 하누. 저 귀찮은 걸 밟어 버리지두 못하구.)

하필 그 시간의 음악은 유별스럽게 지리하기도 하다. 웬만큼 끝내버렸으면 하건만 좀체 끝나지 않는다. 춤이고 무엇이고 일마는 정신없이 몸이 휘둘릴 뿐이었다.

단영을 무시하려면 나아자를 보는 수밖에는 없어서, 시선을 나아자의 등으로 옮기면서 그를 더욱 다정하게 품안에 안았다.

나아자의 목덜미에 바로 얼굴이 닿고, 그의 머리카락이 특유한 향기를 가져온다. 그 향기 속에 일마는 흠빽 잠기면서 눈앞에 모든 것은 나아자요 세상에는 나아자밖에는 없다고 느끼려고 애썼다. 품에 꽃묶음이나 안은 듯 그 살뜰한 자세를 지니고 춤의 테두리를 벗어나서 사람들의 가으로만 빙빙 돌았다.

그런 일마들의 태도가 단영을 한층 자극했음이 사실이었다. 단영의 표정이 새침해지면서 명도를 소같이 잡아끄는 눈치였다.

일마가 여전히 나아자의 향기에 잠기면서 눈을 반쯤 감은 채 밴드의 곁을 돌 때였다. 별안간 와 부딪치는 힘으로 말미암아 두 사람은 왈칵 밀리면서 몸이 쓰러질 지경이었다. 자세가 풀리면서 춤은 이지러져 버렸다.

"이게 무어야."

나아자는 질색하면서 노염이 컸다.

단영들이 달려와서 몸을 던진 것이었다. 나아자의 노염에 단영은 샐쭉해 하면서 대답도 없이 다시 명도의 손을 잡았다.

"괜히들 오금이 근질근질하나 부다."

일마가 소리를 지를 때 두 사람은 벌써 춤을 시작한 것이었다.

"근질근질하면 어쩔 테야, 머."

단영이 종알거리는 것을 보고 나아자는

"대체 무어예요."

아니꼬운 듯이 묻는다.

"여배우라나, 사내는 영화 회사 사장이구. 저래 뵈여두 조선서는 다 명물들이라구 뽐내는 판이지."

"알량한 여배우 다 봤다. 사장꼴 하구."

긴 시간이요 긴 춤이었다.

음악이 멈추었을 때 일마들은 춤에 진저리가 난 듯 급스럽게 좌석에 가 앉았다.

벽수가 앉을 자리에 명도와 단영이 재빠르게 와서 앉았다.

긴치 않은 그들을 지릅떠 보지도 않고 있을 때 명도는 제 발이 저

려서

“실례였다면 용서하시오.”

춤출 때 부딪쳐 온 일건을 의미하는 것이었다.

“원체 춤이 서툴러서 옆에 사람이 보이지 않는구료.”

단영이 뒤를 받아서 납신거린다.

“춤추는 사람끼리야 좀 부딪쳐 왔다구 그게 그렇게 큰 허물인가요, 머. 서루 부딪치구 웃구 하는 것이 춤의 도덕이 아니에요?”

“그런 도덕 어디서 배웠소.”

일마가 핀잔을 주니까

“아따 아직두 노여하세요.”

무안한 김에 얼굴을 붉히면서

“어서 소개나 해 주세요.”

하고 딴소리를 꺼낸다.

나아자를 자기들에게 소개하라는 말이었다.

“아주 정다운 모양이죠.”

비꼬는 그 어조가 귀에 거슬려서 일마는

“웬 또 참견이오.”

소리를 지른다.

“항구마다 여자라더니, 가는 곳마다 여자인 모양이군요. 그래서 만주길이 잦은 것을 깜짝 모르구 있었죠. 봐하니 벌써 여간 자별한 사이가 아닌 모양인데, 샌님같이 새침데기면서두 그 길에 들어선 이만저만한 선수는 아닌 모양이죠. 나 같은 건 말할 것두 없겠지만 어디 지금 머릿속에 남미려의 이름이 있기나 할까요.”

"걱정두 팔자야."

"걱정되구 말구요. 왜 걱정이 안 되겠어요."

"시끄럽다니깐."

일마의 목소리가 컸던 까닭에 무슨 말들을 주고받는지 영문을 모르고 있던 나아자가 궁금해서 비로소 일마와만 통하는 말로 불유쾌하다는 듯이

"남에게 실례를 해 놓구두 무슨 긴 말들예요."

"서푼어치 여배우가 해뚱해뚱하는 거지."

"결국 어쩌잔 것예요."

"일들이 없으니까 조선서 놀러들 들어와선 괜히 야단들이야."

마침 벽수가 와서 자기 자리가 점령된 것을 보고

"웬 손님들인가."

하고 얼빵빵해서 서니까 명도는 구면인 것처럼 자기소개를 늘어놓는다.

"반도영화사 김명도 — 이 편은 전속 여배우 최단영 — 무료하길래 서울서 멀리 놀러 왔습니다. 외지에서 이렇게 동포를 만나니 더욱 반갑소이다. 재미가 어떠시오들……."

하면서 손까지 내미는 것을 벽수는 웬일인지 '동포'란 말이 불현듯이 불쾌하게 여겨져서 악수는커녕 다시 그의 얼굴을 보지도 않고 탁자를 물러섰다.

"덜된 것."

'동포'라는 말이 왜 그다지도 서먹서먹한지 아무 진정도 내용도 없는 간사스런 잡소리로밖에는 들리지 않았다. 반드시 벽수의 심경

이 틀어진 까닭도 아닌 듯—확실히 그 자리에서 그 한마디는 무의미하고 불필요한 말이었던 듯하다.

음악이 울려 벽수가 자리를 떠나려 할 때 나아자도 그 자리의 공기를 못 이겨 일어서면서 자연 벽수와 춤을 시작하게 되었다.

혼자 남게 된 일마는 불끈하는 심정을 금할 수 없었다.

"어쩌자구 남을 이렇게 귀찮게 군단 말요."

"어쩌자군 뭘 어쩌자구요. 내 발로 내 걸어오구 내 눈으로 내 보는데 무슨 걱정예요. 그런 자유까지 뺏잔 말예요?"

명도가 미안한 듯 한마디 설명한다.

"나는 영문두 모르구 전보를 받구 신경까지 왔더니, 또 예까지 끌려오게 돼 이 야단이구료."

"내 뒤를 자꾸만 쫓는 목적이 대체 무어란 말요."

"글쎄 내 발과 내 눈으로 내 임의대로 한다니까요. 목적은 무슨 목적이에요."

단영은 어디까지나 새침데기다.

아킬레스의 비상(飛翔)

북만 호텔의 아침 한때—.

거리로 향한 사층 전면에 벌집같이 무수한 방을 가지고 있는 호텔—이층 한가운데 단영과 명도는 앞뒷방을 차지하고 있었다.

단영이 자기 방에서 세수를 하고 아침 화장에 정신이 없을 때 노크를 하고 멋대로 들어온 것은 명도였다.

"누구예요."

"나."

번히 근 줄을 알고 묻는 단영이나 근 줄을 알고 대답하는 명도나 능청맞기는 일반이다.

"말두 없는데 왜 들어와요."

"반드시 허락이 있어야 되나."

"그러믄요, 숙녀의 방이 아니에요."

"알량한 숙녀."

"머요?—안 돼요. 어서 나가요."

단영은 화장대 앞에서 일어나서 명도를 노린다.

그도 그럴 법한 것이 단영의 자태란 아직 침대에서 빠져나온 그대로의 허랑한 것인 까닭이다. 휘줄한 잠자리옷 속으로는 얇은 속옷만을 걸쳤을 뿐이다. 옷섶 위로 목덜미와 가슴이 내솟고 옷자락 아래로는 벗은 다리와 발이 허옇게 드러났다. 그 염염(艶艶)한 자태가 명도의 눈에는 무서운 독임을 단영은 잘 아는 것이요 한편 아무리 서름서름하지 않은 그의 앞이라고는 해도 역시 여자로서의 본능적인 수치의 염이 없지 않았던 것이다.

"나가라니깐요."

가까이 와서 발을 구르니 화장 냄새가 확 치밀어 오면서 명도는 도리어 유혹을 느낀다. 옷자락 사이로 드러나는 종아리가 꽃방치같이 눈을 갈겨 정신을 어지럽힌다.

"짜증을 낼 땐 꼭 소학교 여선생 같구료—남을 언제까지나 생도 취급을 하면서."

"당신은 조금두 나어질 줄 모르는 악동이에요. 생도치군 아주 열등생이에요."

"그렇게 섭섭히 굴지 말구—우리 타협할까? 자, 이렇게 돌아앉을게."

의자를 돌려놓고 화장대와는 반대쪽 문께를 향해 앉는 명도의 꼴이 말할 수 없이 추접해 보인다.

"사내는 왜 이리 모두 춥춥스러운지."

단영은 하는 수 없이 물러가는 것이었으나 문득 무엇을 생각했던지 침대로 가서 담요를 집어다가는 돌아앉은 명도의 머리를 별안간 푹 씌워버렸다.

"고려장을 지내려나."

"어서 그러구 가만 있어요. 싫거든 나가구요."

"생판 지옥이지 이게……."

담요 속에서 흘러나오는 명도의 목소리가 모기소리만하다.

그 괴로운 어둠 속에 빠져 있으면서도 오히려 방을 나가지 않으려고 함을 보면 여자의 곁에서의 어둠이 차라리 참기 나은 모양이었다. 중년의 사나이가 요를 쓰고 우스운 꼴로 천연스럽게 앉았는 것이 단영에게는 측은하게도 보였다—사내는 왜 이리 천덕꾼인고, 흡사 동물이 아닌가.

"저렇게 춥춥스러우니까 되려 천대를 받지."

"어떻게 하면 천대를 안 받을꾸."

요 속에서 새어나오는 모기소리가 몹시도 답답하다.

"좀 의젓하게 해 봐요."

"일마같이 쌀쌀하게 말인가."

"비밀을 일러 줄까요."

단영은 일마라는 이름에 제 흥에 젖으면서 목소리를 부드럽힌다.

"터놓구 말하면, 여자는요……."

"그래."

"너무 끈끈한 사내를 좋아하지 않는다나요."

"……."

"좀 쌀쌀하구 교만한 사내가 더 정을 댕긴다나요."

"그건 일마를 두구 하는 소리지."

"일마에게 대한 내 생각만이 아니라, 알구 보면 세상 여자의 구미가 다 그래요 잔소리 말구 잘 들어 둬요. 이게 연애에 이기는 비밀예요."

"아구 답답해. 다 됐나? 숨이 맥힐 지경이니."

"가 가만 있어요. 조금만 더 참구 있어요."

명도가 담요를 벗을 듯이 하는 것을 단영이 기급을 하고 소리를 치며 막은 것은 지금 막 속옷을 갈아입는 중이었던 까닭이다.

슈미즈 위에 원피스를 걸치고는 부랴부랴 양말을 신는다.

아무도 모르는 방에서의 두 사람은 정 있는 듯이 보이면서도 기실 그렇게 서름서름한 것이었으나, 일단 차림을 차리고 방을 나설 때에는 지극히 다정한 것으로—적어도 호텔 사람에게는 그렇게 보였다. 사실 나란히 서서 층계를 내려가는 그들의 모양은 비록 각방은 쓸지언정 그리고 방 안에서의 사이가 개와 고양이든 간에 자별한 두 양주(兩主)로밖에는 보이지 않았다. 층계를 오르내리는 사람들의 시선이 유독 그들에게로 집중되는 것이었고, 어느 한 사람 그들의 사이를 부부라고 생각하지 않는 사람은 없었다. 명도 편으로 보면 그것이 원하는 것이기도 해서 숨은 곳에서는 구박을 받을지언정 지금 층계를 내려가는 그의 태도는 버젓한 것이었다.

"아무리 생각해두 통쾌하단 말야."

웃음을 섞어가면서 지껄이는 것을 마침 옆에 보는 사람이 없는 까닭에 단영은 긴치 않다는 듯이 흘겨본다.

"—어젯밤에 일마를 골려 준 것 말야."

"그 자리에선 꼼짝 못하구 이제 와서 숨어서 웃는단 말요. 졸장부

같으니."

"난 단영이 그렇게 용감한 줄은 몰랐어. 일마 앞에서라면 설설 기는 줄만 알었더니 아주 대담하단 말야. 고쳐 본 걸. 사내 앞에선 그래야지, 쩔쩔 매선 못써."

하다가 문득 일마에게 대한 단영의 태도뿐이 아니라 자기에게 대한 단영의 태도를 생각하고 속으로 쓴웃음이 나지 않는 것도 아니었다. 일마에게 대한 단영의 태도가 대담하다면 자기에게 대한 그의 태도는 얼마나 더 용감—하다느니보다는 모욕적이었던가.

"남의 소리 그만두고 당신이나 어서 일마의 앞에서 천하게 굴지 말어요. 못난이같이 옆에서 보기 딱하게."

"사내끼리야 그까짓 아무튼지 상관있나. 단영의 그런 태도가 내겐 반가워 하는 소리지. 일마의 태도두 물론 반갑단 말이구."

"시끄러워요."

단영은 휭하니 먼저 내려간다.

두 사람의 조반이 제일 늦은 모양이었다. 식당에는 손님들이 듬성했다. 부부같이 마주 대해 앉은 식탁 위에 보이가 늦은 아침을 나르기 시작했다. 단영도 보이 앞에서는 별수 없이 부부인 척하는 수밖에는 없었다.

"……왈칵 부딪쳐 가니까 춤추던 것이 별안간 쓰러질 듯 밀려가면서 나아자인지 한 여자가 무어라더라 질색하면서 이게 무어야 하구 짜증을 냈겠다. 유쾌했어."

식사를 하면서도 명도는 간밤의 일이 잊히지 않아서 중얼거리니까, 단영도 나아자라는 바람에 귀가 띄어 숭숭거리는 마음에 한마디 없을 수 없었다.

"아니 정말 일마는 나아자하구 어느 정도로나 친해졌을까, 아주 단짝일까."

"어젯밤 눈치 봐서는 단짝은커녕 세상에 자기들 둘밖에는 어디 더 있는 것 같던가."

명도가 부채질하는 바람에 단영은 달뜨고 마음이 쑤신다.

"속상해 제에기."

"겉 볼 안이 아니야. 일마가 겉은 참하면서두 아주 난꾼이란 말야."

"어떡허면 좋아, 물구 뜯을 수두 없구, 원."

"물구 뜯다가 나아자에게 되 물리려구."

"내가 나아자만 못하우? 그래 아무델 뜯어봐두 설마 나아자만야……."

"내게야 단영이 나아자보다 열 곱은 나 뵈여두, 일마 눈에 그렇게 뵈어야 말이지."

단영의 달떠하는 것이 명도로서는 기쁜 것이다.

"세상일이 요렇게 틀어지구 맘대로 안 되니까 재미있거든."

"속상해."

그러나 한번 놀음에 주저앉을 단영이 아니었다. 한숨짓는 가슴속에는 굳은 결의가 서리어졌다.

"—하는 데까지 해볼걸, 이케 된 바에야 사생결단이지."

편편치 못한 심화로 단영은 구미조차 없어 식사도 하는 둥 만 둥

객실로 나왔을 때 답답한 판에

"송화강에나 나가볼까."

"지금이 어느 때게 강엘 나간단 말요. 한여름인 줄 아나부다."

"시원한 데 가서 바람을 쏘여야겠는데."

하다가 마침 벽에 걸린 경마대회의 포스터를 보고

"오라, 경마가 있구나."

"잘됐군."

"말이나 실컨 보구 올까부다."

두 사람은 그 길로 호텔을 나섰다.

추기 경마대회가 시작되었던 것이다. 단영들은 서울서도 일 년에 두어 번씩 열리게 되는 경마에서 마권을 몇 번 사본 경험이 있어서 그 길에는 반드시 서툴지는 않았다.

신시가로 나가 우선 백화점에 들렀다.

추림백화점(秋林百貨店)은 외국인 경영의 하얼빈서도 으뜸가는 가가였다. 점원이 전부 외국인인 데다가 특히 금발 벽안의 여점원들의 응대는 그것만으로도 눈을 끌었다. 반드시 한 가지 나라 말만이 쓰이는 것이 아니요 러시아어도 들리고 영어도 들려서 이 구석 저 구석에서 언어의 혼란을 일으켜 흡사 국제백화점인 감이 있었다. 층층으로 진열된 물품에는 구라파적인 은은한 윤택과 탐탁한 맛이 드러나 보인다. 하루아침에 이루어진 것이 아니요 천여 년을 두고 쌓아내려 온 굳건한 전통의 빛이 그 어디인지 흐르고 있다. 구라파 문명의 조그만 진열장인 셈이었다. 사람들이 웅성거리는 속으로 단영들은 특이한 냄새와 공기를 느꼈다. 늘 맡는 문명의 냄새를 진짬으로 맡을 수 있었던 것이다.

단영의 목적은 쌍안경을 사자는 것이었다. 층을 올라서 사치품부에서 알맞은 것을 골라 들었을 때 미목이 수려한 금발의 여점원이

"경마장엘 가시나요?"

하고 애교를 보인다.

"봐요. 경마에 쌍안경이 얼마나 필요한가를."

단영이 명도를 가르쳐 주면 명도는

"달아나는 말의 다리를 보자는 셈이지. 어느 말이 몇 자 몇 치나 더 빠른가를."

"말두 보구, 경치두 보구, 사람두 보구—."

하면서 쌍안경을 눈에 대고 나사를 돌리며 초점을 맞추어 본다.

"저것 봐."

창밖 먼 거리에 초점을 박은 까닭에 오고가는 사람들이 렌즈에 비치어 온 것이다.

"저 저것."

초점이 움직이는 때문에 초조하게 나사를 풀었다 감았다 하면서

"세계적 미인을 그만 놓쳤네."

한참 후에 다시 옳게 그것을 찾아냈는지

"옳지, 저것 좀 봐요."

"미인을 찾어낼 수 있다면 하긴 쌍안경이 필요한 것이긴 하군."

명도와 단영의 양을 빙그레 바라보고 섰던 여점원은

"맘에 드시나요?"

하고 흥정을 시작한다.

쌍안경을 사가지고 백화점을 나왔을 때 단영은 아이같이 기뻤다. 신기한 것이나 찾아낸 듯 마음이 뛰었다.

"두 눈으로두 족한데 쌍안경까지 끼구 인생을 본다?"

"두 눈이 더하니까 더 잘 보이거든요."

"자연에 대한 반역이야."

"내 이제 신발명을 해내지 않나 보죠—인생의 신발명을 해낼게요."

자동차에 앉아 경마장을 분부했다.

마가구(馬家溝)의 넓은 길을 쏜살같이 내닫는다. 주택지대인 그 구역에는 수목이 울창해서 그윽한 별천지를 이루었고, 가도 양편에는 느릅나무의 고목이 정정하게 늘어서 길 위에 그림자를 던졌다.

마가구를 벗어나니 무연한 벌판이다. 비행장을 옆으로 구부러졌을 때 단영은 쌍안경을 눈에 댔다. 먼 경마장이 비치어 오고 그 속에 아물거리는 사람들이 렌즈 속에 차례차례로 나타났다.

넓은 벌판에 한 점을 찍은 경마장 가까이 가 보면 그것이 또 하나의 넓은 벌판이다.

그 속에 아물아물 사람들이 들어서서 아닌 곳에 장마당을 이루었다. 수천 명의 남녀노소가 무엇을 구하러 그 외딴 벌판 속으로들 모여들었는지—사람은 경영을 위해서는 언제나 곳을 가리지 않는 모양이다.

거리의 생활만으로는 감격이 부족하다는 것일까. 벌판에까지 그것을 연장시켜 가슴을 조이고 피를 끓여 가면서 감격 속에 살자는 것일까. 말 다리에 그날의 운명을 맡기고 하루의 행운과 불운을 점치자는 것이다. 행운에 웃고 불운에 울자는 것이다. 타원형의 테두리를 둘러싸고 서서 달리는 말들을 바라보면서 흥분과 낙담―기쁨과 실망에 서성거리는 그 굴곡 많은 하루의 생활을 사러 사람들은 모여든 것이다.

그날의 코스는 벌써 삼사 회를 거듭하고 있었다.

단영과 명도가 경마장에 이르러 구내에 들어선 것은 네 번째 경주가 막 끝난 때였다.

사람들은 반원형의 좌석에서 와르르 흩어져 각기의 기쁨과 실망을 털어버리고는 다음 회의 마권을 사러 뒤편 마장으로들 내려갔다. 그 밀리는 파도 속에 명도와 단영도 섞여 있었다. 하얼빈의 거리가 그러하듯 그곳에도 각 사람들이 다 모여 국적과 인종의 진열장이었다. 두 사람은 수많은 낯선 얼굴들 틈에 끼어 누가 누구인지 바로 옆 사람조차 분별하지 못하는 서름서름한 속에서 역시 공통된 흥분에 사로잡혀 요란한 공기 속에 스스로 화하는 듯이 보였다.

마장에는 다음에 출장할 칠팔 필의 말들의 조교(調敎)가 있었다. 가볍게 단장하고 채찍을 든 기사들이 각각 자기들의 사랑하는 말을 끌고 나와서는 뭇사람 앞에서 걸려 보이고 타 보고 하면서 말의 능력을 시험하는 한편, 마권을 살 사람들에게 판단의 표식을 주는 것이었다. 차례차례로 나타나는 말들은 그 자신들의 능력의 경쟁으로 그들을 사는 사람의 운명을 결정하게 된다. 사람들은 세밀한 주의로써 말들을 관찰하고 감정하는 것이었다.

붉은 옷을 입고 붉은 모자를 쓴 기사가 데리고 나온 말은 '태양'이라는 이름이었다. 후리후리하고 늠름한 기상이 단영에게는 첫눈에 들었다. 보던 중 주의를 끌었다.

"난 단연 저 말로 했어요."

언하(言下)에 작정하는 것을 명도는 더 한 수 신중하게 보면서

"허울만 좋아두 쓸데없어 — 말두 사람과 일반이어서 허울보단 맺힌 데가 있어야 힘을 쓰지, 저렇게 키다리구서야 — ."

반대하니까 단영은 더욱 자신을 가지고 주장한다.

"웬 소리요, 외양이 첫째지. 그 밖에 무얼로 속을 판단한단 말요. 외양이 훌륭하고야 속두 훌륭하지, 외양이 변변치 못하면 힘인들 쓸 수 있수 — 단연 태양이야. 태양이 이기지 않나 두구 보구려."

그래도 명도는 웬일인지 굽어들지 않고 자기 생각을 옳은 것으로 여기면서 다음에 나타난 말 아킬레스나 멘텔차아를 도리어 우수한 것으로 인정했다.

"나두 경마로는 여러 해 속을 태운 사람인데 외양엔 늘 속아 넘어왔어. 허울 외에 보는 데가 또 있다나 — 무어라구 할까. 그 어디인지 영악하구 탐탁해 보이는 것 — 사람이나 말이나 그게 첫째야. 늠름한 외양이란 아무 소용 없는 거야 — 가령 내 눈에는 아킬레스나 멘텔차아가 태양보다는 훨씬 윗길이야. 좀 있으면 알 일이지만 두구 보구려."

"말을 골라두 꼭 당신같이 — 아킬레스가 어딜 보니 태양보다 낫단 말요. 그게 눈이요 머요."

"두구 보면 알 일인 것을 고집만 피운다."

"단연 태양이에요. 두말 말구 어서 태양을 사요."

바른 의견이 소용없었다. 단영의 고집에는 당하는 재주가 없어

서 명도도 하는 수 없이 그를 좇아 태양의 마권을 사는 수밖에는 없었다.

오 원권을 한 장씩 사가지고 벨이 울릴 때 두 사람은 마장을 올라가 타원형의 코스를 향해 좌석에 앉았다.

제오회째 경주가 시작되었다. 시그널이 떨어지자 말들은 내닫기 시작했다. 수천의 눈이 쏜살같이 뻗치는 말의 행렬로 일제히 향해 당긴 활같이 긴장들 했다. 말들의 흐름과 함께 눈들은 타원의 코스를 몇 바퀴이고 돈다. 바퀴를 거듭함을 따라 각 사람의 한결같은 긴장이 풀리면서 차차 각각 득의와 실망의 고개를 향해 따로따로 닫는다.

태양이 단연 우수해서 처음에는 아킬레스에게 떨어질 듯 질 듯하더니 마지막 두어 바퀴를 남겨 놓았을 때부터 앞장을 서기 시작하는 것이 끝까지 뭇 말을 빼는 것이었다.

말의 의기가 오름을 따라 좌석에서는 수선거리는 기색이 보이고 환희의 목소리가 솟았다. 태양을 산 사람이 가장 많은 모양이었다. 단영도 물론 그 총중의 한 사람이어서 태양이 바로 눈앞을 달릴 때에는 자리에서 반쯤 허리를 세우고는 손을 흔들고 소리를 지르고 했다.

"봐요. 태양이 이기지 않구 배기나—내 눈에 어김이 있을 줄 알구."

통쾌한 김에 박아대면 옆에 앉은 명도는 자기도 산 말이니 기쁘지 않은 바는 아니었으나 한 수 휘인 것이 불만이어서

"아직 한 바퀴 더 남았다나."

하면서 애틋한 듯 서너 번째로 떨어진 아킬레스에게로 눈이 간다. 이왕이면 자기가 주장했던 그 말이 이겨 주었으면 하는 생각이 마음 한구석에 있었다. 단영과는 은근한 경쟁이었다. 물론 아킬레스도 전력을 다해 닫는 것이며 초록 옷 입은 기사는 채찍을 들고 말 허리에 납작 엎드려 말과 마음을 같이하는 것이나 태양과의 거리는 벌써 너무도 멀어졌다.

"한 바퀴 아니라 두 바퀴래두 저렇게 솟은 것을 무엇이 따라 낸단 말요. 자 저래두 못 이겨요?"

"최후의 일 분간이라니."

"다 진 걸 뭐하자는 일 분이란 말요. 그래두 행여나 아킬레스가 이길까 해서 저 떨어지는 꼴이란."

"어서 작작 기뻐하구."

"저것 봐, 뛴다 뛴다……."

"아직두 반 바퀴."

"솟는다 솟는다……."

"사반(四半) 바퀴."

"날은다 날은다……."

"좀 더."

"날은다 날은다……. 난다 난다……. 옳지."

"태양 만세!"

사람들이 왈칵 일어서면서 좌석에는 기쁨의 목소리가 파도같이 터져 나왔다. 태양이 일착인 것이다.

"태양 만세!"

"만세!"

모자가 날고 손수건이 흔들리고 수선스런 소리가 좌석을 들어갈 듯도 하다. 와르르 흩어지면서 각각 황겁지겁 자리를 밀려 내려갔다.

틈에 끼어 비비대노라고 단영은 베레 모자가 비뚤어지고 손에 든 핸드백이 사람들 허리 사이로 솟아나곤 한다. 명도의 손이 간신히 그의 팔을 나꾸어서 마당 쪽으로 인도했다.

"맛이 어때요—아 유쾌해."

"단영 덕에 나두 마권을 옳게 산 셈인가."

"내 눈에 어김이 없다니까요. 그저 나 사는 대로만 좇아 사요. 틀림없을 테니."

"어쩌다 한 번이나 그랬지 판판이 그럴 줄 아나. 내겐 내 요량이 있어. 태양이 언제나 이길 말이 아니구, 아킬레스가 번번이 실패할 말은 아니거든."

"지구서두 우기는 그 낯짝."

자기 몫의 우승의 배당을 얻으려고 사람들은 사무소 좁은 창 앞으로 꾸역꾸역 모여들었다.

태양의 배당은 한 구멍에 이십 원 남짓하게 돌아왔다. 단영과 명도는 각각 한 장씩을 샀던 까닭에 한 사십여 원이 수중에 들어왔다. 태양을 겨눈 사람이 많았기 때문에 배당으로서는 많은 편이 아니었다. 그러나 단영들에게는 처음 산 마권으로 첫 배당이었던 까닭에 기쁜 마음은 측량할 수 없었다.

"그럴 줄 알었더라면 여남은 장 샀을 것을."

하는 욕심까지 솟기 시작했다.

"열 장이면 이백 원이게?"

"뻔히 이길 줄 알면서두."

"욕심이 과해."

"난 또 태양을 살걸요, 아주 맘에 들었어요."

"번번이야 좋을 줄 아나?"

"결과만을 봐요."

한 번을 쉬고 일곱 번째 회에 다시 태양의 출장이 있었다.

단영은 명도를 쑤셔서 처음 배당액으로 몽탕 태양을 샀을 뿐 아니라, 채표까지 각각 한 장씩 샀다. 명도도 태양이 출마하는 한 단영의 앞에서는 거역할 수도 없어서 이번에는 순전히 단영의 지시대로 좇으면서 좌석에 앉게 되었다.

회마다 더해 가는 흥분 속에서 일곱 번째 경주가 시작되었다. 확성기가 소리를 높여 코스의 사정을 방송하니 보는 사람들의 흥은 한층 높아 갔다.

주의는 이번에도 대부분이 태양으로 향했다. 태양의 일거일동으로 말미암아 날카로워진 신경 끝에 불꽃이 나는 듯도 하다. 고함과 한숨이 섞여서 원형의 좌석은 감정의 수라장이다. 행이냐 부냐, 백이냐 흑이냐—운명의 판단을 각기 골라낸 말에게 맡기고 약동하는 타원의 흐름을 노리는 것이다.

아까 번과 마찬가지로 태양은 처음 몇 바퀴는 불리하던 것이 바퀴를 거듭함을 따라 뭇 말을 넘어서기 시작했다. 한 필 두 필을 뽑을 때마다 단영은 고함을 치면서 몸을 엉거주춤 들먹거렸다.

두 바퀴를 남겨 놓고 태양은 기어코 뭇 말의 앞장을 섰다. 회오리 바람같이 환희의 소리가 스치는 속에서 단영은 꿈결같이 몸이 화끈해 감을 느꼈다.

"어쩌면 아까 번과 똑같이 된단 말요."

반쯤은 일어서서 쌍안경이 눈에서 한시도 떨어지지 않는다.

"글쎄 말야. 오늘 경마가 우리들을 위한 경마란 말인가."

명도는 미상불 기뻤다.

"내 솜씨가 어때요. 경마에는 대장이죠."

"나두 이렇게 될 줄야 몰랐구료. 오늘은 사실 경마에 온 보람이 있는데."

"이번에 이기면 배당이 얼만지 계산이나 해봐요—이십 원씩이면 일백육십 원, 삼십 원씩이면 이백사십 원……."

"오십 원씩이면 사백 원—백 원씩이면 팔백 원인가."

"팔백 원! 다 내가 번 셈이죠."

"아무렴, 머든지 청하는 대로 안 사주리. 목도리든지, 보석이든지……."

"목도리든지, 보석이든지……."

앵무같이 말을 받아서 외다가 단영은 문득 앞으로 주춤하면서 쌍안경을 바싹 대었다.

"……아니 저기."

"왜 태양이 첫짼데 멀."

"일마가 아닌가."

렌즈 속에 뚜렷이 비치어 온, 먼 좌석에 한 패는 틀림없이 일마들이다.

"나아자와—또 한 사람 왼편의 여자는 누군가!"

일마와 나아자와—또 한 사람 에밀랴의 세 사람이었던 것이다. 그들 역시 쌍안경을 손에 들고 경마에 열중해 있는 것이었다.

"일마들이 왔다구?"

명도도 의외라는 듯이 소리를 지르나, 단영은 벌써 경마에는 정신이 없어지고 그들 한 패에서 쌍안경을 돌리려고는 하지 않았다.

"……아 일등이야 일등, 태양이 또 일등이야—."

별안간 명도가 외치는 소리도 단영에게는 시들해지고 눈 속에는 일마들의 자태만이 있었다. 그들은 태양을 사지 않았던 것일까. 세 사람의 얼굴에는 실망의 빛이 역력히 나타나 보인다.

그날 일마는 마침 에밀랴가 자리에서 일어나 몸이 거뿐하다는 판에 소풍 겸 나아자와 함께 세 사람이 경마장을 찾았던 것이다.

일마에게는 경마가 서툴렀으나 나아자나 에밀랴에게는 마권을 사는 솜씨가 익숙했다. 그러나 일마는 자기 요령이 있어서 마권을 살 때 의견을 고집스럽게 내세우게 되었다. 마장에서 말의 조교를 보고는 비위에 드는 말을 골라 나아자가 무어라고 충고하든 간에 그 말을 샀다. 웬일인지 판판이 실패여서 일곱 번이나 회를 거듭함에도 한 번도 등에 들지 못하고 참패를 계속해 오는 중이다.

단영이 쌍안경으로 멀리 일마들의 자태를 발견했을 때, 그들은 일곱 번째 실망 속에 잠겨 있는 중이었다. 가운데 일마를 두고 양편에 나아자와 에밀랴가 앉아서, 세 사람은 한 표정이다.

"보세요. 또 태양이 이기겠어요."

나아자가 민망해서 일마를 보면

"그러게 태양을 사자니까요."

하고 에밀랴는 초조해 한다.

"이기면 이겼지—오늘 경마가 아직 반밖엔 안 나갔는데."

일마는 표면 태연해 하기는 하나, 속이 조급하지 않은 것도 아니다.

주머니 속도 홀쭉해졌거니와, 무엇보다도 맥이 나는 노릇이었다.

"다음 번엔 난 꼭 태양을 살 테예요. 누가 머라든지."

에밀랴는 어린 마음에 짜증조차 내본다.

"저것 봐요. 저 저것."

"기어쿠 태양이 일착이구나."

"속상해."

옆자리에서 물 끓듯 일어나는 기쁨의 고함 속에서 세 사람은 낙망해 바로 일어설 맥도 없었다.

그 양을 단영도 멀리서 바라보면서

"고것 싸다."

하는 심술궂은 심정조차 솟아 기쁨이 곱절 더해졌다.

"사람을 골리기만 하면서 무엇이 잘 되겠다구."

그 회의 단영들의 배당은 이백 원이 넘었다. 단영은 뛸 듯이 기뻐하면서 그 이백 원의 뭉치로 일마의 눈을 보기 좋게 갈겨 주었으면 하는 욕망조차 들었다.

그 자리로 일마들 편으로 달려가고자 하는 것을 명도가 간신히 붙잡아 앉혀 멀리서 그들의 거동을 더 살피기로 했다.

자태를 행여나 놓치지 않으려고 애쓰면서 단영은 쌍안경을 눈에서 떼지 않았다.

일마들은 휴게실에서 몇 회를 쉬고 낮을 훨씬 지나니 경마는 열 회를 넘어 앞으로 삼사 회를 남기게 되었다.

기울기 시작한 해가 엇비슷이 내려쬐고 경마장은 한층 어지럽게 수선거리기 시작했다. 하루의 운명의 결단을 낸 사람이 대부분이다. 이긴 사람은 이겼고 진 사람은 져서 그날 운은 그것으로써 단정이 난 것이다. 아직도 힘과 용기를 가진 사람만이 더 그날의 운과 싸우려는 것이었다. 일마도 그중의 한 사람이었다.

제십이회가 시작되려 할 때, 일마는 마지막 배짱을 작정하고 매장 앞 창구멍으로 최후의 마권을 샀다.

아킬레스를 샀다. 아킬레스 외에 공교롭게 태양이 또한 그 회에 출마하였다. 제오회째와 똑같은 말의 배치였다. 오회에서는 태양이 크게 이겼다. 아킬레스를 고를까 태양을 고를까 하는 선택에서 사람들의 의견은 간단했다. 오회에서와 마찬가지로 태양을 고르면 그만인 것이다. 태양을 사려는 사람이 조수같이 밀리는 데 반해, 아킬레스의 매장 앞에는 일마들쯤이 섰을 뿐이었다.

명도가 아킬레스를 발견한 것같이 일마도 누구보다도 그 말의 된 품을 속으로 알아맞히고 있었다. 여러 회나 그 말을 사서 실패했던 것이나 굴하지 않고 이제 마지막으로 또 한 번 서슴지 않고 아킬레스를 산 것이다.

명도도 이번만은 아킬레스로 작정했던 것이 단영의 고집으로 또

다시 태양을 사게 되었다. 단영은 태양에 홀딱 반했던 것이요 지금까지의 승리가 온전히 그 덕이었던 까닭에 명도도 거역할 수 없었다. 이백 원 몽땅 태양을 산 것이다.

여러 번 실패의 뒤이라 일마가 아킬레스를 사는데 나아자들은 물론 가만있지는 않았다.

"진력스럽게 또 아킬레스예요?"

불만이 아니라 반대의 소리였다.

"이번이 마지막이니까."

일마는 빌듯이 도리어 사정한다.

"이번 이번 하다 자꾸만 지는 걸요."

"이번만은 다를 테니."

"뉘 아나요."

"운명이라는 게 그렇게 단순하게 늘 같어만 진다면야 세상일 문제가 없게. 엉뚱하게 변화를 하니까 재미두 있는 게지."

"그래 이번에 변화를 한단 말인가요."

"그러리라구 생각하니까 진력스럽게 또 걸어 보는 게 아니오?"

나아자를 타이르기는 수월한 노릇이었으나 에밀랴는 막무가내였다.

"아무래두 이번엔 속지 않을 테예요."

아이같이 투정을 부리면서

"전 태양을 살 테예요. 아킬레스는 싫어요."

"괜히 나중에 후회하지 말구."

"싫어요. 절대로 태양을 사요."

하는 수 없이 에밀랴에게는 태양을 사게 하고 대신 일마는 결김에 그들의 몫까지 합쳐 아킬레스의 마권 다섯 장을 샀다—다시 말하면 주머니의 밑천이 다섯 장 값밖에는 남지 않았던 것이다. 나머지 일 원으로는 그 회의 채표를 샀다. 되든지 안 되든지—모든 것을 털어 그 한 회에 바친 것이다. 장쾌한 모험이요 운명과의 싸움이었다. (모험의 결과를—떨어진 골패 쪽의 결과가 일마에게 얼마나 이로웠나를 보고함에 작자는 무한한 흥분과 흥미를 느낀다. 다음에 적는 것은 다만 충실한 보고일 따름이나, 그 거짓말 같은 행복을 작자도 미상불 신기하게 여기지 않을 수 없다. 그러나 세상에는 실상으로 그런 행운이 있음을 알고 깊이 안심하는 바이다).

처음 몇 바퀴째는 태양이 우세해서 뭇 말의 앞장을 섰다. 태양을 산 사람이 많았던 까닭에 좌석에서는 관객들이 죄다 기립을 하다시피 하고는 눈앞을 닫는 말을 향해 성원을 보내는 것이었다. 흡사 스포츠의 응원을 하는 셈이었다. 자기들의 선수 태양을 향해 군중은 열렬한 응원을 하는 것이었다.

단영도 응원단의 한 사람인 양 자리를 일어서서 고함을 치면서 한편 연(連)해 쌍안경으로 일마들의 자태를 바라보았다. 응원이 없이 잠자코만 앉아 있음은 또 태양을 사지 않은 모양이로구나 생각하면서 은연중 통쾌한 심사도 솟았다. 그러나 단영의 기쁨도 이번만은 오래가지를 않았다. 태양이 언제까지나 우세하지 못했던 것이다.

두 바퀴를 남겨 놓고 태양이 점점 떨어지는 대신 훨씬 뒤편에 섰던 아킬레스가 차차 솟아나기 시작했다. 한 필 두 필을 지나 반 바퀴를 닫는 동안에 완전히 앞장을 서고야 말았다.

“아앗!”

일마는 자기도 모르게 소리를 치면서 자리를 일어섰다.

“아킬레스 달려라!”

일마의 뒤를 따라 응원을 하는 사람이 없음은 의외로 아킬레스를 산 사람이 없었던 까닭이다. 별안간의 침묵 속에서 장내는 물을 뿌린 듯이 조용하다. 아킬레스가 솟을 줄은 아무도 몰랐던 것이다.

“태양은 훨씬 떨어졌습니다. 아킬레스는 필사적으로 닫습니다.”

확성기는 어느 때보다도 소리를 높여서 코스를 설명한다.

기운을 얻은 아킬레스는 하늘에나 오를 듯이 양양히 날고 그 등에 어거한 초록빛 기사는 새 날개같이 가벼워 보인다. 다른 말들과는 동이 뜨게 멀리 앞을 선 오늘의 선수는 벌써 몇 치 앞에 골을 바라보게 되었다.

“옳지 옳지 — 한숨만 더 — 더 — 더 — 으앗 만세! 아킬레스 만세!”

아킬레스가 드디어 일착이었다. 기적인 듯만 싶다. 일마는 목이 쉬어라 고함을 치고, 나아자는 일마의 팔을 꼭 부둥켜 안고 눈물이 핑 돌 지경이었다.

실망으로 수선거리는 수천 군중 속에서 감격에 우는 사람은 참으로 일마들 한 패뿐이었다.

소위 ‘아나(穴)’라는 것이었다. 일마들만이 아킬레스의 배당을 몽땅 차지하게 되었다. 모험에서 온 행운이었다.

마권 한 장에 칠백 원 배당으로 다섯 장에 삼천오백 원이 차례진 것이다. 또 한 가지 내친걸음에 채표가 일체로 맞아 거짓말같이 일천이백 원이 제물에 들어왔다. 합 오천 원에 가까운 거액이 순식간에 굴러든 것이다. 꿈속 일만 같아서 일마는 정신이 황당했다.

"이게 내 일 같지는 않구려."

나아자는 일마의 팔을 꼭 붙든 채 이유 없이 떨었다.

"그렇게 되는 걸 어쩌겠수."

"기쁘다느니보다 무서운 생각이 들어요."

"도적질이 아닌 바에야 무섭긴 무에 무섭단 말요."

타이르기는 하나 일마 자신 현금으로 오천 원의 지폐 뭉치를 손에 받았을 때에는 사실 알 수 없이 가슴이 두근거렸다.

(무슨 까닭에 하필 내게 이 행운인구.)

하는 생각이 들면서 마음속이 불안스러워졌다.

"난 지금 딴 세상 속에 있는 것 같아요, 자꾸만."

단순하게 기쁨을 말하는 것은 누구보다도 에밀랴였다.

"오늘의 영웅 — 우리들의 영웅!"

일마를 종족이 다른 딴 사람으로 우러러보았다.

경마에 이긴 것은 물론 아킬레스였으나 동시에 그것을 산 일마였다. 아킬레스는 일마요 일마는 아킬레스였다. 그날의 영웅은 아킬레스이자 일마였던 것이다. 에밀랴에게 일마는 별안간 하늘 위 사람만큼이나 보였다.

"괜히 생고집을 피웠었죠. 이렇게 될 줄은 모르구."

일마에게 거역하고 혼자 태양을 샀던 것을 부끄러워하는 것이다.

일마들의 행운의 반면에는 무수한 불운의 패들이 있었고 그중에서도 단영은 가장 심한 편이었다.

태양에서 얻은 수백 원을 그 한번에 고스란히 날려 보내고 그날 운수는 도로 나무아미타불이었다. 단번에 그렇게 무참히도 참패한 것을 생각하면 이가 갈릴 지경이었다.

명도도 이겼을 때 말이었지 지고서까지야 단영에게 굽을 리는 없었다. 싫은 소리가 늘어갔다.

"누가 아니래. 위험한 짓을 하다가, 그저—."

"그럴 줄 알았나 누가."

단영은 대꾸는 하면서도 마음속은 물론 편편치 못하였다.

"태양 태양 하다 잘됐지. 남의 말을 더러 듣지 않구서."

"아따, 가만 있다가 지게 되니까 이제와서 싫은 소리구료. 아까 두 번이나 이긴 건 무어요."

"이긴 게 지금 어디 있어. 도루 제턱이면서."

"제턱이면 됐지 어쩌란 말요. 괜히 화나는데 자꾸만—."

쌍안경에 비치어 오는 일마들의 기뻐하는 양도 꼴사나운 데다가 명도조차 지긋거리는 것이 견딜 수 없이 화를 북돋았다.

"저것들이 결국 남의 행운을 도맡어 뺏어간 셈이지—우리의 건뭇두 모조리 저 수중에 들어갔으렷다."

생각할수록에 불심지가 솟았다.

"이대로 가만 있을 줄 알구, 가서 꼴들을 봐야지."

쌍안경을 떨어뜨린 단영은 명도를 끌고 사람들 속을 비집었다.

기어코 일마들 앞에 나타났을 때 빈정대는 어조로

"굉장은 한데 두 손에 꽃 들구—어디 영웅의 낯 좀 똑똑히 볼까.”

나아자는 단영을 보고 전날 밤 일을 생각했던지 질색하면서 외면했다.

“경마엘 다 쫓아 나왔어.”

“당신 이긴 속에 우리 몫두 섞인 줄이나 알아 둬요.”

더 어울리다가 귀치않아 질 것을 생각하고 일마는 나아자의 손을 끌고 자동차 있는 편으로 향했다.

벌써 황혼이라 경마장을 물러가는 사람들이 많았다.

향연

일마는 자동차로 거리로 들어와 호텔에 닿자 신문사에 전화를 걸어 벽수를 끌어냈다.

나아자와 에밀랴와 합 네 사람이 만찬을 같이하기로 했다.

벽수는 뛰어들자 그날 경마의 소식을 듣고 대경실색—얼굴빛이 변한 것이 사실이었다.

"일전의 채표며 오늘의 경마며 거저 일은 아닌 것 같애—난 되려 겁만 나네."

"요만큼의 행운이 왔다구 왜 하필 불행을 연상할 필요가 있나."

"요만큼의 행운이 아니야. 아무에게나 쉽게 있을 행운이 아니야."

"불행이 오면 불행대로 받지. 행운은 행운대로 받구. 걱정할 게 없어. 행운이 왔다구까지 걱정하구야 그럼 대체 무엇하자구 산단 말인가."

"평범이 좋거든."

"평범이 좋다면 자네 뭣하러 만주까지 들어왔나. 평범을 구해서 이 외지에 들어와 고생이란 말인가."

"만주의 행운은 자네가 다 쓸어갔다네. 우리에겐 차례질 것이 없거든."

"자 유쾌하게 — 이것두 일생 저것두 일생 — 차례진 일생을 차례진 대로 보낼 수밖에 다른 수가 더 있나."

식당 한구석에 특별히 분부한 만찬의 식탁은 어느 때보다도 호화로웠다.

일마는 특히 나아자의 뜻을 존중히 여겨 그의 구미에 맞는 음식을 그날 밤 작정된 요리 외에 더 부탁했다. 그날의 승리를 축복하는 조그만 잔치가 일마의 뜻으로는 온전히 나아자를 위한 마음의 대접이었던 것이다.

흰 식탁 위에 꽃바구니가 놓이고 조그만 양동이 얼음 속에 샴페인 병이 비스듬히 솟았다. 진미를 다했다는 요리 접시를 보이가 차례차례로 날라 오는 것이나 일마에게는 오히려 부족한 생각이 들어서

"사람의 사치라는 것이 요 정도의 것뿐인가. 더 굉장한 잔치라는 건 가질 수 없는 것일까."

"힘이 넘치면 모든 것이 하치않어 보이는 것이지만 — 사치라는 것을 일단 가져 보면 신기할 것두 없구 그저 그뿐이야. 다른 더 진귀한 것을 그리워하나 실상에 있어서 그런 것은 없거든. 왕이 먹는 음식이나 우리가 먹는 음식이나 그다지 다른 것이 없어. 실속에 있어선 똑같은 거야."

벽수가 아무리 아는 소리를 해도 일마로 보면 부족한 심사를 금할 수 없었다. 그만큼 속이 넉넉하고 찼던 것이다.

나아자에게는 그러나 그날의 만찬은 더없이 호화롭고 고맙게 여겨졌다. 잔치도 잔치려니와 일마의 친절에 마음이 흡족했다.

"지난 반생 동안에 이렇게 훌륭한 만찬을 받어본 적이 없었어요."

솔직한 고백이었다. 곧은 마음씨가 눈물겹게 여겨졌다.

"생일 때와 크리스마스 때에두 이렇게 놀라운 잔치는 못 받어 봤어요. 몇 살 때이든가 물론 어머니가 생존해 계실 때 생일날 이웃 사람들을 청해 놓구 빵을 잔뜩 쓸구 오리고기를 통채로 삶어 놓구 했을 때의 생각이 평생을 두구 안 잊혀져요. 제일 즐거운 때였어요―오늘까지 반생 동안 이렇게 유쾌한 시간을 종시 가져 보지 못하구 살었지요."

"그럼 오늘 흠뻑 즐겨하구료."

에밀랴는 자기 역시 비슷한 사정임에 나아자의 말이 뼛속에 사무쳐 와서

"―두 번째 생일잔치로 여기구 나두 오늘을 크리스마스쯤으로나 여길게."

"자, 그럼 오늘 특히 두 분을 위해서 잔들을 냅시다."

일마는 보이에게 손짓해서 나아자와 에밀랴의 유리잔에 술을 이어 따르게 했다. 샴페인 마개를 뽑는 소리가 팡팡 유쾌하게 울림을 따라 달고 짜릿한 술맛에 네 사람은 거나해 갔다.

나아자도 잔을 사양하지 않아서 어느덧 얼굴이 꽃빛으로 변했다.

에밀랴는 그 길로 바로 밤일을 보러 홀로 나갔으나 나아자는 그날 밤은 홀을 쉬기로 했다.

취기가 돌아 약간 건들건들하는 그 모양으로는 나갈래야 나갈 수

도 없기는 했다.

식후 로비에들 나앉아 붉은 카펫을 밟고 음악을 듣고 있을 때 일마는 가장 행복스런 순간에 잠겨 있는 셈이었다. 거기에서 더할 행복이 없었다. 고무풍선같이 둥그렇게 차서 허공에 둥실 떠 있는 듯한 심경이었다.

한 가지 부족이 있다면 아직도 나아자의 마음의 마지막 고비를 잡지 못한 것일까. 연일 그와의 사귐에서 그의 감정의 지향을 어느 정도까지 포착하지 못한 것은 아니었으나 단순하지 않은 것은 여자의 마음이라 마지막 고비를 잡을 때까지는 마음이 놓이지 않았다. 더욱이 오늘의 일마에게는 벌써 나아자가 없어서는 안 되게 되었다. 어느 결엔지 그만이 가장 뜻있는 것이 되어 버렸고 그 없는 일상이라는 것을 생각할 수 없게 되었다. 트렁크 속에 돌연히 일만오천 원이 기어들었다고 해도 그것이 그것만으로는 별반 값이 없는 것이요 자기 한 몸의 인물이나 재주나 모든 것이 그것만으로는 뜻없는 것이다. 한 가지의 귀중한 대상이 있고 그것을 위해서만 비로소 뜻을 가지게 되고 빛을 내게 된다. 일마의 그 귀중한 대상은 지금에 있어서는 말할 것도 없이 나아자였다. 그를 위해서라면 그 모든 것을 그 자리로 버려도 좋은 것이다. 문제는 나아자의 마지막 심정이었다. 거기에 모든 것이 걸려 있는 것이었다.

만족 속에서의 한 줄기의 근심—그러나 그것은 만월을 아련히 가리운 실오리만한 한 줄기의 구름 폭밖에는 안 되었다. 나아자의 심중이 그다지 복잡한 것이 아니었고 감정의 표현이란 비교적 단순하고 솔직한 것이다. 며칠 동안의 일마에게 대한 전폭적 호의—그 속에 나아자의 뜻은 가장 선명하고 정직하게 나타나 있었다. 그리고 오늘의 그 만족의 자태가 그것을 한층 웅변으로 설명하는 것이 아니었던가. 일마의 근심은 만족에서 오는 귀여운 투정이었다. (그런 줄을 일마는 불과 몇 시간 후에 알게 되는 것이지만.)

"어떻게 하면 나아자를 최대한도로 대접할 수 있을까를 지금 생각하고 있는 중이오."

일마가 말할 때 나아자는 더없이 만족스런 표정으로

"이 이상 더 대접한다면 무엇으로 그걸 다 받으란 말예요—지금 한껏 흡족한데."

결국 사치라는 것은 샴페인을 실컷 마시는 일이요 즐거움이란 음악과 춤의 기쁜 시간을 가짐이다.

아무런 인간생활에 있어서도 그 이상의 즐거운 행사는 없는 것이다. 일마가 아무리 그보다 더한 것을 발견하려고 해도 헛일이었고 고래로 작정된 인간의 기쁨의 길을 좇을 수밖에는 없었다.

나아자가 잘 안다는 그 번잡하지 않은 골목의 '왈츠의 집'을 세 사람은 찾게 되었고 그 조출한 홀에서 샴페인을 여러 병이나 터치게 되어 흠뻑 취하게들 되었고 흥에 겨운 춤으로 음악에 쏠려 왈츠를 몇 번이고 추게 되었던 것이다.

왈츠만을 추는 집이었다. 비엔나의 왈츠니 파리의 왈츠니—각기 조금씩 다른 우아하고 혹은 현대적인 왈츠의 곡조를 따라 춤도 약간씩 달라졌다. 왈츠는 사랑하는 사람끼리 추는 것이다. 사랑하는 사람들을 휘두를 대로 휘둘러 피곤하게 하자는 것인 듯했다.

나아자는 일마와 서너 곡조나 연거푸 추고 났을 때 그 쉴 새 없이 빙글빙글 돌아가는 격렬한 운동에 현기증이 나고 숨이 차졌다. 쓰러질 듯이 휘뚱거리는 것을 일마는 이끌어다가 소파에 앉혔다. 따라 앉으니 나아자는 어깨에 머리를 기대었다. 춤과 취기에 피곤하고 혼몽한 것이었다. 고개를 기댄 채 잠꼬대같이 하는 소리가

"어디든지 먼 데로 가구 싶어요……. 멀리…… 조선이나 따라 나갈까요."

마지막 한마디가 일마의 정신을 번쩍 뜨이게 했다.

"나두 이젠 조선을 잘 알게 됐어요."

나아자의 한마디 한마디가 일마에게는 놀람이었다.

(어떻게 해서 안단 말요.)

하고 되묻지도 못하고 어쩔 줄을 모르며 그를 멀끔히 바라만 볼 때

"일마 씨를 통해서 안단 말예요. 일마 씨의 인품을 고대로 조선이라구 생각한단 말예요."

반드시 취중의 말이 아닌 듯싶다. 일마를 바라보는 눈이 빛나고 목소리가 약간 떨리는 것이다.

"……."

"그리구 그 조선을 사랑할 수 있을 것 같아요."

취중인 것이 차라리 다행이었다. 그 말을 들을 때, 일마로서도 전에 없는 용기가 솟으면서 팔 안에 나아자를 이끌 듯이나 가까이 그를 굽어보았다.

"조선의 무 무엇을 사랑한단 말요."

"무엇이든지 모두—인물이며 품성이며 모두."

"조선 옷을 입은 나아자의 자태를 나두 상상해 본 지 오래였었소. 치마저고리를 입은 모양이 얼마나 아름다울까를 생각해 보군 하우."

"흰 옷들을 입는다죠. 늘 야회복을 입은 것 같아서 얼마나 깨끗하구 좋을까요."

"그리구 꽃신들을 신는다나 — 푸른 전에 붉은 실, 노랑 실로 수놓은 꽃신, 흰 보선에 꽃신을 신구, 흰 저고리 검은 치마로 말끔하게 채리구 나선 모양은 아무데서두 볼 수 없는 조선의 가장 아름다운 것의 하나일 것요."

"옛날부터 내려오는 질그릇으로 맨든 꽃병두 놀랍다죠."

"먼 옛날 우리 할아버지들은 세상에서 제일가는 문화인이었었다우 — 질그릇두 잘 굽구, 그림두 잘 그리구, 음악두 잘 하구."

"그 자랑 속에 살구 싶어요 — 흰 옷을 입구 질그릇과 그림을 보구, 옛 음악을 듣구……."

"나아자에게서 그런 말을 듣게 되는 것이 꼭 거짓말 같으면서 같은 말을 열 번 백 번 들어두 싫지 않을 것 같구료."

"열 번이든지 백 번이든지 하죠 — 얼른 그 조선의 자랑 속에 살구 싶어요……."

말이 끝나기도 전에 일마는 벌떡 일어서면서 다짜고짜로 나아자의 손을 끌고 춤 속으로 휩쓸려 들어갔다. 그 자리에서는 그런 수선스럽고 호들갑스런 거동으로밖에는 심중을 표현할 수 없었던 것이다.

"세상에는 제일 어려운 노릇이 제일 쉽게 되는 수도 있나부 — 나아자의 그 말이 내게는 제일 듣구 싶던 말요. 이제 그걸 이렇게두 수월하게 들은 것요."

왈츠의 스텝이 야단스럽게 파도치면서 두 몸은 빙글빙글 돌아가는 원운동의 권내로 휩쓸려 들어갔다. 그날 밤 그 수많은 패들 속에 일마들같이 행복스런 짝은 없을 듯했다.

물결 위에 뜬 한 쌍의 물새같이 날아날 듯이 가볍게 휘도는 것이었다.

두 사람의 사정을 짐작하고서인지 벽수의 자태는 어느 때부터인지 홀에서 사라져 있었다. 일마는 춤 속에서도 두리번거리면서 찾았던 것이나 끝끝내 보이지 않는다. 그가 사라진 반면에 춤추는 패가 부쩍 는 것을 보고 밤이 이미 늦은 것도 짐작할 수 있었다. 나아자는 피곤할 대로 피곤해, 이제는 벌써 일마의 손에 무겁게 끌리게 되었다.

"오늘밤엔 내 몸이 아닌 것 같애요. 정신이 휘황하면서—아무데루나 얼른 편안한 곳으로 가세요."

두 사람은 차를 불러 무거운 몸을 싣고 극히 자연스럽게 일마의 호텔로 향한 것이었다.

호텔에 이르러 일마는 사무원에게 방 열쇠를 청했을 때 대답에 놀랐다.

"아까 드렸죠."

"드리다니 누구에게."

놀라며 반문하니 사무원도 당황한 태도였다.

"조금 아까 여자 한 분이 와서 방 열쇠를 달라길래 동행되는 분인 줄 알구 내드렸는데요."

"여자라니 내게 웬 동행의 여자가 있단 말요."

사무원보다는 물론 일마의 편이 더 놀란 것은 사실이었다.

"그분이 동행이라구만 하면서 조르길래—."

"천만에, 여자 동행이라군 없소."

일마가 소리를 높이니 사무원도 자기의 그릇이었음을 깨달으며 적지 아니 황당했다.

"그럼 이거 실책이었던가요."

"실책이죠. 어서 열쇠를 되찾어다 주시오."

사무원이 덜렁덜렁 층계를 올라가는 뒤를 따라 일마들도 이층으로 올라갔다.

방 앞에 이르러 노크를 했을 때

"누구요."

간드러진 목소리가 안에서 나면서 슬리퍼 끄는 소리가 들렸다.

목소리를 듣지 않아도 그 날뚱 같은 침입자가 단영일 것쯤을 일마가 모를 바는 아니었다. 새침스런 목소리를 들을 때 노염이 머리끝까지 솟아올랐다.

"밤중에 방문을 두드리는 사람이 누구예요. 잠자는 사람을 깨우는 사람이 누구예요."

"냉큼 열지 않어."

일마의 목소리에 단영은 더욱 늦조를 부리며

"옳지, 방 주인이로군. 주인이면 누가 겁을 내나. 혼자면 들여 놓구, 아니꼬운 꼴들이라면 안 들여 놀 테야."

"벼락이 내릴 줄 모르구 그래두 는적거린다."

고함소리에 방문이 열리며 단영의 염염한 자태가 문턱에 나타났다.

"짝을 지어 가지구 댕기면서 그 호령이군. 경마에 이기구 계집을 얻구 아주 의기가 도도한데."

"자 내 동행인가 아닌가를 저 입으로 다시 한 번 외이게 해 보구료."

일마는 사무원을 향해 추상 같은 엄명이었다.

"당신의 실책이었다는 것을 이 자리로 증명해 놓으시오."

사무원은 허리를 굽히고 황공스러워서 어쩔 줄을 몰랐다.

"그래두 얼른 쫓아내지 못하겠소— 당신 책임을 다하지 못하겠소."

"아따, 큰소리두 한다."

단영의 소리를 들은 체 만 체 일마가 발을 돌렸을 때 나아자는 벌써 층계를 내려가고 있는 것이었다.

일마는 급히 뒤를 따라가서 옆에 섰다. 단영의 소행보다도 무엇보다도 지금에는 나아자의 뜻 하나가 일마의 마음 전부를 지배하게 되었다.

"나아자가 오해하지 않을 줄을 나는 잘 아오."

나아자는 확실히 불쾌한 감정을 억제할 수 없는 듯 한참이나 말이 없었다.

"저런 여자를 사랑하러 나는 세상에 태어난 것은 아니오. 아마 내가 세상에서 사랑할 수 있는 마지막 여자일 거요."

층계를 중간까지 내려갔을 때 별안간 울음이 터져 나오면서 단영의 발버둥 소리가 들렸다. 싸우다 싸우다 지쳐서 악김에 우는 아이의 모양이었다. 소리가 점점 높아졌다.

"대단한 정성이군요 — 여기까지 따라와서 울구 불구 할젠."

"사랑의 정성같이 피차에 맥 나는 건 없을 것요. 정성을 가지구 어쩌잔 말요. 괜히 소용없는 낭비일 뿐이지."

그런 말을 듣지 않더라도 나아자는 반드시 일마를 오해하는 것은 아니었다. 몇 번 만나게 된 단영의 인상으로 그의 짝사랑의 수고를 관찰하지 못한 바도 아니었고, 일마의 시종이 여일한 냉정한 태도도 물론 충분히 살필 수 있었다.

단영의 그런 수고를 알면 알수록 그의 심사는 더욱 불붙는 것이었고, 오늘의 일마의 태도도 내심으로는 얼마나 통쾌한 것인지 헤아릴 수 없었다.

아래층 로비에 들어갔을 때 나아자는 맥없이 풀썩 주저앉으면서

"정말 피곤하군요 — 갈 데가 없다니요."

"없긴 왜, 좀 있다가 방으로 들어갑시다. 침입자나 처치해 놓거든."

일마도 덩달아 옆자리에 주저앉는 것이었다.

이튿날 아침 나아자는 일마의 방에서 나왔다.

일마에게 대한 사랑도 사랑이려니와 가정과 백모 수우라에게 대한 반역이었다. 백모 부부가 나아자에게 그다지 극진한 편은 못 되었다. 나아자에게는 한없이 섭섭한 일이었다. 수우라에게 대해서 가

령 어머니에게 대하듯 응석을 할 수 없었고 깊은 속사정을 하소연할 수도 없었다. 사이에 그 무엇이 끼인 듯이 서먹서먹하고 찬 기운이 흘렀다. 고아의 설움을 뼈에 사무치게 느끼면서 백모의 가정에 잠시 몸을 붙이고 있는 게 껍질로밖에는 여겨지지 않으며 그곳을 벗어날 날을 기다려 왔던 것이다. 나아자로서 상도를 벗어난 그날 밤 일은 가정을 벗어나기로 이미 결정한 증거였다. 일마를 마음속에 작정한 때부터 그것이 올 날을 기다리고 있었다. 이제 낡은 집을 벗어나서 새날의 첫걸음을 내딛은 것이었다.

"이곳을 떠나기 전에 한 가지 청이 있어요. 무덤 속 어머니에게 마지막 인사를 드려야겠어요."

그날 오후 일마는 나아자의 청을 들어 함께 묘지를 찾기로 했다.

나아자는 꽃묶음과 가느다란 양초를 사들었다. 무덤 앞에 바치자는 것이었다. 교외로 향한 운동장만큼이나 넓은 탄탄대로를 마차로 근 이십 분 동안이나 달렸다. 나아자는 꽃묶음을 들고 마차 위에서 침묵에 잠겼다. 마부의 채찍이 허공에 날리고 붉은 꽃송이가 바람에 떨렸다. 어느덧 냉랭한 기운이 대기 속에 차 있음을 알고 일마는 가슴속에 스며드는 싸늘한 새로운 절기의 애감을 금할 수 없었다. 대체 어느새 나아자를 알게 되고 사랑하게 되고 오늘 이 고패에 이르렀던가. 나아자는 틀림없이 꽃묶음을 들고 지금 옆에 앉아 있다. 꿈결 같고 거짓말 같다. 절기의 변천과 같이 신기하고 이상스러운 일이다. 행복스러우면서도 그 무엇인지 한 마디 슬픈 듯하다. 생각할수록에 인간사가 신비롭기만 하다. 나아자가 침묵하고 앞만 내다보면서 긴 속눈썹에 그림자를 띠고 있는 것도 같은 감정에 잠겨 있는 까닭일까. 싸늘한 바람에 두 사람의 표정은 생각을 머금고 한결 같이 고요하다.

단청이 화려한 극락사를 지나서니, 묘지의 문이 눈앞에 다다르며 넓은 구내가 짐작된다. 문 앞에는 꽃장사가 양편에 늘어서서 각색 꽃을 진열하고 조객을 기다리고 있다.

문을 들어서니 정면에 우스펜스카야 사원이 있고, 그 뒤편에 여러 만 평으로 짐작되는 나무가 수북이 들어선 묘지가 연했다. 사원도 묘지도 텅 비어서 흡사 주인 없는 집의 주인 없는 뜰과도 같다. 수십 만의 무덤이 각각 그 넓은 뜰의 주인인 것이다. 주인들은 묵묵히 나무 그늘 속에 누워 말없는 속에서 뜰을 지키고 있는 것이다. 묘지라고는 해도 전면 그윽한 수풀이다. 가느다란 백양나무와 애잔한 느티나무가 빈틈없이 들어서서 각각 나무 그늘 아래에 모나게 다듬은 기다란 돌을 누이고 그 위에 비석을 세우고 양편에 등을 달고 꽃을 꽂은—그 운치 있는 조그만 정자가 무덤인 것이다. 으늑한 구석마다 그런 무덤이 무수히 숨어 있어서 그 온통의 구내가 일종 공원인 듯한 느낌을 준다. 무시무시한 법도 없고 께름하지도 않고 고요하고 한적한 속이 제물에 자연의 공원이다. 수풀 새새로 가느다란 기름길이 멀리 구석까지 뻗혔고, 그 잡풀 우거진 길 양편에 백양나무의 애목이 늘어서고 군데군데에 벤치가 놓였다. 벤치에 앉아 다리를 쉬이고 추억에 잠기라는 휴식과 명상의 곳인 것이다.

나무마다 초가을 빛이어서 물든 잎새들이 가지 끝에 곱고 기름길에는 우수수 흩어진 조그만 낙엽들이 지천으로 발에 밟힌다. 새소리조차 끊어진 아름다운 가을 수풀 속에 오후의 햇볕이 줄기줄기 새어들어 으늑한 속에서 환한 천지를 이루었다.

일마와 나아자는 산보나 하는 듯 어슬어슬 기름길을 이모저모 더듬었다.

기름길을 몇 고비나 돌아 한구석 그늘 아래에 나아자는 섰다.

"여기에 어머니가 쉬세요."

가늘게 말하고 무덤 앞에 나가는 것이다.

흰 말뚝 테두리 앞에 조그만 문이 달렸다.

일마는 밖에 서서 무덤의 모양을 살폈다.

무덤의 규모와 치장도 천차만별이었으나 그 많은 무덤 속에서 결코 크고 사치한 무덤은 아니었다. 비석도 얕고 비석 가으로 잡풀이 우거졌고 유리창등에 불은 꺼졌고 언제 꽂았던 꽃인지 병의 꽃도 시들고 말라버렸다. 비석에는 나아자의 어머니의 이름과 작고한 시일과 간단한 생애의 역사가 러시아 국문으로 적혀 있고, 아래편에 고인의 사진이 돌 속에 장치되어 있다. 나아자와 흡사한 모습이다.

일마는 사진 앞에서 모자를 벗고 고개를 숙였다.

남의 무덤이라 서먹거리기는 했으나 나아자의 혈육임을 생각할 때 마음의 거리가 가까움을 느꼈고, 무엇보다도 나아자의 하는 정성스런 태도에 마음이 움직였다.

꽃을 갈아 꽂고 등 속에 촛불을 켜 놓고 나더니, 합장하고 한참이나 기도를 드리는 그 뒷모양이 한없이 맑고 정성스러운 것으로 보인다. 사람의 그림자 하나 없는 적막한 속에서 한 폭의 옛 그림같이도 생각된다.

기도를 마치더니 나아자는 돌아서서 고개 숙인 일마를 보면서—눈에 눈물이 어리운 듯하다.

"오랫동안 와 보지 못했더니 이꼴이랍니다. 흡사 주인 없는 무덤같이—땅속에서래두 얼마나 쓸쓸해 하구 노여하실까를 생각하면……."

사실로 눈물을 흘리는 것이었다. 눈물을 닦은 손수건으로 나아자는 비석을 훔치기 시작했다. 먼지를 떨고 글자를 닦는다. 흡사 귀중한 물건을 손질하는 듯 얼굴을 닦는 듯—그런 알뜰한 솜씨이다.

비석의 기록에 의하면 세상을 떠난 지가 여러 해 전이다. 그 여러 해 동안에 조금도 변하지 않은 혈육의 애정이 일마의 가슴을 찔렀다.

문득 스며드는 감상에 눈시울이 뜨거워지면서 몇 걸음 그 자리를 떠나 뒤편 벤치에 앉았다. 이윽고 나아자도 묘지에서 나와 일마의 앞에 섰다. 눈물을 보이지 않으려고 닦은 얼굴에 자국이 어른거린다.

"이곳을 떠난대두 맘속에 남는 것이 없어요. 생활두 친척두 하나두 맘을 댕기지는 않아요. 다만 땅속의 어머니만이 언제까지나 추억 속에 살아 있으면서 속에 걸려요."

"영원히 못 올 길을 떠나는 것이 아니니 귀한 추억을 더듬으면서 가끔 다녀가면 좋지 않으우."

"내 없는 동안에 또 몇 달이구 몇 해구 외로운 속에서 거칠어 가겠죠—불은 꺼지구 꽃은 마르구 잡풀은 우거지구……."

벤치에서 일어나서 두 사람은 기름길을 되돌아섰다.

슬픔에는 단념이 필요하다. 어느 때까지나 그곳에 머무를 수는 없었다. 나아자는 어머니의 추억을 등 뒤에 남기고 곧게 앞을 내다보았다.

묘지는 공원이다. 늦은 해가 등에 따뜻하다. 낙엽이 우수수 발아래 새로 떨어졌다.

넓고 깊은 구내에는 어느 구석에 무엇이 숨었는지 헤아릴 수 없다. 기름길을 두어 고비째 돌았을 때 문득 나무 아래에 사람의 그림자를 보고 일마는 선뜩해졌다.

후리후리한 그 젊은이 또한 오후의 묘지를 산보하는 셈인지 혹은 고인의 추억 속에 잠겨 있는 셈인지 묵묵하고 조용한 자태이다.

공교롭게도 나아자의 아는 사람이었다. 가까이 갔을 때 젊은이는 손을 들었다. 나아자는 약간 놀란 듯한 입을 열었다.

“오 이바노프 아니오. 웬일예요?”

“아버지 무덤에 꽃을 드리러 왔죠. 여기서 만나기는 의외구려.”

이바노프가 일마를 찬찬히 바라보는 것을 보고 나아자는 민첩하게 두 사람을 자기 입으로 소개하고 인사시켰다.

낙엽 속이라서 그런지 이바노프의 차림이 한결 쓸쓸해 보인다. 여름이 다 간 뒤의 부연 보라 양복은 철늦은 느낌을 주면서 허름하기 짝 없다. 얼굴도 윤택 있지 못하고 둥그런 커다란 눈이 멀뚱하게 세상을 노린다. 그 눈이 원래 냉정한 것이 아니라 냉정한 세상에 대해서 자연히 가지게 된 지극히 무관심한 눈매였다.

나아자와는 각별히 친한 모양이었다. 익숙한 어조로 말을 주고받는 두 사람의 태도가 자연스럽다. 재빠른 그들의 회화가 알마에게는 대략 이해되었으나 모르는 동안에 넘어가는 구절도 있었다.

초면인 처지에 회화 속에 휩쓸려 들 수도 없어서 잠잠히 섰으려니 멋쩍은 생각에 일마는 먼저 몇 걸음 앞으로 걸어갔다. 미안히 여겨서인지 나아자는 곧 뒤를 따라왔다. 이바노프는 손짓하며 기름길을 따라 속으로 걸어 들어가는 것이었다.

"수우라의 집에 자주 드나드는 청년이에요. 아저씨가 육군 소장이었을 시절에 사관으로 있었다나요. 아저씨와는 각별한 사이인 모양 같어요."

나아자는 설명하면서 일마와 나란히 섰다.

"묘지에서는 모두 쓸쓸해 보이는구료. 쓸쓸하지 않은 사람이 묘지에 올 리두 없지만."

"이 속의 수많은 무덤이 거리에다 무수한 고아들을 남겨 놓았어요. 의지가지 없는 고아들을 가난 속에 남겨 놓았어요. 누구의 죄인지 모르겠어요."

나아자의 어세에는 얼마간 비분하는 투도 섞였다.

"아봐놉두 그 한 사람이란 말요?"

"저래 뵈어두 음악간데, 이 넓은 거리에서 한 곳두 그 재조를 팔 데가 없다나요. 카바레두 만원이구, 호텔에서두 거절이구요.……자동차가 한 대 있으면 그것으로나 벌어먹으련만—자동차가 한 대가 어디게요. 거리에서는 큰 재산인데요."

흔한 택시운전수가 되겠다는 말이다. 숨은 음악가의 측은한 생각이라고 여기면서 일마는

"무슨 까닭으로 천재에게는 세상사가 항상 불여의한지."

탄식하는 듯이 지껄였다.

"차라리 거지 노릇이나 할까 하면서 농이 아니라 진심으로 말하는군요."

"……."

"내가 조선을 가겠다니까, 행복스럽게 됐다구 말하면서 쓸쓸하게 웃어요."

하면서 웃는 나아자의 표정이야말로 더없이 쓸쓸한 것이었다. 일마는 공연한 이바노프를 알고, 공연한 소리를 들은 셈이다.

생면부지의 그언만은 그런 사정 이야기를 들은 것이 쓸데없이 마음을 우울하게 하고 귀치않게 했다. 행복스런 사정과 달리 불행한 사정이란 듣는 사람의 마음을 고달프게 할 뿐이다. 일마는 마음속에 공연한 우울을 한 폭 더 포개게 되었다. 이유 없이 답답하고 울가망해졌다.

묘지를 나와 일마는 벌써 공공연히 나아자와 함께 호텔에 들르고 거리를 거닐고 하는 것이었으나 묘지에서 받은 감상이 쉽사리 사라지기는커녕 더욱 가슴속에 배어들면서 거리의 풍경이 어제와는 판이한 인상으로 눈에 어리우기 시작했다.

한 몸의 행복이 금시 사라져버린 것은 물론 아니었으나 어제까지 온전히 개인의 행복 속에서 정신없이 춤추고 날뛰고 하던 것이 오늘 이상하게도 낙엽 속에서 시작한 감상이 마음을 파고들면서 싸늘한 반성이 솟기 시작했다. 웃던 끝에 별안간 우는 아이의 심정도 그러한 것일까. 그 우는 심정도 따져 보면 결코 불행한 것이 아니라 웃던 때의 행복의 연장인지도 모르듯이 오늘의 일마의 심정도 뼈를 찌를 듯이 불행한 것은 아니기는 했으나 한 가지의 반성이 줄기차게 솟는 것이었다.

"세상에는 행복스런 사람보다도 불행한 사람이 얼마나 더 많은가. 열 곱 백 곱 더 많은고."

하는 생각이었다. 이 평범한 생각을 반드시 지금 처음으로 알아낸 것은 아니었으나 어느 때보다도 짜릿한 실감으로 맺혀 왔던 것이다.

거리에 나서면 태반이 가난한 사람이요 불쌍한 사람이다. 일마는 특히 여행을 할 때마다 느끼는 것이었으나 거리거리에는 사람의 씨가 필요 이상으로 많고 그 대부분이 불행한 편이다. 무엇하자고 흡사 불개미 떼같이 그렇게 많이 생겨나서 불행 속에서 허덕이고 수눌거리는 것일까. 인간은 고귀하기는커녕 미천하기 짝 없다. 뭇 동물과 다를 바 없이 흔하고 천하고 누추하다.

물 위에 뜬 해꺼운 쭉정이다. 무겁고 단단한 것만이 아래에 가라앉고, 찌그러지고 빈 쭉정이 볍씨는 위에 떠서 할 일 없이 빙돌고 헤매인다. 인간의 대부분은 그 쭉정이다. 어느 도회가 그렇지 않으랴만 하얼빈은 어디보다도 심한 쭉정이의 도회이다. 거리는 국제적 쭉정이의 진열장이다. 삶에 쫓겨 갈 바를 모르고 갈팡질팡 헤매인다. 어제까지 그것을 느끼지 않았던 일마가 아니언만, 오늘 불현듯이 그 사상이 줄기차게 솟았다.

거지가 오고 가면서 소매를 잡는다. 푼전을 쥐어 주면 그것을 보고 또 다른 거지가 와서 매달린다. 거지는 늙은이와 여자뿐이 아니다. 젊은이도 있고 아이도 있다. 쥐어 주면 기뻐하나 안 쥐어 주어도 그만이다. 픽 웃고 더 조르는 법 없이 시원스럽게 떨어져 버린다. 제일 핫길가는 쭉정이는 슬퍼하지 않고 인생을 낙관하는 것이다. 그 낙관하는 양이 한층 빼저리게 느껴진다.

꽃 파는 여자는 남루하게 입은 품이 거지와 조금이나 다를 바가 없다. 머릿수건을 치고 거리 모퉁이에 서서 굳이 꽃을 권하는 법이 무표정한 얼굴로 먼전만 보고 섰다. 때 묻은 맨발에 신은 낡은 구두가 누더기같이 썩었다. 구두가 아니다. 썩은 누더기인 것이다. 하루에 몇 묶음의 꽃이 팔리는지—쭉정이는 무엇으로 살아가는지—수수께끼의 하나이다.

맞은편 벤치에는 장님 음악가가 앉아서 수풍금을 타고 있다. 지난날에 육군 장교였던 그는 전장에서 눈을 잃었다는 것이다. 검은 안경을 번쩍거리고 몸짓을 하면서 그 좋은 허울을 뭇시선 앞에 맡기고 제 흥에 겨워 즐기는 곡조를 쉴 새 없이 차례차례로 탄다. 먼 다뉴브 강을 그리워하는 고향의 노래일까. 강과 자연과 마을과 이웃 사람과—고향의 그 모든 것을 그리워하는 망향의 노래일까. 구슬픈 곡조가 가락가락 흘러서 거리의 구석까지 잦아든다. 그러나 그 아름다운 아까운 노래를 길 가는 사람들은 벌써 주의도 하지 않는다. 분주한 생존경쟁의 그 마당에서 감상은 절대로 금물이라는 듯 아무도 모르는 체하고 제 할 일이 바쁘다는 듯이 무엇들을 하러 어디로들 가는지 제 길만을 걸어간다. 수풍금의 아름다운 노래는 부질없이 사람들의 귀를 스치며 포도 위로 흘러가고 사라진다. 간혹 푼전을 던져 주고 가는 사람이 있어도 음악가는 그가 누구인 줄도 물론 알 바 없이 손을 쉬이지 않는다. 온전히 제 흥에 취해 있는 것이다. 자기를 위해 자기의 노래를 스스로 읊조리고 있는 것이다—고향을 그리워하고 세상을 애달파하는 쭉정이다. 일마의 마음은 그 노래로 말미암아 한결 서글퍼졌다.

쭉정이는 이뿐일까. 허름하게 차리고 무엇을 하려는지 분주하게 포도를 지나는 무수한 사람—또한 쭉정이들이다. 묘지에서 만난 이바노프도 쭉정이요 병든 에밀랴도 쭉정이다. 그리고 나아자—그는 쭉정이가 아니던가. 그 역 쭉정이에 틀림없는 것이다.

"그럼 나는 대체 무엇일까."

일마는 자기 또한 하나의 쭉정이임을 알았다. 뜬돈 일만오천 원이 생겼대야 지금 정도의 문화사업을 한 대야 기실 쭉정이밖에는 안 되는 것이다. 쭉정이끼리이기 때문에 나아자와도 결합이 되었다. 쭉정이는 쭉정이끼리 한 계급이다. 나아자나 자기의 그 어느 한편이 쭉정이가 아니었던들 오늘의 결합은 없었을 것이다.

이렇게 생각할 때 일마는 쭉정이의 신세가 그다지 불행하지는 않았다. 불행이 행복이라고 할까—복잡한 감정에 사로잡히면서 길 떠날 날을 앞두고 나아자가 한층 살뜰히 여겨지는 것이다.

토귀(兎龜)의 우리(寓理)

서울도 초가을을 잡아들었다고는 해도 아직도 햇볕이 따끈하고 거리는 전반적으로 여름빛이 짙다. 북쪽과는 거의 두어 달 장간(長間)의 차이가 있었다.

거리에서도 특히 그날 동양무역상회의 회의실같이 무더운 곳은 없을 법했다.

젊은 사장 류만해는 옆자리에 전무취체역(專務取締役) 이동렬을 앉히고 탁자 맞은편에 상무취체역 최성수를 앉히고는 빠지지 돋아나는 이마의 땀을 미처 훔칠 겨를도 없이 두 사람과 의논이 분분했다. 이마에 돋는 땀쯤이 문제가 아니었다. 일생의 중대한 고비에 부딪쳐 있는 것이다—오르고 떨어지는 참으로 중대한 운명의 고비였다.

"이 전무, 무 무슨 소리요. 내 혼을 뽑잔 말이지, 그게 성한 소릴 수야 있수."

만해는 황당해서 목소리가 떨리나 이동렬은 칼날같이 차고 침착하다.

"놀라시는 건 놀라시는 거구, 사실은 사실이죠. 저두 말하긴 참으로 딱합니다만 사실은 사실대로 보고하는 수밖엔요."

젊은 사장을 놀래기가 차마 하기 어려운 노릇이었으나 일이 벌써 어쩌는 수 없는 고비에 이른 것이었다.

"사장 일이 누구 일이겠습니까. 다 우리 일인데. 사실 서울 오는 차 속에서 나는 속으로 울었습니다. 통곡을 해두 부족할 지경으로 속이 달었습니다."

"……그래 정말 정말이랍디까. 무슨 좋은 도리래두……."

"기사의 말밖엔 믿을 것이 없는데 벌써 몇 사람의 기사가 몇 차례나 돌보구 왔습니까. 이번이 세 번째가 아닙니까. 다 말이 똑같으니 그를 믿을 수밖엔요."

"기사의 말이 똑같다구. 세 사람이 다 절망이라……."

"처음 기사의 오산이었었죠. 오산이 아니라 계책이었었죠. 계책에 넘어간 셈이에요—석 달이 못 가 그렇게 쉽게 광맥이 끊어질 리가 있겠습니까."

백만 원에 샀던 홍천금광이 일을 계속한 지 석 달이 차지 못해서 실패의 증세가 보이기 시작한 것이었다. 기사와 함께 현지로 조사 출장을 떠났던 전무취체역 이동렬은 여러 날 동안의 수고를 마치고 오늘 아침에야 돌아왔다. 마음을 조이면서 궁금히 기다리던 만해의 앞에 가지고 온 보고가 그 자리의 그 선언이었다. 만해는 빛을 잃고 간담이 서늘해서 이마의 땀을 훔칠 처지가 아니었다. 땀은 솟아 목덜미를 흘러 가슴속으로 줄줄 새어드는 것이었다.

운명을 당하는 사람은 퍼렇게 질린 낯에 흐르는 땀을 모르는 지경이요, 남의 운명을 목도하는 사람은 이 또한 약간 질린 낯에 동하지 않는 엄숙하고 싸늘한 표정을 지었다. 이동렬이나 최성수는 엄숙한 낯에 얼마간 노염을 머금은 듯도 하다. 큰일 앞에서는 사람은 이유 없이 노염을 머금는 모양이다.

"광맥두 거의 거의 봉창이 날 뿐 아니라, 지금까지 조금씩 파내던 돌 속에는 금의 함유량두 극히 적답니다. 대체로 화강암 줄긴데 봄에두 허여스름한 꼬락서니가 금이 묻혀 있을 성싶지는 않더군요. 기사들두 풀이 없어 하구, 광부들두 맥이 풀려 는적는적하는 품이 망조는 든 지 오래예요."

이동렬은 까무잡잡한 얼굴에 단단한 눈매로 힘줄 하나 동하지 않는다.

"두메래서 웬 길이나 온전한가. 트럭으로 며칠을 흔들리구 났더니 몸까지 노곤해요. 오면서 생각해두 꼭 원수의 곳만 같어요. 기사들두 그 낙망과 불평이란……."

한마디 한마디의 보고가 만해를 더욱 푸르게 질리게 하고 땀을 비오듯 흘리게 할 뿐이었다. 이유가 없지 않다. 홍천금광은 만해의 전 재산을 들이다시피 한 생명선이었던 것이다.

백만 원에 광산을 샀을 뿐이 아니라 종래의 기계 장치와 설비를 더욱 충실하게 개량하는 데 또 백만 원이 들었다. 그 이백만 원을 대느라고 그는 가진 재산 외에 여러 군데에서 채무를 끌기까지 했다. 소소하게 아울러 경영하는 무역상회와 대창철공소 같은 것은 광산의 투자에 비기면 벼룩의 간 폭밖에는 안 되었다. 광산의 실패는 생애의 파멸이다. 얼굴이 푸르게 질리지 않고는 배겨날 수 없었던 것이다.

"광업소장을 곧 불러올리기로 합시다. 이 자리로 전보를 쳐서."

낙담하고 설렌 끝에 만해의 지혜라는 것은 과즉(過則) 이 정도의 것이었다. 어쩔 줄을 몰라서 하는 소용없는 잠꼬대와도 같은 것이라고 할까.

"소장을 불러올린대야 제 말과 다를 것이 없겠죠. 제 말이 실상은 그대로가 소장의 말이니까요. 소장의 부탁을 대신해서 말한 셈이니까요."

이동렬에게는 그 연하의 젊은 사장이 측은하게 보이는 것이었다. 일이 기울어진 바에는 여간한 지혜나 수단쯤은 아이의 장난 폭밖에는 되지 않는다.

"곧 전보를 쳐서 올라오게는 하겠습니다만 문제는 그런 것이 아닙니다."

급사를 불러 전문을 일러 주고 나더니 이동렬은 만해와 최상무를 번갈아 보면서

"더 말할 것두 없이 광구는 폐광과 마찬가지 것인데 애초에 어찌 돼서 그런 것을 사게 됐는지 그 매매 관계에 한번 착안해 볼 필요가 없을까요."

"단도직입으로 말하면 사기에 걸린 것이 빤한 걸 정당한 매매 관계라구나 할 수 있겠나."

상무 최성수가 대답하니까 이동렬은 뒤를 받아

"그러게 말이네. 사기인 것이 빤하니까—그렇다구 지금 와서 되물리는 도리는 없더래두—그 무슨 약간의 도리가 있지 않겠나. 매

도자인 브로커 박남구두 지금 이곳에 있구 한 판이니 다시 교섭을 일으켜 보는 수두 있겠구."

"이제 와서 무슨 교섭이 되겠나. 고소가 성립될 리두 만무한 것이구, 까불구 찧구 할 수두 없는 노릇이겠구……."

최성수의 말이 끝나기도 전에 만해의 목소리가 터져 나온 바람에 두 사람은 잠잠해졌다.

"사 사기라니 부정매도라니, 그래 배 백만 원의 부정매도라는 것이 세상에……."

주먹으로 탁자를 치면서 자기 분을 못 이겨 몸이 부르르 떨리는 것이었다.

"박남구에게 걸려 다 파멸인가. 내 생애의 파멸이란 말인가."

얼굴의 땀이 흡사 눈물방울같이 옷섶 위에 떨어진다.

"할 수 없죠. 이미 일은 당하구야 만 걸요. 세상에 흔히 있는 얕은 수에 걸린 것이 생각할수록에 원통해요. 금광이라면 요새 풍속으로 그저 사족을 못 쓰구, 구미가 지나쳐 돌았구, 홍정이 너무 빨랐죠. 광맥의 성질을 좀 더 과학적으로 찬찬히 두구두구 조사해 본 연후에 사두 좋았을 것을."

"이제 와서는 다 쓸데없는 말—박남구를 걸어 고소는 못하더래두 터놓구 말이나 해 보면서 속을 떠보는 것두 일책인 것 같은데."

최성수가 말을 내니까 이동렬은 뜻을 얻었다는 듯

"내 말이 바로 그것이네. 만나서 속두 알아보구 타협의 길이 혹시래두 있다면 그것두 살펴볼 겸—."

"타협의 길이, 웬—세상 사람이 다 악당들인데 지금 새삼스럽게 웬 타협의 길이 있겠수. 하루아침에 파멸이라니 이게 꿈인구 생시인구. 일은 정녕코 나구야 말었는데."

만해는 절망 속에서 차차 침착을 회복해 갔다. 아직도 질린 얼굴빛에 눈알이 맑아 갔다. 그것이 두 사람에게 솔직한 고백의 기회를 주었던 것이다.

"터놓구 말씀 드리면, 괜히 사업에 너무 손을 벌리셨죠. 현재 이 무역상회만으로두 좋구 철공소만 해두 여간 큰 사업이 아닌 데다가 또 금광을 하시다뇨. 그러게 애초에 전 반대편이 아니었습니까. 어떻게 수습을 하나 하구 사실 맘이 죄였었어요."

"황금의 열정이란 것이 언제든지 사람을 잡아먹는 것이거든. 예나 이제나 황금광 시대이긴 마찬가진데, 병 중에서두 큰 병야."

젊은 사장은 귀에 거슬리는 듯 자리를 일어선다.

"자네들까지 나를 괴롭게 하려나. 어서 박남군지 무엇인지를 부르기로 하게나."

그날 밤 만해들은 자리를 달리하고 브로커 박남구를 부르기로 했다.

'상록원' 으늑한 한 방을 치우고 조촐한 잔치를 베풀었다.

그런 종류의 잔치를 상업적 필요로 허다하게 가져온 만해언만, 그날 그 자리에 임하는 가슴속은 종래의 어느 때와도 달라 야릇한 감정으로 흥분되었다. 그날 밤의 결과가 성공일까 실패일까 하는 명확한 것이 아니고, 죽이 될지 밥이 될지 도무지 또렷한 성과를 헤아릴 수 없었기 때문이다. 지척을 분간할 수 없는 자옥한 안개 속에서서 방향을 잡지 못하고 있을 때와도 같은 초조하고 답답한 심정이었다.

일체 교섭을 이동렬과 최성수에게 맡기고 청매를 부르라고 이른 것이 아직 초저녁임에도 불구하고 벌써 이웃 방 연회 좌석에 불리어 갔다는 것이었다. 거의 이틀돌이로 가지는 연회에서 번기지 않고 부르게 되는 사이언만, 그날 공칙하게 그를 다른 자리로 놓치게 된 것이 웬일인지 섭섭했다. 만해와 청매는 여간한 사이가 아니었다. 청매는 만해에게 깊은 애정의 대상이었고, 만해는 청매에게 고마운 후원자였다. 물질로 든 정이 차차 사랑으로 변해 가서 청매의 마음속에도 만해는 큰 자리를 차지하게 되었다. 그렇듯 친하고 오래된 두 사람의 사이언만, 그 하룻밤 자리를 같이하게 못 된 것이 그토록 섭섭했던 것이다. 박남구를 위해 그를 정성으로 대접하려고 청매를 부른 것이 아니라 온전히 자기를 위해서, 두 사람의 애정을 위해서 부른 것이 그 낭패였다.

"연회라니 이렇게 일찍부터 무슨 연회란 말이냐."

울울한 심사에 쓸데없는 화조차 내니까 보이는 그 살뜰한 단골손님 앞에서 손을 비비면서

"신문사 손님들인뎁쇼."

"신문사 연회는 이렇게 이른 법인가?"

"현대일보사에서 무슨 회의가 있었다나요. 사장 영감께서 한턱 쓰시는 모양이에요."

"현대일보사구 머구 끝나거든 이쪽으로 돌려나 다오."

"여부가 있겠습니까."

"그리구 가끔 뽑아두 주구."

"물론입죠."

절박한 처지에 놓인 몸이라 그런지 그 조그만 일에도 공연히 마음이 산란하고 거칠어지면서 보통 때와는 다른 편편치 못한 심사였다. 보이를 대해 그렇게 소리를 높여 본 적이 없던 온순한 만해가 그날 밤만은 화를 내게 되었다. 따져 보면 문제는 청매가 아니라 그날 그 일신상의 중대한 변화에서 온 심화 때문이었던 것이다. 청천벽력의 광산의 소식으로 말미암아 줏대를 잃은 마음이 환장이나 할 듯 뒤틀리고 수물거리기 때문이었다.

청매 대신에 낯익은 기생을 두어 사람 불러 자리를 정비해 놓고 기다리고 있는 판에 느지막해서 박남구는 나타났다.

대접을 주는 편보다는 받는 편이 아무래도 배짱이 유하고 교만하기가 쉽다. 혹 또 일이나 생겨 빼고 틀어지는 것이나 아닐까 해서 만해들은 실상 속을 조이는 판이었으나 나타난 박남구는 미안해 하긴커녕 태연자약하고 조금도 동하지 않는 태도였다.

"박 석사(碩士), 요새 무척 재미를 보시는 모양이군요. 이렇게 유유하실젠."

최성수가 아첨을 겸해 한마디 추스르니까 박남구는 빙그레 웃으면서 비로소 약간 미안한 듯한 낯색을 지었다.

"재미랄 게 있습니까. 그저 늘 바쁜 것만이 한 모양이죠."

"바쁜 것이 재미거든요. 사람이 바쁘지 않고야 일인들 잘 되구 재민들 있겠습니까. 그저 바쁘고야—."

"바쁘달 뿐이지 실속은 아무것두 없답니다. 이러다 평생을 말게 될 것 같아서."

"공연한 말씀—."

최성수의 웃음을 보는 둥 마는 둥 박남구는 다시 엄숙한 얼굴로 돌아갔다.

까무잡잡하고 엽렵한 품이 이마에서 피 한 방울 안 돋아날 위인이었다. 부드럽고 해스무레한 만해와는 판이한 대조로서 그 꿋꿋하고 거센 품격이 도저히 만해의 상대가 아닐 듯싶었다.

술이 두어 잔씩 돌았을 때 이동렬은 아직도 묵묵히 있는 만해를 대신해서 박남구에게 수작을 붙여 보았다.

"풍문에 들으니 최근 여러 차례나 좋은 대목을 보셨다는데, 아직두 보시는 일이 역시 금광이신가요. 요새 시세는 어떠신지."

박남구도 충분히 자기를 경계하고 몸가지기를 주의하면서 한마디 실수가 없었다.

"웬걸요. 금광두 힘만 들면서 별 잇속이 없기에 요새는 토지에 손을 대기 시작했는데 그것 역시 뜻대로는 안 되는구먼요. 세상에 쉬운 일 하나 있겠습니까."

"잇속이 없다니요. 잇속이 없으면 어중이떠중이 금광에 눈이 벌개서 사족을 못 쓰구 휘돌아치겠습니까. 오늘같이 금이 귀중하기 때문에 모두들 미칠 듯이 날뛰구 있는 때는 없을 텐데, 잇속이 없구야 요새 사람들이 그렇게 어수룩하게 헛수고를 하겠습니까……. 실례의 말씀이지만 석사두 그중의 한 사람이실텐데 웬 소리십니까."

최성수가 껄껄껄껄 마음을 놓고 웃으니까 남구도 입이 벌어지면서 속을 헤치는 것이다.

"최 선생, 그건 모르시는 말씀이죠. 나두 업이 업이라 그 길에는 남에게 뒤지지 않게 빠른 편이데 아무에게나 큰소리로 전할 말이 아니지만—솔직하게 말하면 요새 금광의 시세가 엄청나게 내렸을 뿐 아니라 그 홍성홍성하던 경기가 아주 한산해졌답니다. 무슨 시세든지가 다 한때 한때의 것이지만 금광같이 급작스리 열이 주저앉는 생업은 없어요. 어느 결엔지 손들을 떼어 버렸군요. 큰 것을 잡은 사람만이 그대로들 계속해 나가구, 소소하게 손을 댔던 사람들은 거반들 떨어지구 밀려나가구 해서 되려 하시는 분들에겐 홋홋하게 된 셈이에요. 나두 손을 뗀 편으로는 빠른 축의 한 사람인데 할 게 있어야죠. 또 토지로 돌아섰죠. 금광같이 굉장하고 찬란하진 못해두, 땅이라는 게 좋든 나쁘든 늘 제값은 있는 것이래서 실수가 적어요. 잇속두 적기는 하지만 건실한 맛에 다른 데 손을 대었다가두 또 돌아오군 하는군요."

말을 내기 시작하니 제법 수다스러웠다. 나다분하게 지껄이면서 속을 차릴 대로 차렸다는 만족감에서 오는 은근한 자랑과 기쁨이 말속에 흐르고 있었다.

"자실대로 다 자시구 나셨게 그 유유한 배포시지."

이동렬이 꾸민 웃음을 지으면서

"아마 이 한 해로두 이것 하나는 좋이 모으셨을걸."

하고 엄지손가락을 들어서 흔드니까

"천만에요."

남구는 고개를 절레절레 오도깝스럽게 흔들면서

"이 선생두 망발이시지, 내가 그걸 모았다면 벌써 발을 뺐을 것이지 지금까지두 이 노릇을 하면서 이렇게 천덕구니같이 돌아다니겠습니까—아니 그 십분지 일을 얻었대두 팔자 고치구 편안히 누웠겠습니다. 원 망녕을 부리셔도 당치 않게—."

앓는 시늉을 하기는 해도 능갈치게 데설데설 웃는 품이 역시 만족스런 태도였다.

엄지손가락은 백만 원이라는 뜻이었다. 그들의 세계에서는 그것으로서 피차에 충분히 통용되는 일종의 부호였다. 호담스런 숫자의 대명사였다. 그 십분지 일이란 십만 원이란 뜻이다. 아마 엄지손가락 하나는 못 되어도 거의 가까운 치부를 했음직한 남구의 태도였다. 장안에서도 브로커로는 으뜸가는 수완가였던 것이다.

"원체 위태스런 업이래서 옳게 맞으면 이(利)어니와, 빗나가는 때가 십중팔구거든요. 속 조여서 못해 먹겠어요. 사실 쉬이 발을 빼야 할 텐데."

"당신만 당신이구—."

별안간 벽력 같은 호통에 좌중은 뜨끔하면서 말과 귀를 잃어버렸다. 그때까지 잠자코만 있던 만해가 화를 못 이겨 고래 같은 고함을 친 것이다. 시뻘겋게 상기된 그의 얼굴을 세 사람은 바라볼 염도 못했다.

"—내 일은 어떻게 해 줄 작정이오."

만해의 고함소리로 좌중은 침묵하면서 그 침묵 속에서 각각 그날 밤 모임의 뜻을 깨닫고 반성하는 것이었다.

특히 박남구는 몸이 화끈 달고 신경이 곧추서면서 정신이 들었다.

물론 그때까지 그날 밤의 만해들의 심중을 살피지 못한 바는 아니었으나, 그 별안간의 고함으로 말미암아 한층 긴장되고 정신이 뜨인 것이 사실이다. 일신상의 사정만에 열중되어 있었던 것을 뉘우치고 부끄러워하면서 만해의 그 분기에 넘치는 목소리로 마음의 고삐를 잡아세우고 잔뜩 경계하기 시작하였다.

"내 내 일은 어떻게 하겠단 말요."

만해가 흥분을 못 이겨 재차 설레는 것을 보고 이동렬은

"사장, 그렇게 흥분하실 것이 아니라 찬찬히 서로 이야기나 건네 보십시다. 자리가 요란하다구 될 일이 아니니, 될 수 있는 대로 침착하셔서—."

"침착하다구 다 판이 난 일이 되물러설까. 어 어떻게 한단 말야 내 일은 대체."

"무슨 일로 그렇게 노여하시는지 말씀을 들려 주시면…… 내게 당한 일이라면……."

남구가 시침을 떼고 까딱 냄새도 모르는 척 얼굴을 팽팽히 쳐드니

"무슨 일이라니, 남의 창을 빼놓구두 당신 한 일을 모른단 말요. 세상에두 무서운—."

만해의 입에서 무슨 폭언이 나올지를 몰라 이동렬이 재빠르게 그의 말을 가로채서

"도모지 요새 일이 뜻대로 안 되는군요. 특히 광산 일이 작금 아주 성적이 좋지 못해서 걱정되는 판이에요."

근심의 얼굴을 지으니까 남구는

"참, 산 일은 요새 어떠신지."

비로소 생각났다는 듯이 올똥한 표정을 보인다.

"실패예요, 천만의외죠."

"실패라뇨, 그럴 리가……."

"광맥이 끊어지구 얼마 안 가 폐광이 된답니다."

"그럴 리가……."

"시침을 떼두 유분수지."

만해는 견디지 못해 다시 소리를 치면서

"—당신의 조짜로 난 지금 파멸이오. 시침을 떼일 때가 아니오. 어서 산을 물러 받든 어쩌든지 하란 말요."

"아니, 다따가 무슨 소릴 하슈."

남구도 그제서야 정색하면서 만해를 맞바라보며 소리에 뼈가 섰다.

"—내게는 금시초문인데 폐광이니 파멸이니 하면서 나더러 어쩌란 말요. 공연히 욕을 주자는 거요, 위협을 하자는 거요. 대체 무어란 말요."

"산을 되로 물러가지란 말요. 폐광이나 진배없는 걸 갖다가 백만 원에 매도한 게 그게 사기가 아니구 머요. 백만 원에 되로 물러가지란 말요. 그 알량한 광산을 도로 찾아가란 말요."

"사기니 머니 하구 왜 그리 얘숙하게 말씀하시오. 몇 달 전 매매가 성립됐을 때의 화평하던 정경은 어디 가구 지금 이 노여운 말씀이오—낸들 산속 일을 어찌 알겠으며 그게 원래 내 산이었습니까. 중간 매매가 내 업이라 남에게서 사서 다시 사장께 팔었달 뿐이지 산속의 조화와 결과를 내가 어찌 알었겠습니까."

일리가 있는 말이었으나, 물론 만해의 귀에 솔곳이 들릴 리는 없었다.

"어찌 됐든 간에 당신에게서 그걸 샀던 까닭에 난 파멸이란 말요. 이런 억울할 데가 세상에 또……."

"파멸인지 무엇인지는 모르겠으나 만약 금광이 잘 돼서 천만금을 얻게 됐더라면 그땐 내게 머랬겠수. 맞히구 못 맞히는 게 다 운이겠는데 이제 형세가 이롭지 못하다구 내게 이런 욕을 줄 법이야 있수. 내가 산속 일을 어찌 안단 말요. 차라리 내게 팔았던 그 사람을 족치려면 족쳐 볼 일이지."

"그래두 내 뜻을 모르겠수. 남은 지금 파산이요 파멸이라는데, 그런 소리 백 번 따져야 무슨 소용 있어. 자 내게 악운을 홀짝 씌워 놓구 어떻게 하잔 말요. 말을 좀 들어 봅시다."

만해는 펄펄 뛸 듯이 고래고래 소리를 쳤다.

"자네들은 잠깐 자리를 물러 주게."

만해의 목소리가 손바닥을 번긴 듯이 변한 것을 듣고 이동렬과 최성수는 문득 섬짓한 생각이 들면서

"어떻게 하실 작정으로—."

"내 혼자 따져볼 테니 잠깐들만 방을 나가 줘."

"아예 흥분은 하지 마십시오. 나가긴 하겠습니다만."

두 사람은 알 수 없이 걱정되는 바 있어 또 한 번 이렇게 눌러 말하면서 자리를 일어섰다.

하기는 자기들이 그 자리에 더 필요할 것 같지는 않았다. 방에서 만해와 박남구 단 두 사람만의 대항이 되어서 옆에서의 충고도 후원도 필요하지 않게 되었다. 두 사람만의 숨은 말거래도 있을 것이

요, 자리를 물러서는 것이 마땅한 일이기는 하나 일맥의 걱정이 없지 않았다. 이미 흥분된 만해요 점점 흥분되어 가는 박남구다. 두 사람 사이가 어떻게 빗나갈지 헤아릴 수 없는 것이다.

"오늘 밤이 성한 밤은 아니야. 필연코 무에 일어나지."

이동렬과 최성수는 방을 나와 복도에서 서성거리며 방 안의 형세를 살피면서 수군거리다가 하릴없이 보이에게 분부해 가까운 곳에 빈 방 한 간을 치우게 하고 술을 먹기로 했다.

보이에게서 방을 치웠다는 소리를 듣고 그 방 앞으로 가까이 가다가 우연히 복도를 돌아오는 청매를 만났다. 맑게 단장한 초초한 저녁의 자태이다. 두 사람을 보고 반기며 사붓이 치맛자락을 헤친다. 애교를 머금은 인사인 것이다.

"선약이 있었기 때문에 모시구 함께 놀아 드리지 못해서 미안합니다."

방끗 벌어지는 잇줄이 구슬같이 희다. 눈망울이 등불을 받아 물방울같이 빛난다.

"청매가 와 주었더라면 사장의 속이 좀 더 누그러졌을 것을―오늘 밤 대단히 중요한 자린데, 지금 방 안의 공기가 심상치 않거든."

최성수가 일러주니까 청매는

"박남구가 왔다죠."

보이에게서 들었던 대로는 말하면서

"그럼 홍천금광 일론가요."

하고 반문해 본다.

"금광이라는 게 성한 사람의 할 일은 아니야. 사람을 기쁘게 했다

노엽게 했다 하면서, 꼭 미치광이의 짓이거든."

청매도 광산의 형편을 약간 짐작하고 있는 까닭에 이동렬의 이런 감상은 그의 앞에서 당치 않은 것은 아니었다.

"그럼 오늘 밤 일이 잘 돼야겠는데요. 박남구는 어디 말이나 잘 들을 눈치 같어요?"

"어떤 위인이게 그렇게 나긋나긋 휘어들겠수. 우리들을 잠깐 물러서라는 품이 좀한 일 같지는 않어—어서 들어갔다 나오구려. 둘이서 무엇들을 하구 있나."

"그럼 잠깐 보구 나올까요."

청매는 사뿐사뿐 복도를 걸어 만해들의 방으로 가까이 갔다.

이동렬과 최성수는 새로 내인 방에 마주앉아 맥주를 따르기 시작했다. 조그만 탁자에 요리 접시도 아무것도 없이 술병과 유리잔만을 올려 놓은 간단하고 설핀 자리였다. 경없는 속에서 말도 없이 두어 잔씩들 기울인 때였다.

황급스럽게 장지가 열리며 다시 청매가 나타났다. 만해의 방에 들어간 지 불과 몇 분이 안 되어서 기급을 할 듯이 뛰어나온 것이다. 눈망울이 동그란 품이 적지 아니 놀란 표정이다.

"큰일 났어요. 얼른들 가 보세요."

"왜 이리 설레우. 살인이나 난 것처럼."

"살인이 날는지도 몰라요."

그제서야 이동렬은 뜨끔해지면서

"살인이라니."

자리를 일어선다.

"문을 열구 들어서니까 으르구 앉은 것이 흡사 두 마리의 짐승 같잖아요. 사장 앞에 놓인 번쩍거리는 것을 뭔가 하구 살피니 칼이어요. 한 자루의 단도예요. 섬짓해지면서 인사두 못하구 뛰어나왔군요."

"다 단도라니."

이동렬과 최성수는 화다닥 일어서서 방을 나가는 것이었다.

이동렬과 최성수가 뛰어나간 후 청매는 더욱 겁을 먹고 다시 만해의 방으로는 갈 염도 못하고 자기의 맡은 좌석인 현대일보사 연회의 방으로 돌아갔다.

연회는 벌써 흥성한 고비에 들어 자리는 요란하고 상 위는 어지럽다.

수십 명이나 되는 사람들이 혹은 앉고 혹은 일어서서 설레는 것이 장마당같이 수선스럽다. 술을 권하고 받느라고 정신들이 없이 휘뚱거린다.

"청매."

"웬 전화가 그렇게 잦어."

"군것질만 댕기긴가."

말들을 걸면서 손을 내미는 것을 살금살금 피해서 청매는 김종세의 곁으로 갔다.

탁자 모퉁이에서 혼자 도연(陶然)히 잔을 들던 종세는 곁에 와 앉는 청매를 보더니

"어디 갔다 오는지 내 모를 줄 알구."

천연스럽게 외이니 청매는

"만해가 왔어요."

대답한다느니보다도 말하려고 준비나 하고 있었던 듯이 선선히 섬긴다.

"브로커 박남구두 왔겠다."

"큰일이 났어요."

"금광에서 돈이 너무 쏟아져서 걱정인가. 큰일은 무슨 큰일이야."

"끔찍한 것을 보구 왔어요."

"금덩이를 보구 왔나."

"농담하지 말구—."

청매는 요란한 자리도 피할 겸

"—조용한 데루 좀 나오세요."

일어서면서 종세의 어깨를 건드린다. 이상한 눈치에 종세도 뒤미처 자리를 일어서서 청매를 따라 복도를 나갔다.

뜰로 향한 창을 열고 창틀에 올라앉으면서

"끔찍한 것이라니, 대체 무어란 말요."

"만해와 남구가 싸우는 걸 봤어요."

"돼지끼리 싸우거나 말거나 무에 그리 신기해서."

"단도를 내어 놓구 잔뜩 으르구들 있겠나요."

"무어 단도를 놓구?"

그제서야 종세는 귀가 뜨이며 반문하는 것이었다.

"남구에게서 산 금광이 망조인 모양인가."

신문기자로서의 직업의식이 동하며 바짝 구미가 돌았다. 남구의 사정은 물론 이미 잘 아는 바였으나, 남구와의 결사적 대립이라는 점에 새로운 제목이 생기고 흥미가 솟았다.

"만해는 광산을 도로 물르자거니, 남구는 싫다거니 하면서 아마 두 시비는 오랜 모양 같어요."

"재미있는 얘기야. 남구가 물러 줄 리도 만무하지만 만해두 어지간히 된 모양이지."

"이 밤으로 꼭 변이 일어날 것만 같군요."

"만해가 망조가 들었다? 혜성같이 나타나 거리의 인기를 독차지하던 청년 실업가로선 생명이 너무나 짧은 걸. 광산이 그의 전 생명인데 그게 글렀다면 파산하는 수밖에 없게."

"어쩌면 좋은가요."

청매의 조바심에 종세는 더욱 늦조로

"청매의 후원자 한 사람 없어졌다뿐이지 내게 아랑곳인가."

"그러지 말구요."

"너무 새가 자별하더라니, 청매두 이 꼴을 당하려구 그런 셈이지. 만해만 만해라구 나 같은 건 국수의 고명밖엔 더 됐나. 차라리 잘 됐지. 그 꼴 더 보지 않게."

"싫은 소린 그만 두시구요."

"그래 내 말 한번이나 옳게 들어주구 말인가. 황금에만 눈이 팔려서—박정한 인심 같으니."

"투정은 작작 부리세요. 남의 속은 조금두 몰라 주구."

"만해와 나와 어느 편이 더 무거운지 맘속에 물어보지—황금이 더 무겁지 않은가구."

"그만두시라니깐."

문득 만해들의 방 쪽에서 요란한 고함이 터져 나왔던 까닭에 종세와 청매는 말을 끊고 뜨끔해서 그편을 향했다.

어쩔 줄을 모르고 우두커니 섰다가 두 사람은 드디어 만해들의 방 있는 편으로 복도를 달렸다.

장지가 닫힌 방 안에서는 한 사람의 고함이 아니라 여러 사람의 복작거리는 소리가 한데 섞여서 요란하게 들렸다. 그 속에서 물론 만해와 남구의 목소리가 가장 흥분된 것으로 두드러지게 컸다.

종세와 청매는 장지를 버럭 열지 못하고 밖에서 잠시 형세를 살피는 것이었으나 사람들의 흥분된 목소리는 뒤죽박죽 혼합되어서 옳게 두서를 가릴 수 없었다.

"사람을 죽이누나."

하는 것은 확실히 남구의 목소리임이 틀림없었고

"산을 물려가구 백만 원을 되루 내놓아라."

하고 고집스럽게 되풀이하는 것은 물론 만해였던 것이다.

두 사람 사이를 가르노라고 동렬과 성수가 수선거리는 것이요, 그 속에 섞인 보이들의 목소리도 들려 나왔다.

보이지 않는 파도같이 수물거리는 목소리와 그 속에서 별안간 와르르 깨뜨러지는 소리가 나며 또 한 번 불끈 하는 힘의 기색이 들렸다.

"그만저만 하시라니깐요."

"으앗!"

종세는 더 머뭇거리고만 섰을 수 없어서 장지를 열어젖혔다. 청매도 뒤를 따라 들어갔다. 싸움은 벌써 어지간히 자지러져서 방 안은 조그만 수라장이었다. 탁자 위가 어지럽고 그릇들이 깨트려지고 만해와 남구는 한편에 한 사람씩 나둥그러져 동렬과 성수가 붙들고 있는 통에 꼼짝달싹 못 하고는 있으나 짐승같이 으르고들 있다.

참혹한 결과라는 것은 결국 피를 보고야 마는 것이다. 두 사람은 한바탕 칼부림을 논 뒤였다. 동렬과 성수들은 대체 무엇들을 하고 있었던지 혹은 그들이 달려들기 전에 이미 칼은 피차를 상하게 한 뒤였을까. 어디를 찌르고 어디를 다쳤는지 얼굴과 손과 옷자락이 온통 피투성이라 철모르고 피장난들을 치고 있던 아귀들 같다. 망간 소리를 친 것도 서로 찌르고 찔리었던 순간이었던 것이다. 피 묻은 단도가 자리 위에 처참하게 빛난다.

"무엇들을 하구 섰어. 냉큼 차나 부르지 못하구."

할 바를 모르고 있는 보이에게 종세는 소리를 치고

"아니 이렇게 되도록 무엇들을 하구 있었단 말요."

동렬들을 애숙히 여겼다.

"우리보단 다 장골들인데 당하는 수 있어야죠."

동렬의 대답이 웬일인지 마음을 찔러서 종세는 간신히 말을 이으면서

"무슨 꼴이란 말요, 이게."

"밖에 알리지 않구 방 안에서만 얼버무려 넘기잔 것이 그만 이 꼴이 되구 말았구료."

그러나 나갔던 보이가 자동차가 왔음을 고하러 왔을 때에는 그가 얼마나 밖에서 설레었는지 보이의 뒤에는 각 방에서 뛰어나온 사람들이 와르르 모여드는 것이었다. 미처 장지를 닫을 겨를이 없이 몰

려들 들어 방 안은 한결 요란한 곳으로 변했다.

사람들 틈에서 종세와 청매는 조그만 존재로 변해 어느 구석에 숨었는지 모르게 되었다. 싸움터는 장터가 되고 사람들의 주의는 싸우던 두 사람으로부터 요란한 방 안의 분위기로 옮겨 갔다.

"사람이 원래 싸우러 세상에 태어나긴 했어두—이건 큰 망신인 걸."

종세는 청매에게 수근거리면서 보이의 부축을 받아 만해의 몸을 사람들 틈으로 빼어냈다.

몰려나오기들 전에 감쪽같이 문밖으로 이끌어 차에 앉히기에 성공했다.

"내가 동무해서 데려가죠."

하고 함께 차 속에 앉는 청매에게

"오늘 저녁만 특별히 용서한다."

했다가 다시

"사회면 기사 재료는 톡톡히 되는 걸."

차를 떠내 보내고 종세는 사실 속으로 벌써 기사에 붙일 제목을 생각하고 있는 것이었다.

가까운 병원으로 돌아 응급수단을 마치고 청매는 만해를 자기 집으로 이끌었다.

손과 머리에 허옇게 붕대를 감은 만해를 자기 방에 데려다 눕히고 옷을 풀고 이불을 덮었다.

허옇게 감고 소독 냄새를 피우면서 힘없이 자리에 누운 꼴은 흡사 중병이나 앓는 사람같이 보였다.

"종세 녀석이 머라드라—사회면 재료는 톡톡히 된다구."

그렇게 어지럽게 휘돌아친 속이언만 만해의 주의는 하필 종세에게로 쏠렸던 것이다. 누워서 첫마디가 종세의 말이었다.

"그런 말이 다 걱정된단 말요. 몸 아픈 줄은 모르구."

"그리구 또 머—오늘 저녁만 특별히 용서한다구."

"그런 건 더러 잊어버리세요—종세가 무어라구 했든 간에 어쨌단 말예요."

"그까짓 신문기사는 어찌 됐든지 종세가 청매에게 범연하지 않은 모양이란 말야."

이런 잔 마음씨는 도리어 청매에게 대한 만해 자신의 열정의 증명이었다. 종세의 그런 말을 듣게 된 오늘 저녁 청매에게 대한 마음은 한층 짙은 것이었고 무엇보다도 지금 자기에게 가장 중요한 것은 청매라는 느낌이 들었다.

응당 차를 집으로 몰았어야 할 것을 모르는 척하고 청매에게 끌려온 것도 그 까닭이었다. 아내 남미려는 만해의 힘으로는 어거하기 어려운 여자였다. 그 위엄에 눌리어 만해는 일찍이 여행을 떠난 때 외에는 밖에서 밤을 새울 때가 없었다. 오늘 밤에는 그런 관습도 깨트리고 태연히 청매를 찾은 것이요 그의 곁에서 밤을 새울 작정이었다. 청매에게 대한 사랑이 그 어느 때보다도 간절하게 솟아오르는 것이었다.

"걱정 마세요, 어서. 종세는 종세구, 사장은 사장이죠. 아닌 걱정을 다—."

"종세는 종세라면—종세에게 대해두 생각이 없지 않단 말이지……. 아이쿠우!"

몸 그 어느 구석이 찔리는지 허리를 들고 얼굴을 찡그리면서 신음하는 것이다.

"내가 그 녀석을 찌른 줄만 알았더니 되로 주구 말로 받은 셈인가."

"무슨 소용이 있다구 그렇게 폭력으로들 싸우세요. 소문만 나구 망신만 하게 되면서 잇속이 무어예요."

"녀석이 종시 내 말을 안 들었겠다. 그 음특한 녀석이."

"누군데 누구 말을 듣겠어요. 십여 년을 그 노릇으로 돌아먹은 이마에서 피 한 방울 안 날 위인인데 괜히 맞선 것만 불찰이죠."

"그놈이 날 망쳐 놓았어 — 난 파산야, 파멸야."

목소리가 글썽글썽하면서 금시 터져 나올 듯도 한 눈치다.

이불 속에서 고민하는 꼴은 어른이나 아이나 일반이었다. 찡그린 이맛살에는 검은 그림자가 짙었다.

"사내대장부가 무얼 그러세요. 앞길이 대해 같은데 맘을 굳게 먹으셔야죠. 인생이 그렇게 장난감 배같이 회뚱회뚱 엎어만 질까요."

"벌써 엎어진 배야."

"엎어졌으면 또 일어나죠 — 그게 사람의 노력이라는 게 아닌가요."

"……."

만해는 한참이나 묵묵하다가

"청매."

새삼스럽게 얕은 목소리로 부르는 것이었다.

"……청매는 나를 사랑하렷다—진정으로."

"새삼스럽게 무슨 소리세요."

"사랑의 감정같이 야릇한 것은 없어서 하는 소리야—사랑한다구 생각해두 기실 안 사랑할 때가 있구 미워하는 것 같어두 실상 사랑하구 있는 수가 있거든. 돈두 말구 인물두 말구 그저 알몸 하나 사랑할 수 있느냐 말야."

"여부가 있나요. 물으실 필요두 없죠."

"한 가지 청이 있어서 하는 소리야."

"……."

"나하구 이곳을 떠나지 않으려나. 모든 것 버리구 알몸으로 단 둘이—가령 상해 같은 데로나."

"상해로?"

청매는 놀라는 듯 놀라지 않는 듯 말을 받으면서 정신이 얼뻥뻥했다.

"—글쎄요."

한 지붕 아래

이튿날.

연희장 만해의 집에서는 다른 때와는 달리 아침부터 집안이 몹시 수선스러웠다.

수선스럽다고 해도 휑뎅하게 넓은 집안에서 단 한 사람 여자의 목소리만이 야단스럽게 들리는 것이었다.

흡사 주인 없는 집안같이 여자의 어성이 높다.

사실 그날은 주인 없는 집안이었다—만해는 간밤을 밖에서 새우고 아침이 늦어도 들어오는 기색이 없었다. 가정을 가진 지 칠팔 년에 처음 있는 괴변이었다. 아내 남미려의 어성이 높은 것이 무리가 아니었다.

식구라고는 외에 젊은 식모 한 사람이 있을 뿐인 것이요 따라서 미려의 싫은 소리의 대상이 그날 애매하게도 그였던 것이다.

미려는 지금 노염의 대상이 바로 식모인 듯이 그에게 야단 호령이 자심하다.

"그래……, 어제 아침 나가실 때 별다른 눈치가 없었더냐 말이야."

미려는 만해와는 침실이 다르고 일어나는 시간이 각각 다른 까닭에 두 사람의 집안에서의 행동은 반드시 일치되지는 않았다. 미려가 침실에서 일어나 나왔을 때 남편은 벌써 식사를 마치고 회사로 나간 때가 많았다. 지난날 같은 날이 그런 때였다. 늦잠을 자고 났을 때 남편은 벌써 집을 나간 뒤였다. 그러기 때문에 남편을 못 본 지가 전전날 밤부터 벌써 사흘째였던 것이다.

"아주 눈치두 말씀두 없으셨어요. 보통 때와 마찬가지로."

식모의 심상한 대답에 미려는 불만을 느끼면서

"어제 저녁엔 사에서 기별두 없었구?"

어제 오후 미려는 거리에 나갔다가 저녁 늦게 들어왔던 까닭에 사에서의 기별 유무도 물론 식모에게 묻는 수밖에는 없었다. 가정에서의 주부는 미려가 아니고 식모였다. 미려는 만해와 마찬가지로 자기 개인과 일신이 중요한 것이어서 가정 일은 대개 식모에게 일임하고 있었다. 부부간의 소식은 피차에 식모를 통해서 알고 전하는 수가 많았다. 그러나 이날의 남편의 소식은 한 집안의 열쇠를 쥔 식모에게도 아는 바 못 되었다.

"없었어요, 아무 기별두."

"그럴 리가 있나. 아무 기별두 없이 밖에서 밤을 새우다니 그럴 법이 세상 어느 곳에 있을구—식모가 우리 집에 들어온 후 그런 일은 한 번이나 있었던가. 어디 있었던가 없었던가 말해 봐요."

족치는 바람에 식모는 공연히 뜨끔해지면서

"그야 없었죠, 한 번두 그런 일이 있을 리 있었나요."

"그랬겠다. 한 번두 없었겠다. 있을 리가 없었겠다. 그런데 웬일인구, 오늘 이럴 법이 천하에…….”

발을 동동 구르는 것을 보고는 식모도 대답할 바를 몰라

“글쎄요.”

얼버무리면서 그 야단스런 부인의 태도에 어안이 벙벙했다.

식모의 눈으로 보면, 자기가 주부 격의 중요한 자리를 차지는 하고 있는 그 보통이 아닌 집안의 부부의 풍습이 항상 이상하게만 보였다. 부부는 집안에서는 각각 독립된 한 사람이요 그 한 사람으로서의 자격이 부부로서의 자격보다도 중요한 모양이었다. 부부라는 것은 다만 한 지붕 아래에 살고 있다는 표징일 뿐이요 두 사람의 거동은 반드시 일치되지는 않았다. 잠자는 방 잠자는 시간 식사하는 시간이 서로 어긋나는 때가 많은 것이요 한 방에서 화목하게 지내는 때라고는 극히 적었다. 어느 나라 어느 고장의 법식인지 그 야릇한 풍속에 식모는 늘 이상한 생각이 들었다. 피차에 즐겨서 그런 살림을 하는 그들로서 남편이 하룻밤 밖에서 잤다고 펄펄 뛰는 아내의 꼴 또한 식모로서는 이해하기 어려운 것이었다.

그날의 그 법석은 그렇듯 수선스러워서 만약 그 당장에 초인종소리만 안 났더라면 언제까지 애매한 식모를 못살게 굴었을는지 모른다.

식모가 뛰어나갔을 때 문간에는 S전문학교 교수 안상달의 부인 혜주가 서 있었다.

“부인이세요.”

혜주를 보고 식모는 다른 때보다는 한결 반가운 생각이 났다. 가뜬하게 단장을 하고 나타난 그의 모양이 그날 그 부산한 집안에서

는 유별스럽게 신선하게 보였던 것이다.

"들어오세요. 아씨 계셔요."

식모는 반가운 판에 내섬기면서 제 마음대로 혜주를 응접실로 인도하고는 안으로 뛰어들어 가면서

"안 교수 부인 오셨어요."

하고 미려에게 고하는 것이었다.

혜주는 미려와는 학교 때부터의 친한 사이로서 미려에게는 꼭 한 사람의 알뜰한 동무였다.

자주 놀러오는 그와는 식모도 낯이 익었다. 그가 나타났으므로 말미암아 미려의 흥분도 가라앉을 것이 사실로 식모가 특히 반가워한 것은 그 까닭이었다.

식모의 목소리에 미려도 겨우 얼굴빛이 누그러지면서 그 꼴 그대로 응접실에 나타났다.

"교수 부인은 이렇게 방문두 이른 법인가. 아침부터 말쑥하게 차리구 나섰으니."

시스럽지 않은 사이라 두 사람은 언제나 농으로부터 말을 시작했다.

"이른 게 머야, 오정이 가까운데. 정신이 빠진 품이 무에 있은 모양이지 — 녹성음악원 원장의 그 꼴은 또 무언구."

조롱을 받고 미려는 비로소 어지러운 자기의 모양을 돌아보고 벽 위의 시계를 바라보았다. 동무의 말대로 어느덧 오정이 가까운 시각이었다.

"화가 나서 배길 수 있어야지."

의자에 주저앉으며

"댁의 안 선생두 더러 그러는 수가 있수?"

찬찬히 바라보니까 혜주는

"머 말야. 유 선생이 어쨌단 말야."

다구지게 파묻는다.

"어제 나간 채 안 들어 왔구료—밖에서 밤을 새우면서."

"밤을 새우다니."

혜주도 천연스러울 수는 없었다.

"괴변인 걸—개벽 이래의 괴변이야. 남편이 가정 밖에서 밤을 새우다니."

부채질하는 바람에 미려는 흥분이 새로워지면서

"그까짓 아무러나 화를 내지 않으랴구 해두 제절로 나는구료."

"알구 보니 당신들의 그 개인주의의 당연한 결말 같은데 화를 내서 무엇하우. 남편이 아무렇게 하든 자유의지의 소행이거니만 생각하면 됐지. 화를 낸다는 건 지는 점이 아닐까."

"내 개인주의가 아직두 철저치 못한 탓인 모양이야—어떻게 하면 좋을꾸."

"세상 남편치구 개인주의가 아닌 사람이 하나나 있어야 말이지. 누가 착하구 누가 악한 게 있나. 다 일반이지."

"안 선생두 더러 그러나?"

"외박하는 일이야 없어두 맘속으로야 무얼 생각하는지 뉘 알겠수. 다 그렇겠지만 결혼한 지 칠팔 년이나 되면야 가정에 꿈인들 있을 리 있수. 항상 곰시락곰시락 하면서 밖에서 무슨 꿈들을 꾸구 있는

지 헤아릴 수 있어야지. 자기 꿈속엔 아내는 한 발자국두 들여놓지 못하게 한다. 그 꿈의 내용이 무엇인지 알 길이 무어요……. 요행 집주인은 열중하는 게 학문이라 꿈두 그 속에 있으려니 하구 안심은 되지만, 그렇다구 가슴속을 활짝 헤쳐 볼 수도 없구. 사람은 다 제 혼자야. 남편이나 아내나 다 각각 저 한 사람밖엔 믿을 것이 없어."

"아니 혜주가 다 그런 소리를 하나. 혼자만 살뜰한 스윗홈을 가졌다구 모두들 부러워하는 혜주가—."

"스윗홈이 아니라구 부정하구 싶진 않어두, 난 부부관념에 대해선 영원한 회의주의자야."

"가정이구 머구 내겐 다 시들해. 당하구 보니 화가 나긴 나두—그까짓 정 화나면 분풀인들 못하나. 복수를 생각하면 맘이 통쾌하거든. 사랑 없는 가정, 언제인들 못 뛰어나가겠수."

"분풀이니 복수니 그런 우울한 소리 그만두구, 어서 나갑시다."

한이 없는 설화(屑話)에 혜주는 끝을 막으면서 미려를 들추슬렀다.

"실상 오늘 함께 영화구경을 가려구 이렇게 채리구 나섰어.《남방비행》이 왔다든가, 오래간만에 좋은 영화일 것 같아서—자 어서 채리구 나와요. 기다리구 앉았을게."

울적하던 판에 차라리 잘됐다고 미려는 화장을 하고 옷을 갈아입고 나섰다.

화장에 한 시간이 넘어 걸렸다. 축음기를 틀며 그림책을 보며 하면서 기다리기에 맥이 난 혜주는

"개인주의의 극치야. 남편이 들어오건 말건 화장에는 한 시간이

걸리구, 아내로서 제일 중요한 일이니."

무엇이라고 말하든지 간에 혜주의 출현과 그와의 회화로 인해 미려의 마음이 누그러진 것은 사실이었다.

두 사람이 나란히 서서 맑은 자태로들 거리에 내려섰을 때 미려의 얼굴에는 근심의 그림자라고는 한 점도 찾아 볼 수 없었고 한가한 가정부인의 유유한 자태였던 것이다.

그릴에서 늦은 점심을 먹고 그 길로 영화관에 들어가 새로 봉절된《남방비행》을 보게 되었다.

미려는 처음부터 끝까지 그 아름다운 한 폭 속에 정신을 흠뻑 빼겼다. 그렇게 마음에 맞는 영화는 평생에 처음이었다. 흥분과 감격으로 전신의 피가 유쾌하게 수물거렸다.

—변지(邊地)에 파견된 공사의 젊은 부인은 주위와 생활이 뜻에 맞지 않아 고독하기 짝 없다. 늙은 남편은 청춘의 꿈과는 거리가 먼 것이었다. 돌연히 날아온 비행사는 어릴 때의 소꿉동무였다. 부인은 그에게서 지난날의 꿈을 찾으며 청춘의 희망을 붙인다. 탄 자리에 붙은 불은 좀체 끌 수 없어 두 사람은 열정으로 모든 것을 해결한다. 분별과 냉정은 악마의 것이다. 남편과 가정을 배반하고 드디어 사랑의 줄행랑을 놓는다. 비록 짧은 순간의 것이기는 하나 지극히 행복스런 해결이다.

미려에게는 거기까지의 이야기가 필요하고 긴한 것이요, 그다음부터의 지리한 부분은 쓸데없는 잔소리 같았다.

"쓸쓸한 여자가 거기에두 있구나."

느껴지면서 자니 올트의 연기가 한 토막 한 토막 가슴을 울렸다.

사랑 없는 가정의 비극이 절실한 실감을 가지고 미려를 쳤다.

그 한 시간 반 동안에 참으로 아름다운 것을 보고 훌륭한 진리를 새로 발견해 낸 듯, 미려는 안타까운 만족—웬일인지 흐뭇하면서도 안타까운 것이었다—을 느끼며 혜주와 함께 복도를 걸어 나왔다.

"그런 해결의 방법을 혜주는 어떻게 생각하우."

"옳지 않다구야 할 수 없지—그 밖에 또 무슨 길이 있느냐 묻는다면 대답할 수 없으니깐."

"내겐 큰 신발명이나 한 것 같구료. 신대륙 발견의 감격 이상이야—《남방비행》, 평생 가면 내 잊을 수 있을까. 오늘은 집에 가 가만히 혼자 울 테야."

"끝에 해결이 괜히 덧붙이기지, 흡사 수신 교과서의 결론같이 그런 해결에 반드시 그런 불행이 오라는 법이야 있나."

"그까짓 불행이 와두 좋아. 해결을 하는 순간 두 사람은 인생의 최고의 감격을 살었는데 그까짓 불행이 무엇하자는 거요."

미려는 마치 자기 자신의 형편 이야기를 하듯 흥분하는 것이었다.

찻집에 들어가 차를 시켜 놓고도 흥분이 좀체 사라지지 않아서 같은 생각에 잠겨 있을 때 혜주가 의외의 것을 발견하게 되어 두 사람은 또 새로운 놀람 속에 휩쓸려 들어갔다.

낮에 배달된 그날 석간신문 사회 면에서 만해와 남구의 싸움의 기사를 발견한 것이었다.

"무슨 곡절이 있었게 집에두 안 들어갔겠지."

혜주가 중얼거리면서 내미는 신문지 위에 미려는 둥그런 눈을 내달렸다.

……동양무역상회 사장 유만해는 홍천금광의 실패로 말미암아 격분한 결과 광산의 매도자 브로커인 박남구와 난투 끝에 전신에 상해를 당하고 기생 청매 등의 만류와 간호로 간신히 당장을 피했다더라. 전 재력을 기울인 그 금광의 실패로 유만해는 아마도 파산일 듯…….

대충 이러한 기사에 미려는 정신없이 신문지를 던지고 자리를 일어서 그 길로 회사를 찾았다.

"주인은 대체 어딜 갔단 말요."

파물으나 이동렬도 최성수도 청매의 집은 차마 댈 수 없어 모른다고만 뻗셨다.

—싸움, 청매, 파산…….

미려에게는 놀람이 한두 가지가 아니었다. 복잡한 심사가 물 끓듯 수물거렸다.

그날 밤 오래도록 집에서 어쩔 줄을 모르고 설레고 있는 판에 이슥해서야 남편 만해는 머리에 붕대를 친친 감은 꼴로 나타났다.

"지옥을 다녀왔단 말요."

남편의 어처구니없는 꼴에 미려는 되려 화를 내는 것이었다.

머리와 손에 때 묻은 붕대를 감은 그 부상병 같은 꼴이 가엾게 보이지 않고 추잡하게 보였다.

악한 브로커와 싸워 상처를 입고 파산에 임한 불행한 남편이라는 생각보다도 기생집에서 하룻밤을 새우고 늦도록 늦장을 부리다가 헤적헤적 집을 찾아든 추잡한 물건이라는 생각이 앞섰다.

"그 꼴로 집엔 왜 찾어든단 말요. 차라리 없어지든지 못하구."

"사정두 모르구 괜히."

"밖에서 밤을 지낸 게 무슨 알량한 사정이란 말요."

"천천히 들어봐요."

"청매라는 게 누군지 대나 봐요."

다따가 발설에 만해는 뜨끔했으나

"청매 따위가 문제가 아니오. 별안간 발등에 불이 떨어진 것은 일신상의 중대한 문제가 눈앞에 절박한 거요."

남편이 야단스럽게 설레려고 해도 아내는 침착한 태도를 잃지 않았다.

"홍천광산이 글러지구 박남구와 싸웠단 말이죠. 싸웠으면 싸웠지 집을 비우라는 법은 어디 있나요."

"……그렇소. 신문에 난 대로요—실업가 유만해는 오늘부터 낙오된 거요. 박남구와 싸우다가 진 거요. 수많은 경쟁자 속에서 떨어져 장안 사람의 조소를 받으면서 자리를 밀려난 거요. 눈앞에는 시꺼먼 함정밖엔 없구 그 속에 한 걸음 한 걸음 빠져 들어가는 거요."

"그런 사정 앞에선 가정은 한 푼어치의 값두 없단 말요. 청매와 가정과 어느 편이 중하단 말요."

"한 자리에 앉었다가 응급수당을 하노라구 병원에 갔다 그렇게 된 것이지, 저 청매와 누가……."

변명하는 아이와도 같다.

"탈을 말어요. 파렴치를 부끄러워 해요. 가정의 권위를 무시하고 짓밟은 것이 내게 대한 도전이라는 것을 잊지 말어요."

미려는 분한 김에 견딜 수 없는 듯 자리에서 벌떡 일어서서 부르르 몸을 떨었다.

만해의 밖에서의 생활이 얼마간 방종한 것은 반드시 오늘에 시작된 일은 아니었다. 아내가 아는 것은 집안에서의 남편뿐인 것이요 밖에서의 행동까지 일일이 살필 수는 없는 노릇이다. 남편의 자유로운 세계라는 것이 항상 아내의 그것보다는 넓은 것이며 남보다 유다르게 결머리가 센 미려의 눈을 속이기도 만해로서는 여반장이었다. 그런 남편의 눈치를 미려는 대강 짐작은 하면서도 목도하지 않은 이상에야 어쩌는 수 없는 노릇이었다.

부부 사이에 금이 갈라지기 시작한 것도 첫째로는 그런 남편의 태도에서 온 것이었고 남편의 태도로 말미암아 미려의 신뢰와 사랑이 없어지기 시작한 것이 사실이었다. 원래 미려보다도 만해 자신의 간청으로 결합된 부부였다. 일단 식기 시작할 때 미려의 사랑은 살얼음같이 삽시간에 차졌다.

"미려의 그 쌀쌀한 태도가 날 밖으로 몰아낸 거요."

만해는 아내를 책하는 것이었으나 미려의 편으로 보면 모든 원인은 남편 쪽에 있었다. 원인 결과를 서로 미는 속에서 가정은 드디어 오늘같이 찬 것이 되었다.

오늘의 미려의 감정은 반드시 질투에서 온 것이라고도 할 수 없었다. 청매 한 사람쯤을 사이에 두고 질투에 불붙을 정도로 남편이 살뜰하게는 여겨지지 않았다. 질투가 아니요 사랑이 아니요 모욕이었던 것이다. 가정에 대한 남편의 반역 속에 커다란 모욕을 느꼈던 것이다. 이 모욕감이 미려의 심사를 불 질렀다.

"이까짓 가정을 누가 달갑게 여긴다구."

홧김에 되고 말고 손에 집히는 것을 던지니 맞은편 벽의 거울을 맞히게 되어 금시 깨뜨러진 유리 조각이 뎅그렁 하고 떨어졌다. 이번에는 도리어 남편에 대한 아내의 도전이었던 것이다.

"일생의 중대한 일에 당면하게 된 이 당장에서 사소한 일로 사람을 못살게 군단 말요."

만해도 드디어 소리를 높이게 되었으나 그러면 그럴수록에 미려를 격분시킬 뿐이지 그의 의견을 휘일 수는 없었다.

"중대한 일은 무어구 사소한 일은 무어란 말요. 가정은 사소하구 밖에 일만 중대하단 말요. 그따윗 사소한 가정을 가져서는 무엇한단 말요."

"일에 바쁜 남편이 밖에서 하룻밤쯤 지내구 왔단들……."

"오라, 그게 남자들의 특권이란 말이지. 누가 맨들어 논 특권인구. 당신두 교육받은 현대인이오? 현대인의 자랑을 요만큼이나 가졌소? 멀쩡한 야만인이지. 어디 남자에게만 그런 특권이 있으라는 법인가 봅시다. 아내는 죽어만 지내라는 것인가 봅시다."

이 말을 실지로 설명하려는 듯 미려는 그 늦은 밤에 그 자리로 분연히 집을 나서는 것이었다.

아내로서의 용기가 아니라 남편과 대등한 한 사람으로서의 용기를 낸 것이다. 대담하고 올찬 용기였다.

그날 밤 만해에게는 지난 밤 미려를 괴롭게 했던 번민 이상의 번민이 왔다. 밤이 패여도 돌아오지 않는 아내를 눈이 빠져라 기다리면서 고시랑고시랑 잠 한숨 못 이루었다. 미려가 미려의 침실에서 한 것과 마찬가지로 만해는 자기의 침실에서 괴로운 하룻밤을 꼬빡 뜬 눈에 새웠다.

"흠, 이게 복수라는 셈이지."

괴로운 코웃음을 치면서도 미려의 경우와 같이 역시 화가 났다. 피곤한 정신에 노염이 솟으면서 이튿날 아침 느지막해서 미려가 어슬어슬 나타났을 때에는 저절로 고함이 터져 나왔던 것이다.

"이 이럴 법이 세상에."

"왜요. 맛이 독하죠―호텔에서 하룻밤 자구 왔죠. 호텔에서 잔 것이 그럴 젠 기생집에서 자구 왔을 때의 심사가 어떨지 좀 생각해 보죠. 남자의 이기주의가 얼마나 몹쓸 것인가를 실물 교육으로 더러 배워 봐요. 세상의 남편들이 얼마나 뻔질뻔질하구 밉살스러운가를."

"이래두 문화인이니까 이만했지, 정말 야만인 같었으면 오늘 아침 살인이래두 났겠다."

"에그머니 살인이라니."

이번에는 미려가 화를 내게 되었다.

"―그게 야만인의 발악이 아니구 뭐란 말요. 그래두 그 편견을 버리지 못하우―사내만 사람이라는 그 교만한 편견을 버리지 못해요"

"미려가 조선에 태어난 것이 불행이오. 구라파에나 태어났더라면 발달된 개인주의 사상과 높은 도덕문화 속에 자유롭게 살 수 있었을 것을, 이 뒤떨어진 조선에 태어난 까닭으로 남자에게서 모욕만 받게 된단 말이지."

만해가 목소리를 부드럽혀서 이렇게 구슬리는 것은 타협하자는 뜻이 아니었다. 가슴속에는 불붙는 노염이 활활 피어올랐다.

"야유하는 셈이오? — 왜 그럼 구라파 사람같이 교양 있는 사내가 되구료. 여자들만 책하지 말구."

"교육이 탈이야."

만해는 드디어 터지고야 말았다.

" — 구라파니 개인주의니 반지빠르게 배워가지구는 남녀동등이니 아내의 지위가 어떠니 철없이 해뚱거리는 꼴들이 가관이야. 몸에서는 메주와 된장 냄새를 피우면서 문명이니 문화니 하구, 가제 깬 촌놈같이 날뛰는 것을……. 복수는 다 무어야. 여편네가 사내에게 복수라니. 이 사랑 없는 가정을 누군 달갑게 여기는 줄 아나. 한꺼번에 다 부셔버릴까부다."

"이런 가정을 맨든 것이 누구란 말요."

"누가 이런 가정을 맨들었누. 이 되지 않은 문화주의자 같으니라구."

남편의 버릇도 아내와 같은 모양이다. 무엇을 집어 벽에 던졌는지 오늘은 거울 대신에 괘종이 깨트러졌다. 뎅그렁 하고 유리가 떨어지면서 움직이던 추가 섰다. 가정은 침묵한 것이다.

"옳지, 잘 하우. 말 잘했소. 마지막이란 말이지. 나두 실상 이걸 원하지 않은 배 아니었소."

미려는 자기 방으로 뛰어들어가 황겁지겁 짐을 싸기 시작했다.

몇 시간 후에 미려는 두 짝의 트렁크 속에 옷가지를 꽁꽁 재어 넣고 예금 통장, 현금 등 신변에 있는 대로의 것을 지니고는 집을 나섰다. 자동차에 앉아 거리로 향했다.

(기어코 집을 나왔구나.)

하는 감상도 아무것도 없이 흥분 속에서 전신이 끓으면서 정신없이 익숙한 길을 굴러 내려갔다.

호텔에 이르러 간밤에 하룻밤을 지낸 바로 그 방을 또 빌렸다. 짐을 방 가운데 놓고 침대에 풀썩 주저앉았을 때 아직도 꿈속을 헤매이는 것 같은 느낌이 났다.

(올 것이 왔구나.)

개운한 생각이 나는 한편 알 수 없는 무거운 것이 등을 내려 누르기도 한다.

큰일을 저질러 놓은 듯한 일종의 불안이요 두려움이었다.

용기가 필요했다. 그런 두려움과 잡념을 말살해 버릴 마음의 용기가 필요했다. 아직도 마음의 준비가 부실한 탓이거니 자기를 꾸짖으면서 오로지 행동의 열정에 주의를 모으기에 힘썼다.

(결국 와야 할 것이 왔을 뿐이다.)

반성도 뉘우침도 불필요하다. 눈앞의 현실이란 그렇게 될 이유가 있어서 그렇게 된 것이다. 눈앞에 온 대로의 것을 받아들이고 긍정할 뿐이다. 그 외의 잡념은 공연한 것이요 해로운 것이다—이렇게 미려는 생각하면서 움직이는 마음의 주초(柱礎)를 바로잡기에 힘썼다.

솔직하게 말하면 미려는 지금까지 오늘이 오기를 마음속 그 어느 한 귀퉁이로 은근히 바라고 기다리고 있었던 것이 아닐까. 메마른 샘물 줄기같이 가정에서 시비가 마르고 끊어진 것은 오래전 일이었다. 그 허물의 태반이 남편의 태도에 있었다고 미려는 생각하고 또 그 편이 편리하기는 하나, 그렇게 생각하는 미려의 심중을 한 겹 더 헤쳐 본다면 더 근본적인 인간성의 발로로 돌릴 수 있을 것이요, 미려가 미처 생각지도 못했을 그 근본적인 것에서 오늘의 결과가 왔다고 생각함이 옳을 법하다—기적이라는 것은 항상 가정 안에서 있을 수 없는 것이요 신비는 언제나 눈 밖에만 있다. 현재를 벗어나려는 노력은 기적과 신비를 구하는 마음의 표현이다. 신비 없는 생활이 죽음을 의미하매, 그것을 구하는 마음이 미려의 경우같이 간절함은 없었고 그 마음의 지향을 결정적으로 지어 준 것은 남편이었다. 참으로 오늘 그를 행동 속으로 밀어낸 것은 남편의 태도였던 것이다. 말하자면 합의의 결과요 따라서 조금도 거리낌 없는 결론이었다. 허물이 있고 그릇이 있다면 그 모든 것은 남편이 져야 할 것이다—이렇게 미려는 생각하면서 마음을 대담하고 다구지게 먹었다.

용기를 내고 침대에서 일어났다. 당분간을 지내게 될 그 한 간 방에 정을 붙이려고 애쓰면서 옷을 갈아입고 몸을 가다듬었다. 아래층으로 내려와 사동을 구해 말동무로 혜주를 불러내기로 했다.

혜주는 무슨 일인가 하고 설렜는지 예측 이상으로 빠르게 달려왔다.

식당에서 점심상을 마주 대하고 앉아 대강 미려의 이야기를 들었을 때 혜주는 그다지 놀라는 법도 없이 비교적 심상한 표정이었다.

"보매와 달러, 꽤 맹랑하구 다구진 걸. 집을 나오다니."

실상은 놀란 까닭에 범연한 표정이었던 것이다.

"결국 어느 시대나 노라는 삐지 않는 모양이지. 후손이 또 하나 생겼으니 땅속의 노라두 기뻐하렷다."

"난 가정의 노라가 아니구 인간의 노라야. 인간성을 막는 모든 굴레에서 벗어나란 것야."

"《남방비행》의 여주인공같이 말이지. 어저께 《남방비행》을 보구 오늘 그것을 모방하다니 여간내기가 아닌 걸."

"그렇게 됐구료 — 그러나 대상 없는 여주인공이니 하릴없지."

미려는 쓸쓸히 웃으면서 식도를 움직였다.

"막연한 흥분만을 가지군 일이 다 된 게 아니야. 또렷한 법적 수속을 밟구래야."

"물론이지, 변호사를 대서 정식으로 결말을 지을 작정이야. 일시적으로 생각해 낸 행동이 아니구 굳은 결심을 먹구 한 일인 바에야……."

혜주를 보낸 후 미려는 번잡한 생각에 지쳐서인지 일시에 피곤을 느꼈다. 방으로 올라가 침대에 눕는다는 것이 연일의 피곤으로 말미암아 홀연히 잠이 들었다. 몇 시간 동안의 단잠이었다.

눈을 떴을 때 방 안은 황혼에 누르끄레 물들어 있다. 뉘엿거리던 해가 막 서산을 넘은 듯 서창으로 보이는 하늘이 일면 누런 바다다. 그 바다 아래에 두툴두툴 솟은 도회의 윤곽이 칙칙하게 저물어 가고 있다. 움직이지 않는 공기가 답답하게 허공과 방 안에 차 있다.

밝지도 않고 어둡지도 않은 그 야릇한 누른빛이 알 수 없이 가슴을 건드려 미려는 침대에서 내려서 창의 휘장을 내렸다. 방 안은 더 한층 침침하다. 벽의 스위치를 눌러 불을 켜 보나 낮에 켜는 등이라는 것은 되려 답답만 하다. 그렇다고 불을 다시 끄니 켜기 전보다 또 한층 어둡다.

"아, 안타까워."

다시 창께로 가 휘장을 올리니 누런 황혼이 여전히 새어든다. 삼라만상이 한꺼번에 어둠 속에 잠겨 버리려는 마지막 순간의 안타까움이 방 안을 살라 버리려는 듯도 하다.

미려는 침대에 풀썩 주저앉으며 요 속에 얼굴을 묻었다. 뼛속이 자지러지게 아프며 몸이 떨린다.

"왜 이리 서글픈고."

전신이 한꺼번에 꺼져 버릴 듯이도 휑휑해지며 눈물이 푹 솟았다. 아이같이 그 자리에서 발버둥치며 울고도 싶다.

지금까지 살던 집과는 지붕 아래가 달라진 그 한 간 방에서 별안간 폭풍우 같은 공허가 엄습해 온 것이었다. 물론 배반하고 나온 집이 그리운 것이 아니다. 속이 비고 마음이 허한 것이나 대체 무엇이 부족한지는 미려 자신도 그 자리에서 헤아릴 수는 없었다.

향수였다. 무서운 향수가 잠자고 난 뒤의 허한 가슴속을 치밀어 올랐던 것이다. 그 무엇인지 그 어디인지가 그립다. 그것이 무엇인지는 알 수 없으면서도 현재를 벗어나 그것을 그리워하는 심사가 불같이 몸을 태웠다.

"대체 그리운 것이 무엇일꼬."

어지러운 꼴을 스스로가 부끄러워하면서 눈물을 씻고 옷을 갈아입었다.

방에만 있기가 답답해서 층을 내려와 로비로 들어갔다. 음악이 들렸다. 저녁 식사가 시작되기까지의 한때를 사람들은 음악으로 보내고 있었다. 미려도 그 속의 한 사람이 되었다.

모차르트의 가벼운 소나타 이중주였으나 그 경쾌하고 맑은 곡조가 미려에게는 도리어 슬펐다. 마디마디가 향수를 북돋아 주고 꿈을 말한다. 음악도 꿈꾸는 사람에게는 필경은 슬픈 것이다. 슬픈 것은 때로는 즐거운 것도 된다. 즐거운 것으로 음악을 시름없이 듣고 있을 때 문득 옆자리에 와 앉으면서 미려의 주의를 끄는 사나이가 있었다. 언제인가 집에서 만난 일이 있던 김종세임을 알고 미려는 모르는 체도 할 수 없었다.

"언젠가는 댁에서 실례가 많았었습니다."

종세는 하고 싶은 말마디나 가진 듯 긴하게 표정을 누그렸다.

"선생이 지금 왜 여기 와 계신지 빤히 알구 있죠. 세상일 잘 알기로야 신문기자는 조물주 다음엔 가거든요."

미려는 그럼 자기의 오늘 일을 벌써 세상 사람이 다 알게 됐누 하고 종세가 무서운 것으로 여겨져 화제를 돌려 보았다.

"녹성음악원 때문에는 공연한 수고만 끼쳐드리구 말만 퍼지게 됐는데 사정두 있구 해 성사될 것 같지 않어요. 물론 이번 후원만은 약속한 대로 틀림없이 하겠습니다만."

"만해 씨와는 일전에 자리두 같이하구 한 까닭에, 그 사정이라는 걸 대강 짐작할 수 있습니다. 두 분이 앞으로 어떻게 되시는지 세상의 기대가 컸더니만큼 음악원 일만은 계획대로 하셨으면 합니다만."

"제 사정이 급작스럽게 절박해져서 그런 일을 미처 생각지 못하게 됐어요."

"거기 관해선 천천히 말씀 들을 기회가 있겠습니다. 오늘은 저두 바빠서요. 일마 군이 만주서 돌아온답니다. 호텔에 방 교섭을 왔던 길에……."

"일마 씨가요."

"교향악단보다 먼저 오죠. 홀몸으로 오는 것이 아니래서 방을 고르기가 까다로워요."

종세의 한마디 한마디에 미려는 긴장되고 몸이 달았다.

하늘 위의 별

아파트 청운장 이층 방에서 박능보는 이른 저녁의 한때를 하는 일 없이 우두커니 의자에 앉아 있었다.

병원에서 조금 일찍이 사퇴하고 나왔다. 밤차로 도착한다는 일마의 전보를 받았던 것이다. 역으로 나갈 시간을 앞두고 잠시 명상에 잠기고 있었다.

"불과 달포 동안에 사람의 운명이 그렇게두 변하나."

동무 일마의 그동안의 운명의 변화에 놀라고 있었다. 시험관 속의 액체의 변화같이 삽시간에 놀라운 변화를 한 것이다.

두 번이나 행운을 맞히고 그 위에 사랑조차 얻어 가지고 이제 고향으로 돌아오려는 것이다. 마치 그를 기다리고 있는 그런 행운을 찾으러 떠났던 길 같다. 떠날 때와 돌아오는 때의 신세가 얼마나 엄청나게 다른가. 밤낮으로 보고 어울리고 하던 친한 사이이므로 그 변화는 더욱 신기하게 여겨졌다. 능보 자신이나 훈이나 종세에게는 아무 변화도 없었던 까닭에 동무의 변화는 한층 신기하게 여겨졌다.

(자기는 그동안에 무얼 하구 있었던가.)

육체의 애꿎은 신진대사가 있었고 변치 않는 나날의 일과가 있었을 뿐이다. 하나하나의 세포가 달포 전과는 다른 것으로 변했을는지 모르나 생활에는 아무 변화도 없다. 방 안 책시렁에 책 한 권 늘지 않았고 책상 위 현미경은 먼지를 보얗게 쓰고 있을 뿐이다. 사랑하는 은파와의 관계도 미적지근한 그대로 조금의 발전도 없다. 속히 개업이나 하고 두 사람만의 조그만 가정을 가지자고 지금은 벌써 농이 아니라 진정으로 은파가 조르는 것이나, 아직 개업할 성산은 아득하다—아무 변화도 없는 것이다. 무료한 답보가 있을 뿐이다. 변한 것은 일마뿐이다. 일마만이 운명을 갈고 행운을 가지고 오는 것이다.

(그리구 이 아파트에서 떠나려는 것이다.)

바로 이웃 방이 일마의 방이다. 몇 해를 한 지붕 아래에서 가까이 왕래하면서 형제와 같이 다정하게 지내오던 그가 더 다정한 그의 짝을 데려오는 것이다. 아파트를 떠나서 둘만의 행복스런 보금자리를 가지려는 것이다.

변화라는 것이 서글프게만 여겨지면서 쓸쓸한 생각에 잠겨 있을 때 문을 두드리고 훈이 찾아왔다. 이 역 일마를 맞으러 능보와 함께 역으로 나가려는 것이었다.

"자네 동무 한 사람 뺏기게 됐네그려."

능보는 일어서서 훈과 함께 이웃 방 앞에 이르렀다. 자기 방 열쇠로 손쉽게 열 수가 있었다.

동무 없는 방 안이 휑뎅그렁하고 쓸쓸하다. 홀아비의 살림그릇이 신혼의 살림그릇으로 변하려고 한다. 책상 위 먼지를 손가락으로 만지면서 방 안을 살피려니 신기한 기적으로밖에는 생각되지 않는다.

"금발 미인에게 동무를 뺏긴다."

"평생에 굉장한 연애를 하겠다구 벼르더니 그게 굉장한 연애라는 것인가. 그런 구라파주의자는 없더니 필경 그 일을 치자구—."

능보보다는 역시 훈이 일마의 비위를 더 잘 이해하고 동감할 수 있었다.

"일상 엉뚱한 꿈을 꾸면 결국 엉뚱한 짓을 하구야 마는군."

실상 훈의 꿈도 일마의 그것과 비슷하다면 비슷했다. 부질없이 향수를 느끼는 것이었고 그 그리워하는 고향이 여기가 아닌 거기였다. 현대문명의 발생지인 서쪽 나라였다. 일마는 누구보다도 대담하게 그 향수의 갈증을 채우고 꿈을 수입한 것이다. 일마의 심중을 누구보다도 잘 이해할 수 있는 것이 훈은 자기일 듯싶었다.

"실물로 예증한 셈이지. 일마두 맹랑한 걸물이야."

"어서 금발 미인 구경이나 나가세나."

능보는 팔시계를 들어 보면서 훈을 재촉했다.

일마들을 맞이해 호텔까지 동행해다 주고 훈과 능보는 거리로 나오면서 머릿속은 나아자의 인상으로 그득히 차 넘쳤다. 오래간만에 보는 동무 일마의 정든 낯도 나아자의 신선한 인상 속에 숨어 버리곤 했다.

"흡사 누구 같을까—영화배우의……."

훈이 생각해 내려고 애를 쓸 때 능보가 수월하게 잡아내면서

"뤼셰르 같지 않은가. 코린 뤼셰르, 불란서 배우의……."

"옳지, 뤼셰르와 비슷해. 온순하고 순결한 자태가."

"눈이 높단 말야. 일마가 사람 하난 잘 골랐어. 한 점 나무랄 곳이 없어."

"내가 만약 일마라면 이상 더 꿈이 없겠네. 대장부로 세상에 태어나 더 바랄 것이 없겠어. 그만 하면 얻을 것은 다 얻었단 말야. 그 이상의 원은 욕심이란 거야."

"일마의 꿈두 필경은 동양이었던 모양이지. 나아자의 얼굴은 아무리 봐두 동양의 얼굴이야. 눈이며 눈썹이며 코며가 온순한 조선의 것이란 말야. 피부가 희구 머리카락이 노랄 뿐이지."

"일마의 꿈이 우리의 꿈일 테니까. 우리 모두가 꿈꾸는 하나의 이상형일지두 모르지. 어떻든 장안에 일색 하나 더 늘었어. 내가 미인이노라구 뽐내는 축들이 나아자의 앞에서야 숨이나 크게 쉬겠나. 그 눈, 그 별 같은 눈망울."

역 폼에서 일마가 세 사람을 차례로 소개하니 머리는 숙이지 않고 방글방글 바라보던 그 눈이 선하게 떠오르는 듯하다. 자동차로 호텔에 이르렀을 때 모든 새로운 것에 신기한 듯 눈을 보내면서도 끝까지 품격 있고 의젓한 나아자였다. 묵은 전통에서 오는 교양의 빛이 은연중에 드러나 있었다.

초저녁이기는 했으나 식사도 할 겸 두 사람은 '실낙원'을 찾았다. 화장을 마치고 난 은파가 뛰어 나오면서

"나두 역에나 나갈걸요. 금발 미인의 풍채가 어때요, 그래."

"나아자를 본 눈으로 지금 은파를 보려니까 흡사 말뚝을 대하는 것 같구료. 은파는 벌써 여자가 아니야."

하고 훈이 나무라도 은파는 천연스럽게

"옳아, 그렇게 놀랍단 말이죠. 어떻길래 교만한 일마의 눈에 걸렸죠? 정말 한번 봐둘걸요."

"나두 여자 보는 눈이 달러진걸. 그 오똑한 조각을 보구 난 뒤엔 거리의 여자란 여자가 죄다 널쪽같이 납작하게만 보인단 말야."

능보의 술회에 은파는 비로소 샐쭉해 하면서

"당신들의 그 꼴같잖은 서양 숭배, 그만들 둬요. 거지가 멀 보구 침 흘리듯 서양이라면 사족을 못 펴구—야만인의 추태지 머란 말요."

흥분하는 양이 통쾌해서 훈은 숭굴숭굴 웃으면서

"누가 서양을 숭배하나, 아름다운 것을 숭배하는 것이지. 아름다운 것은 태양과 같이 절대라나. 서양의 것이든 동양의 것이든 아름다운 것 앞에서는 사족을 못 써두 좋구, 엎드려 백 배 천 배 해두 좋거든. 부끄러울 것두 없구 추태두 아니야—은파가 그렇게 짜증을 내는 건 되려 속을 뵈이는 점이지. 괜히 가만히나 있잖구."

"그놈의 아름다운 건 다 무엔구."

"나두 은파와의 결혼을 좀 더 생각해야겠어."

"미안하우. 제발 요량대루."

은파도 능보를 따라 웃으면서 다시 농으로 돌아가 자리는 화해졌다.

"그렇게 놀랍다면 그럼—가령 미려보다두 더 잘났단 말요."

"미려와 나아자와—글쎄, 내 생각엔 나아자가 난 걸."

그러는 자리에 뛰어든 것이 종세였다. 늦도록 시중을 들고 오다 보니 그렇게 늦었다.

"나아자들을 보구 제일 실망한 게 누군 줄 아나."

종세는 숨도 갈지 않고 다짜고짜로 이 소리였다.

"미려라네—호텔에서 찬찬히 살피려니 그 수심에 넘치는 자태는 차마 못 보겠데. 멀리서 멀끔히 바라보는 그 자태를."

동무들을 보낸 후 일마는 나아자와 함께 작정된 이층 방으로 올라갔다.

나아자는 여행의 피곤도 잊고 기쁜 기색이었다. 거리의 규모가 상상 이상으로 짜이고 동무들이 흥성흥성 나와 맞이해 주고 하는 것이 초행의 그에게는 반가운 인상을 주었다.

"호텔이 이렇게 훌륭할 줄은 몰랐군요. 하얼빈서두 드물게 보는 호화로운 치장이에요."

사실 만족스런 표정이요 말소리였다.

"이곳에두 서양 문명이 상당히 뿌리 깊게 배어들었거든—적어두 겉만은."

"당신의 고향이 아주 맘에 들었어요. 유쾌하게 지낼 수 있을 것 같어요."

"호텔만이 조선의 모양이 아니라우. 호텔 밖에 여러 가지 구저분한 현실 면이 있을 테니 아예 실망은 하지 마우."

"어느 고장엔 두 가지 면이 없나요. 왜 밝은 쪽이 있으면 어두운 쪽두 있는 건 아무데나 매일반인데, 실망을 하다뇨."

보이가 앞서서 방을 열고 여러 짝의 트렁크를 들여놓았다. 일마가 목욕, 식사 등 몇 가지의 주의를 묻고 열쇠를 받으니 보이는 나갔다. 두 사람만이 넓은 방 안에 섰을 때 일마에게도 사실 오랫동안의 긴 여행을 마치고 마지막 목적점에 도달했다는 안도의 느낌이 유연히 솟았다.

넓은 침대, 의장, 화장대—두 사람의 소용인 그런 방 안의 살림그릇이 홀몸의 것과는 달라 염염한 모양을 보이고 있는 속에서 나아자의 자태는 한층 사랑스럽게 보인다. 그 역 안도의 감정 속에서 잠시 방심의 상태로 서 있는 것이었다.

북으로 향한 창을 여니 저물어 가는 뜰 안에 팔각당의 검츠레한 윤곽이 내려다보인다. 나아자는 창 앞에 서서 부근의 풍경을 진기한 것으로 바라보았다.

"저게 조선의 집인가요."

"옛날 사람들이 세운 낡은 집."

"얼마나 넉넉하구 운치가 있어 보이는지요—흡사 만주에서 보는 것 같은."

"같은 동양의 집이거든."

"동양을 전 원래부터 이해하지만 그 동양의 아름다운 것을 참으로 즐겨할 수 있을 것 같아요."

"아름다운 것은 즐겨해두 추한 것에서 느끼는 환멸은 얼마나 큰 것일까. 추한 것이 아름다운 것보다는 언제나 더 많으니깐."

"추한 건 추한 것으로 또 동정이 가게 되죠."

"팔각당 넘엔 개천이 있구 그 넘엔 빈민굴이 있다우. 빈민굴 없는 데가 없겠지만 조선은 전체가 한 커다란 빈민굴이라우."

"그럼 빈민굴 속에서 함께 살죠. 누가 반드시 아름다운 것만을 원하나요"

나아자는 돌아서서 일마에게로 몸을 솔리며

"저를 참으로 잘 이해해 주실랴면, 제가 경박한 여자가 아니라는 걸 알아주셔야 돼요."

진득이 일마의 눈 속을 들여다본다.

"당신을 이렇게 따라 나온 건 괜히 바람에 불려서가 아니에요. 의외의 행운을 얻은 것을 부러워한 까닭두 아니구, 피차의 계급이 같은 것을 만만히 봐서두 아니구—참으로 당신을 믿구 사랑하니까 모든 것을 버리구 이렇게 길을 같이한 것이죠."

나아자는 사랑한다는 말 이상의 표현을 할 줄은 몰랐으나 그 한마디가 속과 정성을 다 털어놓은 한 마디였다. 당신을 좋아하구 믿구 끔직이 여기구 한다는 뜻이었다. 최대한도의 표현이었던 것이다.

"누가 그런 줄을 모르우."

"그럼 절 믿어 주세요."

몸을 맡기면서 새삼스럽게 일마의 애정을 구한다. 두 사람은 마치 그것이 첫 번인 듯 열정적으로 피차를 안았다. 이미 아내인 나아자를 일마는 오늘 신선한 신혼의 기분으로 세상에서 가장 소중한 것으로 여겼다.

보이가 노크를 하고 목욕의 준비를 고하지 않았던들 두 사람은 좀체 갈라질 줄 몰랐을 것이다.

호텔은 기숙사가 아닌 까닭에 각각 방 사람들의 생활은 반드시 일치되는 법이 없다. 식당에서 식사하는 시간이나 로비에서 쉬는 시간이나 각기 다르고 자유롭다. 그런 속에서도 미려는 더욱 그런 시간의 배려가 다른 사람들과는 동떨어지게 달랐다. 될 수 있는 대로 뭇사람의 눈에 뜨이지 않도록 세심의 주의를 하는 것이었다. 식당에 나타나는 시간은 누구보다도 이르거나 그렇지 않으면 늦었고, 로비에 나타나는 것도 사람의 그림자가 뜸할 때를 택했다—아직도 일신상의 소문이 거리에 펼쳐짐을 즐기지 않는 까닭이었다.

어제 오후 종세에게서 일마의 돌아온다는 소식을 듣고는 더욱 알 수 없이 기가 죽어지면서 방에만 박혀 있는 시간이 많아졌다. 설레는 마음과는 반대로 용기는커녕 도리어 주접이 들었다. 웬일인지 두려운 생각이 났다. 일마를 만남이 여간 일이 아닌—희망과 실망의 교차된 야릇한 감정이 들었다.

저녁때가 되어 복도에 수선스런 발소리가 나고 목소리가 들리는 것이 아마도 일마들의 도착인 모양이었다. 넓은 호텔 안에서는 어느 때 누가 떠나고 누가 오는지 일일이 눈치 채고 헤아릴 수는 없었으나, 그날 복도에서 나는 수선스런 말소리만은 미려도 놓치지 않고 들을 수 있었던 것이다.

소리가 뜸한 뒤에 문밖을 지나는 보이에게 곡절을 물으니까

"바로 저 북쪽 구석방에 새로 손님이 들었답니다."

혼자 설명하면서

"만주서 돌아왔다는데 금발 미인을 데리구 아주 훌륭하군요. 국

제 부부치구는 보던 중 놀라워요."

미려는 종세의 말눈치에서 일마의 국제연애의 일건을 대략 짐작을 하고 있었으나, 보이의 입으로 직접 국제부부니 금발 미인이니 하는 소리를 들으려니 공연히 뜨끔해지면서 가슴이 두근거렸다.

"굉장한 손님들이군."

"저희두 외국 여자를 많이는 봤지만 그렇게 짜인 여자는 처음인데요."

미려의 혼을 뽑으려고만 하는 소리 같으다. 미려는 단번에 기가 죽으면서 보이의 설화를 더 듣고 싶지 않았다.

밤에도 꼼짝하지 않고 방에만 있었고, 오늘 아침 식당에도 가장 늦게 내려간 것이었다.

제 스스로 질려 제 몸을 방 안에 가둔 것이다. 반달 동안 역시 두문불출 방 안에서 죄수 노릇을 했다. 전날부터 내려오는 수심과 감상은 더욱 가슴을 물어뜯었다.

오후의 따스한 햇빛이 서창에 그득이 쪼일 때 정신을 차리고 옷을 갈아입었다. 바람을 쏘이려 뒤뜰로 내려갔다.

일광실을 지나 후원으로 나가니 돌담과 벽에 기어오른 담쟁이의 신선한 빛이 눈을 끈다. 무엇보다도 민첩하게 가을을 수입한 그 진홍빛 잎새가 금시에 가을을 느끼게 했다.

실상인즉 미려도 오늘 선선한 홑적삼을 벗고 붉은 겹저고리를 입었던 것이다. 저고리의 빛과 담쟁이의 빛은 공교롭게도 일치되어 피차에 가을을 자랑하는 듯 오후의 햇빛 아래에 신선하게 보였다. 미려에게는 자기의 모양이 보이지 않는 까닭에 담쟁이와 자기의 모양과 어느 편이 더 아름다운지를 판단할 수는 없었다. 담쟁이의 빛을 보고 선뜻 가을 감각에 눈떴을 뿐이었다.

그러나 담쟁이보다 더 아름다운 것이 있었다.

잔디를 밟으며 후문으로 들어섰을 때 저편 묵은 돌층대를 걸어 내려오는 화려한 색채가 눈을 끌었다. 그 역 담쟁이의 빛이었다. 진홍빛 드레스를 입은 염염한 자태가 담쟁이 이상으로 미려의 정신을 뽑았다. 금빛 머리카락에 해가 쪼여 붉은 윤곽이 그림 같으다. 그 색다른 남녀가 누구인지를 미려는 물론 직각할 수 있었다.

일마와 나아자였다. 단둘이 후원 속에서 오후의 산보를 하는 것이었다.

미려는 주춤했으나 벌써 자기도 두 사람 눈에 뜨인 몸으로 비겁하게 뒷걸음을 칠 수도 없어 우두커니 서 있는 동안에 두 사람도 차차 이쪽으로 가까워 왔다.

나아자의 편에서도 멀리 미려의 자태를 발견하고 그 신선한 가을 감촉에 주의했던 것이었다. 담쟁이 빛깔 같은 저고리의 고운 빛에 정신이 끌리면서 일마를 돌아보았다.

"조선 여자의 옷맵시가 곱다더니 헛말이 아니군요."

언제인가 일마에게서 들은 흰옷과 꽃신의 아름다움을 문득 생각해 냈던 것이다.

"흰옷두 곱지만 봄가을로 시절이 변할 때의 색옷들두 저렇게 곱잖우. 긴 치마에 꽃신만 신었더라면 더 좋았을 것을."

"저두 한번 저렇게 채려 보겠어요. 짧은 치마에 구두는 흡사 양장인데요. 투피스 셈으로."

나아자는 자기의 옷맵시가 얼마나 아름다운지는 잊어버리고 미려의 맵시에 찬미를 마지않으며 마른 잔디를 사뿐사뿐 밟았다.

그것은 흡사 미려가 자기 자신을 잊어버리고 나아자의 자태에 잠시 취했던 것과도 같다. 붉은 드레스와 금빛 머리카락에 정신을 뽑혔던 것과도 같다.

미려와 나아자 두 사람을 한꺼번에 바라보고 두 사람의 아름다움을 판단할 수 있음은 그 자리에서는 일마 한 사람이었다. 두 사람과 떠나 제삼자의 입장에 서 있는 까닭이다. 미려에게는 자신의 자태가 안 보이고 나아자에게도 자신의 자태가 안 보이는 것이나, 일마에게는 두 사람의 자태가 함께 보이는 것이다.

하얼빈을 떠난 후로 나아자의 자태를 오늘 그 어느 때보다도 아름다운 것으로 여기는 일마에게 지금 눈앞에 나타난 그 뜻하지 않은 조선 옷의 자태도 놀라운 것으로 비치었다. 나아자와 함께 염치 불구하고 그를 바라보면서 가까이 왔던 것이다.

서로 보아도 보지 않은 체 놀라도 놀라지 않은 체하고 시침을 떼고 스치는 것이 문명인의 태도인지는 몰라도 야박스런 근대인의 버릇이다. 그러나 참으로 놀랐을 때는 그런 냉정한 여유도 없어진다. 일마와 나아자의 미려를 보는 눈이 그러했다. 미려가 머뭇거리면서 엇비슥이 외면하고 있는 동안에 두 사람은 은근히 그를 관찰하면서 지났다.

참으로 행복스런 한 쌍이었다. 공작같이 자랑스럽고 행복스런 두 사람이었다. 미려는 외로운 자신의 모양과의 대조에서 오는 쓸쓸함을 느끼면서 더 돌아다볼 염도 못하고 머뭇거리고 섰을 때,

몇 걸음 앞섰던 일마가 다시 뒤돌아서면서 말을 거는 것이 아니었던가.

"……저, 실례가 아닌지 모르겠으나—남미려 씨가 아니던가요."

그 목소리에 미려도 돌아서면서 처음으로 일마와 대면했다.

"역시 미려 씨이시군요."

그 한 마디 속에는 무한한 감회와 뜻이 있는 성싶었다. 팔 년 동안 포개진 시간의 주름이 있었고, 그 주름 속에 간직하고 잊혀졌던 회포가 그 한 마디 속에 살아난 듯이 들렸다.

미려도 시간의 주름을 뛰어넘어 팔 년 전의 회포에다 오늘을 잇는 것이었으나, 벌써 감격과 기쁨보다는 오늘은 쓸쓸한 고독과 서글픔이 앞섰다. 행복스런 부부의 앞에서는 팔 년 전의 회포도 벌써 무의미한 것이다. 팔 년 동안 일신이 얽매어 있었고, 오늘 그것을 풀고 자유롭게 뛰어나왔다고 생각했을 때에는 시간은 무정하고 엄숙한 결과를 가져왔던 것이다. 기대와 기쁨도 일순에 사라지고 환멸의 슬픔이 커다랗게 맺혀 왔다.

가까이 온 나아자에게 일마는 미려를 소개하고 한참 동안이나 두 사람만의 다정한 말을 건넸다.

친구의 아내라고 소개하는 것일까. 혹은 교향악단 내연의 후원을 자청한 여자라고 일러 줌이었을까. 나아자의 미소를 띤 말소리를 번역해서 일마는

"음악 후원의 좋은 일을 하시니 대단히 고맙다구 나아자두 기뻐하는군."

설명하는 것이었다.

그러나 나아자의 그 고마워하는 미소도 미려에게는 반갑기는커녕 괴롭게 들릴 뿐이다. 세상에서 기쁜 것은 벌써 자기가 아니다. 다른 사람들의 기뻐하는 양을 바라보는 입장에 서게 된 자신의 쓸쓸한 모양을 반성하는 것이었다.

후원의 산보에서 방으로 돌아와 미려는 저녁때까지 곰곰이 생각에 잠겼다.

일마를 그런 모양으로 다시 만날 줄은 몰랐다. 변치 않는 꿈의 대상이요 그리운 마음의 고향이었다. 팔 년 후에 처음으로 만나게 된 그는 벌써 찾아들 고향이 아니고 멀어진 꿈이었다.

며칠 전 집을 나와 황혼의 방 속에서 홀로 애달픈 향수에 운 것은 그래도 그 무엇을 그리워하는 마음으로였다. 그 그리워하는 원의 대상이 일마였음은 아마 미려 자신도 또렷이 마음속에 집어서 느끼지는 못했을는지 몰라도, 꿈을 가진 서글픔이요 빠져나올 길이 있는 고독이었다. 이제 일마를 만나 보니 벌써 막힌 길이요 잃어진 꿈이다. 위안 없는 절망과 고독이 가슴을 파헤치는 것이었다.

너무도 시간이 지리한 것 같아 일어나 정신을 가다듬을 겸 세수를 하고 화장대 앞에 앉았을 때 문을 노크하고 보이가 들어왔다.

"저쪽 구석방 심부름인데요."

하고 봉투에 든 편지를 내놓았다.

"저녁을 같이하시자던가요."

보이가 먼저 발림을 하는 것을 들으면서 봉투를 뜯으니 일마의 글씨인 듯한 두어 줄 글이 간단히 적혔다.

―나아자가 특별히 오늘 저녁 만찬을 대접하고 싶다 하오니 승

낙해 주시면 큰 영광이리라—는 뜻의 것이었다.

"곧 대답을 가져오라는 분분데 편지 쓰실 것 없이 제 귀에만 일러 주시면 그대로 전하겠습니다."

보이가 재촉하는 바람에 편지를 더 거푸 읽을 겨를도 없이, 어떻게 했으면 좋을지를 생각할 겨를도 없이 간단히 그 자리로 승낙의 대답을 주는 수밖에는 없었다. 굳이 거절할 이유도 없었던 까닭이다.

보이가 나간 후에 그렇게 홀홀히 대답한 것이 혹 천하게나 여겨지지 않을까 하는 뉘우침도 나기는 났으나, 그것도 자기의 편견이리라고 고쳐 생각하면서 일마의 처지가 어떠한 것이든 간에 그와의 접촉의 기회를 피할 것은 없다고 마음먹는 것이었다.

세 사람의 만찬의 식탁은 특별한 분부로 보통과는 규모가 다른 모양이었다.

미려를 앉힌 맞은편에 일마와 나아자가 나란히 앉아 화목한 웃음으로 그날 밤의 주빈을 대했다.

"내가 조선 와서 처음 뵙는 당신이구 처음 대접하는 만찬이랍니다. 자랑은 아니나 반갑게 받아 주세요. 오늘 뜰에서 우연히 만나 뵙구 사귀게 된 정의(情誼)로."

나아자의 말인지 그렇지 않으면 일마 자신의 말인지 미려에게는 기괴한 착각이 일어나면서, 그날 밤의 그 만찬도 일마 자신의 뜻에서 나온 것인지 짜장 나아자의 발설로 된 것인지도 헤아릴 수 없었다.

"이왕 이곳에 나온 바에는 이곳 예절을 하나씩 하나씩 배워가야 할 테구, 그렇게 하랴면 친한 동무두 한 사람쯤은 필요하다구 생각했었는데 오늘 마침 만나 뵙게 돼서 이런 행복은 없어요. 당신은 그렇게 곱구 의젓하신 것이 저의 행복스런 동무 될 것을 믿습니다. 오래도록 사귐이 길기를 바랍니다."

나아자의 말을 일러 준 후에 일마는 자기의 말로

"좋은 동무가 돼서 아무쪼록 잘 지도해 주십시오."

하고 덧붙이는 것이었다.

일마를 중간에 세우는 것도 멋해서 미려는 되고 말고 기억하고 있는 영어로

"이렇게 알게 된 것이 되려 제게 다행입니다. 그 다행함을 저버리지 않도록 좋은 동무 되려구 애쓰겠습니다."

한마디 대답하니 나아자는 뜻을 얻은 듯 이번에는 그도 영어로 변했다.

"계획이 많답니다. 첫째, 조선말을 배워야 할 것—사랑하는 고장의 말이니깐. 둘째, 조선 옷을 연구해야 할 것—나두 그 옷이 대단히 입구 싶답니다……."

"아는 데까지 가르쳐 드리구 말구요."

두 사람의 대화하는 양을 일마는 신기한 것으로 바라보았다.

그날 밤 홀에서 무도회가 있으니 함께 참석하자는 나아자의 권고에 미려는 수월하게 대답은 했으나 방에 와 생각하니 머쓱하기 짝없는 일이었다.

부부가 보이는 속임 없는 친절이 가슴에 사무쳐서 선뜻 대답은 한 것이나 그날 밤 만찬부터가 결코 편편하고 떳떳하게 받을 것은

못 되었다. 황차 무도회에 이르러서야 쓸쓸한 홀몸이 무슨 체면으로 부부 속에 끼어 면구스런 꼴을 보일 수 있을 것인가.

나아자의 친절 앞에 부끄러운 생각도 났다. 나아자의 마음과 미려의 마음은 반드시 똑같이 담박하고 무심한 것은 아닌 듯싶다. 일마와 미려의 지난날의 미묘한 관계를 모르는 까닭에 나아자의 심중은 백지장같이 맑고 관대한 것이나, 일마에게 대한 과거의 회포를 가슴속에 지니고 그것을 말할 바 없는 미려의 심중은 그만큼 괴롭고 복잡했다. 나아자는 일마와 부부로서 통하는 것이나 미려도 일마와는 한 줄기 은은한 마음의 교통이 있는 것이다. 그것을 꿈에도 모르는 나아자의 앞에서 미려는 부끄럽고 죄스러운 생각이 났다. 그런 복잡한 마음의 그림자를 품고 부부 사이에 끼어 천연스럽게 자미없는 한몫을 보자는 것이 떳떳한 예의로는 여겨지지 않았던 것이다.

그러나 이미 승낙한 일이요 한편 행복된 나아자의 은근한 자랑에 의지해 본들 어떠리 하는 심정도 없지 않아서 옷을 갈아입었다. 요행 모인 사람들은 반드시 모두가 부부끼리가 아니요 홀몸인 외짝들도 많았던 까닭에 미려는 나아자들의 틈에서 그다지 불편한 느낌 없이 앉아 있을 수 있었다.

호의와 우정의 표현이라는 것일까—음악이 시작되자 나아자는 첫 춤의 상대를 미려에게 청하는 것이었다. 앞에 와 서서 선뜻 손을 잡고 끌 때 미려는 영문을 몰라 일어서면서 세상에 여자끼리 추는 춤이라는 것도 있나 생각하면서 끌려 나갔다. 사람들도 두 사람의 춤을 진귀한 것으로 바라보았다. 미려는 뭇 시선 앞에서 겸연쩍으면서도 나아자의 뜻을 고맙게 여겨 그 야릇한 한번 춤을 즐겁게 출 수 있었다.

춤이 끝났을 때 일마는 박수하면서 그제서야 부부의 춤이 시작되었다. 몇 번을 거듭한 때였을까. 이 역 홀몸인 듯한 외국 사람 하나가 나아자에게 춤을 청하고 나아자가 승낙했던 까닭에 일마는 비로소 그 틈을 타서 미려와 겯고 일어섰다.

일마와 맞붙들고 도는 미려에게는 신기한 생각이 났다. 춤이란 그런 때의 두 사람을 맞붙들어 세우기 위해서 생겨난 물건 같다. 춤이 아니었던들 두 사람이 어찌 그렇게 수월하게 맞잡고 일어설 수 있었을 것인가.

"오늘 저녁의 만찬이며 무도회며—누구의 발설인지 몰라두 미안만 해요."

"다 나아자의 뜻이죠. 물론 별 속없이 정말 맘에 들어서 하는 짓이지만."

"그러니까 더욱 미안해요."

미려는 두려운 생각조차 들어서 외딴 곳으로만 돌면서

"이 자리에선 물론 말씀 드릴 수 없구 언제나 조용한 때 얘기 드렸으면 하구 있었는데—모든 것이 퍽두 변했답니다."

"미려 씨가 요새 이 호텔에 묵구 계시는 이유 말이죠."

"어떻게 아세요."

"종세 군에게 들었죠. 만해 군의 실패와 그간 가정의 형편을 대강 알았습니다."

"제가 잘못인지 만해가 그릇됐는지 지금 와선 분간할 수 없어요.

도저히 견딜 수 없어서 집을 뛰어나와 봤으나 눈에 뜨이는 것이 모두 괴로운 것뿐이군요."

은근히 자기들을 의미하는 말인 줄을 알고 일마는

"늦었던 것입니다. 시간이 너무 늦은 까닭에 모든 것이 어긋나구 뒤틀리구 만 것입니다."

"지각을 한 사람의 맘속이 얼마나 쓸쓸한지 아마도 먼저 와 나란히 앉은 사람들에겐 알 바 없을 거예요. 뭇 시선이 자기를 조롱하는 것만 같아서 부끄럽구 섧구……."

말도 아무릴 수 없게 가슴이 주저앉으면서 몸에서 맥이 빠지는 것이었다.

"애꿎은 세상일이 언제나 그런 게죠."

아무리 들어도 일마의 말은 담담하고 범연하고 평온하다. 만족된 사람의 배부른 감상이지 괴로운 사람의 괴로운 하소연은 아니었다. 일마의 심경과 미려의 심경은 오늘 벌써 판이한 성질의 것이었고 그 사이의 거리도 퍽이나 멀었다.

"애꿎다는 것은—제 맘은 이렇게 불행하건만 일마 씨의 맘은 그렇게 행복스럽단 말이죠."

"물론 난 내 행복에 대해 말하려는 것두 하고 싶은 것두 아닙니다만."

"별이에요. 하늘 위의 별이에요. 쳐다볼수록 점점 멀어져 나중에는 까맣게 높아지는 그 별이에요—손을 뻗치나 벌써 손끝에 닿지 않는."

지껄이다가 문득 좌우를 휘둘러볼 제 두려운 생각이 불현듯이 들면서 입을 다물어 버렸다.

일마와의 사이가 무엇이길래 그렇게 마음의 하소연을 하고 그를 괴롭히는 것인가. 법적 수속이 끝나기 전에는 아직도 남의 아내인 몸이다. 아내된 몸으로 일마에게 마음을 고백해서 옳을 리 없으며, 그에게 나다분히 싫은 소리를 늘어 놓을 염치도 없다. 태도를 반성할 때 지금 추고 있는 춤조차가 두려운 것으로 여겨졌다.

음악이 끝나자 의자에 주저앉으며 괴롬 속에서나 놓여난 듯도 했다. 남의 춤을 바라보는 편이 한결 편한 노릇이다. 더구나 일마 부부의 춤을 바라보고 있노라면 그 아름다운 한 쌍의 모양이 꿈속의 것으로 느껴지면서 더욱 멀어가는 하늘 위 별들이다. 바라보기가 안타깝기는 하나 두려운 생각만은 없어지는 것이었다.

몸이 불편한 것을 칭탁하고 미려는 먼저 홀을 사양하고 방으로 돌아왔다.

일마와 나아자의 함께 겯는 양이 떨쳐버리려고 해도 고집스럽게 떠오르면서 마음을 괴롭힌다. 떨어지는 별같이 눈앞으로 획 날아왔다가는 다시 하늘 위로 까맣게 솟아오르곤 한다. 손 앞에 가까이 있는 듯하면서도 기실 아득하게 멀어서 도저히 잡을 수 없는 것이다. 평생 그 별을 우러러만 보고 지낼 생각을 하니 눈앞이 새까맣게 어두워진다.

(그릇된 오산이었던가.)

이 며칠 동안의 자기의 행동을 생각해 보나 행동과 오늘의 결과는 별개의 것이었다. 결과를 계산해서 한 행동이 아니요 그 행동은 행동으로서 당연한 것이었고, 오늘의 결과야말로 뜻하지 못했던 의외의 것이었다. 행동을 기다리고 있었던 것은 희망과 행복이 아니었다. 앞으로 외롬과 슬픔이 닥쳐올 것을 예료(豫料)하면서 그렇다고 물론 행동을 뉘우치는 것은 아니었으나 막연한 불안에 잠기게 되었다.

이튿날 오후 울가망한 판에 거리에 산보를 나가려고 아래로 내려갔을 때, 복도에서 우연히 일마를 찾아온 종세를 만나 그의 입에서 의외의 소식을 듣게 되었다. 마치 그 말을 전하려고 기다리고나 있었던 듯이 긴한 목소리로

"만해 군의 소식을 아십니까."

하고 수군거렸다.

"왜요, 또 칼부림을 하구 싸웠나요."

"도망을 쳤답니다—상해로 사랑의 줄행랑을 쳤어요."

"네? 상해로 사랑의……, 사랑의 줄행랑이라니요."

냉정하려고 하던 미려도 놀라지 않는 수가 없었다.

"청매와 손을 잡구 말이죠."

"청매라니, 기생 말이죠?"

"눈치는 나두 벌써부터 짐작은 했었지만 이렇게 빨리 감쪽같이 사라질 줄은 몰랐어요. 청매는 사실인즉 내게두 무관한 사람이 아닌데 얼떨떨해 정신이 없는걸요. 거리의 소문 속에 내 이름두 한 몫 끼이게 됐으니 이런 망신두 없구요."

미려는 그 길로 당황히 버리고 나온 집을 찾아가 보았다.

떠날 때의 집 그대로의 감감한 속에서 식모가 뛰어나와 아이같이 반기며 미려의 손을 잡았다. 아무도 없는 빈 집에서 쓸쓸해 못 견디

겠다는 뜻인 듯싶었다.

"제발 아씨는 더 나가지 말아주세요."

휑휑한 복도에서 식모는 울 듯이나 낯을 찡그리는 것이었다.

시절의 의욕

가을은 완전히 거리를 둘러싸고 생활 속에 젖어 들고 있었다.

물든 수목이 아름답고 여자들의 치장이 눈을 끌고 과일 가가 앞이 신선한 향기를 풍기게 되었다.

그 시절의 향기와 빛깔 속에서 사람은 한층 긴장되며 왕성히 솟는 생활의 의욕을 느꼈다.

가을은 의욕의 시절인 듯싶었다. 줄기찬 생활에의 의욕이 세포의 구석구석에서 넘쳐 나오는 것이었다.

뜰 안의 한 포기의 나뭇가지에서도 물든 잎새들이 조락을 의미하는 것이 아니라 생활에의 뜻을 일으켜 주고 힘을 북돋아 주는 듯 보였다.

적어도 훈은 그 맑게 개인 오전의 가을 나무를 바라보면서 전신으로 시절의 탄력을 느끼며 솟아오르는 힘을 느꼈다.

반도영화사 사장실에서였다.

김명도와 마주 앉아 그에게서 긴한 부탁을 받으면서 문득 창밖으로 뜰 안의 나뭇가지를 내다보노라니 알지 못할 힘이 솟아오르는 것이었다.

영화의 창작 각본을 써달라는 청이었다. 그 청을 하기 위해 명도는 일부러 사람을 보내 훈을 초청한 것이었다.

"……기어이 집필해 주시면 사로서 더한 영광은 없겠습니다."

거듭 조르는 명도의 간청에 훈도 구미가 동하지 않는 것이 아니었다.

"사례두 물론 예에 어그러지지 않을 정도로 드릴 작정이구요."

명도는 즐겨서 시작한 영화 회사의 일이라 이름이 사장일 뿐이지 계획, 경리, 각본 일을 거의 혼자 손으로 맡아보다시피 하는 처지였다. 원작의 교섭은 물론 사례에 관한 것도 자기 혼자의 뜻과 요량으로 적당히 작정했다.

"사례가 문제가 아니라—."

"그럼, 더욱 거절하지 마시구—."

"짧은 시간에 생각을 해낼 수 있을까 해서요."

"가을철을 이용해서 촬영을 마치랴는 까닭에 급히 서두는 것인데, 촉박은 합니다만 특히 생각을 하셔서."

훈이 망설이는 것을 명도는 반은 벌써 승낙의 태도로 알고 조급히 결론으로 훈을 내려 씌우려는 것이었다.

"두 주일 안으로 완성될 것을 믿겠습니다."

자리를 일어서면서 벌써 용담은 다 끝났다는 듯이 밖으로 훈을 끄는 것이었다.

촬영소는 다른 곳에 둔, 순전히 사무만을 위한 영화사라고는 해도 온 채의 집을 쓰고 있는 이 구석 저 구석에는 배우와 종업원의 그림자도 펀득펀득 띄어서 어딘지 없이 화려한 공기가 떠돌고 있다.

영화 사업에만 따르는 그 특유한 공기가 훈에게 일종의 자극을 주는 것도 사실이었다.

거리에 나와 명도는 그릴로 훈을 이끌었다.

오찬을 시작하면서

"터놓구 말씀드리면 이번 영화를 이렇게 조급히 서두르는 데는 한 가지 이유가 있답니다."

그닷한 내막도 아니었으나 대단한 비밀인 듯한 어조로

"선생두 아시는 여배우 단영의 청이 기어쿠 원작을 선생께서 얻으라는 것입니다. 간곡한 부탁을 저두 저버릴 수 없어서."

"단영의 청이요?"

초문(初聞)의 소식에 훈도 귀가 뜨이면서 부탁의 내용을 다시 한 번 마음속에 새겨 보았다.

"물론 단영 자신이 출연할 것이니까 여주인공의 배역을 완전히 살리는 작품을 희망한답니다만."

"단영의 청이라구요."

또 한 번 외어 보면서 단영의 자태를 새삼스럽게 가슴속에 떠올려 보았다.

"단영 때문에는 사실 있는 애를 다 태우고 간을 다 녹이면서 여러 해를 바쳐 오는 접니다만—그렇게 어여쁜 노새같이 어거하기 힘든 여자는 처음이에요."

명도의 아닌 때의 주책없는 하소연이었으나, 사실 훈도 그들의 사이를 짐작하지 못하는 바 아니었으며 무엇보다도 훈 자신 단영에게는 마음으로는 타인이 아니었던 것이다.

가시 돋친 줄기 위에 한 송이의 야물어진 해당화—그것이 단영의 인상이라고 할까. 열정을 머금은 붉은 꽃이 모진 가시 위에 덩그렇게 올라앉은 까닭에 사람들은 탐스럽게 우러러볼 뿐 좀해 손을 대지 못한다. 언덕 위 해당화에게는 그리운 것이 한 가지 있다. 바닷속의 산호수다. 푸르게 내다보이는 바닷속에 붉게 잠겨 있는 산호수의 수풀을 자나 깨나 꿈꾸는 것이나 언덕 위와 바닷속과는 거리가 너무도 멀다. 모래밭에서 바닷바람을 쏘이고 조수 냄새만을 맡고 사는 해당화는 슬프기 짝 없다. 바람 속에 산호수의 냄새를 맡으나 걸어가 산호수를 만날 길은 없다. 언덕 위에서 하염없이 바다만을 바라보면 언제나 서글프다. 반기며 날아드는 봉접은 많으나 산호수의 꿈에 잠겨 있는 그에게는 하나도 긴한 것이 없다. 가시를 준비해 가지고 막아내기에 급급하다. 축들은 좀해 손을 대지 못한다. 야물어진 그 한 송이 꽃을 탐스런 것으로 바라볼 뿐이다.

단영을 싸고도는 뭇 사내들 속에서 가시의 탄식을 면하지 못하고 있는 것이 명도들이었으나, 훈도 그 속의 한 사람임은 훈과 단영만이 아는 일이었다. 퇴폐의 꽃일는지는 모르나 그 퇴폐의 매력에 훈은 누구보다도 끌리는 것이었다.

"한 송이 악의 꽃이야."

하는 동무들의 비판을 들으면서도—악의 꽃이므로 더욱 기우는 정을 금할 수 없었다. 악의 아름다움에 대한 애착은 세기가 바뀌어도 여전히 하나의 숨어서 흐르는 정인 모양이다.

단영이 일마에게 대해서 애태우고 있음을 훈도 잘 안다.

어떤 때 일마에게

“자네가 평생에 한번 가지겠다는 굉장한 사랑이라는 게 어떤 것일지는 모르겠으나, 그런 사랑의 대상으로 단영의 어디가 부족하단 말인가. 단영은 너무두 붉은 꽃인지는 모르나, 그러니까 되려 굉장한 사랑의 대상으로는 적당하지 않은가.”

걱정도 아니요 충고도 아닌 이런 말을 던진 일이 있었다.

“연애는 취미의 문제라구 생각하네. 자네 취미에 맞는다구 반드시 내 취미에 맞을 게 아니거든. 그렇게 비위에 맞거든 자네나 어서 한몫 대서 보게나.”

일마가 대답하는 것을 훈은 쓸쓸하게 받으면서

“내 취미는 내 취미지만 단영의 취미라는 것두 있을 테니깐 문제가 그렇게 단순하다던가.”

말하는 것이었다.

일마는 일상 원하던 굉장한 연애의 표본으론지 만주서 나아자를 데리고 왔다. 단영의 심사가 절망 속에서 얼마나 뒤흔들리고 있을까를 훈도 잘 짐작할 수 있다. 그의 마음속이 가엾어지면서—그에게 대한 훈 자신의 정이 조금도 줄어지지 않고 여전히 솟는다. 오늘 명도에게서 단영의 뜻을 거쳤다는 각본 부탁의 일건을 듣고 더욱 감회를 금하지 못하던 것이다…….

식사를 마치려 할 때 훈들은 같은 그릴 문간에 나타난 단영을 문득 발견했다.

훈과 명도가 사장실에 있을 때 단영도 영화사에 있었던 것이다. 훈들이 나간 후 얼마 있다가 단영도 배우 주손과 함께 거리로 나와 훈들의 뒤를 따랐던 것이다. 훈과 명도의 그날의 교섭을 알고서임은 물론이었다.

명도는 단영을 가까이 불렀다. 반드시 식사를 하러 온 것도 아닌 듯 훈들의 식사가 끝났을 때 단영은 벌써 주손과도 떨어져 훈들을 따라 밖으로 나왔다.

"오래간만에 저두 얘기가 있어요."

둘이 거리를 걸었다.

"사장은 그만 물러가셔요. 저두 제 부탁을 좀 하게."

장승같이 머물러 선 명도를 흘겨보면서 단영은 훈과 함께 걸어가는 것이었다.

단영의 조금 풀 없는 자태를 훈은 가을의 탓이라고 느끼면서 물론 그의 마음의 그림자를 살피지 못하는 바 아니었다. 가을은 의욕의 시절이자 또한 감상의 시절이다. 생활의 건강한 의욕을 느끼는 훈에게도 그날 한 줄기 감상이 없지는 않았던 것이다.

조용한 뒷거리로 들어서자 단영은 핸드백 속에서 담뱃갑을 집어 냈다. 익숙한 솜씨로 권연을 태워 무는 것을 훈이 신기한 것으로 바라보노라니

"요새 담배가 부쩍 늘었답니다."

단영은 생긋 웃으면서 연기를 내뿜는다.

"여자의 용기가 사내보다 훨씬 윗질인 모양인데 — 난 벌써 십 년째 담배를 배우려는 것이 아직두 옳게 피우지는 못하니."

훈의 솔직한 고백이다.

" — 무서운 생각이 나서 흡연을 종시 못하는구료. 개껴서 쓰러질

듯한 생각이 들군 해서 단영이 나보다 윗질야."

"첨엔 독하구 떫구 쓰더니 차차 구수해지면서 입에 맞게 되었어요. 독이라는 것두 정만 들이면 차차 좋아지는 모양이에요."

"그놈의 독을 정들일 수 있어야지."

하는 훈에게 보라는드키 단영은 깊게 연기를 머금고 솔솔 뿜으며

"홧김에 담배밖에는 먹을 게 있어야죠. 실상은 맛을 알구 먹는 것두 아닌 모양예요. 거저 시간을 태워버리구 뉘엿거리는 속을 가라앉힐라구 대중없이 푹푹 피우는 것이죠."

"담배 먹는 이유라는 것두 그렇게 단순치는 않구료. 단영이 담배 먹는 이유—가을의 글줄이나 우러나겠는데."

"만주서 돌아와서부터 하루에 다섯 갑씩 태우게 되었답니다. 도룡뇽이 안개를 뿜듯 연기로 왼통 몸을 감추어 버리자는 셈이죠."

"연기 속에 몸을 감춘다—나두 다시 담배나 배워 볼까."

단영은 반쯤 탄 것을 버리더니 새것을 피워 물었다. 다섯 갑을 태우는 이치가 거기에 있었다. 그렇게 반 개씩을 허비해 버리며 손을 쉬지 않는 동안에 다섯 갑이 사라지는 것이었다.

"……세상에 꼭 한 가지의 원하는 물건이 남었을 때 선생은 어떻게 하시겠습니까."

단영의 목소리를 수수께끼같이 들으면서 훈은 얼뻥뻥했다.

"잡을 수 없는 언덕 위의 것이거든 평생 맘속으로 꿈이나 꾸는 수밖엔 더 있수."

"꿈만으로 사람이 만족할 수 있나요."

"만족할 수 있구 없는 것이 문제가 아니라, 꿈밖엔 남어진 것이

없으니깐 말요."

"꿈으로 해결된다면 세상일이 얼마나 편안하구 수월하겠어요. 원하는 물건이라면 필경에는 가져 보구 맨져 보구 뜯어 보구 하지 않으면 안타까워서 배길 수 없는 사람의 천성이니 걱정이죠."

"맨져 보구 뜯어 보구 할 수 없으니 꿈이래두 꾸구 지낸단 말이죠."

어조를 갈아서

"—가량 그 원하는 것이 사랑일 때 사랑은 한쪽만의 뜻으로 되는 것은 아니니, 그때 꿈이라는 건 기막히게 자유로운 행복이거든. 가량 내가 단영을……."

훈의 농에 단영은 비로소 마음을 놓으면서 터놓고

"일마를 어떻게 했으면 좋을까를 생각하는 중예요."

비로소 일마의 이름을 들면서 마음의 그림자의 초점을 헤쳐 보이는 것이었다.

"—꿈이구 정신이구 제겐 다 소용없어요. 범이 토끼를 잡듯 앙칼진 발톱으로 목을 잡아서 할퀴구 뜯구 시원할 때까지 피를 마시지 않구는 견딜 수가 없어요. 숨김없는 욕망이 별것 아닌 이것예요."

"시원할는지는 몰라두—단영이 그런 어여쁜 범이 될 수 있을까가 문제지."

"선생께 한 가지 청이 있어요."

단영은 새삼스럽게 아첨하는 태도였다.

"일마를 마지막으로 꼭 한 번만 만나게 해 주셔요."

"그게 한 가지 청이란 거요?"

"저는 이젠 만나 주지 않는답니다. 선생께 부탁하는 수밖엔 없어요."

"만나서 할퀴구 뜯구 하겠단 말이지. 동무를 불쌍한 토끼로 팔어 넘긴다?"

"대신 선생의 청을 들어 드릴게요. 무엇이든지."

"예수를 팔어먹은 유다 노릇을 하란 말인데, 은전 서른 닙으론 내 맘을 살 수 없어."

"은전이 싫으면 머든지 드린다니깐요……. 제 인생은 어차피 많이 남은 인생은 아니에요. 적당한 때 깨끗하게 살러 버리랴구 해요. 일마를 마지막으로 만나겠다는 것이 결코 과한 욕망은 아닐 것 같아요."

거기까지 실토를 하는 단영의 심중을 훈은 측은한 것으로 여기지 않을 수 없었다. 단영과 일마 두 사람의 승부에서 이겨서 양양한 일마에게보다도 가엾은 패자 단영에게 동정이 감은 자연스런 일이었다. 일마를 한번 대면함이 단영에게 그렇게 중대한 뜻을 가지는 것이라면 아무리 친우일지언정 그의 뜻을 한 번만 휘어서 잠시 단영 앞에 굽히게 함이 그를 리가 없을 듯싶다. 몇 시간의 희생쯤이 한 사람을 구하는데 그다지 대단한 것이라고는 생각되지 않았던 것이다.

훈은 애걸하는 단영에게 선선하게 대답하고, 일마를 상대로 두 사람의 비밀의 계약이 그 자리에서 맺어졌다.

"그럼 저녁에 어김없이 일마를 빼내올 테니."

"선생의 힘을 믿겠어요."

"큰 음모나 꾸미는 것 같어서 맘이 좀 떨리기두 하는구먼—요행 일마가 내 말이라면 하늘같이 믿는 터이라……."

훈과 헤어진 단영은 반날 동안 혼자 생각에 잠기어 솟아오르는 흥분을 금할 수 없었다.

훈이 무심히 던진 음모라던 말이 가슴속을 파고들면서 제 스스로 감격을 일으켜 주는 것이었다. 사실 단영의 마음속에는 훈도 모르고 단영 자신도 집어내 말하기 어려운 한 폭의 숨은 음모가 있었고, 계획이 서리어 있었다. 생각만 해도 율연(慄然)히 몸이 떨리는 그 계획에 자신 겁을 먹으면서도 냉정히 차근차근 마음을 정리해 갔다.

(내게 남은 꼭 한 가지 길이다.)

고 생각했던 것이다.

대담하고 엄청난 계획이다. 그러나 이미 모든 것을 내버리려고 결의한 그의 심경으로는 당연한 귀결일는지도 모른다.

(마지막의 그것 한 가지를 위해서—.)

모든 것을 버려도 좋다고 작정했다. 단영은 원래부터 열정의 노예됨을 부끄러워하지 않는 품성이다. 열정의 마지막 꽃을 찬란하게 피워 보고 사라짐이 그에게는 여자로서의 본의였다.

사랑하는 것을 눈앞에 두고 꿈으로만 지낼 수는 없는 것이다. 가져 보고 만져 보고 뜯어 보지 않으면 견딜 수 없다—단영의 이런 신념은 언제나 변할 때가 없었다.

훈과 약속한 조그만 그 집으로 일찌감치 가서 한 간 방에 요리도 분부해 놓고 보이들에게 필요한 말도 일러 놓았다.

방에 우두커니 앉아 시계를 보며 미심해 하고 있는 동안에 훈이 나타났다. 틀림없이 일마를 동반해 온 것이었다. 신기한 생각이 나서 단영은 벌떡 일어나 두 사람 앞에 막아섰다.

일마는 놀라는 눈치였다. 약속과는 다르다는 듯이 훈을 원망하는 듯 바라보았다.

"……이게 무슨 뜻인가. 단둘이 소설 얘긴지 각본 얘긴지를 하자구 사람을 끌어내더니."

"내가 좀 있다구 소설 얘긴 못하나요, 왜. 그렇게 언제나 눈에 가시같이만 보여요?"

단영은 곧 목소리를 누그리며

"만주서 온 후 첨이길래 저녁이나 드릴까 생각했었죠. 과히 허물 마세요. 부인 생각이 나시더래두 좀 참으시구. 짧은 인생을 그렇게 칼날같이 엄격하게 저밀 필요가 머예요."

훈이 그 뒤를 받아서 데설데설 노닥거리는 바람에 일마도 하는 수 없이 얼굴빛을 누그리고 자리에 앉는 수밖에는 없었다.

"끌어내기에 얼마나 고심참담을 했게—홀몸일 적에는 얼마든지 자유로 할 수 있던 동무두 장가만 들면 꼼짝없이 매인 몸이니—세상에 결혼이 무서운 거야."

훈이 야유하는 듯 일마 대신에 되로 단영을 보니

"나아자가 만만한 여자가 아니죠—더구나 요새 신혼 기분이래서."

단영도 맞장구를 친다.

"그렇게 찰거머리같이 사시장철 붙어만 있는 게 부부라면 결혼은 죄수나 노예의 길밖엔 더 되나."

"날 이렇게 윽박어대자고 끌구 나온 셈인가."

일마가 덜 좋아하는 것을 단영은 위로한다는 것이 되려 조롱하는 셈이 되었다.

"정다운 부부를 보구 샘이 나서 하는 소리죠—그러나 나아자는 저두 잘 아니 걱정하실 것은 없어요. 나중에 책임을 묻는다면 저두 한몫 나서서 석명(釋明)해두 좋으니까요."

"잘들 노닥거린다—대체 오늘밤 목적이 머란 말요."

일마가 화를 내고 행여나 나가 버릴까를 겁내서 단영은 그의 마음을 잡기에 애쓴다.

"만주서 너무두 알뜰한 대접을 받았기에 답례를 할까 해서요. 여행담두 들을 겸."

"단영은 만주 여행을 안 하구 왔단 말인가."

"욕 당한 이야기나 할까요, 카바레와 호텔에서. 기억이나 하세요? 남을 그렇게 모욕을 하구두 내 사는 건 내 특권이노라구 늠실거리긴가요."

"누가 누굴 욕준 셈일꾸. 남에 방에 멀쩡하게 침입하구서두 되려 욕을 받었다구."

"언제나 그 원수 안 갚나 두구 보죠. 사람들 앞에서 욕 주구 울리구—여자 하나의 마음쯤 아무리 무시하구 짓밟어두 좋다구만 생각하는 야만인은 언제나 한번 변을 당하구야 버릇이 떨어져요. 원수는 외나무다리에서 만난다던가. 내가 복수의 날 얼마나 맘속에 꼽아 왔게."

"에그 무서워라. 원수를 갚겠다구. 어서 얼마든지."

"장담은 그만 둬요. 사람이 장담만은 안 할 것이라나."

"장담을 할게 어서 그 맘먹은 복수나 해 보라니까."

"내일 아침에 후회하는 꼴을 누가 다 볼꾸. 그 육신을 땅바닥에 눕히구 엉엉 짖는 꼴을."

물론 그 말의 내용을 아는 것은 단영 한 사람뿐이었다. 단영의 가슴속에만 묻혀 있는 하나의 비밀이었다.

일마와 훈은 암팡진 여자의 '농'에 되려 마음이 유쾌해지면서 처음에는 서름서름하던 만찬의 자리가 차차 화해 가고 즐거워 갔다.

"술두 쓰다."

유별스럽게 입에 쓴 그날 밤의 술을 단영이 섬기는 대로 받아서 기울이면서 일마의 꽁하던 마음도 점점 풀려가는 것이었다.

"원래 쓴 것이 술인데, 사내대장부가 술쯤에 항복을 하구야 내 복수를 받을 수가 있수."

단영이 추스르는 바람에 사실 일마는 없는 주량을 내서까지 입에 대고는 잔을 한 번도 거절하는 법이 없이 들이켰다.

훈도 일마와 거의 같은 양의 술을 마시게 되었다.

뉘 알았으랴. 단영의 소위 복수하는 것은 참으로 그 술이었던 것이다.

유별스럽게 입에 쓴 그날 밤의 술이 아무도 모르는 비밀을 가지고 있었다.

그다지 술에 약하지 않은 일마와 훈이언만 보통 때의 반도 못 되는 주량으로 곤드레만드레 취해 버렸다. 술맛에 취한 것이 아니라 외에 또 그 무엇에도 취했던 모양이었다. 두 사람은 모르는 결에 정신을 잃고 자리에 쓰러졌다. 쓰러지면서 깊은 잠에 잠겼다.

그 모양을 보고 단영은 기뻐도 했거니와 한편 겁을 먹는 것도 사실이었다. 보이를 부르더니 두 사람의 조처를 각각 다르게 분부하는 그의 목소리가 약간 떨리는 것이었다.

이튿날 아침 일마는 단영의 아파트에 있었다.

새벽녘이 되어 침대에서 잠을 깨어 자기의 몸이 의외에도 단영의 방에 누워 있음을 깨닫고 일마는 크게 놀랐다. 그렇게 된 간밤의 곡절이 번개같이 몸을 흐르며 전신이 부르르 떨렸다.

단영과 같은 침대, 같은 요 속인 것이다. 옆에 누운 단영의 몸을 밀치며 벌떡 일어나니, 벌써 밤은 완전히 밝은 때이라 창이 훤하다. 모르는 결에 허물을 가지게 된 하룻밤은 육체와 마음속에 지울 수 없는 흔적을 새겨 놓고 지금 활짝 샌 것이다. 나른한 몸과 정신이 금시 긴장되면서 날카로운 것이 육신의 중추를 찔렀다.

"간밤에 대체 무엇이 일어났었누."

단영도 결코 잠들어 있는 것이 아니었다. 눈만을 감았을 뿐 말끔한 정신으로 말똥거리고 있었다. 일마보다도 먼저 깨어나 잠 안 오는 새벽을 갈피갈피 생각 속에서 곰실거리고 있었던 것이다.

일마가 일어나는 것을 보고

"정신이 좀 드셨세요."

따라 일어나 요 속에 발을 뻗고 나란히 앉으려니 탐탁한 일마의 육체가 바로 옆에 앉은 것이 별안간 신선한 욕망을 일으켜 준다.

몸을 솔리며 그의 목덜미에 더운 입을 갖다 대려다가

"요 어여쁜 악마!"

하고 밀치는 바람에 단영은 거의 침대 밖으로 밀려날 지경이었다.

"그렇게 비싸게 굴지 말어요. 당신의 몸이 멀 그리 순결하다구."

얇은 슈미즈 바람으로 침대 아래로 내려서는 단영의 자태에 일마는 새삼스럽게 부끄럼을 느끼면서 똑바로 그를 바라볼 수 없었다. 곧 자기 자신의 자태를 돌아보면서 낯을 붉히고 옷섶을 여미며 부리나케 침대를 내려섰다.

"나를 그래 어 어떻게 했단 말인구. 이 요물 같으니."

달려들어 단영의 머리를 벅벅 쥐어뜯고도 싶었으나—이제는 벌써 그것도 무의미할 것 같아서 내의며 양복이며 어지럽게 널려진 옷가지를 주섬주섬 주워 모을 수밖에 없는 일마였다.

"얼마든지 복수를 하라구 거듭거듭 장담을 하더니—이제 와서 대장부답지 못하게 싫은 소린 머요—그런다구 한번 새겨진 허물이 벗어질까."

"복수, 이게 복수란 건가, 괴악한 음모요 죄악이지. 이게 복순가."

"아무러나 내 화나 풀었으면 복수지 칼을 들구 격투를 해야만 맛이겠수."

"내가 만약 검사였다면 이 자리로 고발을 하겠다—부정한 술로 사람의 정신을 뽑구 그동안에 악을 하다니, 훌륭한 범죄야."

"고발이구 머구 해 보지. 제단에 올랐던 가엾은 희생의 양이 무얼 큰소릴 해요. 그만한 걸 다행으로나 여기지 못하구—내 계획이 살로메의 계획이 아니었던 걸 기뻐나 해요. 당신이 요하네가 아니었던 것이 천상의 다행이었지. 내 결머리로 당신의 목인들 못 잘랐을 줄 아우."

단영의 살스러운 소리에 사실 일마는 뜨끔해지면서 대꾸도 없이 옷을 분주하게 갈아입는 것이었다. 단영의 생사를 가리지 않는 살로메적인 무서운 열정은 일마의 잘 아는 바였다.

"어서 놀라지나 말어요—계획을 생각한 장본인은 나였든지 몰라두 침대에서의 의사는 순전히 당신의 것이었음을."

의외의 한 마디에 일마는 옷 입던 손을 휘들휘들 떨면서 금시 얼굴이 화끈 달았다.

"머 멋이라구. 사람을 농락해 놓구두 되려……."

"그러게 놀라지 말라구 그랬죠. 남녀 중에서 농락한 것이 누군지는 참으로 조물주만이 알 일이에요. 아담이 이브를 꼬였는지 이브가 아담을 꼬였는지 신화만을 믿을 수두 없는 우리가 어찌 안단 말요."

"사람을 속여 놓구두 이제 와서 그런 발뺌을 하랴구……."

일마의 손이 자기도 모르는 결에 달려가 단영의 볼을 갈기고 있었다. 단영의 말이 정말인지 거짓말인지, 정말이라면—그 무서운 진실에 소름이 치밀었던 것이다.

"그렇게 설렐 것이 없어요. 당신두 결국 한 사람의 사내였던 것이구, 사내의 뜻이라는 걸 당신을 통해서 똑바로 알았어요. 조금도 황당해 할 것이 아니라 피차의 맘을 곰곰이 반성해 보는 것이 어때요.

사람의 천성이라구 할까 본능이라구 할까, 그것이 그다지 고귀한 것두 신령스런 것두 아니구, 정조라는 건 말하자면 하나의 자세요 태라고 할 수 있지요. 당신의 결백이라는 것두 일종의 태였을 뿐인 것을—자기만이 장한 듯 그렇게 남을 모욕할 것은 없었단 말예요."

단영의 한마디 한마디가 뼛속에 잦아들면서 일마는 대답할 바를 몰랐다. 더 단영의 볼에 손을 댈 수도 없었다. 화는 벌써 단영 한 사람에게 대해서만 나는 것이 아니었다.

"술 취한 속에서 사람이 무얼 할지 뉘 아나. 정신을 왼통 뽑아 놓구 그 잠꼬대 속에서 한 허수아비의 행동을 가지구 이러쿵 저러쿵 시비하는 게 그르지."

입에 보(褓)나 가리운 듯 말소리도 약하고 작다.

"허수아비의 행동인지 무엇인지는 모르나 난 그 행동 속에 숨은 인간의 천성이라구 할까 잠재의식이라구 할까, 그걸 말하는 거예요. 천성과 본능은 많은 사람이 다 같다는 것, 성인두 없구 군자두 없구 코가 하나구 눈이 둘이듯 다 같은 범상한 지아비와 지어미라는 것—내가 기뻐하는 건 이 발견이에요. 신대륙의 발견 이상의 큰 발견—발견은 만족을 주었어요. 내겐 벌써 두려운 것두 없구 겁나는 것두 없구 당신에게 대한 우상적 존경두 사라졌어요—그렇다구 물론 당신을 경멸하는 건 아니나, 아직두 이렇게 좋아하구 사랑하니까요. 그 빼기는 것이 얄밉구 아니꼬울 뿐이지."

일마는 옷을 갈아입고 나서 단영의 말을 한마디 한마디 새겨들으며 가만히 있기가 멋쩍어 즐기지 않는 담배를 붙였다.

"……결국 책임을 노느자는 셈인가. 일을 저질러 놓구 나서 혼자만 악마되기 싫으니까 한 굴레 속에 나마저 잡어넣자구 버둥거리는 모양이지.”

“버둥거리긴 누가. 내게 책임 문제가 돌아오면 당신두 꼴 좋겠다. 어디 세상에 공포나 좀 해 놀까. 꿀리는 게 누군지 알어 보게. 난 조금두 겁날 것이 없어. 똥 묻은 개가 무슨 개를 흉본다더라. 악마니 머니 하면서—아직두 내 앞에서 그 아니꼬운 영웅 노릇을 하구 군자 노릇을 하구싶단 말이지.”

맞선대야 밑천조차 찾을 것 같지 않아서 일마는 담뱃불을 죽이고 자리를 일어섰다.

“아무리 속이 달어 해두 악마는 악마거든. 어여쁜 악마—지금 내 심사가 홍등가에서 하룻밤을 지내구 나가는 폭밖에는 더 되는 줄 아나.”

그 말에서같이 단영이 모욕을 느낀 적은 없었다. 금시 눈초리가 휘어 오르고 입술이 파랗게 질리는 것이었다.

“뭐요. 홍등가에서 하룻밤을 새웠다구. 이 멀쩡한 악한 같으니.”

담뱃갑을 집어던진 것이 일마의 얼굴을 맞히고 떨어졌다.

“—그래두 뼈가 살어서. 어디 두구 보자. 내게 항복하구 와서 설설 빌 날이 있잖은가. 비밀의 열쇠가 내 손아구에 꼭 쥐어졌거든. 이 열쇠만 한번 던지는 날에는 당신의 그 알뜰한 결혼생활두 산산이 조각이 날 것을 각오나 하구 있어요, 큰소리 말구. 나만 더 노엽혀 보지, 괜히.”

위협의 말만이 아니었다. 단영은 자기의 결머리를 위해서는 사실 무엇을 할는지 헤아릴 수 없는 여자이다. 일마는 뜨끔해지면서 이마에 땀이 빠지지 돋았다.

"어서 나아자 앞에 가서 변명할 말이나 잘 생각해 봐요 — 별안간 볼 일이 있어 시골 내려갔다가 새벽차로 왔다든지, 촌에는 우편소가 없어서 전보를 못 쳤다든지 — 그럴 듯한 거짓말이나 꾸며 봐요. 행여나 나아자가 짜증을 내구 달아나왔다간 정말 야단일 테니."

일마는 고개를 숙인 채 한 마디 대꾸를 못하며 방문을 나갔다. 흡사 꾸중을 받으며 나가는 아이의 모양이었다. 단영을 설군했다가는 사실 큰일이 날 것 같아서 양같이 온순한 자태였다.

일마는 이른 아침의 거리를 걸으면서 떨떨한 입맛을 금할 수 없었다.

단영의 앞에서 큰소리는 해 보았으나 사실 홍등가에서 하룻밤을 새우고 나오는 기분은 아니었다. 일마에게는 홍등가에 드나들어 본 경험이 없지 않았다. 그런 때의 그 감격 없는 범상한 기분은 아니었다.

마음속에 고집스럽게 남는 것이 있었다. 복잡한 감정이었다. 그 속에는 알 수 없는 공포도 있었고 부끄럼도 섞였다.

시렁 위의 한 개의 과일을 훔쳐 먹었을 때의 흥분 맛잡이는 되었다. 두렵고 부끄러우나 그 속에 일종의 숨은 감격이 있었다.

그 감격이 두렵고 부끄러웠다. 아무에게도 고할 수 없는 그 부끄럼이 불쾌한 감정을 일으켰다. 입맛이 떨떨하고 쓴 것은 반드시 담배를 피운 맛만도 아니었다.

(누구의 허물이 더 클꾸.)

를 생각할 때 벌써 마음이 괴로웠다.

단영이 일마의 자유를 유린한 것같이 일마 또한 단영의 자유를 밟아 준 셈이 아니던가. 유혹의 시초가 누구였든지 간에 결과에 있어서는 같은 허물을 똑같이 진 두 사람이다. 단영이 일마에게 꿀릴 것이 없듯이 일마 또한 단영을 면책하고 윽박아 댈 염치가 없었다. 단영이 도도하게 내섬기던 말이 한마디 한마디 다시 살아나오면서 떳떳하게 고개를 쳐들 수가 없었다. 같은 허물의 연루자요 같은 음모의 공모자인 것이지, 유독 일마가 단영에게 대해 죄를 물을 것은 아닌 것이다.

(결국 가엾은 여자다, 단영은.)

측은한 생각이 나며 그런 위험한 모험까지를 해서 원을 채우자는 단영의 심지에 한 줄기 동정이 없지 않았다. 안타까워하는 심사가 밉다느니보다는 먼저 딱한 것이다. 애걸복걸하는 여자의 열정이라는 것은 남자에게는 역시 한 폭의 풍경으로 바라보이는 것이 아닐까. 풍경은 언제나 마음을 위로해 주는 것이다.

그러나 이런 동정이 일마에게는 번민을 더해 주는 결과가 될 뿐이었다. 단영을 동정하니 더 어쩌자는 것인가. 동정은 동정으로 해놓고 허물은 허물대로 남는 것이다. 동정으로 말미암아 허물이 지워질 리는 만무하다. 허물에서 오는 번민은 단영에게 대해서보다도 더 많이 나아자에게 대해서 솟았다. 단영에게 대한 마음의 해결은 그것으로써 지웠다고 해도 아내 나아자에게 대해서는 무엇으로써 그 지울 수 없는 허물을 바로잡자는 것일까. 눈앞이 어두워지고 다리가 떨렸다.

사실 호텔에 이르러 먼저 목욕실에 들어가 몸을 씻고 정신을 맑히고 방에 들어갔을 때 침대에서 벌떡 일어나는 나아자를 보고는 선뜻 말이 나가지 않았다.

나아자는 밤새도록 잠 한숨 이루지 못한 것이었다. 눈이 붉고 얼굴이 하룻밤 사이에 홀쭉 빠진 것도 같다. 그 역 그 자리에서 얼른 말이 나가지 않는 모양이었다.

"호텔을 나간 길로 별안간 급한 일이 생겨 동무와 함께 저녁차로 시골을 다녀온 거요."

거짓말을 하면서 일마는 속이 무시무시했다.

"—내년 봄쯤 교외에 집을 지을까 해서 땅을 좀 사려구. 거간이 꼭 어제래야 틈이 있다구 해서 부랴부랴 떠났던 것인데."

거짓말은 뒤를 이어 차례차례로 새로운 거짓말을 낳았다.

내섬기면서도 일마는 자기의 재주에 놀랐다. 한편 단영이 거짓말의 지혜까지를 뙤어 주던 것이 뼈저리게 생각났다.

"—촌이래서 밤중에 전보나 칠 수 있단 말요. 놀랄 줄은 알았으나 하는 수 없이 시침을 떼는 수밖에는 없었소."

때를 따라 거짓말이 얼마나 필요한 것인지, 거짓말이 아니었더라면 그 당장을 어떻게 모면했을 것인가.

"땅이 나보다두 더 소중한가요."

"노여 마시오. 두 사람의 집을 지을 땅이 아니오."

달려들어 안으니 나아자도 거역은 하지 않았으나 그것으로써 전부가 해결된 것은 아니다. 일마는 저지른 결과가 얼마나 큰가를 새삼스럽게 느끼며 몸이 떨렸다.

괴로워하는 것은 일마뿐이 아니었다. 단영도 저지른 일의 결과가 결코 소홀한 것이 아님을 점점 깨달으며 마음이 무거워 갔다. 당장에서는 통쾌해서 일마의 앞에서 싫은 소리도 해 보고 큰소리도 쳐 보았으나, 혼자 곰곰이 생각할 때 반드시 통쾌한 것만도 아니면서 서글픈 생각이 들며 마음이 침울해 갔다.

그렇게 원하던 것을 삽시간에 가져버렸다. 그런 수단으로밖에는 일마의 뜻을 휘일 수 없었던 것이다. 그러나 억지로 휘인 뜻의 결과로 남은 것이 무엇이던가. 그 인색한 기쁨에서 얻은 만족이 대체 얼마나한 것이던가. 정신은 놓치구 육체만을 잠시 얻었다고 그 만족이 그다지 달가운 것은 못 되었다. 차라리 육체를 놓치더라도 정신을 얻었던들 더 보람 있지 않았을까. 가져 버린 후의 일시의 육체의 감동이라는 것이 참으로 보잘것없고 뜻 없는 것임을 실감으로 깨달으면서 단영의 마음이 서글프기만 했다.

처음부터 각오는 했던 일이나 질서를 깨뜨리고 악으로 악을 산 것이 더욱 마음을 괴롭혔다. 일마에게 대해서 큰소리는커녕 부끄럽기 짝 없다. 다시 또 그와 면대할 수 있을 것 같지 않다. 일마뿐이 아니라 온 세상에 대해서 부끄럽다. 낯을 쳐들고 걸어다닐 수도 없을 것이다.

(악마에게두 후회라는 것이 있나.)

자신을 비웃어 보며 마음을 다져는 보나 그럴수록에 반성은 더욱 맵고 차게 가슴을 매질했다.

그날 하루 아파트에 박혀 가지가지 생각에 곰실거리며 해결 없는 마음의 방황을 한 것이다. 다음 날 또 하루, 거리에 나갈 기력이 없었다. 잠옷 바람으로 침대에 누웠다 일어났다 하며 차를 달이고 레코드를 걸고 하는 것이 종일의 일이었다.

저녁때는 되어서 찾아온 것이 훈이었다.

"학질이 걸렸나, 꼼짝 안 하구 들어만 있게."

학질이란 말이 지금의 꼴을 똑 들어맞힌 것 같아서 단영은 뜨끔하면서 손이 얼굴로 갔다. 얼굴에 그 무슨 표정이라도 났을 것 같다. 휘줄한 자기의 꼴이 새삼스럽게 돌려다 보이면서 겸연한 마음을 버리고 될 수 있는 대로 범연하고 대담하게 굴려고 애썼다.

"정말 학질이래두 걸린 것 같어요. 골이 뜨끈뜨끈한 게."

"학질을 뗐어야 할 것이 학질에 걸리다니."

조롱하는 훈도 피곤해 보인다. 아마도 쓴 술에 톡톡히 혼이 난 모양이다.

"목표만을 노리지 남까지를 골릴 필요야 있었나. 난 대체 무슨 꼴인구. 함정 속에 함께 끌려 들어간 토끼두 아니구."

"노여워 마세요. 그만한 희생쯤."

단영은 미안한 듯 훈의 앞으로 나서며

"교환 조건으로 계약하구 하룻밤 동안의 희생을 산 것이니, 대상(代償)을 반드시 갚아드릴 테예요."

"무슨 대상으로 갚잔 말인구. 몸 피곤한 것쯤이 문젠가. 상한 내 비위를 무엇으로 바로잡으려구."

"내가 일마를 원했듯 당신은 날 원하지 않았어요? 일마를 내 희생으로 바쳐 주었듯 어서 날 희생으로 하란 말예요. 얼마든지 당신의 뜻대로 하셔요."

온전히 한 몸을 맡긴다는 듯 훈에게로 솔리며 몸을 던지다시피 한다.

"자, 난 지금 당신 앞에 바쳐진 양이에요. 어서 뜻대로……."

두 팔을 훈의 목에 던지고 얼굴을 그의 가슴에 묻었을 때 훈이 날쌔게 몸을 피한 까닭에 단영은 그 자리에 쓰러지고 말았다.

"사람이 이렇게두 타락했었나. 자랑을 잃었나. 난 단영의 맘을 얻고저 한 것이지 이렇게 희생되기를 바란 것은 아니오."

"내가 맘을 바친다면 어떡허시겠어요."

"자랑을 잃은 여자를 난 사랑할 수 없수. 교만하구 도도할 때의 단영을 사랑한 것이지 이제 이 타락한 꼴을 누가……."

그 한 마디가 단영의 가슴을 날카롭게 찔렀다. 자기가 일마에게 느끼는 것을 훈이 지금 그대로 말해 준 셈이다. 참으로 마음을 얻지 못하고는 사랑은 뜻 없는 것이었다.

뮤즈의 선물

시절의 선물로서 하얼빈교향악단의 공연같이 거리에 자자한 파문을 일으킨 것은 없었다. 신문의 선전이 야단스럽고 골목골목에는 포스터가 찬란하게 나부꼈다. 사람들은 포스터 앞에 서서 그 가을의 선물에 신선한 구미를 북돋우고 있었다.

찻집에서들 만나면 공연의 곡목을 앞에 놓고 어중이떠중이 비판과 이야기에 정신이 없었다.

"일마의 공이 적지 않어. 서울에 교향악단이 다 오게 됐으니."

"일마의 공두 공이지만 시민 전반의 교양이 높아졌다는 좌증이 아닌가."

"아무렴, 서울이 어떤 문화 도시게. 동경 다음엔 가리. 이런 때 일마의 맡은 일이 중요하단 말야."

"곡목에 이의가 있네. 누가 좋아한다구 베토벤은 이렇게 많이 넣었을까. 사람의 혼을 왼통 뽑을 작정이래두 베토벤에 속을 사람은 없거든."

"오라, 자넨 모차르트를 좋아했겠다. 베토벤 반대일 젠."

"암, 세상에 모차르트 이상 가는 음악가가 있겠나. 모차르트와 슈베르트 그리고 쇼팽—음악가 치구야 그들이 제일이지. 베토벤은 미치광이야. 음악가다운 음악가는 아니야."

"그건 자네 취미. 그런 경솔한 판단을 내리다간 땅속의 베토벤에게 꾸중을 당하리. 어서 주제넘은 소리 말구 공연이나 들어 보구 말하세그려."

남을 비판할 때의 사람은 항상 자기의 교양이 본위요 제일이다. 아무리 위대한 고전을 가져와도 자기 비위에 비추어 암팡지고 대담한 비판을 할 수 있으며 그것이 또한 즐거운 개인의 자유이기도 하다. 하기는 이것도 이곳의 음악 교양의 전반적 향상의 증거라면 반가운 일이 아닌 것도 아니다.

공연이 성황을 이룬 것이 반드시 향상의 예증은 아닐는지 몰라도 첫날 밤 공연의 성황은 사실 특기할 만한 초유의 것이었다. 수천의 음악의 팬들이 회장 안에 그득히 모여들어 거리의 교양의 정도를 그 외래의 단체에게 보였음은 통쾌한 일이었다. 원래의 그들의 수고를 위로하는 방법으로 그에 미치는 것이 없었다. 만당의 갈채가 일단을 더없이 기쁘게 한 것도 사실이었다.

일마와의 사건이 있고 훈과의 갈등을 가지게 된 단영은 그 후 여러 날 동안이나 겸연한 마음에 두문불출 아파트에만 박혀 있다가 오래간만에 거리로 나온 것이 마침 공연의 첫날 밤이었다.

사실은 명도가 여러 날째 찾아와서 단영의 잠잠한 자태를 보고 영문을 몰라 궁금히 생각하던 중 그날도 음악회의 초대권을 준비해 가지고 일찍부터 찾아왔던 것이다. 단영의 심사로는 벌써 명도의 앞에서도 부끄러운 생각이 나서 그와의 동행을 주저한 것이나 강잉한 청에 마지못해 함께 나온 것이었다. 일마와의 비밀을 가지기 전에는 명도에게 대해서 대담하고 뜻대로 행동하던 단영도 오늘에는 풀이 없고 기가 죽어서 별반 거역이 없이 그의 말대로 좇았다.

회장의 화려한 공기는 단영에게는 지나쳐 현혹한 것이었다. 수천의 얼굴들 속에는 물론 자기를 아는 얼굴도 많았던 것이며, 그들이 모두 자기 한 몸의 비밀을 눈치 채고나 있는 듯이 보여서 단영은 저린 제발에 얼굴도 의젓이 쳐들지 못했다. 많은 시선이 오고 가는 속에 명도와 짝지어 앉은 것부터가 유쾌한 일은 아닌 데다가 자기를 알아보고 찬찬히 살피는 시선 앞에서는 더욱 견디기 어려웠다.

그러나 이미 군중 속에 나타났다는 것이 뭇사람의 눈에 뜨이자는 뜻이 아니었던가. 응당 일마를 만나게 되었고 이층 한구석에서 훈을 발견하고 또 다른 좌석에서 미려와 혜주의 일행을 찾아내게 되었던 것이다.

일마는 그날 밤 공연에 관계되는 중요한 인물의 한 사람이었다. 아래층 앞자리에 나아자와 나란히 앉아 무대 위 단원의 연주를 열심히 바라보는 것이었다.

무대 위에서는 검게 단장한 수십 명의 단원이 밝은 등불을 받고 그 무슨 신령스런 일단같이도 보인다. 신령스럽지 않은 것도 아닌 것이 각각 가진 악기들이 조화되어서 영감의 음률로서 참으로 신령스런 감동을 자아내게 했다. 지휘자의 손짓 하나로 영혼의 목소리가 무수한 악기에서 새어 나와 조화되었다. 고전 작가의 명곡들이 그들의 손에 의해서 후대에 다시 살아나 감동을 전달하려는 것이었다.

무대만을 바라보며 물을 뿌린 듯이 고요한 장내에 베토벤의《운명》의 선율이 우렁차게 고요하게 흘러왔다. 음악은 실생활의 감동을 전달하는 것일까. 사람들은 '운명'의 암시에 혼을 뽑히운 듯 조용한 속에서 감동에 사로잡히고 있었다. 운명의 문은 열렸다 닫혔다 하면서 사람의 뜻대로는 휘일 수 없는 것이다. 그 무서운 의지에 농간을 당해 사람들은 다만 웃고 울고 할 뿐이다. 수천의 청중은《운명》의 곡조에서 자신의 운명을 반성하며 울고 혹은 웃으러 온 셈이다. 곡조를 따라 웃지 않는 사람 울지 않는 사람이 누구였으랴. 사람의 운명은 거개가 이 두 가지 요소 위에 섰는 것이다.

제2악장의 고요한 울음이 끝났을 때 단영도 마음속으로 느끼고 있었다. 3악장, 4악장까지를 울가망한 심사로 듣고 났을 때 알 수 없는 피곤이 전신을 엄습하며 현기증을 느꼈다. 아직도 제1부의 연주가 채 끝나지 않았건만 명도를 그대로 앉힌 채 단영은 잠시 자리를 떴다.

그러나 운명에 우는 사람은 단영만은 아닌 듯 그가 사람 속을 헤치고 휴게실로 나왔을 때 막 앞서서 나온 것이 미려와 혜주가 아니었던가. 그들 역 피곤한 마음에 잠시 자리를 일어선 모양이었다.

단영은 웬일인지 그들에게 그 자리로 동감을 느끼며 가까이 갔다. 외에 별로 사람들이 없는 휴게실은 외딴곳같이 고요하다. 단영은 물론 미려와 면분도 있었으나 같은 음악의 같은 감동 속에 잠기고 있는 그 당장에서는 더욱 친밀한 동무가 아닐 수 없다. 친밀한 태도로 미려의 앞에 자리를 잡은 것이 극히 자연스럽게 보였다.

"운명의 맛이 지독하죠. 사람의 혼을 제멋대로 뒤흔들어 놓는 것이, 무서운 심술쟁인가 봐요."

단영의 말에 미려도 그를 주의해 보면서 익숙한 낯을 지었다.

"운명에 쫓겨 나오셨수. 운명에 걸리면 대담하고 용감한 사람이 없는 모양이지. 당신 같은 분이 다 하소연을 할 젠."

"내가 그렇게두 용감해 보이나요. 내 생각으론 제일 약한 사람만 같은데."

말하면서도 단영은 사실 자기가 약한지 강한지를 헤아릴 수 없었다. 몰염치와 만용으로 물과 불을 헤아리지 않고 부딪쳐 감이 참으로 강한 것일까. 그렇다면 그런 행동 다음에 오는 실망과 번민은 대체 무엇인가. 단영은 자신을 도저히 강한 사람이라고는 생각할 수 없었다.

"용감하잖구 머요. 자기 뜻을 세우구 거기에 휘여오도록 세상사를 정복하려는 것이 강한 것이 아니고 무어요."

미려의 말을 무슨 뜻인고 하고 단영은 그를 찬찬히 바라보다가 문득

"무대 앞에 일마를 보셨어요?"

하고 말머리를 돌려 보았다.

"나아자와 나란히 앉어 세상에서 내가 제일 행복스럽다는 듯 보이지 않아요?"

왜 하필 지금 이 자리에서 그런 소리를 꺼내는구 하고 혜주가 단영을 노려보는 동안에 미려도 들은 척 만 척 수심에 겨운 눈으로 딴전을 보았다.

"세상에 한 사람의 운명의 총아가 있다면 그건 일마예요. 제일 행복스럽고 굳센 것도 그이죠. 자기의 행복 때문에 몇 사람의 희생이 생겨두 그건 알 바 아니거든요."

"일마 얘긴 왜 자꾸 해요."

미려는 견딜 수 없어 확실히 싫은 낯으로 단영을 보았다. 무슨 얄궂은 심술인구 하고 애숙해 하는 표정이었다.

"그런 일마를 미워하지두 못하구 멸시하지두 못하는 처지가 되려 측은한 것이 아닌가 해요."

단영은 대체 일마에게 대한 자기 자신의 감정을 하소연함인지 미려의 마음속을 추측해서 말함인지 미려는 그의 속을 알 수가 없었다.

"아니 미워는 하지만, 그가 불행하게 되기를 빌지 못하는 마음 말이죠."

혜주는 단영의 수다스러움을 참을 수 없는 듯 자리를 일어섰다.

"일마가 오늘 밤 음악회에 무슨 상관이게 자꾸 일마 말만 한단 말요."

단영을 책망하는 듯 말함은 곧 미려를 동정함이었으나 미려는 혜주를 뒤따라 일어서지는 않으며

"전 좀 더 앉어 있겠어요."

하고 혜주에게 먼저 가기를 권하는 것이었다.

혜주가 한 걸음 먼저 자리로 돌아간 후 미려는 단영과 단둘이 마주 앉게 되었다. 단영에게는 할 말이 많이 있을 듯 짐작되며 그것이 미려에게는 은근히 듣고도 싶었다.

단영이 일마에게 마음을 홀짝 기울이고 그의 뒤를 따라 만주까지 좇아갔던 것은 미려도 이미 알고 있는 사실이었다. 말하자면 단영의 마음은 미려 자신의 마음과 똑같은 처지에 있다. 다만 미려보다 단영이 한층 적극적이요 대담하게 뜻을 나타내고 행동할 뿐이다. 같은 병을 앓는 사람끼리라면 피차에 회포도 깊을 것이요 할 말도 많을 것이다. 미려는 그날의 단영을 귀치않기는커녕 전에 없이 긴하게 여겼다.

"차래두 청할까요."

단영은 좀 더 자리를 갈아볼까 해서 휴게실 옆 찻방을 바라보면서 자리를 일어섰다. 미려도 거역 없이 선선히 뒤를 따랐다.

찻잔을 앞에 놓고 조용한 자리에 둘이 앉았으려니 음악회에 온 것이 아니라 흡사 그렇게 이야기할 기회를 타러 온 것 같은 느낌이 났다. 두 사람에게는 실없이 비싼 음악회였고, 음악회로서 보면 두 사람은 가장 게으른 청중이었다.

"……사람을 사랑하는 법이 사람마다 각각 다르겠지만 어떻게 하면 가장 만족스러울지 ―."

벌써 꺼릴 것이 없이 미려는 단영의 말을 순순히 받았다.

"이편만의 짝사랑이라면 만족하구 안 할 게 있수. 만족 이전의 더 큰 문제두 해결 못했는데."

두 사람의 대상이 같은 한 사람임은 이제는 공공연한 비밀이었다. 굳이 일마의 이름을 집어내 말할 것도 없었다.

"생각해선 안 될 것을 생각하는 건 죄가 아닐까 하는 생각이 들어요, 요새 자꾸만."

"난 생각이 다른데요."

단영은 즉시 반박하면서 대담하게 의견을 말한다.

"생각해선 안 될 것이라면 세상에 그런 것이 얼마나 많게요. 세상은 그렇게까지 옹색한 곳은 아닐 법해요. 생각하구 안 하는 건 각자의 마음의 자유일 것이구, 맘속으로 생각한댔자 그것이 죄 될 것이야 없죠. 미려 씨야 요만큼두 죄진 것이 없으리라 생각해요."

그럼 자기 자신은 죄를 지었단 말인가. 무슨 죄를 지었단 말인가. 미려는 단영의 입만을 주의했다.

"난 미려 씨같이 그렇게 맘속으로 꿈만을 꿀 수는 없는 천성이에요. 맘먹은 것은 꼭 행동으로 옮겨야만 시원하지, 신선같이 꿈만 먹군 배가 부르지 않거든요."

"그래 어 어떻게 꿈을 행동으로 옮겼단 말요."

단영의 심상치 않은 말투에 미려는 황당하게 반문한다.

"놀라지 말어요—일마를 휘어버렸죠. 손안에 넣구 맘대로 휘둘러 보았죠."

"머 머요? 휘두르다니."

청천의 벽력이나 본 듯 미려는 미상불 놀라서 어안이 벙벙했다.

"그러나 지내구 보니 다 헛것예요. 정복을 했다구만 생각한 건 내 불찰, 되려 정복을 당하구 보기 좋게 넘어진 셈예요……. 역시 행동보다는 꿈이 나은 모양이에요. 꿈만 꾸구 있었던들 이런 환멸을 느끼지 않었을걸."

단영의 말에 미려는 두 번째 놀라는 것이었다.

참으로 믿을 수 없다는 듯 미려는 단영을 노리나, 단영은 대담하고 범연한 태도이다.

"거짓말인가 하시죠. 너무두 놀라운 사실이실 테니까요. 그러나 내겐 아주 범상한 사실이 됐어요."

미려는 행여나 실성해 하는 소리나 아닌가 하여 단영이 점점 무서운 존재로 보이기 시작했다.

"내가 말하구 싶은 건, 결국 뒤에 남은 결과 말인데 절망이 되려 그것을 가지기 전보다 더 크다는 거예요. 차라리 그대로 곱게 지냈던들 이렇게까지 괴롭지는 않았을걸. 모든 것을 알아 버린 때의 실망, 그게 얼마나 큰지는 지금 나밖엔 아는 사람이 없을 거예요. 미려 씨는 그렇게 어느 때까지나 곱게 꿈이나 꾸세요. 그 이상 것을 더 바라지 말구."

"당신은 내게 무서운 것을 들려 주었수."

미려는 새삼스럽게 몸서리를 치면서 단영에게서 시선을 옮겨 버렸다.

"—사람이 그렇게까지 모든 것을 깨트리고 멋대로 할 수 있단 말요. 인생은 아직두 그처럼 관대하단 말이지. 아 무서워. 괜히 쓸데없는 말을 내게 전했지. 비밀은 비밀대로 묻어 두지 못하구, 왜 무슨 요량으로 그걸 내게 말했단 말요. 진저리가 나라."

"내가 미워졌죠. 무서워졌죠. 그리구 일마두 싫어졌죠."

단영의 말이 끝나기 전에 미려는 고개를 절레절레 흔들며

"싫여지구 말구. 모두가 싫여졌수. 추잡하구 불결하구 하나두 사람 같진 않구료."

사실 눈앞에 단영은 벌써 사람의 겉가죽을 쓴 짐승같이밖에는 보

이지 않았다. 물론 질투로부터 오는 것이 아니요 온전히 결백성에서 오는 느낌이었다. 일마 또한 전의 꿈의 대상은 아니고 평범한 범부로 어리우는 것이었다. 추잡하고 비루한 사내라는 안타까운 결론이 서글프게 마음을 찔렀다.

"그러게 내가 좋은 일을 한 셈이죠. 일마에게 대한 경멸감을 일으켜 준 것만 해두 내 공이 얼마나 커요. 일마에게 대한 꿈조차 사라졌다면 내가 미려 씨 한 사람을 구한 셈이 아닌가요. 괴롬 속에서 동무 한 사람 구해낼 양으로 그런 행동을 하구 지금 그걸 전한 것이라구만 생각하시죠."

미려는 마음이 아팠다. 일마에게 대해 환멸을 느낀 것은 사실이나 그렇다고 참으로 그를 미워할 수 있었던가. 단영의 뜻밖의 말은 겹겹으로 괴롬만을 가져왔다.

"당신은 꼭 악마만 같구료."

"어서 일마마저 그렇게 여겨요. 그럼 맘이 한결 시원할 테니요."

단영의 납신거리는 것이 불유쾌해서 견딜 수 없을 때 두 사람 앞에 성큼 나타난 것이 명도였다. 단영을 기다리다 못해 자리를 일어나 찾아 나온 것이었다.

"웬일이오. 음악회가 거진 끝나려는데 딴 곳에서 놀구만 있으니, 그렇게 허름한 음악회란 말요."

명도의 이야기가 더 길게 벌어만 질 것 같아서 단영은 자리를 일어섰다.

"아예 날 원망하진 마세요. 오늘 내 말이 참으로 고맙게 여겨질 때가 있을 테니요. 그럼 먼저 실례해요."

단영이 명도와 함께 나간 후, 미려는 잠시 혼몽한 속에서 혼자 자리에 앉아 있었다. 누구를 원망했으면 좋을꼬 — 그날의 운명을 저주하는 수밖에는 없었다.

연주회는 마침 제1부가 끝나고 휴게가 시작된 때였다. 잠시 자리를 일어서서 휴게실로 나오는 사람, 그대로 머뭇거리는 사람으로 장내는 어지러웠다.

종세 훈 능보 세 사람의 한 패가 막 휴게실로 나올 때 홀쩍 스쳐 들어가는 여인을 보고

"미려가 아닌가."

세 사람은 금시 알아맞혔다.

"남편은 상해로 달아난 후 종무소식, 이혼 수속까지 마치구 인전 완전한 자유인이긴 하나 몸이 놓이니 생각하던 일마가 저 꼴이라. 세상은 뜻대로 돼야 말이지. 일마 부부의 꼴이 얼마나 여인의 가슴을 찌를꾸. 즐거운 음악회를 되려 괴롭게 여기는 사람이 얼마나 많은구. 사람 일 너무도 복잡해."

제2부로 들어갔을 때 첫 곡목으로 차이콥스키의 《호두인형》의 연주가 시작되었다. 악장마다 북국의 정서가 가장 짙게 나타난 곡조이다. 단원의 태반에게는 그 자기들 조국의 곡조가 더욱 절절한 정을 일으킬 것은 사실, 연주는 어느 때보다도 즐겁게 시작되었다. 침착하고 혹은 가벼운 선율이 다른 어느 곡조와도 구별되는 선명한 인상을 주었다.

음악은 말하자면 하나의 발명이다. 한 구절 한 구절의 멜로디와

화음은 현실 속에 지천으로 흩어져 있는 음성과는 성질이 다르다. 음악은 자연의 음성이 아니다. 자연의 음성이 아무리 아름답고 묘하다 하더라도 한 토막의 음악을 당할 수는 없는 것이다. 음악은 꾸며진 감동이요 영감의 발명이다. 아무데서도 들을 수 없는 유쾌한 음성의 배열이 자연이 주는 기쁨 이상 몇 곱절의 기쁨을 준다. 장내는 물을 뿌린 듯이 조용하고 청중은 감동 속에 젖어 있었다. 차이콥스키의 혼이 사람들 가슴속에 살아나 있는 셈이었다.

음악 속에 잠겨 있는 일마와 나아자의 마음 역시 모인 수천 사람과 똑같은 순간의 감정 속에 있었다. 같은 음악을 듣고 있는 사람들의 마음은 다 한 빛으로 칠해진다. 푸른 물속에 잠기면 다 함께 푸르게 물드는 것과도 흡사하다. 일마들도 푸른 물에 물든 눈으로 한결같이 무대 위만을 바라보는 것이었다.

단원들은 모두가 나아자의 고향 사람들이라 중에는 눈익은 사람도 많았다. 피차 하얼빈에 수십 년을 살면서 거리에서나 그 어느 곳에서 서로 눈에 띄었고 바라보았던 사람들이다. 그 면분이 있는 사람들의 연주를 먼 외지에 나와서 들으려니 나아자에게는 누구보다도 다른 또 한 가지의 감회가 솟았다.

특히 그 속에는 나아자가 친하게 지냈던 동무 이바노프가 있었던 것이다. 그에게로 시선을 집중시키면서 쉴 새 없이 일마의 귀에 수군덕거리며 남편의 동감을 구하려던 것이었다.

"어때요. 제법 잘 어울리지 않어요? 실수나 하지 않을까 해서 지금 맘이 조마조마해요."

이바노프는 첼로 뒤에 숨다시피 하고 앉아서 긴 활을 느릿느릿 그었다. 사실 그 주체스런 꼴을 보면 실수나 하지 않을까 해서 걱정하게 되는 것도 무리는 아니었다. 그 어디인지 부실하고 맥이 없어 보인다.

"첼로는 원래 느린 악기니까."

말하고, 일마는 첼로의 침착한 음조와 아봐놉의 늦조인 품성의 일치를 느끼며 신기한 발견이나 한 듯 유쾌했다.

"이바노프 군이 첼로를 하는 줄은 꿈에두 몰랐구료."

"저두 그가 이렇게 일행을 좇아 나오게 될 줄은 몰랐어요. 넓은 하얼빈에는 음악가두 어찌나 많은지 이바노프쯤은 음악으론 도저히 밥두 먹을 수 없어 쩔쩔매던 판인데 어쩌다 한몫 뛰어들었는지, 일행이 도착하는 날 얼마나 놀랐는지요."

이바노프는 별사람 아니라 일마가 하얼빈에 머무르고 있을 때 나아자와 함께 묘지에 갔다 우연히 만나게 되었던 바로 그 이바노프였던 것이다. 가을임에도 얇은 여름 양복의 허절한 꼴로 일마의 주의를 끌었을 뿐이 아니라 한 조각의 감상조차 일으키게 했던 바로 그였다.

음악으로 밥을 먹기는커녕 낡은 자동차라도 한 대 얻었으면 택시운전수로 입에 풀칠이나 하려만, 그것도 못해서 쩔쩔맨다는 사정을 나아자의 입을 통해서 들었던 그가 그렇게 단원 속에 한몫 끼어 연주 여행을 나오게 될 줄은 사실 일마는 꿈에도 생각지 못했다. 나아자보다도 되려 놀람이 더 컸던 것이다.

"부디 이번 연주에 성공해서 이바노프에게두 행복이 돌아가기를 비는 바요. 모처럼 나왔던 길에 생애의 길이나 옳게 잡았으면 좋으련만.”

아직도 그 부실하고 허절한 꼴을 보고는 사실 충심으로 동정이 갔다.

“성공하겠죠. 이번 길을 나온 그들에게 주의 뜻이 왜 냉정하겠어요.”

나아자는 확실히 고향 생각에 잠겨 있는 모양이었다. 이바노프들의 성공을 비는 마음이 누구보다도 두터운 것이 아니었던가.

연주회가 끝났을 때 청중의 대부분이 물밀 듯 문이 메이게 한바탕 쏟아져 나간 후에 남은 한 패는 연주자들의 모양을 보고 돌아가려고 문간에 어릿거리고들 있었다.

무대 뒷방에서는 주최자 측인 현대일보 사장 이하 관계자 여러 사람들이 단원들의 수고를 치하하러 밀려 있고, 텅 비인 장내에는 아직도 파도 같은 갈채의 반향이 남아 있는 듯도 했다. 무대 뒤에는 무수한 화환과 생화의 꽃다발이 찬란하게 널려 그것이 뒷방으로까지 연했다. 연주회로서는 전무의 성황이었고 더없는 성공이었다. 악단과 시민에게 다 함께 기쁜 일이었다.

주최자 측의 치하에 단원들은 피곤한 속에서도 만면 기쁨으로 대답하면서 누구들보다도 당야의 성과를 반가워했다.

주최자 측도 아니요 그렇다고 단원도 아닌 얼뻥뻥한 존재가 일마와 나아자였다. 즉 주최자 측에서도 감사의 말을 받고 단원들에게서도 반갑다는 말을 들으면서 일마는 모든 것이 자기의 공으로만 돌려지는 것이 낯이 달고 얼뻥뻥했다. 나아자는 솔직히 말을 받을 때마다 웃음의 표정을 지니면서 응대에 바쁠 지경이었다.

수다스럽고 어지러운 그런 한바탕의 절차가 지난 후 일행은 방안에 치울 것을 치워 놓고 문간으로 나갈 때 어릿거리고 섰던 사람들은 가까이 줄레줄레 모여들었다. 그 속에는 훈과 능보도 섞여 있었고 멀리 떨어져 단영과 명도의 짝도 서성거리고 있는 것이 보였다. 미려의 자태만은 물론 보이지 않았다. 단영에게서 놀라운 소식을 듣고 그는 요란히 수물거리는 마음을 도무지 건잡을 수 없어 자리에 잠깐 앉았다가 곧 일어나 횅하니 집으로 돌아간 것이었다. 단영만이 올차게 끝날 때까지 머물러 있었다.

훈과 능보는 일마에게 한마디 연주의 비판이나 들려줄까 한 것이 그렇게 수선스런 속에서는 그에게로 달려가기도 쑥스러워 우두커니 한구석에 서 있는 동안에 일행은 차례차례로 등대하고 서 있는 자동차에 앉는 것이었다. 일마도 같은 호텔이라 맨 뒤차에 부부가 나란히 하고는 늘어선 군중을 내버리고 호텔로 내닫는 것이었다. 버림을 받은 군중은 그 일렬의 긴 자동차의 행렬을 멀거니들 바라보는 것이었으나, 중에서도 일마 부부의 인상이 가장 신선하게 눈속에들 남았다. 특히 단영에게는 누구에게보다도 그들의 자태가 유달리 인상적이고 마음을 부질없게 들쑤셨다.

"아니꼽게 나 좀 보라는드키."

꼴사납다는 듯이 단영은 그들과는 반대의 방향으로 발을 돌리면서, 기실 속으로는 긴 한숨을 뿜았다.

"바람이나 쏘이구 갈까."

하는 명도의 청도 거절하고 혼자 저벅저벅 아파트로 돌아왔다. 그렇게 한눈 안 팔고 곱게 돌아와 보기는 처음이었다.

맥없이 침대에 풀썩 주저앉으니

(미려에게는 쓸데없는 소릴 괜히—.)

하는 뉘우침이 솟았다. 아무리 되풀이해 보아도 그날 밤 일이 경솔하게만 생각되었다.

(결국 효과가 무엇이란 말인가. 내 자랑을 한 셈인가, 그의 길을 바로잡자구 한 셈인가. 허나 내 맘은 지금 이렇게 구역질만 나구 미려 또한 괴로워하게만 되지 않았는가. 괜히 긴한 척 쓸데없는 짓을 하구 쓸데없는 말을 피운 것이다. 나조차 점점 이렇게 괴로워지니…….)

같은 때 미려도 자리에 일찌감치 누워서 괴로운 마음에 잠을 못 이루고 있었다. 남편이 상해로 실종한 후로는 다시 집으로 들어와 식모와 단둘만의 호젓한 나날을 보내는 것이다.

(그런 말을 듣겨 준 단영이 나쁜 것두 아니구 일마가 그른 것두 아니구 내 맘이 원수일 뿐이다. 어떻게 하면 달아나는 이 맘을 잡을 수 있을꾸. 무슨 굴레를 가져오면 이 맘을 잡아 씌울 수 있을꾸.)

전등불이 눈에 빤히 비치면서 바시랑바시랑 도무지 잠이 들지 않는다.

호텔로 돌아온 일행은 각자의 방으로 곧들은 안 올라가고 아래편 객실에서 잠간 쉬며 잡담에 잠겼다.

나아자는 서울 길이 하루하루 익은지라 그들을 접대한다는 뜻도 있었던지 자연 행동을 같이하게 되었다. 일마의 생각 같아서는 그만큼 그들과 휩쓸린 뒤이라 그만 헤어져 자기들은 먼저 방으로 올라갔으면도 싶었으나 나아자는 그 눈치를 채지 못하는 모양이었다.

"피곤한데 올라가지 않으려우."

하고 말해도 나아자는

"좀 더 함께들 있다 가면 어때요. 위로 겸—."

하면서 좀체 몸을 뜨지 않았다. 여자라고는 나아자 한 사람인 까닭에 남자들만의 단원들 속에서는 한 이채인 것이 사실이었고, 그가 자리에 끼어 있으므로 기분들이 부드럽고 즐거운 것도 사실이었다. 그러므로 나아자로서는 선뜻 자리를 뜨기가 어려웠던지도 모른다. 그 자리에서 그들에게 그 정도의 기쁨을 줌은 조그만 예의였을지도 모르니까.

"그럼 먼저 올라갔다 오리다."

굳이 나아자를 잡아 세울 수도 없어서 일마는 혼자 객실을 나와 이층으로 올라갔다.

옷도 갈아입을 겨를도 없이 그 옷 그대로 침대에 피곤한 몸을 던지고 얼마 동안이나 누워 있었을까. 눈을 감은 채 걷잡을 수 없는 명상에 잠기면서 확실히 말할 수 없이 피곤한 마음을 느꼈다.

무슨 까닭으로의 피곤인지 적확히 꼬집어 말할 수 없는 혼몽한 심사였다.

반 시간이나 그 모양대로 누워 있었을까. 나아자는 종시 올라오는 소식이 없었다. 눈을 뜨니 어찔하면서 방 안이 순간 캄캄한 듯하다. 벌떡 일어나서 무의식간에 방을 나가 아래로 내려갔다.

객실에는 사람이 듬성했다. 거의 각기 방으로들 간 뒤요 나머지 몇 사람이 아직도 군데군데 남아 있는 속에 나아자는 이바노프와 한자리에 앉아서 이야기에 정신이 없었다.

"조금두 곤하진 않은 모양들이지."

일마도 자리에 가 한몫 앉으니 이바노프가 빙글빙글 웃으며

"오래간만에 만나니 아는 처지에 할 얘기가 많구려. 하얼빈은 이젠 아주 추워졌는데 여긴 아직두 이렇게 선선한 게 견디기 좋단 말요. 묘지에서 만났을 적엔 생면부지 서름서름한 처지더니 알구 보니 이렇게 피차에 관계를 가지게 됐구려."

인사 겸 던지는 말 속에 필요 이상의 아첨하는 태도가 들여다보이는 듯이도 느껴졌다.

"조선의 인상을 서로 말하고 있는 중인데 이바노프의 인상이 대단히 좋았다는군요. 모든 것이 이국적이구 독창적이어서 맘을 당긴대요."

나아자가 이바노프의 심경을 대신해 설명해 주는 것을 들으며 일마는 범범하게 고개를 끄덕였다.

"거 다행이오. 모처럼 온 데가 인상이 좋아야지, 나빠서야 쓰겠수."

"아주 맘에 들어요. 될 수 있으면 나두 이곳에서 살아보구 싶구려. 하얼빈은 싫증두 났거니와 우리같은 사람에겐 너무 박절한 도회구, 좀 이런 낯설은 고장에두 살아보구 싶구먼……."

그런 이바노프의 말이 반드시 쓸데없는 인사의 말만은 아닌 듯 진담의 고백으로 들리지 않는 것도 아니었다.

"오래도록 사시구려. 그렇게 맘에 든다면."

"첼로나 켜 가지구 먹을 곳이 있나요. 있다면 단연 머무르구 말구

요."

"글쎄요."

그 이상의 질문은 벌써 일마에게는 과중한 부담이었다. 말머리를 흐려뜨리면서 딴전을 보니 그제서야 나아자도 피곤하다는 듯이

"자 그럼 이만들 헤어질까요. 밤두 늦은 것 같은데."

제의하며 자리를 일어서는 것이었다.

일마도 이바노프도 뒤따라 일어서며 일마는 나오는 하품을 금할 수 없었다.

방으로 올라와 옷을 갈아입으면서 일마는 나아자와의 사이에 그 무엇인지 개운하지 못한 것을 느끼면서 마음이 무거워 갔다.

나아자 역시 일마에게 대해 전과 같이 말이 수다스럽지 않은 것은 일마와 같은 감정을 품고 있는 탓이었을까.

일마는 무거운 공기를 못 이겨 말의 실마리를 찾으려고 애썼다.

"이바노프가 이곳에 머물러 살구 싶다구 누차 말하니 그게 진정이란 말요. 공연한 인사말 같이만 여겨져서."

그런 일마의 질문이 그 자리에서 부당한 것이었을까.

도대체 그날 밤 일마의 감정의 개운치 못한 원인이 이바노프에게 있었고 그런 줄을 나아자 또한 알고 있는 것이라면, 일마의 이바노프에 관한 질문은 사실 불필요하고 주책없는 것이었을는지도 모른다.

나아자는 이해하기 어렵다는 듯이 남편을 보며

"내가 어찌 안단 말요. 이바노프를 신사라구 생각한다면 그의 말을 믿는 것이 옳겠죠."

부드러운 말솜씨는 아니었다.

"누가 그를 신사가 아니라구 생각한단 말요. 외딴 곳이구 사정이 다르구 하니까 그의 그런 말이 내겐 웬일인지 실없이만 들린단 말이지."

"외딴 곳이구 사정이 다른 것이 걸린다면 전 왜 이 먼 곳에 나와 있을까요."

나아자의 그런 대구가 실책이었던지도 모른다.

"그럼 나아자와 이바노프의 경우가 똑같단 말요. 나아자는 대체 무엇 때문에 이곳까지 왔수. 사랑 때문이 아니었수. 나를 믿으니까 나와 함께 나온 것이 아니었수. 이바노프는 무엇 때문에 이곳을 원한단 말요. 역시 사랑 때문이란 말요. 누굴 사랑해서란 말요."

일마가 조금 흥분된 어조로 이렇게 반문했을 때 나아자는 사실 아무 대답이 없었다.

무죽거리면서 적당한 말을 발견하지 못하는 것이었다.

"사랑 때문이라면 외딴 고장두 두려울 것이 없겠지만, 그렇지 않다면 무엇을 구해 하필 이곳으로 나온단 말요."

여기에서 나아자도 비로소 말의 실마리를 얻은 듯

"사람이 반드시 사랑 때문에만 사나요. 딴 고장에 오는 이유로야 사랑 외에 직업을 구하는 수두 있겠구, 자유를 구하는 수두 있겠구……."

하며 말문을 연다.

"그럼 이바노프는 직업과 자유를 구해서란 말요?"

"제게 물을 것이 무어예요. 아까 그에게서 들은 대로가 아니에요?"

"이곳에 무슨 알뜰한 직업이 있다구 그걸 구해서 이곳까지—."

말이 끊어진 채 한참 동안이나 침묵이 흘렀다.

나아자도 그제서야 일어서서 잠자리옷을 천천히 갈아입으면서

"말씀하는 속뜻을 누가 모를까 봐서요. 오늘 저녁 눈치두 다 알아채이구 있었어요. 그러니까 저두 불쾌했구 우울했어요. 우울하니까 뻗서두 보구요."

의젓이 말한다.

벗은 옷을 침대맡에 걸고 잠옷의 띠를 졸라매면서

"다 오해예요. 제게 대한 이 며칠 동안의 추측은 다 오해였어요—말하기두 추접하나 이바노프와의 사이에 그 무슨 남모를 사정이 있지나 않은가 생각하셨을 것이나 임의의 추측에 지나지 못한다는 걸 제 입으로 똑바로 말해 드리는 거예요."

나아자의 입에서 그렇게 정면으로 명확하게 이바노프의 말을 듣는 것이 일마를 어질어질하게 했다. 부끄러운 생각이 나며 얼굴이 화끈 달았다.

먼저 그렇게 터놓고 말하는 나아자의 뜻에 거짓이 있을 것 같지는 않았다. 되려 지나친 표정을 지닌 것이 아닌가 하고 뉘우쳐도 졌다.

"누 누가 나아자를 오 오해한단 말요."

"오해하지 않었거든 앞으로나 오해하지 말아요."

일마는 고개를 숙인 채 침대로 기어들었다.

(사실로 나아자에게 대한 공연한 내 의심이었던가.)

일마는 침대 속에서 여전히 생각에 곰실거렸다.

나아자와 이바노프와의 사이를 의심한 것은 불찰인가. 두 사람의 이야기가 자별스럽게 보였던 것은 사실이었고, 그런 때 아내를 범연히만 보는 남편이라는 것이 세상에 있을까. 한번 고부려 추측해 보는 것도 자연스런 심정이 아닐까.

(하긴 그게 도덕과 교양의 차이일는지도 모르긴 하나.)

서양적인 것과 동양적인 것의 차이에서 오는 감정의 구별일는지도 모른다. 개인주의 도덕의 입장에서 보면 그 정도의 아내의 태도와 풍습은 당연하고 문화적이라는 것일까. 그렇다면 그것을 곡해한 자기의 태도는 부당하고 비문화적인 셈이 되는가. 일마는 협착한 자기의 도덕률에 비추어 나아자들의 그것이 눈부시고 한편 부끄러운 생각도 났다. 이기적이요 원시적인 그런 감정의 노출이 한없이 부끄럽게 여겨졌다.

무슨 염치로 나아자를 오해할 수 있는가. 사실 부끄럽다면 일마는 나아자를 오해한 이상으로 자기 자신이 부끄러운 것이다. 남편의 이기주의—남자의 특권인 듯이도 뭇사람이 뉘우칠 줄 모르는 이기주의—그것이 아내에게 대해서 더없이 부끄러웠다. 단영과의 관계를 가진 일마의 처지로 누구를 책할 수 있는가. 그 무서운 허물에 비하면 나아자의 태도쯤은 문제도 안 된다. 숨은 비밀을 일마는 평생 가슴속에 감추어 가지고 있을 수 있을까. 설혹 있다고 하더라도 아내를 속이는 마음으로 일신이 어찌 편안할 수 있으랴. 그러나 대체 어떻게 하면 그것을 터놓고 말할 수 있을까. 말하고 그 결과 아무 풍파 없이 무사할 수 있을까. 이런 복잡한 궁리에 잠길 때 일마는 부끄러울 뿐 아니라 두려워졌다. 금시 파멸이 올 듯 두렵고 황당한 것이었다. 참으로 허물은 자기편에 있고 죄는 내 몸에 숨어 있다. 나아자를 책망함은 천부당만부당이다. 도덕률의 차이가 아니라 그를 오해하고 책할 남편으로서의 자격이 없는 것이다. 쓸데없는 오해로 시작된 것이 결국은 그렇게 자신의 괴로움과 번민으로 변했다. 침대 속에서 어느 때까지나 앓으면서 그날 밤은 무한히 괴로운 밤이 될 것 같았다.

"할 말이 있으면 무엇이든지 어서 더 하세요."

그 역 무엇인지 생각에 잠겨서 앉았던 나아자는 의자에서 일어나면서 그제서야 침대로 왔다.

"할 말이라니 내게 무슨 더 할 말이 있겠수."

일마가 미안한 듯 고개를 돌리니 나아자는

"사람의 맘이란 멀끔하게 씻쳐 버려야 시원한 것이지 조금이래두 께름한 데가 있으면 잠시나 지낼 수 있나요. 하루 이틀이 아니구 앞으로 장구한 세월을 살어가야 할 텐데, 어금니 새에 께름한 걸 끼고야 편치 못해 어떻게 지내요."

일러 듣기듯 말한다.

일마는 더욱 부끄러워지면서 대답할 바를 몰라

"께름하구 안 할 게 있수. 살려면 이런 때두 있구 저런 때두 있지."

하면서 웃어 보이니 나아자도 웃음으로 대답하면서 덜썩 몸을 던진다. 일마의 얼굴을 거의 문지르듯 늘 하는 야단스런 애정의 표현이었다.

그러나 그것으로서 만사가 해결될 것이었을까. 나아자와 이바노프와 일마 세 사람의 관계가 결말을 지은 것이었을까.

한 가지의 뜻하지 않은 돌발 사건이 잠시 일마의 정신을 빼앗아서 그런 데로부터 주의를 돌리게 했으니, 다음 날 저녁 연주회 좌석에서 일마는 돌연히 한 장의 전보로 말미암아 그 자리로 혼란에 빠지게 되었던 것이다.

아직도 초저녁인 제1부의 둘째 곡조가 시작된 때였다.

무대 옆 검은 막 앞으로 등불 켜진 현판이 나타나며 청중의 주의를 끈 지 오래였다.

일마가 거기에 주의를 보냈을 때는 그 광고의 현판은 벌써 퍽으나 오랫동안 그곳에 방황하고 있었던 때였다.

일마는 현판의 글자를 발견하고 주춤했다. 자기를 부르는 것이다. '천일마 씨 휴게실로 오시오. 급한 일이 있소.'의 글발이 꺼졌다 켜졌다 하는 등불 앞에서 깜박깜박 반짝이는 것이 아니었던가. 일마는 두어 번 거듭 읽으면서 뜨끔해졌다. 천일마는 역시 자기에 틀림없는 것이다. 좌우를 휘둘러보아도 일어서 나가는 사람은 없다. 같은 이름은 없는 모양이었다.

(무슨 일일까, 나를 부르니.)

나아자에게 알리면서 일어서 나갈까 어쩔까를 망설이고 있는 동안에 두 사람의 좌석 앞으로 허리를 구부리고 종종걸음으로 달려오는 그림자가 있었다. 일마의 앞에 와 머무른 것은 종세였다.

설레는 언성으로

"호텔에서 보이가 자네에게 전보를 가져왔네. 얼른 휴게실에 나가 받아 보게나. 기다리구 있으니."

무슨 전보인고 하고 일어나 종세의 뒤를 따라갔다.

"맘대로 펼 수두 없어서 자네를 데리러 왔네만."

휴게실에 나가니 앉았던 보이가 일어서며

"지급(至急)이길래 가져왔는데요."

하고 전보를 내보인다.

부랴부랴 뜯어 보면서 일마는 한참은 무슨 소리인지를 분간하지 못했다. 거듭 읽으니 차차 내용의 뜻이 알려졌다.

—사건돌발 황당불이 급래희망 한벽수—

하얼빈의 동무 한벽수에게서 온 것이다. 일부인(日附印)을 보아도 그럼이 틀림없었다.

"사건이라니 무슨 사건인구."

함께 들여다보던 종세도 동무의 일이 궁금했다.

"낸들 어찌 알겠나."

일마는 대답하면서도 생각할수록 곡절을 알 수 없어

"필시 중대한 사건인 모양인데, 무엇이든 간에 급래희망이랬으니 가는 봐야지."

하면서 마음이 설렘을 느꼈다.

잠시 멍하니 서 있다가 그렇게만 있을 수 없다는 듯이 보이를 먼저 보내고 일마는 급히 휴게실을 나갔다.

"그래 떠날 작정인가."

"막차로 떠나겠네. 전보를 쳐서 되묻재두 날이 걸릴 테구, 눈치가 대단 급한 모양인데 그대로 있을 수야 있나."

장내로 들어가 나아자에게 곡절을 말하니 그 역 놀라 당황해 하

면서

"정말 떠나실 작정이에요?"

하고 거듭 반문한다.

"먼저 호텔로 갈 테니 천천히 들구 오구려."

따라 일어서는 나아자를 만류해 앉히고 일마는 호텔로 돌아와서 조그만 트렁크에 대강 행장을 꾸리기 시작했다.

차 시간까지에는 아직도 두어 시간의 여유가 있었다. 짐을 꾸려 놓고 나서 하염없이 앉았을 때 나아자가 쫓아왔다.

"저두 함께 떠나겠어요."

아내의 제의에 일마는 감격하면서

"고맙긴 하나 짧은 여행에 그럴 것까지야 있수."

타이르니 나아자는

"혼자 가시기 무료하실 테구, 하얼빈은 제 고향이니 아무리 자주 다녀두 제겐 괜찮거든요."

"거추장스럽게 그럴 것이 없구, 어서 악단의 손님들 접대두 있구 하니 그대로 머물러 있구려. 얼른 다녀올게."

"사랑하는 사람을 혼자 내놓다뇨."

아내의 마음씨가 일마로서는 말할 수 없이 고마웠으나 사정을 설명하면서 만류하는 수밖에는 없었다. 야단스럽게 얼싸안고 애무를 받으면서 나아자는 간신히 터득하고 구부러졌다.

사건

일마가 그날 밤 단독으로 하얼빈으로 떠난 것은 주위 동무들에게 즉시로 알려졌다.

그의 일거일동은 근변 사람들에게는 언제나 주의의 대상이었던 것이다.

괴롭다고는 하면서도 둘째 날 밤도 여전히 연주를 들으러 나왔던 단영은 그날 밤으로 그 일마에게 일어난 변동을 알게 되었다.

일마의 황당해서 어릿거리는 양을 보고 종세에게 물으니 그런 사연이었다. 일마가 또 하얼빈으로 간다고 생각하니 단영은 자기도 한번 밟았던 땅이라 알 수 없는 그리운 감회가 솟으며 공연히 가슴이 설렘을 느꼈다.

일마에게 대한 감정이 아직도 청산되지 못한 탓이다. 하얼빈은 깊은 마음의 상처를 받은 곳이언만 그 상처가 아직도 스러지지 않은 오늘 그곳이 여전히 그립다. 일마의 몸을 그곳에 두고 생각함이로다. 일마의 가는 곳이므로 변함없이 그리운 것이다.

"무슨 일루 또 하얼빈엘 가누. 생각만 해두 지긋지긋한 곳."

명도도 지난 일이 진저리가 나서 이렇게 말하면 단영은

"카바레의 밤을 생각하세요. 욕을 주었든지 욕을 받았든지 분간할 수 없는 그날 밤 일을."

하고 맞장구를 치면서도 속으로는 그렇게 원수의 곳으로는 생각되지 않았다.

(대체 무슨 일로 일마가 가게 된 것일구, 그렇게 급자기.)

의아해 하면서 여행의 유혹을 느끼는 단영이었다.

이튿날 거리에 나갔다가 우연히 혜주를 만나 말결에 일마의 이야기를 전한 것은 자기도 모르는 결에 역시 일마의 일에 열중해 있었던 까닭이다.

혜주도 일마의 말이라면 범연히는 듣지 않았다. 미려와의 관련을 생각하므로였다.

그 말을 듣기가 바쁘게 그날 오후로 혜주는 미려를 찾아가 그에게 전했다. 미려가 적은 식구에 적적해 하는 까닭에 혜주는 이틀돌이로 그를 찾았던 것이다. 일마의 소식은 살같이 빠르게 미려의 귀에 들어가게 된 것이었다.

"일마가 어젯밤에 별안간 하얼빈으로 떠났다는구료."

혜주의 전하는 말을 미려는 심상하게 들으려고는 하면서도

"무슨 까닭에 떠났을까요."

하고 어성이 변해졌다.

"친한 동무에게서 전보가 왔는데 중대한 사건이 일어났다던가."

"무슨 사건일까……."

"급해서 사연두 알려 오지 못한 모양인데 일마가 돌아올 때에나

알 수 있을까."

"혼자 떠났을까?"

"같이 나서는 나아자를 떼 놓구 혼자 떠났다던가."

"오래 묵을 작정으로?"

"지내 봐야 알 일이지. 일 처리되는 대로 올 테니까."

미려는 여러 가지로 궁금했다. 무의식간에 당황한 목소리로 묻게 된 것이 겸연쩍어서 침묵하니 그 눈치를 아는 혜주는 동무의 속을 뽑아 잡았다는 듯도 한 노련한 표정을 보이며

"신변이 그렇게두 수다스럽던 일마가 잠시래두 혼자 있게 된다는 것이 바라기 어려운 하나의 기회가 아닐까 생각하는데."

수수께끼나 걸 듯한 말이니 미려는 무슨 뜻인고 하고

"일마가 혼자 있다는 것이……."

하며 말을 받아 중얼거리다가 문득 혜주가 던진 암시를 홀연히 깨달으며 뜻을 이해하는 것이었다.

(하나의 기회라면—사실 바라기 어려운 기회일 것이다.)

"기회란 것은 놓치지 말구 잡아야 하거든."

"……일마를 좇아간댔자—."

"가서 모든 것을 확적히 하구 오구려."

"그런다구 시원한 게 무에 있수."

"어서 주저하지 말구—눈앞에 차례진 일을 하라니까."

혜주는 거의 명령이나 하듯 미려를 재촉한다. 미려는 현혹한 생각에 사실 어쨌으면 좋을까 하고 마음이 어지러운 것이었다.

며칠이 지난 후 일마에게서 종세에게로 사건의 내용을 알리는 기다란 편지가 왔다. 종세는 궁금한 판에 전보로까지 문의해도 회답이 없어 한층 당황해 하던 터이라 그 편지는 두렵고도 반가운 것이었다. 자기도 한몫 그 사건 속에 끼어나 든 듯이 흥분하면서 동무들 사이로 편지를 가지고 다니며 설레는 것이었다.

나아자에게도 편지가 온 것은 물론이요 같은 내용의 것임에도 틀림은 없었다. 따라서 종세는 사건의 내용을 나아자에게까지 전하러 다닐 필요는 없었으나 누구보다도 그가 가장 흥분되어 있던 것은 사실이었다. 사건이란 순전히 한벽수 개인에 관한 것이었으나 원체 엄청난 일이었던 까닭에 일마의 조력이 필요했던 모양이었다. 내용의 한 토막 한 토막이 읽는 사람에게는 신기했다.

두 번 밟는 하얼빈이 달포 전과는 아주 달라져서 날도 차거니와 인상도 판이해졌네. 이곳에 오는 중 이번같이 마음이 어수선하고 산란한 때는 없어서 어찌할 바를 몰라 수선거리고 설레나 즉시로 해결이 되지 않는 난처한 상태에 놓여서 근심과 걱정으로 지내는 판이네. 하얼빈이란 곳이 지금까지와는 달라 또 하나의 생각지도 못했던 요소를 가지고 있음을 처음으로 깨닫게 되었고, 이 새로운 요소의 발견으로 말미암아 도시의 인상이 지금까지와는 달라진 것을 신기하게 느끼고 있는 중이네. 하기는 그 어디인지 넓고 깊고, 그 깊은 속에 헤아리지 못할 그 무엇이 숨어 있으려니는 생각되었었으나, 그런 것이 실상으로 표면에 솟아나 사람을 놀랠 줄이야 누가 알았겠나. 깊고 어두운 구렁 속에

악의 꽃이 붉게 피어 있음은 누구나 쉽게 알 수 있고 볼 수 있는 것이지만, 그런 악과 죄 이외에 공포가 숨어 있을 줄은 아마도 헤아리지 못하였으리. 하얼빈은 향수의 도시만이 아니라 공포의 도시임을 처음으로 깨달았네. 무시무시한 전율의 도시라네. 안심하고 즐거운 날만을 보낼 수 없는 위험하고 무서운 도시임을 새로 깨달은 것이네.

하얼빈의 이 새로운 인상과 성질을 이렇게 야단스럽게 늘어놓는 것은 다른 까닭이 아니라 이번 사건의 성질을 이해함에 도움이 되는 까닭이네. 한없이 복잡한 이 깊이를 모르고는 이번 일은 이해할 수 없는 것이네. 자네들까지 놀라게 해서 미안하나 사건이란 것은 온전히 한벽수 군보다도 그의 숙부 한운산의 일신에 걸린 것인데, 한마디로 내용을 말하면 운산이 대규모의 갱 일단의 손에 걸린 것이네. 그의 몸이 사라진 것이 벌써 여러 날이 되었는데도 날마다 협박장만이 들어오고 소식은 아득하단 말일세.

한운산은 자네도 알다시피 이곳에 들어온 지 수십 년에 적수공권(赤手空拳)으로 백만 대의 재산을 쌓은 사람, '대륙당'의 큰 약포를 가지고 상계에서도 손을 꼽는 터인데 하필 그가 갱의 손에 걸렸다는 것도 그가 그만큼 사람들의 주목을 끌었던 까닭이요 — 갱은 주로 외국인들로 된 대규모의 일단인 듯한데 그런 것의 존재가 이 도회에 있다는 것이 아까도 말했지만 의외요 놀랍단 말이네. 흡사 영화의 수법이야. 그 영화의 한 토막이 바로 이곳에 일어났단 말이야.

나거(拿去)된 몸은 아마도 국경 지방이나 그렇지 않으면 바로

이 도회의 그 어느 구석에 있을 것으로 추측되는데 운산의 한 몸을 전당으로 삼십만 원을 강요하고 있네. 현금 삼십만 원을 갖추어 가지고 국경 지방의 모지로 몸을 찾으러 오라는 협박인데, 처음 당하는 큰일이라 가족들은 어찌할 바를 몰라 설레고 있을 뿐, 경찰 쪽과 협력해서 대책을 생각은 하고 있으나 지체되면 당자의 목숨이 위험할 것도 같아서 역시 돈을 마련해 가지고 몸을 찾아오는 수밖에 없으리라고 생각되는데, 거기에 따르는 위험도 있어서 지금 진퇴유곡의 어려운 지경에 빠져 있다네. 일이 되어가는 대로 또 편지는 하지만 벽수 군의 걱정과 그를 위로해야 할 내 입장을 생각해 보게. 아득해 어쩔 줄을 모르는 형편들이라네. 그럼 동무들에게도 소식이나 전해 주게.

하얼빈서 일마

하얼빈 지단가 대륙당에서는 가가를 닫고 휘장을 내리고 근심에 넘치는 나날을 보내고 있는 중이었다. 주인을 잃은 집안은 수심에 겨워 장사 여부가 아니었다. 번화한 거리에서 그 한 곳만이 좌우와 구별되어 어두운 구름 속에 싸여 있는 것이 지나는 사람들의 눈에도 역연히 보였다.

가가 안에서는 한 간 방에 집안사람들과 점원들이 밤낮으로 모여들 앉아 경황없는 속에서 두런두런 설레고들 있었다.

집안사람들이라고 해도 운산이 없는 후에는 허씨 부인과 어린 아이들과 벽수의 불과 몇 사람이 안 되는 단출한 식구 외에는 한 식구같이 친하게 기숙하고 있는 몇 사람의 점원뿐이다. 큰일을 당한 집으로서는 너무도 적적하고 쓸쓸한 지경이었으나 그러므로 벽수가 일마를 부른 것도 무리는 아니었다. 어른 없는 큰 집안을 혼자 손으로는 감당해 나가기 어려웠던 것이다. 흡사 상삿집같이 경없는 속에서 커다란 절망에 내려 눌린 채로 맥들을 못 추고 있었다.

가장 슬퍼하는 것이 허씨 부인이어서 남편과 함께 수십 년 동안의 조강(糟糠)의 협력을 해 온 그로서 오늘의 뜻하지 않은 조난은 자기 한 몸의 일과 진배없이 마음을 쳤다. 일을 당한 첫날은 정신없이 울고만 있었던 것이 날을 지낼수록 남편의 일신의 위험에 대한 걱정은 더욱 솟아서 절망과 낙담이 더해 갔다. 한 집안의 기둥을 잃게나 되지 않을까 하는 걱정에 몸부림을 쳐도 시원치 않으리만큼 속이 달았다.

아침에 경찰에서 서원이 소식을 물으러 왔다 간 후로는 더욱 괴괴한 속에서 반날을 지내기가 무한히 괴로웠다. 일이 있던 첫날은 서원들이 나와 가가 안에 진을 치고 밤을 새워 가면서 삼엄한 경계를 했었으나, 다음 날부터는 서원이 번갈아로 나와 출장 경계를 하는 한편 나날의 소식을 묻는 것이었다. 가가로서는 별도리 없이 경찰의 노력에 의지할 뿐으로서 수색의 결과가 어떨까 해서 시시각각의 정보를 고대하는 것이나 아득하기 짝이 없다. 고대하는 마음이란 괴로운 것이어서 하루 동안을 멍하니 기다리고 나면 말할 수 없는 피곤이 엄습하는 것이었다.

저녁때가 되니 벽수는 나른한 정신의 피곤을 느끼면서 감출 수 없는 절망의 빛이 더해 갈 뿐이었다.

“결국 협박장의 요구하는 대로 하는 수밖에는 없는 일인데 어떤 방법으로 하면 좋은가 하는 문제가 남았을 뿐이죠."

마지막 결론같이 말하는 소리가 집안사람들에게는 별로 신기할 것이 없었다. 현금 삼십만 원이 문제가 아니었다. 벽수는 신문사의 직무까지를 버리고 이 며칠 동안 서두른 결과 수월하게 필요한 액수를 갖추어 놓게 되었다. 경찰의 말 한마디로 그것을 갱단에게 전할 수 있는 것이나 어떤 방법으로 하는 것이 안전할까 하는 것과, 또 한 가지 그것을 옳게 전달한다고 그들이 나거한 몸을 어김없이 아무 박해도 가하지 않고 물려줄까 하는 것이 다음 문제요 걱정이다.

원래 갱의 성질로 희생된 사람에게 해를 입히지 않는 법이 드물다. 자기들의 정체의 탄로를 겁내서 희생된 사람은 대개 목숨 하나는 잃어버리는 것이 상례이다.

소굴을 알리지 않기 위해 당자의 눈을 가려둔댔자 안전한 책이 못될 그들로서 목숨을 천대함은 그들의 도덕일는지도 모른다면—지금에는 벌써 그 목숨에 대한 의심과 걱정이 가장 큰 것이었다.

"현금의 전달을 경찰의 손에 위탁하지 않을 수두 없지만 경찰의 손으로 괜히 설굳혔다간 희생이 클는지두 모르구, 어떻게 함이 좋을는지."

허씨 부인도 적당한 방책을 몰라 난처했다.

"말이 국경 지방이지 단의 정체가 거리의 그 어느 구석에 숨어 있을 것이 사실인데 어수룩하게 변지까지 갔다가 또 무슨 봉변이 있을지두 모르는 일이구……."

해결 없는 하루가 또 그렇게 해서 무의미하게 저물려는 것이었다.

일마도 외에 별로 하는 일 없이 대륙당 진영 속에 한몫 끼어 날을 지우는 것이었으나, 결국은 벽수의 동무를 해 주는 셈밖에는 되지 못했고 그로서의 신통한 지혜나 방법의 연구가 있는 것은 아니었다. 하기는 그것으로서 족한 것이었으나 하루를 그렇게 앉아 지내노라면 그것만으로 피곤해지고 나중에는 답답해졌다.

그날도 벌써 그 이상 더 새로운 변화도 진전도 있을 것 같지는 않아 저녁때 일마는 잠간 숨을 돌리려 가까운 찻집으로 벽수를 끌고 나갔다.

여러 날 햇빛을 못 본 박쥐 같아서 대낮이 아닌 저녁의 등불이언만 벽수에게는 오히려 눈부시게 보이며 어질어질했다.

"어떻게나 돼 나갈는지 도모지 추측을 할 수가 있어야지. 아무리 생각해 봐두 그렇게 수월하구 안전하게 해결될 것 같지는 않거든."

오래간만에 밝고 깨끗한 공기 속에 놓이니 정신이 드는 듯하면서도 한편 그만큼 걱정도 커지면서 한시도 그 생각을 떨쳐버릴 수는 없었다.

"최선을 다한 담에야 천명에 맡기는 수밖엔 더 있나. 무난히 돼 나가겠지. 걱정만 한들 무엇하나."

성의 없는 소리가 아니라 일마로서는 마음껏의 대답이었다. 그 이상의 다른 대답은 없었던 것이다.

"경찰에 의탁한 것이 실책일는지두 모르구—그렇다구 숨겨만 둘 수두 없는 노릇이었으나—갱이라는 게 원래 험악한 성질의 것인데 화가 나면 감히 무슨 짓인들 못하겠나."

"자네에겐 미안하나 난 지금 흡사 미국의 갱 영화나 보구 있는 것

같은 느낌이 나서 못 견디겠네. 하회(下回)가 어떻게 될까 해서 맘이 조릿조릿하단 말야. 하얼빈의 한복판에 백주에 영화의 한 토막이 그대로 일어나다니."

"하얼빈이 얼마나 큰 도회라구 그러나. 넓기로야 세계에서 뉴욕 담에 간다네. 구석구석에 무엇이 숨었는지 이루 헤아릴 수 없단 말야. 나두 사실 이번 일을 당하구 나니 이곳이 무섭다는 생각이 자꾸만 치밀어 오르네."

벽수는 수십 년을 도회에서 다스려난 사람이나 이제는 벌써 자신이 없다는 듯 온순한 눈동자에 겁까지 머금어 보인다.

"—그날 밤 일을 생각하면 지금두 몸서리가 쳐. 아침에 볼 일이 있다구 나간 아저씨가 종일 돌아오지 않네그려. 은행에 예금을 하러 가는 눈치이기에 시적시적 나서서 은행과 호텔과 감직한 곳을 모조리 들려봐두 안 보이길래 그 길로 돌아와 보니 다짜고짜로 그 협박장이네. 삼십만 원두 놀라운 숫자지만 사람을 대체 어디로 끌구 갔을까에 정신들을 잃구 볶아들 쳐야 소용이 있어야지—그날부터 무서운 도회라는 생각이 들기 시작했어. 생각할수록 맹랑한 곳이야."

"보기에 따라선 재미있기두 하구 우리 같은 백 년 날탕이야 백 년 간들 그런 음모 속에 걸릴 리가 있겠나—백만장자라는 점이 편안한 생업은 못 돼."

일마가 굳이 껄껄 웃는 것은 벽수의 마음을 조금이라도 풀어 주자는 뜻도 있었다. 그러나 벽수는 아무리 해도 현재 웃을 형편은 못 되었다.

"경찰에 의탁한 것이 실책이라는 데는 내로선 여러 가지 뜻이 있네."

알고 보면 가지가지의 걱정에 사로잡혀 있는 벽수였다.

"—자네두 알다시피 숙부의 반생이라는 것이 가시덤불의 길이었구 오늘의 지위를 쌓아 올리는 데는 말할 수 없이 위험하구 비합법적인 수단과 방법을 써온 것인데, 일단 경찰에 모든 것을 맡기구 결탁하게 되면 자칫하다간 그런 반생 동안의 경력이 탄로되지나 않을까 하는 것이네. 현재두 여전히 그 종류의 생업을 숨어서 하고 있는 처지이기 때문에 더욱 위태하단 말야—내가 항상 지적하구 충고하구 나무래 오던 일인데 그게 이번에 더 큰일을 저지르지 않을까 하는 것이네."

"지금 이 자리에서 자네의 그 정의파적 반성과 비판이 무슨 소용이란 말인가. 괜히 사태를 복잡하게만 하구 생각이 혼란해질 뿐이지."

일마는 벽수의 '양심'이라는 것을 되려 핀잔주며 그의 용기를 북돋아 주는 수밖에는 없었다.

그날 저녁 일마는 여러 날 만에 무료한 의무에서 해방되어 혼자만의 자유로운 하룻밤을 가지고 싶었다.

찻집에서 벽수와 헤어진 후 호텔로 돌아와 식사를 마치고 났을 때 비로소 놓이는 마음을 느끼며 아무에게도 매이지 않은 개인의 자유를 회복한 듯했다.

그러나 그 자유로운 하룻밤을 어떻게 지냈으면 좋을까 생각하다 문득 떠오른 것이

(에밀랴나 찾아볼까.)

하는 계획이었다. 이 생각이 마음을 얼마간 즐겁게 해 준 것이 사실이었다.

하얼빈에 도착하던 길로 호텔과 대륙당과의 사이를 왕래했을 뿐이지 아직 한번도 거리의 탐험을 나서지 못했던 일마였다. 넓은 거리에 아는 사람이라고는 벽수를 제하고는, 나아자가 없는 이제 사실 에밀랴쯤밖에는 없었다. 나아자와 가장 친했고 일마와도 알게 된 에밀랴다. 나아자로부터의 문안의 말도 전해야 하거니와, 건강하지 못하던 그가 요새는 어떻게 지낼까가 궁금해서 무엇보다도 그가 머리에 떠올랐던 것이다.

카바레 숭가리를 찾아가니 벌써 밤 시간이 시작될 무렵이라 댄서들은 모여들어 한편 구석에서 식사들을 한다 하며 설레는 것이나 그 속에 에밀랴의 자태는 보이지 않는다.

낯익은 한 여자에게 물으니

"몸이 아파서 여러 날째 나오지 않는 중예요."

라는 대답이다.

"또 앓는단 말요."

"앓으면―늘 그 모양이죠. 애두 일 났어요."

정말 걱정해 하는 말인 듯도 하고 이제는 벌써 그의 신세에 심드렁해졌다는 듯도 한 여자의 어투이다.

또 앓는다니 정말 일은 났구먼―중얼거리면서 일마는 그렇다고 일부러 나선 길을 단념하고 그대로 주저앉을 수는 없어서 에밀랴가 아직도 전과 같은 아파트에 있다는 것을 물어가지고 카바레를 나왔다.

골목길을 더듬어 간신히 한번 다녀본 일이 있던 그곳을 찾아냈을 때에는 밤도 어두워진 후이라 초라한 아파트의 꼴이 어둠 속에서 한층 우중충해 보였다. 그러나 외모보다도 더 스산한 것이 에밀랴의 방이다. 쓸쓸할 뿐이 아니라 시절의 탓으로 추운 방 안이 얼음보다도 을씨년스럽다. 냉랭한 침대 위에 누운 에밀랴의 자태도 여름보다 한 곱 더 축나 보인다. 일마가 들어섰을 때 한참이나 있다가 그임을 알고 벌떡 뛰어 일어나며 놀라는 표정이었다.

"웨 웬일이세요. 언제 오셨어요. 나아자는—."

목이 메이게 한꺼번에 물어댄다.

"지금 카바레로 갔다가 앓는다길래 찾아왔는데."

하고 일마는 벽수에 관한 일건으로 급자기 혼자 왔다는 것과 오늘 처음으로 거리에 나서 보았다는 것을 간단히 일러 들렸다.

"갱의 일건은 저두 신문으로 알구 있었는데—그래두 혼자 오시다뇨. 나아자가 섭섭해 하잖어요."

"잠깐 길인데 괜히 야단스러울 것 같아서. 그리구 교향악단 일행이 머무르구 있는 까닭에 그 접대두 있구 해서."

"그래 나아자는 잘 있어요? 행복스럽구요? 언젠가 한번 편지는 받았지만."

친우의 소식이 궁금한 듯 급하게 묻는 것이나 일마의 편으로 보면 에밀랴의 몸이 더 급하고 염려되었다.

"그렇게두 병이 잦구 몸이 고달퍼서 어떻게 한단 말요."

"얼른 죽었으면 해두 목숨이 왜 그리두 질긴죠."

실감에 넘치는 목소리가 일마의 가슴속에 뭉큿하는 것을 던지는 듯도 했다. 그는 소녀의 허술한 자태가 뼛속에 새겨지면서 그의 불행에 대한 동정이 애틋하게 솟아올랐다.

“정신을 채리구 용기를 좀 내야지―에밀랴의 일생은 꼭 하나밖엔 없는 절대적인 귀중한 것이 아니오.”

이런 말은 그러나 일마의 입으로보다도 벽 위에 걸린 에밀랴의 어머니의 초상이 더욱 충심으로 일러 들리는 것이 아닐까. 여름에 본 그 초상이 여전히 변함없이 침대 위에서 에밀랴의 불행을 내려다보는 것이었다. 몸도 불편한 것은 사실이었으나 에밀랴는 또 한 가지 불여의 때문에 그렇게 실망 속에만 누워 있었던 것이다.

일마는 조금이라도 그에게 용기를 주고 즐겁게 해 줄 생각으로 강잉히 그를 일으키고 거리에의 소요를 권했다.

몸을 가다듬고 옷을 갈아입은 에밀랴는 침대에 누웠을 때보다는 판이하게 신선해 보였다. 에밀랴의 강적은 병과 또 한 가지 가난이다. 가난만 없대도 그의 인생은 얼마나 더 유쾌한 것이었을까. 오늘 하룻밤의 외출이 그에게 그렇게도 기쁨을 주는 것이다.

에밀랴는 거의 앞장을 서다시피 하고 층계를 내려서더니 휭하니 먼저 문을 나간다. 세상에서 가장 즐거운 한 사람이라는 듯도 하다. 일마도 걸음을 맞추어 막 층계를 내려선 때였다.

층계 옆방 문을 열고 급작스럽게 나선 것은 주인 노파인 모양이었다. 문밖으로 사라진 에밀랴를 내다보면서 손을 들고 저주하는 듯이

“뻰질뻰질하게, 앓는다더니 놀러만 나가면서―.”

중얼거리는 것이다. 그 말투로 일마는 날쌔게 그 무엇을 직각할 수 있었다.

"내가 대신해 드릴 테니 무엇이든지 말씀해 보시오."

급하게 물어대니 노파는 손가락을 꼽으면서

"석 달치가 밀렸어요."

빈정대는 것이다. 일마는 자기가 직각했던 대로의 그 대답에 그다지 놀라지 않았다. 노파의 자태가 눈앞에 나타난 순간 필연코 그런 뜻이려니 느꼈던 것이다.

"석 달치가 얼마요."

지갑을 내서 노파의 말하는 액수를 그 자리로 셈해 치러 주고 나서 더 말을 남길 필요도 없이 쏜살같이 문을 나갔다. 에밀랴가 몇 걸음 앞에 서서 기다리고 있었다. 급하게 뛰어가 미안하다는 듯 옆에 서서 걸으니

"무얼 하셨어요, 한참이나."

에밀랴가 묻는다.

"잠깐 머뭇거리다 그렇게 됐구료."

천연스럽게 대답하면서 골목을 벗어져 나갔다.

노파와의 거래는 극히 짧은 시간의 일이었다. 일마가 그런 줄 눈치 채고 급하게 서두른 덕으로 에밀랴에게 감쪽같이 그 눈치를 안 보이게 된 것이 일마로서는 행복스런 일이었다. 만약 에밀랴의 앞에서 그 변을 당했던들 그가 얼마나 무안해 했을 것이며 일마의 그런 호의를 받았을 리도 만무했을 것이다. 에밀랴의 모르는 뒤편에서 순식간에 하나의 그 조그만 결말을 짓게 된 것이 일마로서는 기

쁘고 다행한 일이었다.

그러나 기쁜 한편 에밀랴의 신세를 생각하고 마음이 아파도 졌다. 에밀랴는 그렇게까지 가난하고 불행한 것이다. 그를 돌보아 주고 도와주는 사람은 세상에 아무도 없는 것이다. 외로운 어머니의 초상이 그를 보호해 주고 있을 뿐이다. 에밀랴같이 측은한 여자가 어디인들 없으련만 그를 알게 된 이상 가엾은 생각이 가슴을 쳤다.

"나아자의 편지엔 여러 가지 그쪽의 즐거운 인상과 재미있는 얘기가 그뜩 적혀 있었는데, 대단히 행복스런 모양이죠. 아무쪼록 변함없이 유쾌하구 행복스럽게 지내기를 맘속으로 빌어 왔어요. 지금두 빌구요. 나아자를 생각하는 사람은 많겠지만 저두 누구에게나 밑질 것 없는 그중의 한 사람이에요……. 언제인가 노상에서 슈라를 만났더니 — 나아자의 아주머니 말예요 — 나아자의 소식을 묻겠나요. 세상에서 아마 제일 행복스런 사람일지두 모른다구 대답해 주었더니 콧잔등을 찌푸리면서 안심했는지 비웃는지 더 말없이 지나가던데요."

나아자의 행복에 대한 기다란 설화는 곧 에밀랴의 행복에 대한 갈망의 소리와도 같이 들렸다. 나아자의 행복은 자기 자신의 행복이나 되는 듯 흥분되어 말하는 것이 더욱 그의 불행의 인상을 선명하게 보이는 것이었다.

일마에게는 언제나 불행한 사람이 가장 가까운 사람으로 여겨졌다. 그 자신이 지금까지 그닷한 행복된 편이 아니었던 까닭일는지도 모른다. 오늘 밤의 에밀랴는 벌써 그에게는 다른 사람이 아니라 가장 친한 동족같이도 여겨지고 혈육같이도 느껴졌다. 그런 까닭에 마음이 기쁘면서도 한편 아팠던 것이다.

번화한 밤거리를 걸으며 어디로 갈까 망설이다가 일마와 에밀랴는 결국 카바레 숭가리를 찾기로 했다.

오래 나가지 않은 직장에 대한 에밀랴의 걱정도 있었고 그로서는 오래간만에 낯을 내놓아야 할 의무도 있었다. 같은 값이면 에밀랴의 걱정도 덜어 줄 겸 일마는 낯익은 그곳으로 발을 돌린 것이었다.

직장이라고는 해도 오래간만이라서 그런지 에밀랴는 서먹서먹해하는 것이 한 사람의 낯선 손님과도 같다. 아직 몸이 허전한 탓도 있는지 모른다. 동료들간에도 그 어디인지 어름어름해 하는 기색이 보였다. 일마는 그 외로운 에밀랴를 보호나 하는 듯 자리를 같이하고 잠시도 떨어지지 않았다. 그와 함께 있음이 의무라는 듯 그만을 위해서 술을 마시고 춤을 추고 했다. 일마와 같이 앉았다고는 해도 에밀랴는 아무나 손님의 상대를 하는 직업인이다.

그러나 그에게 춤을 청하는 사람은 없었다. 에밀랴의 우울은 그런 곳에서도 오는 것 같았다. 그의 육체와 인기는 벌써 사람들의 주목을 끌지 않는단 말일까. 그 때문인지 그 쇠잔한 건강에 대중없이 술이 과했다. 발그레 물든 얼굴에 눈을 가슴츠레 뜨고 자기 손으로 얼마든지 따라서는 들이키곤 했다. 그것을 보는 일마의 마음도 편안하지는 않았다.

일껏 유쾌하게 하려고 한 밤이 차차 우울해 가기 시작했다.

(쭉정이의 비애는 뻴 날이 없구나.)

전번에 왔을 때 거리에서 느꼈던 '쭉정이'의 사상이 지금 또다시 일마의 머릿속에 떠오르는 것이었다. 거리의 장님 음악가와 꽃장수와 거지를 보고 느낀 비애가 오늘 밤 에밀랴의 신세를 봄으로써 또 한 번 새삼스럽게 솟는 것이었다. 에밀랴도 별수 없이 음악가나 꽃장수를 고를 바 없는 하나의 쭉정이다. 사회의 최하층에 묻혀서 광명도 희망도 가지지 못하는 고달픈 인생인 것이다. 혈족의 차이도 피의 빛깔도 쭉정이라는 사실과는 아무 관계가 없다. 혈족의 단결이 쭉정이를 구해 주지는 못하는 것이요, 쭉정이는 쭉정이끼리만 피와 피부를 넘어 피차를 생각하고 구원하고 합할 수 있는 것이다. 일마가 오늘 밤에 에밀랴를 누구보다도 몸 가까이 여기고 동정하고 측은해 함은 말할 것도 없이 그 까닭이었다.

에밀랴의 모양을 보고 있으려니 일마는 점점 자신이 우울해 가고 슬퍼 갔다. 어느 세상이 되면 쭉정이라는 것이 땅 위에서 사라질 것인가, 사라질 날이 있을 것인가—하는 감상이 솟기 시작했다.

"내가 지금 무얼 생각하고 있을 것 같아요."

에밀랴의 우울은 일마보다는 몇 갑절 더 하다는 듯

"—이 잔의 것이 술이 아니구 독약이었으면 해요. 한목에 켜게요."

암팡진 말에 일마는 몸서리를 치면서

"술이 좀 과했나 부오."

하고 홀 밖으로 잠간 에밀랴를 이끌고 나갔다.

홀에 붙은 긴 복도에는 등불이 침침한 속에 군데군데 소파가 놓여 있었다. 홀에서 제일 먼 자리에 에밀랴를 붙들고 앉으면서

"에밀랴는 오늘 밤의 내 말을 들어야 하우. 꼭 한 가지 내 청이니까."

에밀랴가 정색하며 자세를 바로잡는 것을 보고

"에밀랴에게 지금 필요한 게 꼭 한 가지 있어. 건강이야. 건강을 회복하기 위해서 내 청을 아예 거절하지 마시오. 내가 잘났다는 것이 아니라 단지 보기 딱해서 그러는 것이니까."

에밀랴는 겨우 일마의 뜻을 알아차리고

"나를 구원하잔 말씀이죠. 벌써 썩어들어 가기 시작한 여자예요. 잠시 구하게 된댔자 무슨 소용이 있어요."

"한 반 년이나 일 년 동안 휴양해 보구료. 그 정도의 힘은 내게 있으니."

"말씀은 고마워두 그리구 그것이 얼마간 좋을 것은 사실이래두 내가 무슨 낯으로 그 호의를 받는단 말예요. 나아자와의 친분을 생각한들 내가 어찌……."

에밀랴를 주저하게 하는 것은 나아자에게 대한 도덕인 모양이었다. 무관하다는 것을 적절한 말로 일러 주려 할 때 문득 두 사람 앞에 나타난 사람이 있었다. 뜻하지 않은 벽수였다.

"웬일인가."

벽수가 그렇게 한가할 리가 만무한 까닭에 일마는 적지 아니 당황한 표정이었다.

"자네를 찾으러 왔네."

벽수의 대답에 일마는 더욱 당황해 하며

"나를 찾다니."

"진작 여기로 올 것을 괜히 몇 군데 들리느라구 지체만 한걸."

"무슨 일인데."

"자네와 헤어져서 가게엘 갔더니 별안간 웬 손님이 찾아왔대나. 서울서 일부러 자네를 찾아왔다는데―누구일지 자네 생각나는 사람 없나. 옴직한 사람으로―여자 손님이대."

"여자?"

"단영은 아니구."

"단영이 아니구, 웬 여자 손님이 날 찾어온단 말인가. 꿈 같은 소리지."

중얼거리면서 일마는 사실 웬 소린고 하고 그 돌연한 소식에 얼빵빵했다. 아무리 고개를 흔들어 보고 머릿속을 들척거려 보아야 다따가 자기를 그곳까지 찾아올 여자의 이름이라는 것을 떠올릴 수는 없었다.

"내가 그를 모르는 것이 큰 불행으로 생각되리만치 아름다운 여인인데 단영쯤은 비(比)가 아니야. 자네가 알고 있는 여자 중에서 제일가는 인물을 골라낸다면 그가 바로 그 여인이리."

"제일가는 인물이라니 내가 웬 여자를 그렇게 많이 안다구."

"많든지 적든지 제일가는 인물야―하는 수 없이 자네 든 호텔을 가리켜 주었으니 만나거든 내게 한 마디 전해나 주게. 수천 리 길을 찾아온 여자니 필시 곡절이 있을 텐데, 괜히 먼 길 왔다가 사건이나 일으키지 말게."

"사건이란 자네에게나 일어나는 것이지, 내게야 당한 것인가."

대답은 했으나 일마는 어안이 벙벙해서 마음속으로는 여전히 곰지락거리면서 그 수수께끼의 여성을 찾아내기에 애쓰는 것이었다.

"전할 말 전했으니 난 되로 가게로 가겠네만 아닌 곳에서 작작 놀구 어서 호텔로나 돌아가 보게나. 그럴 줄 알았더면 이리로나 데리구 올걸."

타이르고 벽수가 나간 후까지도 일마는 잠시 옆에 앉은 에밀랴의 존재도 잊어버리고 궁리에 잠겼다.

"무슨 큰일이게 그렇게들 설레구 야단들이세요."

에밀랴의 목소리로 겨우 되로 정신을 차리고 그를 새삼스럽게 알아보면서

(오라, 에밀랴를 구원해 보겠다구 그에게 휴양을 권해 보던 중이었지. 에밀랴는 나아자에게 대한 체면으로 모처럼의 호의를 거절했겠다…….)

하고 몇 분 전의 자기로 돌아가면서 오늘 밤은 이왕 에밀랴와 함께 시작된 밤이니 그와 마지막까지 동무해 줄 것, 에밀랴가 아무리 사양한대도 일단 꺼낸 말은 끝까지 세워 그의 물질적 원조의 제의를 고집해 볼 것—을 마음속으로 작정하는 것이었다. 미인이 찾아왔든 무엇이 찾아왔든 지금 내게 무슨 아랑곳인가 중얼거리면서 '쭉정이'의 사상으로부터 시작된 그날 밤의 감상을 도로 일으켜 내면서 에밀랴에게로만 주의를 보내려고 애썼다.

그러나 이튿날 아침 일마는 호텔에서 새삼스럽게 놀라지 않을 수 없었다. 늦잠을 자고 일어나 식사를 마치고 방으로 돌아왔을 때 뒤미처 들어온 보이가 의외의 손님을 안내해 온 것이다.

보이가 나가자 좀 있다 들어온 것은 뜻밖에도 남미려가 아니었던가.

순간 일마는 입이 꽉 막히면서 선뜻 말을 내지 못하는 지경이었

다. 입과 함께 가슴도 막혔던 것이다.

"놀라셨지요."

손님이 도리어 먼저 인사의 말을 던졌을 때 일마는 겨우

"그러구 보니……."

머뭇머뭇 입을 열었다.

"간밤에 왔더니 안 계시길래 오늘은 아침부터 왔죠. 대륙당에서 물어서 이곳을 알았어요."

벽수를 놀라게 해서 그가 일부러 카바레까지 뛰어 주려 왔던 서울서 온 여자 손님이라는 것은 바로 미려였던 것이다. 간밤에는 심드렁해서 냉큼 자리를 안 뜨던 일마도 지금 그를 눈앞에 맞이하고서는 사실 그 의외의 방문에 놀라지 않을 수 없었다.

"밤새도록 생각했어두 날 찾아온 것이 미려 씨일 줄은 종시 터득하지 못한걸요."

일마의 솔직한 고백이 결국 반갑다는 뜻인지 귀치않다는 뜻인지 헤아리기 어려운 어조를 띤 것이었다. 반갑지 않은 것은 아니련만 반면에 귀치않다는 느낌도 없었을 것인가. 귀치않다느니보다도 위험하다는 기색이 얼굴에 떠돎을 어쩌는 수 없었다. 그런 기색을 또 미려가 알아채지 못할 리도 만무했다.

"당돌한 거동에 퍽으나 놀라셨겠지만 저로선 이러는 수밖에는 없었어요. 혜주에게서 이리로 떠나오셨다는 소식을 듣고 둘이서 생각다 못해 눈 꾹 감구 저도 떠나왔어요. 거추장스럽더래두 용서해 주세요."

"거추장스러울 것이야 무엇 있겠습니까. 미려 씨의 자유행동인

데.”

일마의 당연한 말일 것이나 미려로서는 그 냉정하고 범연한 어조 속에 한 줄기 섭섭한 기맥을 놓칠 수는 없었다. 그 무슨 다른 말이 있을 법도 하고 있어도 좋을 것 같다.

“뒤를 따라왔다면 선생께 책임을 씌우는 것 같아서 미안하나—어떻게 됐든 제가 여기까지 온 것은 아무데두 매일 것 없는 자유로운 입장으로 왔다는 거예요. 남의 아내 된 몸으로도 아니요 가정에 매어 있는 몸으로도 아닌 그 이전의 일개 자유인의 자격으로서 온 거예요. 너무 귀찮어 하실 것두 없구 엄청나 하실 것두 없으세요.”

하고 미려는 무엇보다도 먼저 그동안의 자기 일신의 사정—남편 만해와의 절연과 법적 수속의 완성과 구속 없는 자유인의 생활의 시작 등의 사정을 설명하는 것이었다. 그것은 흡사 일마에게 안심을 주고 그의 경계의 기색을 누그려 주자는 뜻인 듯도 했다.

“무슨 자격으로 오셨든지 간에 이런 반지빠른 때 하얼빈 구경은 불찰이시죠. 가을두 아니요 겨울두 아닌 이때 거리는 엉성하고 볼 것이라구 변변한 게 어디 있어야죠.”

비유의 말로 비꼬아 말하면서 일마는 차차 내용의 실토로 들어가려는 것이었다.

“너무 늦었습니다. 모든 것이 다 해결될 대로 해결된 뒤가 아닙니까. 미려 씨에겐 최근 그런 가정적인 변동이 있어서 일신상에 큰 변화가 일어나긴 했지만, 그건 일종 우연에 지나지 못하는 것이구 한 가지의 목적을 위해서 의지적으로 가져온 것은 아니거든요. 결과가 뜻과 맞게 됐다구 하더래두 벌써 때는 늦었구 주위는 이렇게 침착하게들 결정되어 있지 않습니까."

"알어요. 저두 그런 줄 알어요. 아니까 괴롭구 어쩔 줄 몰라 갈팡질팡하는 거죠."

"가령 내가 지금 이 호텔 한 방에서 미려 씨와 만나고 있는 것을—물론 그 속에 아무 뜻이 없다구 하더래두 가령 나아자가 안다면 그의 맘이 어떻구 우리를 뭐라구 생각하겠습니까. 더구나 난 지금 아내 나아자를 바꿀 것 없이 사랑하구 있는 터이기두 하구……."

흡사 책망하는 것과도 같다. 미려는 낯이 화끈 달면서 뼛속까지 아프다. 그러나 무안한 마음대로 화를 내고 울고 할 격도 못 됨이 미려의 슬픔인 것이다. 더욱 목소리를 부드럽히는 수밖에는 없었다.

"그러게 결코 선생께 이 이상 더 폐를 끼치거나 누를 입히거나 하지는 않을 생각예요. 다만 여기까지 온 목적이 꼭 한 가지 있어요. 낸들 지금 무슨 힘으로 한번 결정된 모든 것을 뒤엎어 놓구 바로잡구 하겠습니까. 힘두 없거니와 그럴 면목인들 있겠습니까. 다만 꼭 한 가지 선생께 물으러 선생의 입으로 한마디를 들으러 이렇게 떠나온 거예요. 말 한마디 들으러 수천 리 길을 온 것이 지나쳐 비싼 대가인지는 몰라두 서울서는 그런 기회를 얻을 수두 없었구 먼 곳에서만 속임 없는 선생의 말을 들을 수 있을 것 같아서요."

침착한 미려의 말이 한마디 한마디 가슴속에 배어들면서 일마에게도 비로소 경건한 마음이 솟기 시작했다.

"그래 그 한마디 말이란 대체 무엇인가요."

"그 말을 꺼내기엔 제게 지금 큰 용기가 필요해요."

일마의 지금의 입장이 아무리 곤란하다고는 하더라도 미려는 그에게는 한 사람의 손님인 것이다. 손님 중에서도 가장 반가운 손님이어야 한다.

냉정하고 쌀쌀하게 하면서도 깊은 마음속은 속일 수는 없었다. 경계하는 마음으로 그의 앞에서 얼굴을 찌푸려는 보았어도 그에게 대한 지난날의 회포를 어찌 순식간에 떨쳐버릴 수야 있었을 것인가. 차차 놀랐던 마음도 풀리면서 일마는 부드러운 태도로 미려를 대하게 되었다. 그의 의젓한 자태 앞에서 저절로 마음이 부드러워지기 시작했던 것이다.

호텔 식당에서 이른 오찬을 나누면서 이제는 벌써 원래의 진객을 접대하는 태도였다. 한마디의 말만 하면 좋다는 수월한 책임의 배당이 마음을 얼마간 가볍게 해 준 탓이었을는지도 모른다.

"얼른 그 한마디 말이라는 것을 들을까요."

반드시 성급히 재촉하는 것은 아니었으나 궁금증이 나지 않는 것도 아니었다.

"그렇게 조르시면 더욱 말하기 어려워져요. 천연스럽게 모르는 결에 말하게 돼야 할 텐데—이러다간 주눅만 들면서 옳게 말하게 될 것 같지두 않어요."

음식을 먹는 솜씨까지 서툴러지면서 미려는 사실 점점 몸과 마음이 굳어져 가는 모양이었다.

"오늘 하루의 시간을 왼통 제게 못 주시겠어요."

"벽수 군에게두 잠간 들러 봐야 하겠구 그렇게 한가하진 못한데요."

"오늘 하루만요. 더 원하지 않을게요."

(벽수 말마따나 이러다간 짜장 남의 사건 보러 왔다가 되려 제 사건 일으키게나 되지 않을까.)

이것은 물론 일마의 속으로의 생각이었으나 사실로도 어떻게 대답하면 좋을지 몰라 얼뻥뻥했다.

"그리구 거리에서 제일 조용한 데가 어딘지 그리로 반날 동안만 저를 안내해 주실 수 없으실까요."

"조용한 데라니요."

"그런 곳만이 제게 용기를 줄 것 같아요. 그런 곳에서만 제 말을 할 수 있을 것 같아요."

"그렇게두 중대한 말인가요."

"선생의 소중한 대답을 들으랴니까 말예요."

"어디가 제일 조용할까."

아무리 생각해 보아야 조용한 곳이라면 교외밖엔 없을 것 같고, 교외라면 그가 아는 범위로는 묘지같이 고요한 데가 없을 법했다. 번잡한 공원보다도 강변보다도 어디보다도 한적한 곳이 묘지이다. 여자의 가슴 속속들이로 감추고 있는 그윽한 한마디를 들으러 묘지로 가는 수밖에는 없는 것이었다.

일마는 하는 수 없이 그날 하루는 미려에게 바치는 수밖에 없게 되어 대륙당에도 들리지 못한 채 호텔을 나온 길로 미려와 함께 자동차로 묘지를 향했다.

도중에서 문득 생각하고 꽃 가가에서 한 묶음의 꽃을 사 들었다. 나아자의 어머니의 무덤에 바치자는 뜻이었다. 차는 휑휑한 거리를 한달음에 달렸다.

여름과는 얼마나 달라진 풍경이었던가. 조금 흐린 날이라 묘지의 오후는 괴괴하고 쌀쌀했다. 휘추리만 남은 수목이긴 하나 원체 빽빽이 들어선 까닭에 깊은 수풀바다가 일목에 내다보였다. 나무 그림자 밖에 드러난 사당의 벽화도 앙상하게 보이고 기름길과 나무 아래에 쌓이고 쌓인 낙엽도 이제는 벌써 색채도 형적도 없어져서 소슬한 기색이 구내에 그득히 넘쳐 있다. 백양나무의 흰 살결이 더욱 희게 눈을 끌고 느릅나무의 가는 휘추리가 연필 글씨같이 자자분한 획을 허공에 그었다. 사람 없는 벤치도 차고 쓸쓸하다.

미려에게는 그런 풍경이 처음이라 한층 소슬한 느낌을 금하지 못하며 자기의 쓸쓸한 말을 전하기에는 참으로 맞춤의 곳이 아닌가고 생각하는 것이었다.

일마는 나아자의 어머니의 무덤을 찾아 비석 앞에 꽃을 꽂아 놓고는 안으로 멀리 곧게 뻗은 기름길을 더듬으며 미려를 돌아보았다.

"조용한 곳이라면 이렇게 조용한 곳은 없을 텐데—어서 그 말씀이라는 걸 해 보시죠."

"선생의 현재의 안온한 가정생활에 행여나 금이 나게 할 외람한 생각을 제가 어찌 먹구 있겠습니까. 그런 뜻이 아닌 까닭에 이렇게 선생을 찾을 수 있었던 것이지 딴 맘이 있다면 무슨 멋으로 뵈러 왔겠습니까. 선생의 행복을 비는 정성으로야 누구한테나 뒤질 것 없다구 생각해요."

미려가 이렇게 현재의 사정을 새삼스럽게 뙤어 주는 것이 일마에게는 되려 괴로운 노릇이었다. 바로 나아자와 그렇게 나란히 서서 건던 묘지이다. 등 뒤에는 나아자의 어머니의 무덤이 있고 그 무덤이 지금 두 사람의 자태를 감시나 하는 듯 슬퍼나 하는 듯 바라보고 있는 것이 아닌가. 그런 괴로운 처지를 일깨워 주는 것이 일마의 가슴을 겹겹으로 죄어 주는 폭밖에는 안 되었다.

"제 행복을 빌어 주신다는 건 고마운 말씀이나, 진정으로 제 행복을 생각해 주시는 도리는 저를 다치지 말구 그대로 가만히 버려두는 것입니다."

"알어요. 그러니까 전 제 맘을 억제하구 정복하려구 얼마나 오랫동안 남모르게 싸워 왔는지 몰라요. 피투성이가 된 맘을 간신히 달래 놓구 나서 저두 제 길을 찾을랴구 애쓰는 중이에요. 한눈을 판댔자 말씀마따나 시기가 늦은 이제 어쩌는 도리가 있어야죠. 다만 한 가지 가슴속에 밝혀 둘 것이 있어요. 그 한 가지의 정리가 아마두 제게는 영원의 평화를 가져 올는지두 몰라요."

미려는 한참이나 사이를 떼면서 한숨이나 짓는 듯 고개를 드리우며 말을 이었다.

"그건 지난날에 관한 거예요. 벌써 칠 년이 되는지 팔 년이 되는지 제 맘도 몸두 순결하던 그때 제가 발을 빗디디어서 불행한 오늘의 길을 밟은 건 허영이었든지 운명이었든지 모르겠으나, 모든 것이 비뚤어진 오늘 제게 가장 즐거운 것은 지난 그때를 생각함이에요. 지난날을 맘속에 되풀이하면서 아마도 앞으로는 그 추억 속에서만 살게 될 것 같어요. 추억에 잠길 때 그때의 일마 씨의 맘이라는 것을 생각하게 돼요. 열정의 깊이라구 할까—지금 가장 알구 싶은 게 그거예요."

"전 그때 노여워했죠. 횃불을 가지구 모든 것을 살러 버릴 수 있다면 그렇게래두 하구 싶으리만치 분해하구 괴로워했죠. 어떻게 그런 격분이 지금같이 평온하게 사라졌나 생각하면 흡사 기적의 일만 같어요."

"괴로워하구 분해 하셨다는 건 대체 무슨 뜻일까요."

미려는 귀중한 실마리나 잡은 듯 조금 격해지면서 일마의 말꼬리를 조급하게 재치는 것이었다.

"괴로워하셨다면 저를……."

"……."

"저를 사랑하셨던가요."

천근 같은 무게를 가지고 그 한마디가 떨어졌던 것이다. 말할 수 없는 용기가 미려의 얼굴에 나타나 보였다. 그 한마디야말로 미려의 듣고 싶어 하고 알고 싶어 하던 꼭 한 가지의 과제였다. 수천 리 길을 준비해 가지고 온 한마디라는 것이 바로 그 말이었던 것이다.

"저를 사랑하셨던가요."

재차 떠받치면서 어세가 급한 게 거의 재촉하는 듯도 하다. 용기라느니보다도 일종 열정에 가까운 광채가 그의 눈동자에 빛난다.

"사랑하니까 괴로워한 것이겠죠."

일마가 겨우 무거운 입을 떼어 한마디 대답을 던졌을 때 미려는 거의 날뛰는 듯이

"사랑! 아! 듣구 싶던 말이 바로 그 말예요. 지금은 어찌됐든 한때 저를 사랑해 주었단 말이여요. 그 말을 들으러 이 먼 길을 떠났던 거예요. 오랫동안 듣구 싶던 말을 오늘에야 처음으로 들었어요.

이 이상의 만족은 없어요."

흡사 소녀 같은 가벼운 걸음으로 땅을 구르면서 손을 뻗쳐 길가의 나뭇가지를 무의미하게 휘어잡곤 하는 것이다. 일마는 그 미려의 양을 바라보면서 할 말을 했는지 못할 말을 했는지 자기가 던진 한마디의 영향이 얼마나 큰가에 새삼스럽게 놀라지 않을 수 없었다.

긴 기름길을 깊은 속까지 걸어 들어가니 수풀은 더욱 빽빽하고 느릅나무와 백양나무의 어울린 가지가 허공을 덮어 버릴 지경이다. 겹겹으로 쌓이고 쌓인 낙엽이 발 아래에 푹신푹신 밟히고 찬 공기와 나무와 하늘만이 보이는 것이 흡사 깊은 산속에나 들어온 듯하다. 사람의 그림자는커녕 새소리조차 침묵해서 괴괴한 그 속이 두 사람에게는 무인지경의 별천지인 느낌이 들었다.

그 고요하고 쓸쓸한 수풀 속이 두 사람의 체온을 한 줌 한 줌 식혀 주는 것도 같다. 가슴속에 솟는 것은 피차에 대한 따뜻한 애정이 아니고 도리어 침착과 안정이었다. 더욱이 일마는 옛 생각과 미려의 감동으로 말미암아 마음이 달아지는 것이 아니고 반대로 침착해가고 차졌다. 날이 몹시 추웠던 까닭일까. 사실 그는 옷을 얇게 입었던 탓인지 거의 몸이 덜덜 떨릴 지경으로 추워짐을 느끼며 미려의 말도 감동하는 자태도 가슴속에 그대로 얼어붙는 듯하다. 발에 힘을 주고 어깨를 활짝 펴면서 고개를 쳐들었을 때 나뭇가지 사이에 희끗 날리는 것이 있었다. 새털일까 하고 보고 있는 동안에 굵은 떡가루같이 어느 결엔지 부실부실 내려서 기름길과 어깨 위에도 떨어지기 시작한다. 눈이었다. 거리의 첫눈이었다. 일마는 그 첫눈을 신기한 것으로 바라보면서 추위는 이 눈의 탓이려니만 생각하는 것이었다.

그러나 미려는 그 시절의 선물에 새삼스럽게 주의를 보내지는 않았다. 추위보다도 첫눈보다도 마음속 일로 가슴이 그득 차서 여전히 말을 이었다.

"제게는 경쟁자가 한 사람 있어요."

다따가의 발설에 일마는 의아하면서

"경쟁자라니요."

"일마 씨를 두구 말예요. 누군지 아시겠어요 — 단영이에요."

"단영."

"다 알구 있어요 단영이 제게 그동안 일을 말해 주었다나요. 청하지두 않었는데 제 스스로 제 비밀을 죄다 털어 놓았다나요."

"비 비밀이라니 무 무슨 비밀을."

"그날 밤 단영의 아파트에서의 일 말예요."

거기까지 말하는 미려는 조금 잔인한 것이었을까. 그 한마디에 일마는 금시 얼굴이 파랗게 질리면서 입술이 떨렸다. 놀라고 부끄러워서 어쩔 줄을 모르는 것이었다.

"저두 사실 그것을 들은 당장에는 놀라구 구역질이 나서 불쾌한 느낌을 참지 못했어요. 그러나 모든 것이 성급하고 초조한 단영의 실책으로 말미암은 것이거니 생각하니 조금 노염두 풀렸어요. 지금은 벌써 남의 옛날 얘기만 같으면서 아무치두 않아요. 이렇게 심드렁하잖어요."

"……."

"그리고 오늘 이상한 걸 발견했어요—저와 경쟁자인 단영과의 어느 편으로 승부가 기울었나를 명확하게 발견한 것이에요. 지금 이렇게 제 맘이 기쁜 것은 제가 이긴 탓예요. 단영이 자기의 비밀을 숨김없이 말했을 때 전 속으로 오늘 이 결론을 알어내구야 말 것을 맹세했어요."

"……."

"오늘 그것을 알았어도 제가 이긴 거예요. 일마 씨가 사랑한 건 단영이 아니라 저였어요. 아파트의 비밀쯤이 제겐 부러운 게 아니에요. 마음의 사랑—비록 과거 한때의 것이었다구 해두 나를 영원히 기쁘게 해 주는 건 그것예요."

부끄럽기만 하던 일마에게는 이제는 차차 미려의 그 감동과 열정이 두려운 것으로 여겨졌다. 불덩어리 옆에나 서 있는 듯 위험한 생각이 들면서 미려의 존재에 겁조차 났다.

"지금 제게 한마디의 말이 있다면 그건 감사의 말예요. 일마 씨에게 드릴 말은 감사의 말뿐예요. 사랑의 말이라는 것이 여자에게 얼마나 고마운 것인지를 제가 똑바로 알려드리는 거예요."

"너무 흥분하지 마시오. 날두 추운데."

미려의 과도의 흥분이 심상한 것으로 여겨지지는 않아서 일마는 사실 진심으로 그의 몸을 걱정했다. 눈은 점점 내려서 이제는 벌써 나뭇가지 사이로도 보얗게 내려지는 것이었다.

호텔로 돌아온 미려는 묘지에서와는 달라 사람이 변한 듯 냉정하고 침착해졌다. 눈 내리는 수풀 속에서의 감동과 흥분은 어디로 사라졌는지 고요한 표정에 말조차 적었다.

행장이라고도 별로 없는 가벼운 몸에 잠간 동안의 여행이라 아무데서나 하룻밤을 지낼 생각으로 일마와 같은 호텔 한 간 방에 트렁크만을 맡겨 놓았던 것이다.

일마에게는 그 하루는 벌써 그것으로 허비되고 채워진 셈이었다. 미려와의 반날로 말미암아 정신이 그 뜻하지 않은 충동으로 가득 차져서 남은 짧은 반날 마음의 고삐를 다른 곳으로 쉽사리 돌릴 겨를이 없었다. 미려의 던진 말과 그가 보인 표정과 태도가 마음속을 고집스럽게 지배하면서 다른 정신을 돌릴 겨를이 없었다. 그 분주하고 벅찬 마음으로는 그날 더 에밀랴를 찾을 수도 없는 것이요, 벽수의 일을 돌보아 주러 갈 여유도 없었다. 마지막 시간까지 미려와 동무하는 수밖에는 없었다.

거리에도 눈이 보얗게 내리면서 행길을 어느덧 희끄무레 덮었다. 오고 가는 사람들은 그 첫눈을 기뻐하는 듯 조금도 발들이 삐하지 않으며 눈 속을 번잡하게들 걸어간다. 일마는 몸이 으슬으슬해지고 추위를 느끼면서 위선 거리로 향한 객실에서 더운 차를 분부했다. 목을 눅이며 행길을 내다보노라니 차차 몸이 녹아갔다. 포도를 스쳐 지나는 남녀의 옆얼굴들을 내다보면서 찻잔에서 피어오르는 김 위에 얼굴을 대고 있는 미려도 추위가 풀려옴을 느끼는 것이었으나—눈 오는 날 커피의 향기는 왜 그리도 슬픈 것인가. 묘지에서의 수다스럽던 미려는 어디로 사라졌는지 차를 마시는 지금의 미려는 한결같이 슬프고 고달픈 자태이다. 더운 김이 얼굴을 눅이고 막힐 듯이 코를 찌르면서 눈썹을 적시고 긴 속눈썹 끝에 맺힌다.

일마에게서 듣고 싶던 마지막 말을 들었고 그에게 감사의 말을 보내고 난 이제 미려에게는 더 남은 일이 없고 여행의 목적은 그것으로서 다한 것이다. 그러나 그가 수풀 속에서 기뻐했듯 그렇게 참으로 지금의 마음이 만족스러울 수 있었던가. 사랑의 말 한마디를 들었다고 그것으로써 만사가 해결되고 마지막 만족에 도달할 것이었던가. 슬픔은 끝날 날이 없고 그러므로 인생은 영원히 서글픈 것이다.

"제게 남은 일은 이젠 떠나는 것밖엔 없어요. 더 드릴 말두 없구 더 받을 말두 없구—여행의 목적은 완전히 끝났어요. 오늘 밤으로래두 떠나겠어요."

하는 말은 만족에서 온 것이 아니요 슬픔에서 오는 말이다. 서글픈 체관에서 던진 마지막 비명과도 같은 것이다.

"더 붙들어 둘 체면두 못 됩니다만—과거는 과거, 현재는 현재라구 생각하시는 수밖엔요. 사람이 현재의 행복을 영원히 지탱해 나가는 수야 있습니까. 불필요한 것은 잊어버림이 인생에 있어서는 얼마나 필요한 일인지를 미려 씨가 몸소 밟아 보이셔야지 그렇지 않구야 무슨 도리가 있습니까."

일마의 처지로 미려를 더 만류해 둘 수도, 그에게 더 진진하게 이야기할 말도 없는 것이다. 지금 가장 필요한 것은 피차에 한시라도 속히 작별하는 것뿐이다.

"어서 옷이나 갈아입고 내려오시죠. 만찬이나 같이 하시게."

미려를 방으로 올려보내고 식당 보이에게 최후의 만찬의 식탁을 준비시켜 놓은 후 일마는 거의 한 시간이나 기다렸을까. 시간이 훨씬 지나 식당에서는 번잡한 식사들이 시작되었건만 미려는 내려오지 않는다. 오 분 십 분 더 기다리다가 일마는 하는 수 없이 층계를 올라가 미려의 방문을 두드려 보았다.

대답도 기다리지 않고 밀치고 들어가니 미려는 침대에 쓰러져 울고 있는 것이 아닌가. 가만히 눈물만을 흘리는 것이 아니고 어깨를 떨며 얼굴을 펀지르르 반죽하고 있는 것이다. 손을 대고 말을 걸 재주가 없다.

"……잊어버리라니 어떻게 잊으란 말씀예요. 과거와 현재는 왜 그리 엄격한 것인가요. 그리구 미래는……."

"커다란 용기가 필요합니다. 아까 묘지에서 보이신 이상의 큰 용기요. 그 용기로 모든 것을 잊고 분별을 가져야 합니다."

일마의 말이 대체 미려의 귀에 들어갈 것이었을까.

비가

벌써 얇게 입고 산보할 시절은 아닌 성싶다.

단영은 반 시간 동안의 아침 산보에서 돌아오면서 입술이 파랗게 얼고 팔과 무릎이 떨렸다. 손에 꺾어 든 산사나뭇가지의 붉은 열매도 찬 아침 공기 속에서는 앙상하고 스산하게 보인다.

산골짝 개울물 소리가 귀에 차고 여러 번째의 모진 서리를 맞은 단풍잎들도 이제는 벌써 신선한 빛을 잃고 불그칙칙하게 시들어버린 꼴이 시절의 마지막을 고하는 듯도 하다. 푸른빛은 물론 한 곳 찾아볼 데가 없고 붉은빛도 누른빛도 차차 종적을 감추어 색채 없는 겨울로 들어가려는 것이다. 모든 것이 차고 쌀쌀하게 보일 뿐 온 천지의 풍물은 소슬하기 짝 없다.

그 산골짝의 온천을 찾은 지 사오 일에 나날이 절기가 달라짐을 느끼며 단영은 추위에 몸이 옴츠러듦을 깨달았다. 서울서도 경의선으로 하루가 걸리는 그 북쪽의 산골을 찾은 것은 하기는 한적한 맛을 구해서가 아니었던가. 쓸쓸한 산속에서 며칠을 지내는 동안에 마음은 완전히 가라앉고 한 가지의 목적만이 선명하게 떠오르는 것이 아니었던가. 벌써 온천을 찾아올 시절이 아닌 반지빠른 때이라 사람의 그림자 드문 골짝에서는 단영은 자기의 자태가 새삼스럽게 돌아다보이고 마음속에 품은 목적이라는 것이 선명하게 떠올랐다. 고요한 곳에서 혼자서 가만히 가지려는 목적 한 점—그 목적만을 노리고 마음을 통일시키면서 아침 저녁의 산보를 해오는 속에서 사바에 대한 의욕을 말끔히 떨쳐 버렸다고 단영은 생각했다. 그렇건만 아직도 살아 있는 육체에는 아침 공기는 지나쳐 차서 입술이 얼고 팔과 무릎이 떨리는 것이다. 어쩔 수 없는 감각의 슬픔이다.

여관으로 돌아오자마자 욕실에 내려가 더운 온수 속에 깊이 잠기니 얼었던 몸이 녹으면서 육체의 안정이 비로소 소생된다. 더운 김 속에서 전신의 피가 따뜻이 더워지면서 살았다는 기쁨이 본능적으로 솟는다. 마침 아침 햇빛이 높은 창으로 새어들어 김이 자옥이 우거진 욕실은 보야면서도 밝게 드러났다. 전면 하얀 타일을 깐 속에서 욕통의 바닥만이 푸른빛으로, 그 속에 햇살이 쪼이니 맑은 물은 바닷속같이 깊게 보인다. 그 좁은 바닷속에 인어같이 너볏이 몸을 잠그고 있으면 외에 아무도 없는 자유로운 욕실의 아침은 단영에게는 가장 즐거운 한때이기도 하다.

물속에서 나와 욕통전(浴桶栓)에 나른한 몸을 기대이니 불그스름하게 상기된 육체가 하얀 타일의 배경 속에서 막 익으려는 풋실과같이도 아름답다. 몸을 굽어보고 매만져 보면서 단영 자신 자기의 육신을 더없이 아름다운 것으로 생각하는 것이었다. 곡선과 탄력과 색깔과—세상의 삼라만상 중에서 인간의 육체의 그것보다 더 아름다운 것이 있을 것인가. 반생 동안 몸 구석구석에 새겨진 육체의 역사를 생각하며 숨김없는 내 몸을 바라보노라니 새삼스럽게 그 아름다움이 자각되며 인간됨의 행복을 느끼게 되었다. 그 근본적인 행복 이외의 모든 일신상의 불행의 기억은 그 순간만은 머릿속에서 사라져 있었다. 하나의 남모르는 '목적'을 생각하고 있는 그로서 오히려 따뜻한 피의 쾌감과 육체의 아름다움에 한눈을 팔고 있는 터이다. 인간과 사바에 대한 의욕을 참으로 말끔하게 떨쳐버릴 수 있을 것인가. 욕실의 한때는 확실히 번뇌의 한때였다. 채 목욕을 마치지 못하고 유유히 육체의 사상에 잠겨 있을 때 욕실 밖에서 부르는 소리가 나면서 하녀가 문간에 나타났다.

"손님이 오셨어요—서울서 찾아오셨다나요."

"나를?"

대답하면서 단영은 그 순간으로 누구인지를 추측할 수 있었다. 물론 반가운 생각도 나지 않았다.

목욕을 마치고 방으로 돌아왔을 때 주인 없는 방에 뻔질뻔질하게 들어 앉은 것은 추측대로의 명도였다.

"긴치않게 왜 또 쫓아왔단 말요."

탄식도 같고 책망도 같은 단영의 어조였다.

승낙도 없는 자기 방 안에 장대한 명도의 자태가 태연히 웅크리고 앉은 것이 사실 단영에게는 억척같이 보였다. 욕실에서 얻은 아침 한때의 행복감이 그 순간으로 사라지는 듯했다.

"먼 데서 온 손님을 대하는 표정이 그래 기껏 그것인가."

명도는 데설데설 웃으면서 들고 온 조그만 트렁크를 방구석으로 밀어 놓는다. 단영과는 당초부터 신경과 기질이 다른—종내의 그 태도였다.

"애써 찾아선 무엇하려구 이런 유축까지 따라왔을까."

"남의 고심은 생각지두 못하구 잔소리는—어떻게 이곳을 찾었게. 온천이란 온천은 가까운 데서부터 차례차례 다 들춰보았다나. 서울을 떠난 지 며칠이 걸렸는지 이런 곳에 숨어 있을 줄은 꿈에두 몰랐군. 그동안의 고심참담이라니 이루 다 말할 수 없어."

"누가 고심참담을 하랬게. 괜히 긴치않게."

단영은 전과 다름없는 심상한 낯으로 경대 앞으로 가서 앉는다.

거울에 비추어진 깨끗한 얼굴이 명도에게도 바라보인다. 욕실에서 가제 나온 시원한 여자의 자태란 각별히 아름다워 보인다. 그날 아침의 단영의 욕의만을 걸친 염염한 자태는 명도의 눈을 유별히 끌었다. 여러 날 만에 보게 된 탓도 있을까.

"별안간 자태가 보이지 않는다구 회사 안이 떠들썩했을 때엔 벌써 사람들을 풀어 시내를 샅샅이 뒤졌으나 뵈여야지. 아파트 사람에게 물어서 행방을 점친 것이 찾구 찾다 결국 이 산골이란 말이야. 그동안 적적두 했지만 제일 어찌된 일인구 하구 불안해서 한시나 마음 편했을까."

"고맙다구 치사의 말을 하란 뜻이오? 치사의 말은커녕 되려—남의 속은 모르구……."

전과 다를 것이 없는 여전한 말투와 태도—따라서 두 사람의 관계도 그 후 조금도 변동이 없는 여일한 것이었다. 말하자면 줄기차고 끈기있는 인연의 계속이었고 변동이 없는 까닭에 그렇게 오래 끌어가는 것인지도 모른다. 명도는 우둔하리만큼 열정적으로 시종이 여일하게 애정을 구해 오는 것이요 단영은 주체스러워 맥이 나면서도 이 또한 고집스럽게 막아 오는 중이었다. 겉으로 보면 아주 익숙하고 가까운 사이 같으면서도 마지막 일선은 엄격하게 지켜 오는 두 사람이었다.

"결론부터 말할 텐데—내게 발견된 이상 즉시 함께 돌아가야 해. 더 긴 말 할 것이 없이 오늘밤으로래두."

"무슨 탓으로 남을 가자니 말자니 하우. 인전 좀 더러 내 멋대로 내버려 두어요."

얼굴 바탕을 만든 위에 분을 바르고 입술에 연지를 칠한다. 화장은 여자의 본능이라고 할까. 무엇하자는 것인지 그 산속에서 오히려 단영은 평소와 같이 공들여 얼굴을 가다듬는 것이었다.

"무슨 탓이라니 남에게 얼마나 손해를 끼쳐 놓구 그렇게 유유한 소리야. 촬영 준비를 앞두구 살며시 도망하는 법이 대체 어디 있단 말인구."

사업의 이야기를 할 때에는 명도도 책임자인 만큼 그렇게 홀홀히 굽어들지는 않았다.

"훈이 각본을 쓴 지가 벌써 언제구 배역이 작정된 지가 언젠데 지금 와서 그런 늑장을 부려. 남의 생각두 해 주어야지. 얼마 안 남은 이 시절을 놓치면 어쩌란 말인구."

"호령이요 책망이요? 아무러나 내 뜻 하나지 언제 누가 무슨 약속을 했다구 이 야단이란 말요."

명도도 사실 처음에는 단영의 마음을 잡을 생각으로 시작한 노릇이 이제는 벌써 사업 그것을 위해 어쩌는 수 없는 난처한 지경에 이른 것이었다. 명도의 초조는 애욕과 사업 두 가지에 걸려 있었다.

"속세의 매력을 가지구 나를 낚을래두 벌써 때가 늦었어요. 내 맘 속에 지금 무엇이 있게 그걸 휘일랴구."

"어서 긴 소리 말구 내 목욕하구 나오는 동안에 잘 생각해 놓아요. 내게두 화라는 게 있지 언제까지나 사람을……."

명도는 옷을 훌훌 벗더니 욕실로 갈 양으로 수건을 찾아 드는 것이었다.

명도는 단영의 실종으로 말미암아 촬영 진행에 지장이 생겨 곤란을 느끼고 있는 것은 사실이었으나, 단영의 고집은 휘어내는 재주가 없어서 강잉한 반대를 받고는 그만 단영을 데리러 온 목적도 잊어버리고 그대로 주저앉는 것이었다.

뜻 없는 반날을 지내고 저녁때가 되어도 명도는 자리를 뜰 생각은 안 하고 도리어 유유한 휴양의 길이나 떠나온 듯 그대로 눌러앉는 태도였다.

"그래 아무래두 안 가겠다는 말요. 어디 누가 못 견디어 나나 지구전을 해 볼까. 나두 그렇게 훌훌히는 안 뜰걸."

하면서 속으로는 그것이야말로 자기의 바라던 바라는 듯한 심보가 없지도 않았던 것이다.

그런 명도의 심보를 단영인들 알아채지 못할 리는 만무했다. 명도의 이번 길의 태반의 뜻—숨은 마음의 이유를 도리어 그 자신보다도 단영의 편이 정확히 뽑아 쥐고 있는 것이었다. 이번이야말로 뜻을 세워 보고 목적을 뚫어 보겠다고 명도의 마음이 초조할 것은 사실이었다. 벌써 오래전부터 가지고 내려오는 목적이요 뜻인 까닭이다. 그것 한 가지를 위해서 가지가지의 희생도 달게 겪어 온 터이다. 다시 말하면 그것의 대가를 벌써 한도 이상으로 치렀다면 치른 셈이다. 이제야말로 그것을 적극적으로 요구하고 주장할 때가 왔다고—명도가 마음 그 어느 구석으로 생각하고 있을 것을 단영은 충분히 추측하고 있었다.

여관 뒤편 낙엽송 수풀 속을 혼자 거닐면서 단영은 명도의 일건을 생각하고 있었다. 휘추리만 남은 나무언만 원체 빽빽이 들어선 까닭에 그 속은 제물에 으늑한 수풀을 이루고 있었다. 발아래에 떨어진 잎새는 쌓이고 쌓여 누런 보료를 깔아 놓은 것과도 같다. 그 부드럽고 깨끗한 보료를 구둣발로 밟기가 아까워 맨발로 밟아 보았다. 그 푹신한 위에 전신을 뉘어 보았다. 팔을 베고 반듯이 누우면 얼크러진 나뭇가지 사이로 푸른 하늘이 실같이 복잡하게 헤뜨러져 보인다. 그 위에 한 조각 구름이 걸려 유유히 한가한 자태를 보이고 있으나, 그것을 우러러보는 단영의 심중은 한가하기는커녕 얼크러진 나뭇가지같이 복잡했다.

(그래야 옳을까 저래야 옳을까—마지막으로 명도의 뜻을 들어주어야 옳을까 안 들어주어야 좋을까.)

하는 제목이 마음속에 떠돌며 어떻게 결론을 지을지를 몰라 갈팡질팡 몇 시간을 그렇게 누워 있는 것이었다.

(마지막으로 자기 몸이나 희생해서 사내의 뜻 하나 살려 주는 것이 좋은 것도 같구—그러나 그만한 의리를 위해 비위에 안 맞는 짓을 하는 것이 어리석은 것두 같구…….)

생각하다 못해 벌떡 일어나 다시 수풀 속을 거닐기 시작했다. 몸부림이나 칠 듯 뜻 없이 나무를 흔드니 가지에 걸렸던 낙엽이 누런 눈송이같이 날아 떨어졌다.

결국 마음의 결정을 얻지 못한 채 방으로 돌아왔을 때 명도는 어둠침침한 저문 방 속에서 불도 켜지 않은 채 여전히 술을 마시고 있다. 반날 동안 혼자의 술타령이었다.

단영이 들어오자 술을 따르던 하녀가 제 시중은 그것으로 끝났다는 듯 슬그머니 자리를 물러나갔다. 명도는 술기운에 흐리멍덩하게 빛나는 눈으로 단영을 흘끗 바라보는 품이 마음의 결정을 하구 왔느냐는 듯도 한 눈치다. 단영은 맥없이 풀썩 주저앉으며 피곤을 느꼈다.

"수풀 속에서 종일 무얼 했어. 사람은 혼자 방에다 버려두구. 이래두 한 평생 저래두 한 평생인데 그렇게 꼬물꼬물 생각해선 무엇 하누. 흐리게두 살구 맑게두 사는 법이지 고집을 피워두 소용없어. 자 한잔."

"……."

"아, 취한걸. 싸움이래두 한번 하구 싶다. 날 당할 사람은 없으렷다. 오늘은 내가 제일이야."

아닌 뽐을 내고 기염을 올리는 명도의 태도가 전에 없이 험상궂게 여겨지면서 무슨 일을 치려는 것인고 하고 단영은 섬찟해졌다.

"이렇게 권해두 내 술 한잔을 안 들겠다?"

소리를 지르는 명도의 태도는 지금까지와는 판이한 것이었다. 단영의 앞에서 고개 숙이고 애걸하고 복걸하고 사지를 못 쓰는 명도가 아니요 꿋꿋하게 자기 뜻을 주장하고 입장을 세우려는 그였다.

무엇이 그에게 그런 용기를 주었던가. 돌부처도 노여워할 때가 있듯 사람은 지치면 노여워지는 것인 듯하다. 별것 없이 명도도 노여워진 것이다. 애걸하다 못해 피곤해지고 피곤한 끝에 화가 난 것이다. 화를 낸 사람같이 용기를 가진 사람은 없다. 명도의 그날의 자태는 전에 없이 험상궂게 보였다.

"대체 여자라는 게 얼마나 강한 것인가. 오늘이 마지막 시험이야. 나를 질근질근 밟어만 왔겠다. 언제까지든지 밟혀만 지내라는 법 있나. 정말 누가 강한가 누가 이기나 어디 시험해 보구야 말걸."

"무얼 믿구 장한 소리만 탕탕 하우. 술은 안 먹겠다는데 자꾸만 지근덕거리면서."

"왜 안 먹어. 내 술을 왜 안 먹어. 오늘에 하필 — 입이 부르텄나. 난 사람이 아닌가."

입에 거품을 뿜으면서 — 흡사 투정하는 아이다.

"왜 아닌 곳에까지 쫓아와서 남의 맘을 산란하게 휘저어 놓는단 말요. 그것두 사내의 권리요? 나는 나구 당신은 당신이지 어떻게 남의 맘까지를 휘이겠단 말요. 어디 휘일 수 있는 대로 휘어 보구료."

단영도 대꾸는 하면서도 전같이 팔팔한 기색은 없었다. 그 어디인지 풀이 죽어 보이는 것은 물론 명도에게 대한 새삼스런 공포에서 오는 것이 아니라 자기 한 몸의 고민에서 오는 것이었다. 지금은 벌써 명도와의 관계의 결말이 문제가 아니고 더 큰 생사에 대한 문제가 전폭적으로 마음을 잡고 있었던 것이다. 명도의 주정을 정면으로 받아들일 기맥도 생각도 없었다.

"세상에 사내라군 일마밖엔 없나. 천하 일남 천일마만이 모든 사랑을 독차지해야 한단 말인가. 녀석의 무엇이 그렇게 여자의 마음을 끄는구. 희구 예쁘장한 얼굴과 후리후리한 키에 음악을 좀 알구 문화니 머니 나서서 우쭐대구—꼭 그래야만 여자의 맘을 끄나. 그게 연애의 법칙인가. 그렇지 않으면 평생 여자 하나 잡아보지 못한단 말인가. 나같이 이렇게 검은 무드러기는 일생을 쓸쓸하게만 보내라는 팔잔가. 누가 맨든 놈의 법칙이야. 그런 불공평한 법칙이 무엇하자는 거야. 어디 내가 그 법칙 좀 깨뜨려 볼걸. 깨뜨려 버리구야 말걸. 이 무드러기두 사랑을 좀 차지해 보구야 말걸."

하소연이나 하는 듯 항의나 하는 듯 나다분히 지껄이는 명도의 눈동자는 점점 열을 띠어 갔다.

"다 같이 조물주의 아들인데 사랑을 누가 하지 말라겠수. 아무리 추물이기로서니 사랑의 권리까지야 없겠수. 그러나 뜻같이 되지 않는 게 세상일이지. 사랑인들 어디 뜻대로 되우. 뜻대로 된다면 당신은 왜 그리 몸부림을 하구 낸들 왜 이리 괴로워하겠수. 사랑이 그렇게 수월한 문제랍디까."

"마음으로 사랑하느니 뭐니 그런 비인 사랑의 말은 다 쓸데없어. 난 내 힘으로 내 원하는 걸 가지면 그만야. 그가 날 미워하든 마든 뺏구 싶은 걸 뺏으면 그만야."

하면서 명도는 다짜고짜로 단영의 팔을 나꾸는 것이었다. 부락스런 힘이 단영의 가벼운 몸을 송두리째 뽑아가는 것이었으나, 단영은 굳이 항거하지 않으며 그 역 마음속에 이미 작정한 것이 있는 모양이었다.

"뺏을 것만 뺏으면 맘이 만족할 줄 아우. 그런 시험은 내가 벌써 언제 해 보았게. 만족을 얻지 못했으니까 이렇게 괴로워하는 것이 아니오."

"내겐 정신이구 개뿔이구 다 일없어. 욕심뿐이야. 그것만 채우면 그만야."

명도가 지금까지 자기에게 대해 준 희생에 대해 그 대상(代償)을 치러 주어야겠다는 생각이 단영의 마음 한구석에 싹텄던 것은 이미 오래전 일이었다. 지금 그 생각은 차차 더해 가면서 하나의 결의로 변하는 것이었다.

한마디로 지극히 대담한 생각이라고 말한대도 그만인 것이다. 단영이 그것을 결심한 것은 물론 그의 생애의 마지막 계단에 있어서의 자포자기적인 태도에서 나왔던 것이 사실이다. 그깟 마음의 이유로서는 첫째 명도의 호의에 대한 대상이 되기를 생각했고, 둘째로 그 비위에 거슬리는 비루한 행동으로 자기의 육체를 멸시 학대함으로써 마지막의 계획—죽음의 길을 촉진시키자는 생각이었다. 자기의 육체를 벌써 혼 없는 기계로 여기면 그만이다. 잠시 기계된 몸으로 욕심쟁이 갈망자에게 만족을 주든지 혹은 환멸을 주어서 자기와 똑같은 또 한 사람의 실망자를 세상에 만들어 놓든지 그만인 것이다. 몇 시간 남지 않은 생명으로 마지막 선심을 쓰자는 것이 기구한 반생의 총결산으로서는 그다지 어그러진 것이 아닐 성도 싶었다. 명도의 자태를 한순간이라도 종래와는 다르게 고쳐 보는 것이 좋을 것 같아서 추잡하게 얼굴을 물들인 험상궂은 장정을 양같이 온순한 일면도 있었거니 생각하면서 추물의 아름다움을 그런 데서라도 발견하려고 애썼다.

저녁 식사도 하는 둥 마는 둥 이미 밤이 되었을 때 명도는 여전히 술을 계속했고 단영은 웬일인지 마음이 분주함을 느꼈다. 역시 마지막 준비와 마음가짐이 필요한 모양이었다. 마음 그 어느 구석으론지 남은 시간을 계산하고 생명의 방울을 헤아리고 있었다. 명도의 거칠은 태도와 요란하던 잔소리도 어느덧 머물러진 것을 깨달으며 언제부터 또 저렇게 점잖아졌노 하고 은근히 그의 모양을 살피니 고개를 떨어뜨리고 우는 것이 아닌가. 탁자에 반신을 의지하고 한 손으로 얼굴을 가리울 듯이 막고 울고 있는 것이다. 얼굴을 드니 두 볼에 눈물이 번지르 흐르는 것이 이것은 확실히 양 이상의 온순한 표정이었다. 하품할 때 이외의 눈물치고 불순한 눈물이라는 것이 세상에 없다. 깨끗한 감동 없이 눈물이 흐르는 법은 없음으로다. 무슨 눈물인지는 모르면서도 단영이 그 눈물에 감동한 것은 사실이었다. 위장부의 우는 꼴이란 보기 민망한 것이기는 하나 지금까지의 그의 모든 자태 중에서 그 우는 자태보다도 더 아름다운 것은 없었던 듯하다. 아름다운 것을 꼭 한 점이라도 발견하려고 하던 단영이 눈물에서 그것을 본 것이다. 몸을 부탁한다면 그 한 점이다. 그 한 점으로 모든 염오의 감정을 떨쳐버리고 몸을 맡길 수 있는 것이다.

"거울이나 좀 빌려줄까. 그 우는 꼴 흡사 뚜꺼비."

농을 걸어

"세상에 나같이 못난 놈두 드물걸. 못나서 그런지 맘이 착해서 그런지 마지막까지 부락스럽게 굴지 못하겠단 말야."

진정으로의 하소연을 받은 것이 단영의 결심을 한결 더 조이는 결과가 되었다.

"그럼 이번엔 내가 또 용감해질 차렌가. 자 이 못난 사내 용기를 좀 내요."

전신을 맡기다시피 하면서 손바닥으로 명도의 면상을 문지르는 것이었다…….

단영의 계획은 성공되었다. 처음 생각했던 대로의 마음의 경로였다. 그것이 있기 전의 순간과는 판이한 감정이 마음을 엄습하면서 지금에 벌써 커다란 파멸의 문이 그의 낡은 육체를 기다리고 있을 뿐이다. 눈물로 추잡한 면상을 잠시 가리웠던 명도도 다시 눈물을 흘리기 전의 추물로 돌아가 보기만 해도 진저리나는 욕심쟁이로 변해졌고, 잔인하게도 학대받은 자기의 육체도 누추한 환멸 속에 잠겨 생각만 해도 구역나는 등신으로 화한 것이다. 세상에는 벌써 남은 것이 없다. 마지막이 온 것이다. 커다란 모욕과 타락 속에서 최후의 결심을 실행함은 단영으로서는 가장 쉬운 노릇이었다. 당초의 계획에 성공한 것이다.

웃음이 변해 눈물이 되었다. 단영은 반듯이 누운 채 눈물을 훔치면서 마음을 가다듬었다. 배부른 추물은 어느덧 옆에서 잠들어 있다. 고요한 마지막 일순이다.

(그것 하나를 위해서 죽어야 한다는 게 나두 결국 구식 여자에 지나지 못했던가. 그러나 이 고전적인 습속이 지금 제일 비위에 맞는 것이다. 인연이 있다면 딴 세상에서나 또 일마를 만날까.)

침착하게 몸에 지녔던 그것을 내어 유리잔의 물과 함께 단숨에 내려 삼키는 것이다.

피곤하고 고주가 되어 단잠이 들었던 명도가 어떻게 눈을 뜨게 되었는지 아마도 일종 특별한 영감으로 말미암은 것인 듯하다. 옆자리에 누운 단영의 신음 소리가 그의 잠을 깨우리만큼 높지는 않았다. 환몽 중에 벌떡 일어나 보니 의외의 신음 소리가 들리고 단영의 그 꼴이 눈을 놀라게 했던 것이다. 괴로워 몸부림을 치는 단영의 어지러운 옆에 흐트러진 약갑(藥匣)을 발견하고서야 비로소 괴롬의 뜻을 깨닫고 꿈이나 아닌가 하며 뛰어 일어났던 것이다.

허겁결에 단영의 몸을 흔들어 보나 혼몽 상태에 빠져 입에 거품을 머금고 괴로워만 할 뿐 눈을 뜨지는 않는다. 육체의 괴롬과 정신은 각각 동떨어진 다른 것인 듯 정신은 육체의 말을 듣지 않는다. 사태가 위급함을 깨닫자 명도는 한꺼번에 겁이 치밀어 오르면서 허둥허둥 문을 밀고 복도로 뛰어나갔다.

"사람 구해 주오."

소리를 치면서 설레는 바람에 아직도 깨어들 있던 하녀 방에서 하녀들이 뛰어나왔다.

밤이 이슥한 때이라 그러지 않아도 손님이 적은 한적한 여관은 죽은 듯이 잠들어 있어서 등불만이 누르끄무레하게 고요한 속에서 명도의 목소리는 그지없이 당황하게 울렸던 모양이었다.

몇 사람의 하녀는 한꺼번에 달려와 방 안에 몰려들었으나 단영의 모양을 보고는 더욱 놀랄 뿐 그 자리에서 어떻게 했으면 좋을지들 분별조차 생기지 않았다. 사람을 구한다는 것은 제 힘에 맞는 때뿐이다. 힘이 부치는 때는 벌써 놀람이 있을 뿐이다.

하녀들도 결국 명도와 한패가 되어 주인을 깨운다 하며 설렐 뿐이었으나, 산골 벽지에서 그 몇 사람의 지혜로는 위급한 한 사람 생명을 구해내는 재주가 없었다. 급변에 처할 준비와 지식을 사람은 평소부터 갖추어 가지고 있지 못하다. 그런 급변이란 드문 일인 까닭이다. 참으로 단영같이 신여성이면서도 구식의 정신을 사랑하는 여자도 드물 법하다.

요행 여관 뜰 앞에는 자동차 한 대가 머물러 있었다. 역과 온천지 사이를 내왕하는 차는 대개 역 앞 차고에서 밤을 지내는 것이었으나 그날 밤은 공교롭게도 운전수가 온천에서 밤을 지내노라고 빈차를 세워 두었던 것이다. 주인의 알선으로 운전수를 깨워 명도는 전속력으로 읍내로 향하게 되었다.

가장 가까운 곳으로는 읍내에밖에는 병원과 의사가 없다는 것이었다. 야밤중에 의사를 데려오는 수밖에는 없다. 밤중이자 벽지이자—단영은 가장 불리한 기회를 고른 것이다. 아니, 하기는 그의 요량으로서는 가장 유리한 기회를 고른 셈이었을까.

급한 경우라 운전수도 불평이 없이 산골의 험한 길을 달렸다. 읍내로 향하는 길은 좁은 데다가 더구나 그곳 일대는 험준한 절경으로 이름난 곳이라 무수히 구부러진 길이 위태위태하게 비탈로 뻗쳐 있다. 희미한 등불로 길바닥의 잡초를 비추이면서 차는 된 듯 산길을 더듬어 내렸다.

"약을 먹다니 웬일인가요."

운전수의 질문에 명도는

"뉘 아나요."

범연하게 대답하면서도 속으로는 곰실곰실 타고 드는 것이 있었다.

"겉은 멀끔하게 채려두 사람의 속은 편편하지 못한 모양이죠. 그 젊은 청춘이 약을 먹다니."

"……."

명도는 침묵 속에서 마음속 한 점을 노리고 있었다.

(내 탓도 있지 않을까―적어두 죽음을 결심한 마지막 동기는 내가 주게 된 것이 아니었을까. 그 어디인지 자포자기적 태도가 있었다. 그런 태도로 나를 마지막 발디딤을 삼고 죽음의 길을 떠난 것이 아닌가.)

하고 생각할 때 깊은 자책의 염이 솟으면서 커다란 뉘우침이 가슴을 죄었다.

(자기는 욕심쟁이 사내였다. 왜 한 여자의 순정을 그대로 살려두지 못했던고…… 여자의 마음이란 그렇게두 아름다운 것인가. 죽음으로 순정을 표현하다니―세상에 일마같이 행복스런 사내가 또 있을 것인가.)

찬 밤기운에 몸이 젖으면서 마음도 함께 축축이 젖어갔다.

근 삼십 리나 되는 길의 안팎 육십 리를 내왕하니 밤중도 이미 지나 어느덧 이른 새벽을 바라보았다.

조그만 촌 읍의 의사는 신경이 장작같이 둔하고 몸이 느린 것을 간신히 애걸해서 차리고 나서게 했다.

의사를 믿고 명도는 얼마간 마음이 든든은 했으나 다시 온천까지 돌아왔을 때에는 어디서인지 첫닭이 한 홰 울고 난 뒤다.

하녀 한 사람은 방에서 졸고 있고 단영은 여전히 눈을 감은 채 신음하고 있는 중이었다.

명도는 급한 마음이 앞서서 아이같이 설레는 것이나, 의사는 침착한 것인지 무관한 것인지 심상한 태도로 베풀 수 있는 수단은 다 베풀었다. 주사를 놓고 입에 약을 머금였다. 의식 없는 속에서 약즙은 받지를 못하고 입 밖으로 흘러나왔다. 약의 효과는 무한량하고 진득이 기다리는 수밖에는 없었다. 손을 다한 후에는 단영의 얼굴빛의 변화를 바라보고들 앉아 있을 뿐이었다.

"회복의 가망이 있습니까."

무시무시한 마음에 명도는 서성거리면서 간신히 이것을 물었다.

"글쎄요."

"꼭 회복이 돼야겠는데."

"요행 분량이 과하지 않았던 것 같아 안심은 됩니다만."

의사는 단영의 옆에 헤트러진 약갑을 집어 올려 내용을 살폈다.

교갑에 든 흰 약이 불과 몇 개 축났을 뿐이다. 의사의 말에 의하면 그 정도의 양으로도 목적의 효과가 나는 수가 있기는 있으나 실패하는 수가 많다는 것이었다. 단영은 겁결에 채 적당한 양을 못 마시고 쓰러진 모양이었다. 그 한 점에 명도는 희망을 붙이기는 했으나 다시 의사의 말을 빌면

"그러나 봐하니 원체 몸이 쇠약한 모양이래서 필요 이상의 고생을 할 것두 같습니다."

라는 것이다.

최근 단영의 건강이 어느 때보다도 쇠약해졌던 것을 명도야말로 가장 잘 알고 있었다. 한시도 그칠 바를 모르는 번민과 초려 때문에

그 염염하고 충실하던 육체가 어느 결엔지 바싹 바스러져서 명도를 놀라게 했다. 설상가상의 재앙이 명도의 가슴을 죄었다.

"아무튼 목숨 하나만은 돌려야겠는데 선생의 재조껏 좀 다해 주십시오."

손이라도 모으고 빌고 싶은 마음이었다. 그러나 베풀 수 있는 수단이라는 것은 빤한 것이어서 의사도 그 이상 더 어쩌는 수 없이 다만 명도와 함께 앉아 잠시 더 동무를 해 줄 뿐이었다.

분주한 몸에 밤을 새울 수 없다는 것이어서 밝기 전에 다시 자동차로 의사를 읍내까지 보내게 되었다.

이럭저럭 밤이 훤히 밝게 되었다. 잠 한숨 못 이루고 줄곧 뜬눈으로 새벽을 맞이한 명도는 그렇다고 그다지 피곤도 느끼지 않으며 단영의 머리맡에 차지게 앉아 있었다. 그것이 지금에 있어서는 단영에게 보일 수 있는 단 하나의 정성이라고 생각했다. 자기 한 몸을 바스러뜨려서라도 그를 구하고 싶은 마음에 그 정도의 정성쯤은 대단한 것이 아니었다. 힘자라는 일이라면 무엇이든지 하고는 싶으나 지금에 할 일은 그밖에는 없었다.

아침이 되면 서울로 지급전보를 쳐서 친한 동무 의사를 부를 작정이었다. 저녁때까지에는 다다를 것이다. 세상에서 할 수 있는 모든 방법을 써 볼 생각이었다. 단영같이 소중한 사람이 세상에는 둘도 없음을 더욱 절실히 깨달아 갔다.

참으로 진정으로 그를 사랑하고 있었던 것을 이제 점점 느껴가며 단영의 얼굴을 물끄러미 바라보려니 뼛속까지 쯔릿해 갔다.

얼마나 변한 얼굴인가. 어제까지의 건강한 얼굴이 아니고 초췌한

휜 얼굴이다. 괴롬과 슬픔이 넘쳐흐르는 얼굴이다. 무엇을 가져온들 그보다 더 가엾은 것이 있을 것인가.

(단영에게나 내게나 왜 사랑은 뜻대로 되지 않는 것인구. 사람을 이렇게 슬프게만 해 놓으면서.)

눈시울이 뜨거워지며 꾹 감으니 굵은 방울이 무릎 위에 떨어졌다. 두꺼운 손등으로 눈을 비비는 명도는 흡사 아이의 모양이었다.

부부의 길

교수 안상달의 가정같이 한적한 집안도 드물다. 아내 혜주와 단 두 사람만의 식구인 까닭이다. 아직도 아이 없는 것이 혜주의 편으로 보면 적적한 때도 있었으나, 한편 그 별나게 몸이 단정하고 깨끗하고 집안이 호젓해서 언제까지나 신혼의 기분 그대로 살아갈 수 있는 것이 편한 노릇으로 생각도 되었다. 둥우리 안의 자웅의 새같이 단둘이만 서로 쳐다보며 사는 것이 지쳐서 무미할 때도 있었으나, 그것은 세상의 근심 걱정을 모르는 사람의 배부른 흥정일지도 모르는 것이다.

안상달은 교무에 그다지 매일 것도 없어서 평일도 한가한 편이기는 했으나, 역시 일요일이 가장 고마운 날이어서 이날을 즐겁게 보내자는 것이 가정의 법도로 되어 있었다. 천편일률인 생활의 단조를 깨뜨려 보자는 것이 부부의 일상의 원이어서 생활의 계획도 갈아 보고 연구도 하고 발명도 해 보는 것이었으나 신기한 계획이란 무한정하게 없는 것이다. 보통 사람이 하는 정도의 오락이나 얼마간의 사치—그런 것이 역시 생활의 흥미를 연명시켜 가는 수단이 되는 수밖에는 없었다.

날이 추워지면서부터 늦잠의 버릇도 더해져서 더욱이 일요일이라 부부가 식사를 마치고 대청에 나앉은 것은 아침 해가 훨씬 퍼졌을 때였다.

모차르트의 실내악이 조용한 대청 안을 화려하고 조금 슬프게 장식했으나 늘 듣는 음악도 단조한 것의 하나, 곡조가 끝났을 때는 방안은 한층의 적막을 더한 듯하다.

혜주는 어느 결엔지 털실의 뭉치를 가져다가 의자에 앉은 채 편물을 시작하고 있었다. 남편이 올 겨울에는 스키를 해 보겠다고 법석을 쳤던 까닭에 몸단속에 필요한 옷가지를 뜨기 시작하고 있었던 것이다. 둥그런 털실 뭉치가 아내의 발목 아래에 구르며 창으로 쬐어드는 햇살을 받아 폭신한 감촉을 준다. 그 따뜻한 한 폭의 시절의 풍경에 마음을 녹이면 녹일수록 신변의 적막을 느끼는 상달이었다.

"사람이 이렇게 아쉽구야—고양이 새끼래두 한 마리 기르는 게 옳지."

"논문이니 원고니 허구한 날 자기 일에만 골몰하다가 모처럼의 일요일이 머 그리 무료하단 말요."

혜주도 남편과 같은 마음이기는 하나 이렇게 한 마디 거스려 보는 것은 역시 단조에 싫증이 난 까닭이었다.

"무료하다면 내야말로 무료해 못 견딜 지경인데 밤낮으로 집에만 갇혀 있으면서 할 일은 없구 손두 놀구 맘두 놀구 시간이 무진장이구—꼭 어떤 땐 지옥살이만 같구료."

"벽 밖엔 꽃이 있고 벽 안엔 책이 있고 집은 작으나 넓은 뜰엔 나무 그림자도 있고 어김없이 들어오는 얼마간의 수입과 사랑스런 아내, 나 이외엔 아무도 잘났다는 사람 없으나 거기에 만족하는 아내, 스스로 즐겨 집안의 죄수 되어 밖에서 부르는 새와 함께 노래하는 아내—이 작은 집과 넓은 뜰과 얼마간의 수입과 사랑스런 배필과 건강한 몸과 평화로운 마음과—나보다 더 위대한 사람을 보여다오—하던 누구던가 시인의 시를 읽은 건 벌써 까만 옛일만 같지. 시인이 노래하는 진리두 시간 앞에서는 어쩌는 수 없는 것인가."

"지금 웬 뜰에 꽃이 있구 나무 그림자가 있단 말요. 꽃이 있을 때의 시가 꽃이 진 다음에까지 남어 있겠수. 뜰을 좀 내다봐요."

혜주도 덩달아 지껄이다가 문득 그 무엇을 깨닫고 당황해서

"아니 시를 잊은 것이 대체 누구란 말요. 내란 말요 당신이란 말요."

"왜 난들 시 좀 못 잊어버리나. 당신 잊어버리는 시를 내가 왜 못 잊어버리겠수."

"무어요? 그게 남자의 버릇예요. 가정을 소홀히 여기구 자기 맘만을 주장하는 것을 특권같이나 여기면서."

혜주의 생각 같아서는 자기는 가정을 무시하더라도 남편만은 절대로 아내를 숭배하고 가정을 천국같이 여겼으면 하는 것일까. 남편의 눈으로 보면 그런 아내의 버릇이야말로 가장 꼴불견이요 되지 않은 것이었다.

"피차 마찬가진데 그렇게 얼굴 붉힐 것이 없구—영화 구경이나 떠납시다."

일요일의 운명이란 결국 그 지경이 가장 무난한 것이었다.

대개 식당에서 점심을 먹고 그 길로 영화관에 들어가 반날을 지우고 하는, 판에 박은 듯한 일요일의 과정을 그날도 그대로 밟는 것이었으나, 신기한 자극은 없으면서도 주기적으로 돌아오는 그 행사가 역시 일요일의 기분을 느끼게는 했다.

가정생활의 권태라는 것에 대해서 부부의 책임과 권리가 어느 편이 더하니 덜하니 하고들 집에서 한바탕 따지고들 나온 판이라 혜주의 가슴속에는 아직도 그 논의의 여파가 서리어 있으면서 개운한 심사는 아니었으나, 거리에 나와서는 역시 부창부화로 남편의 하는 대로 좇는 것이 예의인 것을 분별하지 못하는 그는 아니었다.

영화의 도중에서 상달은 잠간 일어서 아내와 함께 휴게실로 나오면서 즐거운 기색이었다. 노래와 춤의 유쾌한 음악 영화가 막 끝난 것이었다. 학문의 세상에서 이미 피곤해 버린 상달은 공연히 심각한 체하는 영화보다도 차라리 경음악의 가벼운 영화를 즐겼다. 피곤한 정신을 해방시키고 잠시 영화와 함께 웃고 어깨춤을 추면서 천치같이 지낼 수 있다면 그만이라고 생각했던 까닭이다.

"오늘 영화가 《남방비행》이 아니기 잘했지. 가정을 가진 여자가 아예 《남방비행》을 볼 것이 아니야."

껄껄껄 웃으면서 남편은 무심히 지껄인 것이나, 말속에 미려의 일건을 가리키는 암시가 지나쳐 노골적으로 나타났던지 따라 나오던 혜주는 정색하면서 남편을 똑바로 노렸다.

"아니 《남방비행》이 어쨌단 말요. 쓸데없는 영화평은 좀 삼가는 것이 어때요. 세상에 영화 비평가두 많을 텐데 괜히."

"생각해 보구려. 《남방비행》을 모방하는 아내가 자꾸만 생기면 세상의 가정이 무슨 꼴이 되겠나를. 미려의 행동을 열 사람이면 열 사람이 다 찬성할 줄만 아우."

"찬성 안 하군 어떻게 해요. 사랑 없는 가정에 어느 때까지 박혀 있어선 무엇하자는 거예요. 미려의 행동엔 손톱만큼두 파잡을 데가 없어요. 괜히 왜 남을 헌단 말요."

"미려의 말이라면 펄펄 뛰구 야단이니 그렇게두 죽자 사자 하는 사이였었나."

"친한 동무래서만이 아니라 같은 여자의 입장으로서 미려를 변호하는 거예요. 사내만이 자기 뜻대로 해두 좋구 아내는 언제나 얽매여서만 지내라는 말인가요."

"결국 아내에겐 누구에게나 다《남방비행》적인 성격이 있단 말이지. 무서운 세상인걸.《남방비행》의 선조가 노라였겠다. 위험천만이야."

"사내는, 사내는 대체 어떻구요. 미려의 가정이 어떻구 남편이 어떤 위인인지 알구나 말요."

휴게실 소파에 앉아서까지 부부는 시비를 그치지 않았다.

"글쎄, 미려의 경우는 특별하다구 하더라두 전반적으로 세상의 가정이 그렇게 믿을 수 없는 것이라면 첫째 불안해서 어떻게 산단 말요."

상달은 가정의 남편으로서는 온건파의 한 사람이었다. 개혁을 즐겨 하지 아니하고 길만 있으면 타협해서 평화를 보존함이 옳다는 것이 그의 평소부터의 의견이었다.

그런 의견이 아내 혜주의 입장으로서 보아도 반갑지 않은 바가 아니되, 아내를 중심으로 했을 때 반가운 것이지 남편을 중심으로 한 것이라면 반가울 것이 없었다.

"필경은 남편이 더 아내를 존중히 여김으로써 문제는 해결될 것이라구 생각해요."

"문제를 캐랴면야 그보다 더 근본적인 것이 있겠지. 당초에 사랑 없는 그릇된 결혼은 하지 말아야 할 것—일단 사랑의 결혼을 한 것이라면 권태가 오더래두 피차에 양보해서 안전한 타협의 길을 찾아야 할 것—부부의 생활이라는 것은 역시 한 가지의 노력이어야 하잖겠수. 권태와 고집만이 있다면 필경엔 파탄의 길이 있을 뿐이 아니겠수."

"누가 아니라나요. 뻔한 이치지."

혜주도 동의하면서 대체 지금까지 무엇 때문에 시비를 했던 것인지 결국은 같은 결론에 끝나는 두 사람이었다. 부부란 원래 그런 것인지도 모른다.

일마는 하얼빈을 떠날 때 덜덜 떨었으나 서울로 돌아와도 추위는 마찬가지였다. 겨울은 그곳이나 이곳이 일반이어서 벌써 같은 빛 같은 추위였다. 나오는 길로 겨울옷과 겨울 외투를 두둑하게 입을 생각만을 차 속에서 한 것이 생각대로 고향으로 돌아와 가장 반가운 것은 그 겨울옷이었던 것이다.

겨울옷과 아내 나아자와 전(前)대로의 생활과—그것이 가장 반갑고 그리운 소원의 것이었다. 짧은 여행에 전에 없는 피곤을 느끼며 아내와 그와의 분위기를 새삼스럽게 갈망하게 되었다. 돌아올 곳은 그곳밖에는 없는 것이라는 생각이 들면서 일종의 초려까지 느꼈던 것이다.

짧은 여행 동안에 퍽으나 많은 일을 치른 것 같으면서 복잡한 심사를 이루 가릴 수 없다. 왜 그런 여행을 떠났던고 하고 뉘우치기도 했다. 원래 사건이 돌발한 까닭에 그것을 처리하려고 떠났던 것이 동무를 돕기는커녕 되로 자기 자신의 사건을 얻어 가지고 갈팡질팡하다가 돌아오고 만 셈이다. 가슴속에는 주름만 잡히고 그 주름 갈피에 그림자만을 더 간직하게 된 것이다.

'대륙당' 주인 운산의 납치 사건은 거의 해결의 고패에까지는 이르렀으나, 아직도 놓여 돌아온 운산의 자태라는 것을 보지 못한 채로 일마는 떠났다. 대륙의 갱은 뿌리 깊은 대규모의 것이어서 위협쯤으로는 까딱도 하지 않았다. 타협의 방법이 가장 무난한 것이어서 그 방침대로 교섭이 진행되어 청구의 액수가 겹겹의 손을 거쳐 갱단에 수교되고, 이제는 그 대상으로 끌려간 운산의 몸만이 놓여 돌아올 날을 기다리게 되었다. 갱의 협기와 도덕에 비추어 약속을 이행하지 않을 것으로는 생각되지 않았다. 다만 어떤 경로와 방법으로 돌려보낼 것인가가 의문이었다. 집안사람들과 주위 사람들은 그 점에 흥미조차 느끼면서 운산의 나타날 날을 기다리게 되었다. 사건의 해결이라는 것은 아직 그 정도의 것이었다. 이제는 벌써 마음을 놓은 벽수의 권고도 있고 해서 일마는 떠나기로 결정했던 것이다.

물론 미려가 하얼빈을 떠난 것은 일마보다도 훨씬 이전이었다. 미려는 감정이 더욱 들까불게 될 것을 경계해서 호텔에서 일마와 마지막 만찬을 나눈 그날 밤으로 떠났던 것이었다. 미려를 떠나보낸 후 일마는 얼크러진 심서에 며칠 동안은 미려의 생각으로 가슴이 죄어졌다. 미려의 앞에서 냉정하게 하고 마지막까지 의젓이 군 것은 일마로서는 커다란 노력이었다.

건듯하면 피어오르려는 열정을 죽이고 마음의 고삐를 돌려잡고 돌려잡고 하면서 만신(滿身)의 남모르는 싸움을 한 결과였다. 탔던 자리에 불이 붙으면 얼마나 위험하고 맹렬한가를 잘 아는 까닭이다. 일마의 그때의 심정으로는 그런 위험성이 다분히 있었다. 그것을 떨쳐 버리고 냉정한 심사로 돌아가려고 함으로 몸에서 땀이 날 지경의 분투를 했던 것은 일마만이 아는 그의 가슴속에만 숨어 있는 사실이었다. 현재 나아자를 사랑할 뿐이 아니라 열정에만 사로잡혀 질서라는 것을 모조리 깨뜨려 버림은 사회생활의 파멸을 의미하는 것이요 그런 배덕의 길이 인류의 바른 길이 아닐 것이라는—상식적이기는 하나 역시 가장 옳은 도덕률을 가슴속에 되풀이하면서 그것으로 열정의 고삐를 다구지게 채쳐 쥐었다.

미려를 보내고도 혼자 일주일 남짓이나 호텔에 묵은 것은 미려에게 대한 생각을 정리하고 속히 개운한 마음으로 돌아가고자 하는 생각으로였다. 병은 항상 두 사람의 서 있는 거리에서 생기는 것이다. 미려를 그렇게 만나지 않았던들 새삼스런 번민이 솟았을 리는 없었다. 만난 까닭에 감동이 생기고 회포가 소생되어서 괴롭히는 것이다.

억지로 가라앉힌 마음에 불현듯이 생각나는 것이 나아자와 그와의 생활이었다. 전에 없이 설레면서 서울로 돌아와 반기는 아내의 자태를 발견했을 때 새로운 감동이 솟았다. 아내와 외투는 시절의 선물과도 같이 여겨지면서 거기서 비로소 마음의 안정을 얻은 듯도 했다.

사정도 사정이었지만 신혼의 부부가 잠시라도 그렇게 갈라져 있은 것이 일마보다도 나아자에게는 더욱 큰일이었고 괴변같이도 여겨졌다. 교향악단의 접대를 남아서 해야 했고 일마는 별안간 동무의 사건으로 말미암아 길을 떠나야 했고 한 것이 그 당장에서는 조금도 부자연스럽지 않은 당연한 일같이만 여겨졌으나, 일단 그런 신변의 잡사가 지나가 버린 후 혼자 곰곰이 남편과 갈라져 있는 입장을 생각할 때 나아자는 견딜 수 없는 적막을 느끼며 남편에게 대한 회포가 불현듯이 솟곤 했다.

그런 심회로 남편을 맞이하게 된 까닭에 반가운 마음은 어느 때보다도 유별히 솟아 나아자는 신혼의 감정을 새삼스럽게 회복해 맛보게 되었다.

아마도 일마의 반가운 마음 이상으로 격동했던 것이요 민첩한 여자의 감각으로 눈물까지 어리어 보였다. 굴 속에서 쓸쓸해 하던 외로운 동물과도 같았다. 부둥켜 안고 혀로 핥고 물어뜯고 하는 동물적인 애정의 표현이 사람에게도 그런 때 가장 바르고 자연스러운 것이 아닐까. 나아자의 야단스런 태도는 그대로가 거짓 없는 자연의 발로였던 것이다.

"떠내보내구 나서 얼마나 뉘우쳤는지 몰라요. 내가 혼자만 남어 있다는 것이 얼마나 부자연스러운 짓인가를 느끼면서 제 불찰을 깨달았어요. 왜 남었던지 몰라요. 한때의 악몽이었던가요."

아내는 야단스럽게 그때와 지금과를 비교해 심경의 변화를 말하면서 모든 것을 자기의 허물로 돌렸다.

"교향악단의 시중이라구 지내놓구 보니 결국 별일이 없었던 것을 괜히 흥분하구 설레구……. 다 버리구 함께 뚝 떠나야 될 것을—."

악단의 일건에 필요 이상으로 마음을 쓰는 것이 일마에게는 딱하게까지 여겨졌다.

"별일이 없긴 왜. 책임자인 내가 없는 때 나아자가 아니면 누가 친히 그들을 접대하구 돌보아 준단 말요. 그런 공이라는 것이 모르는 곳에 숨어 있는 것인데 그렇게 소홀히 한마디로 말해 버릴 수야 있수. 다 제각기 자리에서 필요한 일을 한 것인데."

"동경으로 악단을 보내구 벌써 며칠인데요. 근 일주일 동안을 얼마나 쓸쓸히 지냈는지요. 그들이 가 버리니 그저 그뿐예요. 맥두 빠지구 흥두 빠지구 뭣 때문에 그렇게 흥분하구 설렜던가 해요. 차라리 여행이나 갔던들 얼마나 마음이 신선해지구 보람두 있었을 것을."

"하얼빈은 추워서 그다지 재미있는 여행두 못했으나 나두 그간 쓸데없는 일 때문에 번잡하게만 지낸 듯하오. 악단이니 동무의 사건이니 하구 휘돌아치면서 중요한 생활을 잊어버리구. 이제는 신변두 안정했으니 앞으로는 두 사람의 생활이 있을 뿐이오."

일마가 말머리를 돌리려 해도 나아자는 무엇이 그렇게 마음에 걸리는지 고집스럽게 한 곳을 여전히 답보하는 것이었다.

"단원들의 모두가 일마 일마 하면서 당신께 치사하는 것을 들었어요. 더우기 이바노프는 안부를 전해 달라구 신신당부를 하면서."

결국 이바노프의 말을 꺼내자는 것이었을까. 이바노프와의 사이를 아직도 일마가 오해하고 있지나 않은가 해서 걱정을 하고 있는 모양이었을까. 그런 아내의 태도가 애처로워지면서 그 순결한 표정 속에 지금 새삼스럽게 오해를 해야 할 건더기는 들어 보이지 않았다.

부부의 순결성을 따진다면 일마는 아내의 앞에서 고개조차 쳐들 처지가 못 되었다. 이번 여행만 하더라도 의외의 일이기는 하나 미려를 만났던 것을 나아자가 들으면 그 또한 놀라고 오해하지 않을 것인가. 부부의 평화를 위해서 차라리 그 일을 이야기하지 말까도 생각하고 있는 중이었다. 부부 사이의 오해에는 한이 없는 것이며, 결국에 필요한 것은 피차의 달관과 신뢰인 것이다. 일마는 어느 틈엔지 그런 철학을 터득하고 있었다. 짧으면서도 복잡한 몇 날이었다.

"필경은 다 지난 것이오. 이제 더 서로 맘을 죄여 지낼 것은 없어. 벌써 우리들의 사랑만이 남은 것이 아니오."

언덕 위 병원 조그만 병실에 단영은 누워 있었다. 벽도 희고 침대도 희고 단영의 얼굴도 희다. 희면서 그 어느 때보다도 곱다. 단영같이 핏기 많은 여자는 도리어 그렇게 쇠잔하고 약해 보일 때가 한층 아름다운 듯하다.

입원한 지 여러 날에 병세도 점점 쾌해져서 이제는 완전한 회복의 날을 기다리게 되었다. 그동안의 경과를 생각하면 단영은 신기한 생각이 나면서 침대에 지금 누워 있는 것이 짜장 내 몸인가 벌써 진했어야 할 내 몸이 왜 이때까지 이 자리에 누워 있는구 하는 느낌이 들었다.

촌 의사의 수완을 치하해야 옳을는지 원망해야 옳을는지 치료의 공이 있어 단영은 그 불서러운 온천 방에서 한 목숨만은 당겨 세울 수 있었던 것이었다. 하루 동안 혼몽한 속에서 신음하다가 저녁때가 되어 서울서 친한 의사가 달려왔을 때에는 의식을 회복하고 사선은 넘어선 것이었다. 생명에 지장이 없게 된 것을 명도는 자기 일만큼이나 기뻐했다.

그 꼴을 볼 때 단영은 다시 불쾌한 생각이 나면서 소생된 생명의 값을 무의미한 것으로 여기고 도로 질긴 한 목숨을 저주도 해 보았으나 벌써 일생의 방향은 작정된 것이다. 다시 목숨을 꺾어 버릴 용기는 없었다. 며칠을 온천에 그대로 누웠다가 기맥이 약간 회복됐을 때 서울로 올라가 좀 더 병실에 누워 있게 된 것이었다. 무슨 꼴이라고 할까 빼었던 칼을 다시 칼집에 꽂아 둔 보람 없는 자기의 꼴이 말할 수 없이 비굴하고 어리석게 여겨지면서 스스로 부끄럽다. 자기 염증을 금할 수 없었다. 그러나 숙명이거니 인생과의 연분이 그렇거니 하고 체관한다 하더라도 주위 사람에게 주게 된 자기의 인상을 생각할 때 얼굴이 화끈화끈 달 지경이었다. 무슨 낯으로 접질러진 인생을 또다시 걸어갈구 생각하면 생명의 불행을 가슴 갈피갈피에 느끼게 되었다. 같은 인생의 연장일진대 어떤 기적을 바라며 살아가야 옳을 것인가. 실패된 결의라는 것이 조금도 여생에 가치나 자랑을 더하지는 않았던 것이다. 결국 더 곪게 된 상처를 가지고 평생을 앓으면서 지내게 될 생각을 하면 치가 떨릴 뿐이다. 저주된 생명을 바라보면서 침대 위에서 쇠약한 육신을 주체스럽게 뒤치

락거렸다.

명도의 꼴은 볼수록 불유쾌한 기억을 일으키며 견딜 수 없었던 까닭에 당분간 그의 자태를 눈앞에서 물리치기로 했다. 그렇게 고분고분하고 알뜰히 시중을 들어 주던 사나이가 눈앞에 감돌지 않게 된 것이 섭섭하면서도 시원한 노릇이었다.

(그 착하구 진짬인 사내를 왜 사랑할 수 없는구. 마음 한번 노엽혀 줄까. 그와만 지낸다면 평생이 안락할 것을.)

명도의 정성을 생각할수록에 이것도 숙명인가 하고 애숙해졌다.

종세가 찾아오고 훈이 위문을 오고 하는 번잡한 방문 속에서 미려의 자태가 가장 반가운 것은 웬일이었을까.

꽃을 가지고 와서는 방에 꽂아 주고 위로와 격려의 말을 들려주는 그가 누구보다도 친밀히 여겨졌다. 여자는 여자끼리만 참으로 마음이 통하고 합하는 것일까. 하기는 단영은 이미 자기의 모든 속을 미려에게 터놓고 헤쳐 보인 것이 아니었던가. 이제 충심으로 마음의 괴롬을 전해도 좋은 사람은 사실 미려를 내놓고는 외에 없었던 것이다.

"단영은 언제나 나보단 더 용감했겠다. 만주에 갈 때가 그랬구 돌아와서두 그랬구 이번에도 또 이 용감한 행동을 보였으니."

"용감하랴다가 이 모양이 되었구료. 불쌍한 어릿광대가 되었구료."

"난 단영의 뒤만 따라다니는 사람이니 나두 언제나 또 그 모양이 되지 않을까."

일마의 뒤를 따라 하얼빈까지 갔다 왔음은 이미 단영에게 말해

듣긴 일이었다.

"사랑의 말 한마디 들으러 그 먼 곳까지 갔다가 내가 단영을 이겼느니 어쨌느니 생각했더니 벌써 이기구 지는 문제가 아닌 것을. 내가 단영을 이긴 것이 무슨 소용일꾸. 이렇게 용감한 단영을."

피차의 신세를 말하는 패잔병같이 속에 숨김이 없는 두 사람은 지금 가장 친밀한 한 짝이었다.

남몰래 단영에게 마음을 기울였던 훈이언만 단영이 일마에게 미친 나머지의 사랑을 보이고 몸을 맡겼을 때에는 도리어 이를 거절하고 욕 준 훈이었다. 그러나 단영이 비참한 지금의 경지에 이르게 된 때까지도 냉정하게 할 것이 없어서 훈은 병석에도 자주 찾아오고 그를 측은히도 여기게 되었다.

단영의 편으로 보면 훈은 가령 명도 같은 사람과는 유가 다르게 비치었다. 아마도 단영의 마음에는 사랑할 수 있는 남자—만약 세상에 일마가 없었던들 단영은 두말 없이 훈을 선택했을는지도 모른다. 일마 때문에 정신을 못 차렸던 까닭에 훈의 존재는 그의 눈앞에서 스스로 광채가 없었던 것이다. 그에게 중매의 대상으로 몸을 바치려고 할 때도 가령 명도 때와 같이 아주 싫은 것은 아니었다. 마음속 그 어느 구석으로 승낙을 받은 연후의 제의였다. 일마를 놓치고 완전히 그를 단념하게 된 지금에 가장 신변에 가깝게 느껴지는 것은 말할 것도 없이 훈이었다. 훈의 내방은 미려의 경우와는 또 다른 의미로 단영에게는 반가웠다.

그러나 물론 이것은 단영 혼자의 심중이었고 훈 역시 반드시 단영과 같은 생각은 아니었다. 한때 그에게 남모르는 열정을 기울이고 무한히 괴롭게 지낸 때가 있기는 있었으나, 지금에는 벌써 모든 것이 지나가 버렸다고 생각하고 있는 훈이었다. 상하고 이즈러지고 곯을 대로 곯아버린 단영이다. 육체와 마음이 그토록 피폐한 그를 이제 전과 같은 신선한 생각으로 보고 바라게 되지는 않았다. 측은한 생각으로 동정하고 가엾게는 여길 수 있어도 이는 사랑의 대상으로가 아니라 가엾은 동무로서 대하고 생각하고 있는 것이었다.

그런 훈의 심중을 알고서인지 모르고서인지 단영은 알뜰히 찾아와 주는 그를 대할 때 마음이 반가운 한편 겸연쩍었다. 그렇게 대할 면목이 없을 뿐더러 그의 친절을 받기에 값가지 못함을 부끄러워했다.

"멋처럼의 결의가 관철되었어야 단영의 생애가 더욱 빛났을 것을, 중간에서 꺽이우고야 죽두 안 되구 밥두 안 됐으니 무슨 꼴이란 말요."

이만 정도의 농은 지난날에도 피차에 하고 지낸 터였다. 훈의 웃음의 말이 악담이 아님을 단영도 잘 안다. 알수록에 부끄러움이 더욱 솟으며 자기의 모양이 돌아보였다.

"누가 이 모양 될 줄 알았나요. 옳게 성공할 줄만 알었죠—허나 다시 또 한 번 맘먹을 용기두 없구 이젠 별수 없이 세상의 조롱을 받으면서 그림자 속에서 살아가는 수밖엔 없게 됐어요. 살다 살기 싫으면 또 그때의 일이구……."

"세상일 심술궂다는 것이 이를 두고 한 말이렷다. 생사가 다 뜻같이 안 되니. 용감한지 비굴한지 무서운 여자야, 단영은."

"작작 놀려요—화나는데 수틀리면 또……."

단영은 손수건으로 얼굴을 푹 가리우면서 돌아누웠다.

"괜히 일마만 더 행운아 맨들어 줄랴구—세상에 일마보다 행복스런 사람이 있을까. 정신을 바치겠다는 여자가 없나 목숨을 바치겠다는 여자가 없나. 한 사람의 알뜰한 사랑두 구하기 어려운데 두 사람 세 사람, 여자란 여자는 모조리 사족을 못 쓰구 법석이니 옛날의 솔로몬인들 그보다 더 행복스러웠을까. 사내가 한번 나려면 그렇게 나보구 마렷다. 잘나서 그런지 여자의 눈들이 메서 그런지—생각하면 가관이구 그런 불공평할 데는 없어. 큐피트의 망령이지, 원. 한 사람 사내에게 그렇게까지 염복을 쏟아버릴 법이야 있을까."

말이 수다스러웠던지 단영은 다시 돌아누우면서

"사내들끼리두 질투를 하나. 못나게 게염은 무어요."

"미상불 질투두 하구 싶은걸. 세상의 뭇 남성을 위해서 친구 한 사람 미워해두 내 허물은 아닐 것이야……. 어때 그래두 일마가 만나구 싶지? 한번 데려다 줄까."

"……."

"데려오구 말구. 그 행운아의 멱살을 바싹 끌어다가 단영의 눈앞에 진상 바칠 테니 원수의 낯을 싫도록 봐 두렷다."

훈에게서 단영의 일건을 듣고 일마는 미상불 놀랐다. 그런 격렬한 행동을 단행하는 용기에보다도 그것이 모두 자기를 위한 것임에 더욱 놀란 것이었다.

단영의 성격이라는 것을 곰곰이 생각해 보았다. 결이 세고 핏기가 넘치는 그로서 그만한 일을 단행 못할 바는 아니었으나, 조금 어지럽던 그의 생활이 그렇게까지 한 가지를 위해서 맑고 순수하게 개어 있었던가 하는 것이 일마에게는 의외였다. 자기를 사랑하노라고 정신없이 휘돌아쳤던 것도 알기는 아나, 마지막 것을 생각하게 되리만치 강렬하고 순결했던 것임은 추측하기 어려웠다. 죽음으로 사랑을 대신한다는 것이 얼마나 끔찍하고 큰일인가에 놀라며 그런 갸륵한 마음의 표현이 자기에게는 분에 넘쳐 눈부시게 여겨졌다. 이 놀람은 차차 일종의 책임감으로 변하면서 마음이 무거워지고 사건 그것이 주체스럽게까지 여겨졌으나, 단영의 한 몸이 소생된 것만 불행 중 다행으로, 그것으로써 자기의 책임감도 얼마간 완화된 성싶었다. 만약 단영의 한 목숨이 완전히 진해 버렸던들 얼마나 자기는 괴롭고 죄 많은 사나이가 되었을까를 생각하는 것이었다.

"세상에 자네 같은 행운아는 없는 줄이나 알게. 남의 소중한 목숨을 한 손에 쥐고 있으니."

훈은 일마를 면대해서도 같은 말을 안 하고는 못 배긴다. 그 정도의 싫은 소리라면 백 번 들어도 괜찮은 신세라는 듯도 한 훈의 태도였다.

"자네 생각에 행운같이 보일 뿐이지 내가 반드시 그런 걸 행운이라구 생각하는 줄 아나. 되려 불행일지두 모르지 않나."

"건 욕심이란 거야. 행운은 행운 불행은 불행—보아서 생각으로 작정되는 것이지 행복을 불행으로 본다는 건 배부른 수작이야."

"그렇게 행복을 주는 단영을 자네가 왜 못 차지하구 그 야단인가.”

“내가 못 차지하니 자네가 행복스럽단 말이네. 아무에게나 매인 여자라면 자네게 행복될 것두 없어 — 어서 위문이나 가 주게. 여자의 정성에 대해서 남자로서두 대접이 있어야 하잖겠나. 세상 남자가 그렇게 쌀쌀만 하다면야 여잔들 무얼 믿구 살겠나.”

“자네 요새에 여성 숭배자가 되구 말았네그려.”

“자네 같은 남자만이 세상 남자의 전부가 아님을 세상에 알려 주구 싶네. 이번만은 난 절대로 단영의 편이야. 자네의 그 냉정한 태도에 반대야.”

깊은 뜻이 있어서가 아니라 단영에 대해 그만 정도의 호의를 보임은 지금까지의 심정을 생각해도 훈으로서는 당연한 일이었다. 단영의 숨은 원이라면 또 한 번 일마를 데려다 줌이 그를 조금이라두 위해 주는 소치라구 생각했다.

일마는 좀 어색하다고는 생각하면서도 꽃묶음을 사들고 단영의 병실을 찾았다.

단영은 얼굴빛 까딱 동하지 않고 침착한 표정대로 눈도 깜짝 아니하고 누워 있는 것이었으나, 일마 외에 방에 아무도 없었기가 다행이지 만약 그 누가 있었던들 단영의 날카로운 목소리를 대체 무엇으로 들었을 것인가. 사랑하는 사람끼리의 꾸지람으로 들었을 것인가, 하소연으로 들었을 것인가.

“지옥에서나 만날 줄 알었더니 이 속세에서도 또 만나게 되는구료.”

사랑하는 사람에게만 던질 수 있는 그런 말투였다.

"지옥에선 왜, 천당에서나 만나면 만났지."

일마도 하는 수 없이 농으로 받기는 하면서도 확실히 얼마간 응석을 부리고 있는 단영의 태도를 직각할 수 있었다.

"나같이 죄 많은 여자가 천당엘 비집구 들어갈 수 있나요. 지옥에서 만나는 게 분에도 맞구 상팔자기두 하지."

"어떻든 지옥두 아니구 천당두 아니구 다시 땅 위에서 만나기를 잘했지. 정말 단영이 세상을 떠났던들 내가 세상의 비난을 어찌 다 받었을꾸."

단영은 눈을 흘기는 것이었으나 하기는 그 정도의 응석은 여자로서의 본능인지도 모른다.

"단영은 대체 현명한 짓이라구 생각하구 그런 무모한 짓을 한 것이요 그렇지 않으면 어리석은 줄 알면서 부러 한 것이란 말요."

일마의 질문을 단영은 도리어 어리석은 것으로 생각하면서 한마디 쏘고도 싶었다.

"현명하구 어리석은 것이 무슨 상관이에요. 현명하다구만 생각해야 하구 어리석다구 생각하면 못하나요."

일마의 공리주의를 배척한다는 듯이 핀잔을 주면 일마는 일마로서의 생각이 있었다.

"열정만이 가장 바른 판단자인 줄 아우. 사람들이 다 열정의 명령대로만 행동한다면 세상 꼴 잘 되겠다. 열정같이 개인주의적인 것은 없는 줄이나 아시오. 무엇하자는 열정이오. 제 열정을 못 이겨 괜히 어리석게."

"그러게 내 열정 나 혼자 가만히 불살러 버리랴구 한 것이죠."

"그래 불사르랴 한 결과가 대체 무엇인구."

"지금 실패한 결과와 원래의 뜻과는 다른 것이죠. 실패한 것은 하나의 우연의 결과이구 실패했든 성공했든 뜻은 뜻이거든요."

"결과로 보아서—복받치는 열정을 못 이겨 설레다가 지금 이렇게 패한 꼴을 침대 위에 뉘이구 있으니 이게 무어란 말요. 어쨌단 말요."

"그렇게 싫은 소리를 하려구 마지막으로 병원에까지 찾아왔단 말인가요. 세상에서 당신같이 잔인한 사람은 다시 둘두 없어요. 시원하게 죽어 버렸으면 좋았을 것을 이렇게 소생해 나니 또 당신의 신변이 귀치않어질까 해서 하는 소리죠."

확실히 지나친, 일부러 들으라는 듯도 한 소리였다. 일마는 픽 웃으면서 목소리를 부드럽혔다.

"단영은 한다 하는 신여성이 아니오. 신여성이면서두 맘은 아주 구여성이란 말야. 내 말은 그게 어리석단 말요. 왜 하치않은 내 한 사람을 위해 소중한 목숨을 그렇게 멸시한단 말요. 이 도령에게 바친 춘향의 절개라는 것이 몇 세기 전 옛 이야기이지 지금 이 복잡하구 야박한 현대에 있어서 무엇하자는 것이오. 쓸데없는 꿈속에서 살자는 것이지 현실을 똑바로 보구 한 짓은 아니야. 남에게 웃기우기가 십상이지 사람들이 갸륵하게나 여길 텐가, 열녀비가 설 텐가."

자기 자신을 욕주고 학대하려고 한 소리언만 단영에게는 비난의 소리로밖에는 들리지 않았다.

"춘향이든 아니든 왜 이 조롱이란 말일꾸. 내 한 일은 내 한 일이지 당신께 조금도 누 끼치지 않었으니 걱정 말어요."

"내겐 지금 단영의 모양이 배우로밖엔 안 보이는데. 무대 위에 선 배우로 이 방두 침대두 모두가 무대 장치구. 그 장치 속에 등장한 가엾은 여배우가 단영이야. 비극 배우가 아니구 희극 배우야."

이 역 일마로서는 자기 조롱의 말이었으나 도가 지난 모양이었다.

단영은 화를 버럭 내며 침대 위에 상반신을 일으켰다. 얼굴이 금시에 상기되어 빨갛게 물들었다.

"머요, 배우라구요? 희극 배우라구요? 그래 이번 일두 연극을 했단 말이죠? 어느 입으로 그런 말이 나와요. 또 한 번 말해 봐요, 어디."

분하다는 듯 팔에 얼굴을 묻고 몸을 부르르 떠는 것이었다.

그 격동적인 거동에 일마는 비로소 자기가 던진 말의 풍자가 심했던 것을 깨달으며 놀라 어쩔 줄을 몰랐다.

문득 쳐든 단영의 얼굴에는 눈물이 어리어 있지 않은가. 눈썹이 젖고 입술이 빙긋빙긋 휘인 것이 흡사 서러워하는 아내의 모양이었다.

"그렇죠. 당신의 말이 옳구 말구요. 난 배우에요. 언제나 배우에요. 거짓 연극을 해서 관객을 속이는 배우 중에도 천한 배우에요."

하고는 목소리를 높여 손으로 방문을 가리키는 것이었다.

"나가요, 어서 나가요. 천한 배우의 방은 당신 같은 도도한 사람이 올 데가 아니에요. 냉큼 나가라라니까요."

사태가 그렇게 빗나갈 줄은 예측도 못했던 일마는 단영의 그 별안간의 노염에 간담을 차게 하면서 잠시 어쩔 줄을 몰랐다. 앓는 몸에 흥분을 주게 된 불찰을 뉘우쳤다.

"오해 마시오. 단영을 위해서 한 소리지 멸시해서 한 소리겠수. 멸시를 한다면 내가 이렇게 찾아나 왔겠수. 너무나한 괴변에 나두 놀라구 어이가 없어서 한 말이지 그 외에 무슨 별 뜻이 있단 말요."

빌 듯이나 하고 겸양해도 단영은 종체 노기가 풀리지 않았다.

"나는 일개의 배우라는 관념이 당신 맘속에 처음부터 있었기 때문에 당신의 그런 태도가 생겼구 이런 결과가 된 것인 줄이나 아세요."

"내가 왜 배우를 멸시하나. 난 되려 단영이 그렇게 고집스러운 것이 화라구 생각하는 것이지 단영의 열성을 조금이나 의심할 리 있나. 되려 내 자신이 부끄러워서 견디기 어려운 판인데 단영을 조금이라도 헐다니."

"어떻든 난 이번에 배우로서의 행동밖엔 못 되는 짓을 했어요. 그러게 이렇게 개 값에도 못 가는 대접을 받게 됐지요. 어서 더 조롱두 말구 추스르지도 말구 내 앞을 물러나요. 무슨 인과로 이렇게 두구두구 괴롭힐까. 이 목숨이 붙어 있는 한 한시두 괴롬이 떠날 날이 없으니."

하면서 단영은 말할 수 없이 마음이 쓸쓸해졌다. 일마를 잊어버리려다가도 잊어버렸다고 생각했다가도 일단 그를 눈앞에 보고 말을 걸면 꼭 그런 결과가 되고 말았다. 그지없이 쓸쓸하고 안타깝다. 그 안타까움을 영원히 잊어버리려고 마음먹은 것이 이번 행동이었으나 그같이 실패를 하고 보면 모든 것이 되로 제턱. 그 원수의 괴롬을 어떻게 해탈해 나갈꼬 하고 마음은 다시금 죄여지기 시작했다. 일마와의 거리를 멀리하는 수밖에는 없었다. 멀면 가까워지기를 원하고 가까우면 즐거우면서도 안타까워서 다시 멀어지기를 원하는 모순된 마음은 흡사 고집스런 심술쟁이와도 같이 얄궂은 것이었다.

괴롬을 무릅쓰고 쌀쌀한 마음으로 문을 가리키며 소리를 치는 것이 진정으로의 본의인지 본의가 아닌지 스스로도 분간하기 어려운 심경이었다.

"얼른 나가라니까요. 다시 내 눈앞에 나타나지 말기를 약속하구."

팔을 들어 뻗치면서 기를 쓰다가 기어코 단영은 침대 기슭으로 반신이 밀리면서 아래로 떨어질 듯 몸이 휘어졌다. 격동이 과했던 모양이었다. 얼굴이 달아서 붉고 머리카락이 흐트러졌다.

"흥분은 왜 할꾸."

일마가 달려가서 몸을 붙들어 준 까닭에 침대에서 떨어지지는 않았으나 흥분에 몸이 떨리고 눈초리가 휘었다.

일마의 손을 굳이 뿌리치려고도 하지 않으며 바로 몸을 일으켜 세우고는 고요한 표정으로 먼 한 곳을 노린다. 그대로 몸이 다시 사라졌으면 원했다. 일순 전에 노여워했던 그였만 이제는 일마의 팔에 의지해서 얼마간 응석을 부리고 있는 듯도 한 태도였다. 자기의 한 몸을 참으로 위해 주고 끔찍이 여겨 주는 마음—두말 할 것 없이 그것이 참된 사랑이었으나, 단영은 반생 동안 그런 사랑에 주려 온 것이다. 원하는 것은 그것이나 숙명이 허락하지 않는다. 지금 잠시 일마의 위무를 받는 것은 생애의 마지막 선물인 듯 꿈속 일같이 전신을 기쁨으로 채워 주는 것이었다.

"단영의 생애는 아직두 긴 것이오. 행여나 다시 주책없는 생각을 하지 말 것이 사람의 평생은 몇 번이나 변하는 줄 아우. 침착한 속에서 변해 나가는 운명을 고요히 바라보는 마음—그것이 사람에겐 무엇보다두 귀중한 것이 아닐까."

"그렇게 아는 척하구 남을 타이르지 말아요. 내 앞길이 어떻게 되든지 이것이 정말 하직이에요. 차례진 길이라면 차례진 대로 나두 내 맘 잡아 보죠."

단영도 겨우 정신을 차리고 일마의 몸을 고요히 밀치는 것이었다.

대체 일마는 천재일까. 그렇지 않으면 일마뿐이 아니라 남자의 근성이란 원래 그런 것일까. 대하는 여자의 세계를 각각 경우를 따라 명확하게 구별하는 것이다. 마음의 세계가 그렇게 넓고 풍족하면서도 겉으로는 능실하고 평온한 표정을 지닌다.

단영을 찾아갔던 그 낮으로 아내를 대하는 것이 조금도 어색하지 않았다. 물론 단영의 일건을 나아자에게 말할 것인가 어쩔 것인가를 망설이기도 했으나, 말함이 부부의 행복을 상하는 것이라면 침묵도 하나의 방편이 아닐까. 그리고 그것이 반드시 아내를 욕 주는 것이 아니라고도 생각했던 것이요, 무엇보다도 단영과의 사이는 그 마지막의 방문으로 완전히 결말이 난 것이니 그것이 새삼스럽게 부부 사이에 현안이 되고 문제가 될 것은 아니라고 생각했다. 단영의 병석에서의 마지막 애끊는 표정이 일마의 가슴을 어지럽히는 것이기는 했으나, 원래 그를 사랑한 것은 아니었고 그 순간의 감정을 청산하기는 아무것도 아니었다. 이제부터야말로 모든 협잡물을 물리쳐 버리고 부부 사이에 순수한 기풍을 회복할 것이라고 마음먹는 것이었다.

하기는 일마는 나아자에게 대해서 충심으로 부끄러울 것이 없는 것은 표면의 변동이 복잡했다고는 해도 심중의 일념에는 조금도 변동이 없었던 까닭이다. 단영에게 대한 마음은 시종이 여일했던 것이요 미려에게 대한 먼 날의 회포도 나아자를 만난 때부터는 아득한 옛일로 돌아갔던 것이다. 결국 한 줄기 나아자에게 대한 사랑만이 모든 것과 구별되어 줄기차게 솟는 것이었으니 그에게 대해 부끄러운 것이 없다고 생각했다.

부부 도덕에 대한 회의가 없지는 않았다. 완전한 부부의 사이라는 것이 어느 정도의 것일고. 물과 물같이 합치되는 것이라고 한 대도 그 사이에는 과연 티끌만큼의 흐름과 협잡물도 없을 것인가. 남자라는 것이 대체 평생에 아내 이외의 여자를 몇 사람이나 만나는 것이며, 그런 때에 각자의 감명의 방향은 어떤 것일까. 그 감정의 분석이 어느 정도로 맑고 어느 정도로 흐릴 것인지는 온전히 조물주나 악마만이 아는 일일 것이다. 악마의 척도로 일일이 인간의 감정을 헤아림은 필요한 일도 아니요 도리어 혼란과 불안을 낳을 뿐이다. 완전한 부부라는 것은 다만 그것을 생각하고 원함이 옳을 것이요 굳이 엄밀하게 분석할 필요는 없는 것이다.

(나는 나아자의 눈 밖에서 단영을 만났고 미려를 만나지 않았던가. 그중에는 나아자의 모르는 고비도 있는 것이다. 그러나 다만 그 사실만으로 나아자와의 사이의 거리를 측량함은 반드시 의당한 일은 아닌 것이다. 나아자를 사랑하고 있지 않은가. 그 이상의 더 완전한 합치라는 것이 또 있을 것인가. 적어도 지금의 나를 부끄러워하

지는 않는다.)

필요한 것은 감정의 분석이 아니요 목표를 위한 피차의 달관이요 노력인 것이다. 원래 결혼부터가 말하자면 인간생활의 한 가지 정리다. 꿈의 정리다. 짧은 생애의 허다한 꿈을 일일이 쫓기는 어려운 일이며 동시에 피곤을 줄 뿐이다. 허다한 꿈속에서 한 가지만을 선택하고 나머지 모든 것을 단념해 버리고 그 한정된 꿈속에 낙착하는 것이 결혼의 뜻이다. 최상의 꿈을 고르든 최하의 꿈이 차례지든—가장 이상적인 결혼을 하든 설핀 결혼을 하든 그것은 기회의 행불행인 것이나, 어느 편이든지 간에 조만간 피곤의 결과는 마찬가지다. 필요한 것은 그것의 극복이요 체관의 노력인 것이다.

부부 도덕의 뜻을 이렇게 생각하는 일마는 나아자와의 사이를 조금도 부족한 것으로는 여기지 않았다.

일마는 방에서 나아자와 단둘만의 단란한 시간을 보내는 것이었으나, 그 늘 가지는 습관이 무료한 것이 아니고 특히 그날 그런 마음의 준비를 가진 일마로서는 한층 즐거운 것임에 틀림없었다.

그날 호텔 안은 간밤에 별안간 내린 기온 때문에 냉랭한 기운이 떠돌며 으슬으슬 추웠던 까닭에 나아자는 목덜미를 움츠리고 방 안에만 들어박히게 되었다. 차를 마시러 아래로 내려가기도 성가시어 보이에게 분부해 방으로 몇 번씩 날라다가는 일마와의 게으른 시간을 보내는 것이었다.

그렇게 방 안에서 한가할 때 나아자에게는 맡은 일과가 있었다. 벌써 언제부터인가 시작한 조선어의 공부가 그것이었다. 일마는 온순한 교사였다. 나아자의 갸륵한 뜻과 정성에 감동하면서 교사로서의 능력을 다하는 것이나, 어학의 공부라는 것이 원래 한이 없는 것이다. 나아자의 진보는 빠른 듯도 하고 더딘 듯이도 보였다. 받침을 배우고 단어를 기억하다가도 다시 교과서 첫 장으로 돌아가서는 심심파적으로

"가갸거겨고교구규……."

도 해 보고

"아야어여오요우유……."

를 되풀이도 해 보았다.

"야니 유니 글자 하나로 음 하나를 완전히 표현하는 것은 꼭 러시아어와두 같아요."

신기한 발견이나 한 듯 기뻐하는 것을 보면 일마도 덩달아 기뻐하면서 말할 수 없는 만족감을 느꼈다. 자기가 외국어를 지껄일 때에는 느끼지 않는 것이나, 외국 사람이 외국어를 지껄이는 것이란 야릇하기 짝 없게 들리는 것이다. 나아자가 자국어를 지껄이는 것은 극히 범연하게 들리지만, 그 푸른 눈과 누런 머리카락의 자태로 조선어의 발음을 어색하게 하는 것이 더없이 신기하게 들렸다. 사랑하는 사람의 고장의 말을 배우고자 하는 정성이 갸륵한 데다가 서투른 발음을 내섬기는 것이 귀엽게 보이면서 일마에게는 미소를 자아내게 하고 만족감을 주었다. 사랑하는 사람의 풍습을 존중히 여기고 배우고 그와 동화되려는 뜻—사랑의 정성, 그보다 더 클이 있을 것인가.

"외국 사람은 누구나 조선어를 어려운 말이라구들 하는데 나아자의 감상은 어떻소. 대개들 중도에서 집어치우구들 하면서."

일마가 선량한 교사의 태도로 웃어 보이면 나아자는 자신 있는 어조로

"두구 보세요. 몇 달 안 해서 옳게 깨치게 될 테니. 어려울수록에 배우는 보람도 있죠."

아내의 재주와 열성을 믿으며 일마는 더욱 아내의 뜻을 믿음직한 것으로 여겼다.

"얼마 안 가 미려와 함께 이야기하게 되지 않나 보세요. 미려들과 함께 여기 말로 사괴이구 놀게 되는 것이 지금의 제 원이에요."

솔직한 고백이다. 미려의 이름을 말했다고 해서 일마가 개의할 필요는 없다. 조선의 여성으로 나아자가 처음 만나고 그 아름다움에 경탄한 것은 미려였다. 그와 사귀고 싶은 것이 나아자의 원이었다.

저녁때가 되었을 때 방 안이 별안간 훈훈해짐을 느끼면서 살피니 벽 옆 수난로에 스팀이 통해오는 것이었다. 시절의 첫 시험이다. 쇠다는 냄새가 나면서 모르는 결에 방 안은 따뜻해지기 시작했다.

나아자는 독본을 가지고 책상 앞을 떠나 난로 위에다가 배를 대면서 아이같이 기쁜 낯이다.

"첫 추위의 난로같이 반가운 것이 없어요. 방 안이 금시 봄 같지 않아요?"

하다가 문득 책을 놓고 걱정하는 듯이

"집을 얼른 구해야지, 닥쳐오는 겨울을 어떻게 하겠어요. 호텔에서 날 수두 없구."

주택의 일건은 일마도 걱정해 오는 바이요 몇 군데 수배해서 구

해 오는 중이기도 했다.

“내년 봄이면 교외에 집을 짓게 될 테니 겨울 동안만 들어 있으면 좋으련만—부탁해 논 것이 차차 결말을 가져오겠지.”

생활 설계

사람은 평생에 몇 번이고 간에 재생하고 부활할 수 있는 숨 질긴 물건이다. 불행이란 그것을 당할 때는 절대인 것이나 그것이 필경은 반드시 지나가 버리는 것도 절대적이다. 운명적인 영원한 시간의 밧줄 위에 원숭이같이 매어달려 사람은 잠시 피었다가 막혔다가 하면서 일생의 싸움을 계속해 가는 것인 듯도 하다. 변천하는 밧줄을 따라 경력이 각각으로 변하는 것은 필연의 행세이다. 안타깝기도 하나 반가운 일이기도 하다. 그 변화 때문에 막혔던 숨을 돌릴 수도 있는 까닭이다.

미려가 마음속에 아직도 그 어떤 괴롬을 감추었던 간에 표면으로 평화로운 표정을 회복하고 침착한 태도로 돌아온 것은 역시 마음의 변천의 결과임에 틀림없었다. 그 표정의 변화를 처음부터 살펴 오는 혜주에게는 마음 놓이는 반가운 일이었다.

"……흡사 미려 속에 두 사람의 미려가 들어앉었던 것 같구료. 오늘은 어제와는 다른 또 한 사람의 미려가 그렇게 이야기하구 계획하구 하는 것 같어 꼭."

"그러지 않구는 할 일이 또 무엇이겠수. 목숨이 붙어 있는 한 움직이구 경영하구 하는 것이 사람 된 운명인 듯 분주하게 손발을 움직이노라면 지난 일두 차차 잊어버리게 될 것 같어……."

"이번 공연에 웬만큼 이름이 널려지구 했으니 일반의 인식을 잡아끌기에는 좋은 기회라구 생각은 되는구먼."

"그까짓 선전이야 됐든지 말든지 이왕 맘을 냈던 김에 내게는 지금 그 일밖엔 할 일이 없는 것이구 적으나마 문화사업이니 문화인으로서의 자랑을 맛보는 것두 고이찮은 일이구—여러 가지 의미로 내 맘은 희망에 넘쳐요."

오늘의 두 사람의 화제는 '녹성음악원'에 대한 계획의 일건이었다. 오랫동안 현안 중에 있었고 미려는 일단 단념도 해 보았던 음악원의 실현을 이번에 새로 구체적으로 계획해 보게 되었던 것이다. 일마와의 사이가 어이가 없이 해결되어 버린 것이 그 결의를 재촉하게 된 동기라면 동기였으나 원래 음악 예술에 대한 이해가 남달리 깊었던 것이요 교향악단의 후원을 자청했던 것도 그 때문이었다. '녹성음악원'의 발설은 반드시 종세들이 뙤어 준 것만도 아니었고 미려 자신의 희망의 표현이기도 했다. 지금의 심경의 변화는 그 계획을 절실하게 촉진시키는 이유가 되었던 것이다. 사업의 계획과 경영의 의욕이 미려의 낡은 마음을 닦아내고 새로운 용기와 희망을 넣어 주는 것이 사실이었다.

혜주는 친우의 정의(情誼)로 미려에게는 좋은 후원자였고 누구보다도 먼저 그와 의뢰하게 된 것이 마땅하고도 즐거운 일이었다.

"원장실에 앉은 아름답구 젊은 미려의 자태를 상상만 해두 통쾌

한결. 그 아름답구 젊은 원장의 조건만을 가지구두 녹성음악원은 사회적으로 주목되구 문제될 것이 사실이야. 침체된 문화 사회에 한 줄기의 청신한 공기를 인도해 넣을 수 있는 것만으로두 의미심장해."

혜주는 확실히 벌써 일종의 유쾌한 환상에 잠겨 있는 것이었다.

"내 원장 될 일보다두 혜주가 학감 될 일이 더 중요하구 어려울걸. 누구보다도 명학감 될 것을 나는 믿던 터인데."

"음악원에 학감이 무슨 필욜꾸. 원장과 교수들만 있으면 그만이지. 학감보다도 먼저 미용사를 두어야 하지 않을까. 음악 하는 여자가 추접하게 채리구 나선다는 건 뜻이 없는 일이야. 교내의 기풍은 사치하구 고급하게 학생들은 아름답구 단정하게—반드시 종래의 고투를 밟을 것이 없구 그런 새로운 독창적인 기풍을 맨들 필요가 있다구 생각하는데 예술의 세계를 속세의 것과 혼동할 것은 조금두 없으니까."

"기발한 좋은 의견이야. 어디 혜주의 맘에 맞도록 경영안을 세워 봐요."

"원생 선발 시험의 표준은 학력보다두 용모에 두어가지구 될 수 있는 대로 미모의 여성만을 모아서 교육시킬 것—이것이 녹성음악원의 무엇보다두 첫째의 방침이래야 해. 아무리 교육의 기회균등이니 무엇이니 해두 예술에 뜻을 둔다는 것부터가 선발된 특권이구 기회가 달러진 증좌가 아니겠수. 용모를 본다는 것은 예술적 재능에다 또 한 가지의 조건을 더 붙여서 완전한 최상의 예술가를 맨들자는 뜻인데, 같은 예술이래두 그림이나 문학은 작가가 스튜디오나

서재에서 혼자 숨어서 제작한 결과를 사람에게 보이거나 읽히면 그만이지만, 음악에 있어서는 특히 그 연주의 경우에는 반드시 음악가 자신이 무대 위에 나서게 되는 것이기 때문에 예술과 용모 두 가지의 매력으로 사람에게 감동을 줌이 한층 값두 높구 뜻두 깊구 인생의 기쁨을 더해 주는 것이거든. 용모 제일을 주장하는 내 뜻이 곡해되구 비난을 받기가 첩경 쉬운 노릇이지만 그 진의를 곰곰이 음미하면 반드시 내 주장을 따를 사람이 많을 것으로 생각돼요."

혜주의 이상주의는 더 말할 것 없이 미려의 마음을 그 자리로 혹하게 했다. 무릎을 칠 듯이 몸을 쏠리면서 동무의 이론에 찬성하는 것이었다.

"동감이야. 나두 동감이야. 귀족적이구 고압적이긴 하나 독창적인 좋은 생각이야. 원래 음악 예술의 창조란 특별한 종족만이 능히 할 수 있는 일이니까. 그 특별한 종족의 조건이 더욱 특별해졌다구 시비할 사람은 없을 테구. 그렇게 해서 선출된 예술가들이 한층 인간 생활에 공헌되는 바 있다면 더욱 좋은 일이 아니겠수. 일반 학문의 교육 기관도 아닌 것이니 나두 본디 아름다운 동산을 맨들어 보겠다는 생각에서 출발했던 것요. 언덕 위에 백악의 깨끗한 교사를 세우고 주위에는 잔디를 깔고 장미를 심그구 수목을 빽빽이 우거지게 해서 보기만 해두 꿈속의 전당같이 눈에 뜨이게 맨들어 보구 싶었던 것이라우. 아름다운 집 속에 학생까지 아름답다면 그야말로 지상의 천국을 이룰 것이 확실하렸다. 미용사까지를 두어 아침저녁으로 가꾸어 준다면 얼마나 이상적인 학원이 될까. 단연 그 방침을 따를 테야. 이 땅에서 제일가는 곳을 맨들 테야."

미려는 푸득이는 공상의 날개를 걷잡지 못하는 것이었다.

"학생만 미인이래서야 되겠수. 교수두 전부 여자로 미인만을 추려서 세계 제일의 미의 전당을 맨들구려. 그 덕실덕실 끓을 미인들 속에서 나 같은 것이야 애초에 빠져 나왔지. 할 일두 없겠거니와 그 속에 끼어 있을 턱두 없는 것이니까."

혜주가 겸양해 하면 미려는 그게 말이냐는 듯이 펄적 뛸 듯이 하면서

"천만에, 혜주가 미인이 아니면 세상의 누가 미인이란 말요. 딴소리 말구 한몫 맡어 줘요."

"미인 원장이 제법 사람을 놀리는 모양이지."

두 사람은 유쾌하게 깔깔깔 웃는 것이었다.

"……성악과 기악과 작곡의 세 과를 두구 따로 전부를 통틀어서 합창단 실내악단 교향악단을 조직한다나. 학생은 삼 년 동안의 과정을 마치구는 음악원을 나가버리는 것이 아니라 눌러앉아 그대로 실내악단 교향악단의 일원으로서 일을 보게 되거든. 즉 음악원은 교육과 활동 두 가지 방면을 겸해 교육을 받은 후에는 즉시 그대로 원에 소속해서 사회적 활동을 할 수 있도록—그런 조직으로 할 생각이야. 한 가족같이 단란하게 지내면서……."

"바로 조그만 이상국이게. 생활과 예술의 합치—얼마나 그리운 경치일꾸."

두 사람의 공상은 한없이 즐겁다. 연희장 그 호젓한 주택에도 그날 수난로가 통하기 시작해 두 사람으로 하여금 밖 추위를 잊게 했다. 휑휑한 집안에서 고독을 금치 못하던 미려였만 따뜻한 방에서

의 동무와의 즐거운 계획은 마음을 제물에 훈훈하게 녹여 주는 것이었다.

이윽고 미려는 책상에서 도면지와 연필을 꺼내 오더니 음악원의 설계도를 대략 그려 보이는 것이었다. 연필을 놀리는 손 맵시도 익숙하고 슬픔을 잊은 기사도같이 용감하고 희망에 넘치는 그였다. 미려는 혼자 여러 차례나 설계의 궁리를 해 보았던 것인 듯 휑하게 익은 도면에 혜주는 놀랐다. 집과 뜰과 화단이 순식간에 제 들어설 곳에 들어서면서 도면지 안에 차는 것이다. 집안은 다시 각각 세밀한 방과 부분으로 나누어지면서 미려의 머릿속에 배어 있던 이상의 전당이 금시에 종이 위에 재현되었다.

“어느새 그렇게 능숙한 건축 설계가가 되었던구. 선부른 기사쯤 왔다가 코 떼구 가겠는데.”

“내 집이니까 내가 설계를 해야 맘에 맞지 않겠수. 얼마를 두구 궁리하구 연구했게 그러우.”

건축은 설계만으로도 훌륭한 하나의 창작이라는 듯 자기의 독창에 대한 자랑과 기쁨이 은연중 나타나 보인다.

“화단과 후원과 휴게실이 이렇게 넓으니—공부하는 데가 아니구 바로 휴양집인 셈이지.”

혜주가 도면을 들여다보며 이곳저곳을 손가락질하니까 미려는 의견을 설명한다.

“물론 휴양의 집이어야지. 공부와 휴양의 두 가지와 근로가 완전히 합치되어서 날마다의 가정이 기쁨과 홍미와 감격 속에서 진행되도록 하자는 것이 내 생각이니까 다들 말하는 생활의 예술화라구 해두 좋지. 예술과 생활이 일치되어서 그 어느 한쪽도 뜯어내기 어렵게 화해 버린 생활—그것이 인간 생활의 최고 이상이 아닐까. 녹성음악원이 그 이상에 맞도록 설립되어야 할 것은 물론, 그 때문에 나는 본관에는 교실만을 두는 것이 아니라 그 외에 여러 가지 필요한 것은 다 둘 작정이오."

연필 자루로 그려진 도면의 군데군데를 가리키면서

"휴게실두 필요한 것이요 홀두 있어야 하구 식당두 있어야 하구. 이건 도서실이요 이건 연습실이요—."

고개를 들어 연필로 볼을 고일 제 눈이 빛난다.

"—연습실에는 열 대의 피아노를 들여 놀 작정이오. 방과 후에는 자유로 언제까지든지 연습을 할 수 있도록—저물어 가는 저녁 어둠 속에 혹은 달 밝은 초저녁에 나무 우거진 정원의 수풀 사이로 연습곡의 요란한 합주가 가을 벌레 소리같이 한꺼번에 쏟아졌다 멎어졌다 하는 정경이 그대로 음악원의 아름다운 한 폭의 풍속이 되게."

"오라 그것이 이상적인 건설이라는 것이렷다."

"휴게실에는 폭신한 소파를 얼마든지 설비해 놓아 누구나 자유로 들어가 쉬이도록 하구, 식당에서는 좋은 음식을 먹이게 하구, 홀은 가끔 가다 음악회두 열구 연극두 할 수 있을 정도로 넓은 것이어야 하구. 도서실에는 음악 문학에 관한 서적과 미술품을 서고에 놓아두구 임의로 열람하도록 할 것이구……."

"그만하면 본관의 설계는 됐을 테구."

"본관으로 들어가는 포치에는 진홍빛 줄기 장미를 뻗쳐 올려 기다란 홍예문을 틀어 놓을 것이요, 앞뜰에는 전면 잔디 깔구, 그 속군데군데에 여러 가지 모양의 화단을 꾸밀 것—.”

“잔디는 영국종의 박래품이어야 하렷다.”

“아무렴 한 가지 특색은 뜰 전부를 왼통 초록 속에 묻어 맨땅은 조금두 안 보이게 할 것이야. 포치로 통하는 기름길에다 흰 모래나 조약돌을 깔 뿐이요 외는 전부가 초록과 화단의 각색 화초의 빛뿐이 있게. 화단에는 키 높은 화초를 피하구 땅에 깔리는 얕은 화초로 푸른 잔디의 바탕에다 ‘녹성음악원’의 글씨를 새길 테구.”

“후원에는 나무를 심는단 말이지.”

“그렇지. 후원과 옆 뜰에는 으슥한 그늘이 지게 나무를 수북이 심는데—백양나무 자작나무 단풍나무 느릅나무에다가 향나무 노가지나무 같은 상록수두 간간이 심을 테야.”

의자에도 지쳐 미려는 혜주를 끌고 객실을 나와 자기 방으로 갔다.

불을 지핀 온돌의 따뜻한 맛은 의자의 세계와는 달라 으슬으슬한 시절에는 한층 각별한 것이다.

훈훈한 방바닥에 몸을 대고 두 사람은 유쾌한 공상을 그칠 줄 모르고 계속해 갔다.

“그뿐인 줄 아나. 굉장한 계획이 또 있거든.”

미려는 새로운 재료로 혜주를 놀라게 하는 것이 지금 와서는 한 가지의 기쁨이 되었다.

“그러지 말구 숫제 왜 낙원의 한 구퉁이를 떼다 놓지.”

“—본관 옆에 별관을 짓구 거기다 체육실과 온실을 둔단 말야. 체육실에서는 팬츠 하나만으로들 뛰구 솟구 하면서 공 장난과 유희를 시키거든. 늠름한 처녀들이 길이길이 뛰면서 대순같이 꼿꼿하게 자라게. 온실에는 각색 화초와 열대 식물들을 심어 놓고 그 따뜻하구 후끈한 양지 쪽에 학생들의 산보하는 터두 되게 하구.”

“또 무얼로 나를 놀래랴누.”

“후원 한복판 나무 그늘로 가려진 속에 기막힌 것이 생기거든.”

“아담과 이브가 섰던 지혜나무나 심는단 말인가.”

“아담은 왜, 이브들만의 세상인데. 이브들만에게 필요한 것을 맨들어 놓아야지.”

“어서 사람을 작작 놀리구.”

“풀이라나, 풀을 파 놓을 생각이야. 대리석으로 테두리를 한 깊은 못 속에는 아침저녁으로 새 물을 갈아대어 길이 넘는 푸른 물이 철철 넘쳐 있어서 여름에는 우거진 녹음이 비치어 물빛이 일면 파랗게 물들구 가을에는 붉구 누른 낙엽이 한 잎 두 잎 날아와서는 물 위에 둥둥 뜨렷다. 간들바람에 주름 잡힌 잔물결 위에 ─.”

“그 속에서 이브들이 벌거벗구들 헤엄을 친단 말이지.”

“헤엄두 치구 가닥질두 하구 물싸움두 하구 유희두 하면서 공부에 지친 몸을 완전히 씻구 회복한단 말야. 그들이 기쁠 뿐이 아니라 그것이 한 폭의 아름다운 풍경을 이루어 보는 사람에게두 건강한 기쁨을 주게 되거든.”

“자 이젠 그만 둬요. 그것만으로 배가 부르니.”

혜주는 듣기에도 지쳐 도리어 그 편에서 자원하는 것이었다.

“그 모두가 결국 휴양에 속하는 일이니까 휴양부라는 것을 두고 부장을 두어서 그 부의 의견과 재단으로 일체를 경영해 나가게 하는 것이 어떨까 생각하는데, 여기에 혜주와 상의해야 할 한 가지 의논이 있어."

하고 혜주의 얼굴을 똑바로 바라보면서

"단영을 이용해 볼까 맘먹구 있는데 혜주는 어떻게 생각하우."

"단영을?"

혜주에게는 의외라고 하지 않을 수 없었다. 눈을 말뚱하게 뜨고 미려를 똑바로 본다.

"휴양부장으로 단영을 데려온단 말이야. 혜주는 학감이 아니겠수. 결국 그렇게 되면 나까지 세 사람이 음악원을 운전해 나가게 되거든. 세 사람이 단결해 나가면 무엇인들 못하겠수."

"단영 한 사람을 구해내는 셈은 되지만 문제는 미려 자신의 맘에 있을 것이요 지금까지의 피차의 기괴한 사이를 멀끔히 잊어버리구 새 맘으로들 대할 수만 있다면야 그만이지 더 물을 것이 있겠수."

"나야 단영을 맘에 둔 지 오래였었다우. 과거의 관계쯤 아무것두 아닌 것이구, 이제 피차에 실패한 여자가 알몸으로 세상에 부딪쳐 다시 살아가랴구 할 때 단영에게두 따뜻한 재생의 길을 잡아 주는 것이 피차 여자 된 몸으로의 정의구 의무가 아니겠수. 무엇보다두 나는 단영을 실상으로 좋아해 왔구 앞으로두 정을 주구 지낼 수 있을 것 같으니, 문제는 되려 단영이 내 청을 받을까 어쩔까 하는 것인데."

"단영인들 왜 그런 호의를 거절하겠수. 영화계니 무어니 그런 불건강한 사회는 하루바삐 벗어 나오는 것이 이로운 일인데. 단영을 끌어들이도록 하구 그럼 벌써 만사가 해결이구료."

실현을 앞둔 것이므로 그 모든 공상은 한없이 즐거운 것이었다.

병원에서 아파트로 옮아온 단영은 완전히 회복이 되어 오랜 침대 생활과도 하직이었다.

이 며칠 일어나 앉아 뜻 없이 방 안을 거닐다가 복도로 나가서는 아파트 구석구석을 기웃거렸다가 하는 것이 흡사 소생된 생명력을 시험해 보려는 것과도 같았다. 제기를 딛고 불끈 기지개도 켜 보았다 사지를 죽죽 뻗치면서 체조도 해 보았다 하는 것이 마치 기사가 사랑하는 기계의 능력을 살피듯 사랑하는 육체의 생활력을 조사하고 시험하자는 것인 듯도 했다.

(왜 그 짓을 했던구. 한자리의 악몽이었던가.)

지난 과오를 뉘우치기까지는 하지 않았으나 지금 새삼스럽게 거기에 마음을 쓰고 그것을 다시 원하지는 않았다. 소생된 육체를 굽어볼 때 그것을 아끼는 마음조차 솟으면서 지난날의 행동이 참으로 한자리의 꿈으로 돌려지는 것이었다.

그 일이 있기 전보다 얼굴이 해쓱하게 씻겨진 것이 도리어 아름다워도 보이며 체경에 비추어진 상반신의 구석구석을 제 손으로 어루만질 때 육체의 신비로움에 새삼스럽게 마음을 솔렸다. 온실에서 자라난 것같이 전신이 맑고 희다. 귓불이며 콧등이며 손가락이 밀(蜜)같이 기름지고 부드럽다. 내 육체가 이렇게 아름다웠던가 하면서 시름없이 바라볼 수 있었다.

남쪽 창 기슭에 놓은 국화의 화분이 추위에도 시드는 법 없이 언제까지나 생생하고 기운차게 향기를 뿜고 있는 것도 전에 모르던 생명의 기쁨과 기운을 주는 것이었다. 시절을 극복하며 살아가는 그 자태가 말할 수 없이 귀한 것으로 여겨졌다. 국화를 바라보고 있노라니 어제 찾아왔던 미려의 자태가 다시 떠오르며 그가 남기고 간 말이 귓속에 쟁쟁하게 울려왔다.

"그럼 함께 손을 잡고 일해 봅시다. 여자가 약하지 않다는 것을 증명하기 위해서래두."

미려의 깨끗한 심정과 간곡한 말에 단영은 드디어 그의 청을 승낙해 버렸던 것이다. 피차에 원망을 품으려면 품을 수도 있는 처지에 그런 것을 넘어서 동성끼리의 따뜻한 정을 보여 주는 아량이 첫째 마음을 쳤고 음악 문화의 발전을 위한 그 사업 자체의 성질에도 흥미를 느낄 수 있었다. 새로운 일 속에 정신을 바친다면 지나간 사랑의 꿈쯤은 쉽게 잊어버릴 뿐이 아니라 차차 그것을 멸시해 버릴 수도 있을 듯 느껴졌다. 미려의 말을 고맙게 받고 함께 나가기를 맹세했던 것이다.

"사람에게 언제나 필요한 것은 멸망에의 길이 아니라 재생의 길이요 부활의 길이 아니겠수. 용감해집시다, 언제든지."

하던 말도 마음속에 배어 언제까지나 남아 있을 것 같았다.

오늘 저녁은 '녹성음악원' 설립기성회의 연회가 있다는 것이다. 새출발의 첫 장부터 충실하기 위해 단영도 출석을 약속해 두었다. 벌써 오후부터 체경 앞에 걸어앉아 몸을 차리기에 골몰해 있는 중이다. 여자의 일상생활의 일부분인 화장이라는 것이 오늘에 있어서는 단영의 재생의 첫 표식도 되었다. 내어 디딘 첫걸음이요 첫 경영이었다. 밀같이 맑은 얼굴에 크림과 분이 보얗게 조화되었다.

어제 미려는 검은 외투에 몸을 툽툽하게 싸고 왔었다. 그 자태가 전에 없이 탐탁해 보이면서 단영에게 일종의 무언의 충동을 주었다. 툽툽한 외투—그대로가 생활의 의욕의 강렬한 표징임에 틀림없다. 단영은 오늘 벼락같이 의걸이 속의 외투와 털목도리를 찾아냈다. 그것을 입고 오늘 첫걸음을 내놓을 생각이었다. 또 한 가지 미려가 신었던 새까만 구두도 마음속에 배어 생각났다. 은은히 빛나는 새까만 구두는 흡사 맹렬히 솟는 식욕과도 같이 생활욕을 불 질러 주는 것이었다. 단영도 오늘 새까만 구두를 내서 신을 때 빛나는 구두 끝에 푸른 하늘과 흰 구름이 비추어질 것을 생각하니 마음이 한없이 유쾌해졌다.

혜주는 남편 안상달에게

"'녹성음악원'의 탄생두 앞으로 시일을 다투게쯤 됐는데 여자들만의 손으로 아쉬운 일두 있구 하니 당신두 한몫 거들어 주어야 할 텐데."

"《남방비행》이 음악원의 탄생으로 변하여 나두 대체로 취지에 찬성이긴 하나 남자의 개입은 절대 엄금이라면서."

"여자들만의 일이긴 하나 앞잡이로 나서서 말마디나 하는 사람이 필요하지 않겠수."

"역시 남자와 타협하자는 것이지. 여자의 독립은 불가능한 모양인가."

"아따 큰 체는 말아요. 싫으면 그만이지."

"누가 싫기야 하다나. 결과가 어떻게나 될까 해서 하는 소리지."

그러나 어떻든 안상달은 아내도 한몫 끼어서 서두르는 그 일을 조력하기에 인색하지는 않았다. 아내의 하는 일을 책임상 버려둘 수만도 없어서 후원의 한몫을 맡아 나서게 되었던 것이다.

원래 '녹성음악원'의 계획은 교향악단 후원에서 비롯된 것이었고 교향악단의 초빙은 현대일보 주최의 사업이었으므로 음악원의 계획을 생각케 한 것은 말하자면 현대일보였던 것이다. 그 책임으로 현대일보사는 '녹성음악원'의 설립을 촉진시키자는 후원회를 조직했다. 그 후원의 소리 아래에서 미려는 음악원의 탄생을 더 원활하게 하자는 것이었다. 후원회에 직접 관계된 것은 사장을 비롯해서 주로 종세였다. 그 후원회에 안상달도 한몫 이름을 걸고 사랑하는 아내를 위해 한 줌의 힘을 아끼지 않게 되었던 것이다.

그날 밤의 설립기성회의 연회라는 데는 그 후원회의 한 패—신문사로서는 사장을 대신한 주필과 종세 거기에 안상달을 넣은 세 사람이 출석하게 되었고, 그들을 맞이해 함께 상의하고 말을 듣게 된 것이 주인 측인 미려와 혜주와 단영의 세 사람이었던 것이다.

여섯 사람이 한자리에 모여 앉으니 제법 방 안이 차는 것이 회로서 결코 작고 소홀한 것이 아니었다. 그 단정하게 차리고 모여든 한 패가 앞으로 탄생될 음악원의 전도를 축복하는 듯 더없이 의젓하고도 청아하게 보인다. 더욱이 세 사람의 여자의 각각 마음껏 아담하게 차린 단정하면서도 조금 화려한 모양들이 자리를 훤히 빛나게 하고 공기를 부드럽게 해서 아무데서도 볼 수 없는 명랑한 분위기를 이루었다.

그 청아한 속에서 단영이 유독 누구만도 못하고 빠질 것도 없었다. 그의 과거의 경력이나 어지럽던 생활이 무엇이랴. 주위가 그를 빛나게 해 주면 그는 자연 빛나는 것이다. 지금 그 자리에서 아무도 단영에게 지난날의 판단으로 편견을 가지는 사람이 없을 뿐이 아니라 도리어 한 사람의 인격체로 존경하는 것이었고, 따라서 단영 자신 과거를 어느 결엔지 멀끔하게 씻어 버린 맑은 자태로 총중에서 빛나는 존재가 되었다. 목욕재계하고 새로운 희망 앞에 단정하게 앉은 여자의 자태란 일종 성스럽게도 보이는 것이다. 그날 밤의 단영의 모양이란 그 어느 때에도 볼 수 없었던—몇 번이고 다시 바라보이는 고결한 것이었다. 말하자면 새로운 인물의 탄생이요 새로운 인격의 창조였다. 그날의 단영은 결코 지난날의 단영이 아니었다.

그런 단영을 옆에 놓고 친우 혜주를 또한 옆에 앉히고 맞은편에 세 사람의 사회의 중견 인물인 남자를 거느리고 복판 자리에 앉은 미려의 심중은 말할 수 없이 기뻤다. 활개를 편 공작같이 자랑스러운 것은 그의 외모뿐이 아니었다. 마음속은 외모 이상으로 화려하고 자랑에 넘쳤던 것이다.

(경력이 새로 시작되랴는 것이다. 나두 기어코 가두로 진출하게까지 되었던 것인가.)

생각할수록에 감개가 무량하다. 인생은 길고도 즐겁다. 이렇게 자랑스럽고 새로운 길이 있을 줄을 몇 달 전에 어찌 알았으랴. 넘치는 감격에 눈물조차 흐를 듯 가슴이 벅차다.

"'녹성음악원'의 탄생에 세상이 놀랄 것이 사실인 것은 지금까지 이 땅에는 그런 문화 기관이 하나도 없었던 것과 경영의 포부와 규모가 범속하지 않고 처음 보는 독창적인 까닭이라구 생각합니다. 그런 기관의 필요를 얼마나 우리들은 느껴 왔으며 그 출현을 고대해 왔겠습니까. 이제 그 오래된 갈망을 채워 주려구 '녹성음악원'이 생기려는 것입니다. 우리 몇몇 사람만의 기쁨이 아니라 이 땅의 모든 뜻있는 사람의 충심으로의 기쁨이어야 할 것입니다."

후원회로서의 축사도 지나고 거기에 대한 미려들의 인사말도 끝난 후 연회가 시작되고 자리는 차차 간담으로 들어갔다. 주필이 꺼내는 말은 축사를 할 때에 한 말과 다름이 없는—그날 밤은 결국 축사만이 필요하고 그것만으로 족하다는 것이었을까—것이었다.

주필의 뒤를 이은 것이 안상달이었다. 그의 말도 필경은 칭찬의 말밖에는 되지 않았다.

"세상을 놀랜다면 무엇보다두 여자들끼리만의 기관이라는 점일 거요. 그런 것이 아직 없는 곳에서 얼마나 사람들의 이목을 신선하게 끌게 될는지 내게는 큰 흥미의 하나요. 이 사람들에게 주는 흥미와 인상을 언제까지나 깨끗하구 굳게 지속시켜서 유종의 미를 거두어야 할 것이 남겨진 단 하나의 임무일 것이오."

"특히 음악사업이라는 점에 중대한 뜻이 있는 것인데 우리같이 일상에 음악을 모르구 지내는 백성이 또 있겠수. 문화가 높은 사회일수록에 음악을 사랑하구 그것을 생활화하는 것이니 음악원의 뜻이 큰 것이요, 음악의 일반화 민중화 생활화를 목표 삼구 장구한 노력을 해 가는 동안에는 모르는 결에 우리 문화두 높아져 있음을 발견하게 될 것이오."

종세는 늘 하는 음악 필요론의 변설을 또 한자리 늘어놓는 것이었다.

"사람의 사회가 아무리 변천한다구 해두 음악에 대한 사랑만은 변할 날이 없을 거요. 문학이나 그림이 다 예술의 부분으로 큰 것이지만 음악같이 직접 마음을 울리구 흔드는 데는 한 걸음 뒤설 거요. 즐거울 때나 노여울 때나 슬플 때나 음악을 들으면 모든 감정이 완화되구 부드러워지니 사람이 참으로 화합할 수 있는 마지막 조건은 음악이 아닐까. 음악 속에 잠겨 있는 뭇사람의 감정의 순간을 포착할 수 있다면 고래의 허다한 정치가와 사상가가 이루지 못했던 인류의 이상적인 사랑의 나라를 가장 수월하게 세울 수 있지 않을까. 음악에서 받는 순간의 영감은 사상가의 백 가지의 이론보다도 더 즐겁고 효과적이요 강렬한 것이니까—음악은 생활의 밥이요, 아니 밥 이상의 것일는지두 모르지. 사실 나는 세상 것을 통틀어서 무턱대구 무엇이 제일 좋으냐구 묻는다면 음악이라구 단마디에 대답할 거요. 즉 밥보다두 옷보다두 사랑보다두 야심보다두 무엇보다두 음악이 좋은 것이구, 그것이 있으면 적어두 일정한 순간 모든 것을 잊을 수가 있겠단말요. 세상 사람이 나를 음악광이라구 하거나 말거나 이 생각은 변할 날이 없을 테니."

종세의 의외의 열정을 좌중은 웃음과 박수로 대하게 되었다.

"더구나 아까 들은 주최 측의 계획과 포부가 장하구두 특색 있는 것이어서 그 점에두 우리는 두 손을 들어 찬성하는 것이어니와 앞으로 참으로 사회에 공헌함이 클 것을 믿는 터이며 아울러 우리는 후원의 손을 조금두 애끼지 않을 거요."

대답할 순서인 듯한 자기의 차례를 살피고 미려는 감사의 말로 대신하는 것이었다.

"여러 가지 말씀 고맙습니다. 선생님의 응원의 덕으로 반드시 좋은 결과를 맺게 될 것을 믿으며 경험 없는 우리 세 사람일망정 힘을 다하겠습니다."

하면서 혜주와 단영에게로 고개를 돌리니 두 사람은 의젓이 긴장되어 있다.

"이런 좌석에 응당 사장두 나왔어야 할 것을 공칙히 피치 못할 자리가 있어서 내가 대신한 것인데―오늘밤 축배는 맛두 각별한 듯합니다."

주필은 잡담을 섞어가면서 잔을 거듭했다.

사장을 불러간 피치 못할 자리라는 것은 별것 아니라 그날 밤 바로 그 같은 집에서 열린 일마 부부를 대접하는 조그만 회합이었다. 때늦은 감이 있기는 있었으나 사장은 알맞은 기회를 못 잡아 물려오던 피로연을 마침 그날 밤에 열기로 했던 것이다. 신문사 주최의 교향악 연주회를 크게 성공하게 한 일마의 수고를 위로하자는 것이었다. 순전히 사장 자신의 뜻에서 나왔던 것이었으므로 그는 그날 밤 일마 부부를 상대로 한 주인이었다. 음악원 기성회의 자리에는 그러므로 주필을 대신 출석시켰던 것이다.

미려의 연회와 일마의 연회가 같은 밤 같은 집에서 열리게 되었다는 것이 그다지 신기한 우연도 아닌 것은 사장이 열게 된 그 두 가지 잔치를 그 자신의 뜻으로 편의상 하룻밤으로 밀었던 까닭이다. 물론 한 집에서 여는 것이 편했기 때문에 한 방에는 주필을 보내고 한 방은 자기가 맡았을 뿐이지 그 외에 별다른 이유나 계획이 있었던 것이 아니다. 그 우연 아닌 우연은 그렇기 때문에 그날 밤의 두 방의 운명에 이렇다 할 변화를 끼친 것도 아니요 따라서 이 이야기에 지금 이상의 발전을 줄 것도 아니었다. 말하자면 무의미한 '우연'이다. 그런 '우연'도 있는 것이다. 하기는 미려는 그런 곡절을 알았을 때 공연히 뜨끔해지면서 마음이 설레기는 했다.

"다른 방에 일마들이 왔다구요. 반가운 일이군요. 하룻밤에 경사스런 잔치가 두 군데씩이나 되면서."

태연히는 말했으나 가슴속은 반드시 태연하지도 않았다. 그때까지의 침착이 잃어지면서 알 수 없이 설레는 것이었다.

단영 역시 그러했고 그런 두 사람의 모양을 혜주는 민첩하게 잘 알 수 있었다.

"그쪽은 피로연 이곳은 축복의 잔치—두 곳 다 경사스럽구 말구요."

"웬만하면 한 자리에서 같이 해두 좋았을걸요. 굳이 가르지 말구."

혜주는 능실하고 웃으며 미려의 옆구리를 찌르니 종세가 도리어 그 말을 가로채어서

"글쎄요, 그러지 못할 법두 없을걸요."

미려는 더욱 얼굴을 발그레 물들이게 되었다.

"부부는 부부 저희는 저희죠. 굳이 합류할 필요야 있나요. 저희들은 여자끼리의 여자들만의 사업인데 쓸데없이 남자를 개입시킬 필요는 없어요. 오늘 밤 후원회의 뜻은 고맙게 받습니다만. 음악원에는 일절 남자는 금지거든요."

"오라, 참 금남(禁男)의 집이었겠다요. 황공합니다."

종세는 빙그레 웃음을 띠면서 곧잘 장단을 맞춘다.

"어떻든 두 편에 다 행복이 넘쳐흐르고 앞길이 광명에 차지기를 축수합니다."

하고는 잠시 자리를 떴다. 일마들의 방을 다녀올 생각이었다. 오늘 밤 종세는 두 방을 함께 맡은 양서(兩棲) 동물인 셈이다.

미처 일마들의 방으로 들어가기 전에 복도에 나왔던 일마를 모퉁이에서 만나게 되었다. 종세의 입에서 미려들의 이야기를 처음 듣고 일마도 사실 뜨끔했다.

"그런 줄은 깜작 몰랐네그려. 음악원 소리는 자조 들었으나 벌써 후원회까지 생겼다, 반가운 일이야."

"단영이며 혜주며 미려가 의젓하게 앉아서 포부와 계획을 이야기하는 광경이란 제법 그럴듯하데. 사람이 계획을 세우면 자연 거기에 맞는 품격과 위풍이 생기는 모양이야. 오늘 밤의 미려를 보구야 누가 원장감이 못 된다구 하겠던가."

"지금 세상에 여자끼리만으로두 무슨 일인들 못하겠나. 그런 색다른 단체가 생긴다는 것이 문화 향상의 한 좌증도 되는 거야."

"단영두 아주 새침하게 앉은 것이 부장감 이상이지. 어제까지의 단영은 어디로 갔는지 아주 사람이 달라졌어."

"흐음."

종세와 함께 방문을 열면서 일마는 깊은 감회 속에 잠겼다.

사장과 과장과 연예부 주임에 일마들 부처를 넣어서 한집안 같은 단란한 모임이었다. 그 단란한 공기는 무엇보다도 일마 부처의 조화된 태도에서 오는 것이었고 더욱이 나아자의 스스러워하지 않는 유쾌한 거동에 말미암은 것이었다. 부부의 그런 태도는 늙은 사장의 원하는 바여서 그를 기쁘게 하고 좌석에 평화로운 기색을 떠돌게 했다.

미려들의 모임이 엄숙하고 의젓한 데 비겨 한 쌍의 좋은 대조였다. 세 사람 여자의 엄숙한 자태가 새로운 계획과 사업에 확실성의 인상을 준 것은 좋은 일이라고 하지 않을 수 없다. 그 모임의 분위기는 그것으로써 사업의 전도를 축복하고 예상하기에 족한 것이라면, 일마들의 모임의 평화롭고 단란한 것은 또 그 모임의 성질로서 적당하고 어울리는 것이다. 앞으로는 안온하고 단란한 생활의 경영만이 남은 일마 부부이다. 격동과 흥분은 두 사람에게는 벌써 지나가 버린 경력이다. 미려와 일마의 두 생활의 설계가 각각 감격과 기쁨을 품으면서도 그 모임에 나타난 인상이 다른 것은 그런 점에 원인된 것이었다.

종세가 들어갔을 때 나아자는 방바닥에 뻗은 두 다리를 처치하기 어려워 거북하게 가두고 앉아 식탁을 진귀한 것으로 대하고 있었다.

"어떻습니까. 조선 음식이 아직두 서툴죠?"

"서툴긴요. 아주 이렇게 익숙해졌답니다."

말을 듣고 보니 그런지 젓가락을 쥐는 솜씨가 확실히 전보다는 익숙한 것이다.

"온돌의 맛은요?"

종세가 뒤미처 물으니까

"이 따뜻하고 정다운 맛은 무엇보다두 나어요. 페치카보다두 낫구 스팀보다두 낫구 난로보다두 낫구요."

그 훈훈한 맛에도 어느 결엔지 익은 모양이었다.

"나아자는 온돌 찬미자랍니다."

일마의 설명의 뒤를 받아 나아자는 선언하는 듯이

"그렇답니다. 온돌은 세계적이에요. 그 이상 가는 난방 장치가 있을 것 같지 않아요. 봄에 집을 지을 때 온돌방 한 간을 꼭 늘리도록 지금부터 일마를 조르구 있는 중이에요."

하며 남편을 보고 웃는다. 사실 나아자에게는 온돌과 조선 음식이 그날 밤이 처음이 아니었고 몇 번 거듭 대하는 동안에 점점 그 찬미자로 변한 것이었다. 그날 밤도 말하자면 그에게는 또 하룻밤 조선식 찬미의 밤이었다. 신선한 식욕으로 차근차근 식탁의 것을 모조리 맛보아 갔다.

약식이며 약과며 식혜며 정과며—모두 그의 즐기는 음식이다. 한입에 맞는 음식이 다른 입엔들 그다지 어그러질 바는 아니었으나 나아자의 즐기는 정도는 또한 각별한 것이었다.

"수정과는 흡사 찬 커피 맛이에요."

하고 계핏가루의 향기를 커피의 향기에다 비겼다가

"약식은 달게 끓인 스튜의 맛 같구요."

하고 감상을 말하던 나아자가 오늘 밤에는 벌써 그런 비평의 말은 불필요한 듯 식사에만 열중했다.

방바닥에 앉아 얕은 식탁에서 조선 음식을 먹는 나아자의 자태가 문득 종세들의 눈에는 극히 자연스런 것으로 비치어 오면서 한때 거북스럽게 보았던 인상도 오늘 밤에는 종적도 없이 사라져 있었다. 머리카락이 검든 붉든 말소리가 다르든 같든 차려진 생활의 잔치 앞에서는 피차가 같은 것이며 부자연할 것은 없는 것이다―이 것은 중요한 일인지도 모른다. 생활 양식의 차이쯤이 근본적인 난관은 아니다. 밀을 먹든 쌀을 먹든 그 근본의 차이라는 것은 극히 사소한 것이다. 굳은 사랑이 있을 때 인류의 동화는 손바닥을 번기는 것보다도 쉬운 노릇일지 모른다.

요란하게 들볶아치는 유흥의 모임이 아닌지라 한 시간 남짓 지나니 대접도 거의 끝나고 조용한 자리는 더욱 적적해 갔다. 과장과 주임들의 재담으로 좌석의 활기가 지속되어 나가는 형편이었다.

종세가 다시 제자리로 돌아가고 난 후 일마도 그만 그날 밤 모임은 그것으로 끝마칠까 하고 마지막으로 잠시 숨을 돌릴 생각으로 방을 나갔다. 요정으로서는 아직 초저녁인 셈이다. 복도는 사람의 그림자로 어지럽고 방방에서는 유흥의 소리가 바야흐로 높아가고 어울려 가는 중이었다.

일마는 그 무슨 생각에 사로잡혀 있었던 것일까. 그러나 마음속을 훑어보고 또 훑어보아도 이렇다 할 생각을 찾아낼 수는 없었다. 그렇다면 머릿속에 떠오르지 않는 숨은 의식이 모르는 결에 속마음을 휘어잡고 있었다는 것인가. 그 무엇에 마음이 팔려 있었던 것이 사실인 것이 화장실로 들어갔다 나오던 길로 방을 찾는 것이 엉뚱한 옆 복도로 걸어간 것이요, 걸어가다 문득 문이 열린 빈 방을 흘끗 들여다보고 그 안에 앉은 한 사람의 여인의 자태에 어쩔 줄 모르고 꽉 막혀 버렸던 것이다.

"누구던가. 저게 누구던가."

바위 앞에나 막혀 선 듯이 순간 정신이 깜빡 죽으면서 옳은 분별이 없는 것이다. 반드시 술을 몇 잔 했던 까닭도 아닌 듯싶다. 장승같이 버티고 섰다가 다음 순간 깜빡하고 바위가 물러가고 정신이 깨이면서 방 안의 인물의 정체를 옳게 인식했던 것이다.

"미려가 아닌가?"

극히 짧은 찰나의 일이었으나 일마는 얼떨떨한 머리를 흔들면서 부끄러운 생각조차 들었다. 무슨 까닭에 그런 순간의 몰의식 상태에 빠졌던 것일까. 그의 마음을 아까부터 사로잡고 있었던 정체 모를 숨은 의식이라는 것이 미려에게 대한 것이었단 말인가. 마음먹었던 것이 별안간 앞에 놓인 까닭에 도리어 의식을 잃었던 것일까. 몸이 허전허전하면서 겸연한 마음을 금할 수 없었다.

"연회라면서 왜 여기 혼자 나와 계신가요."

방문을 들어서면서 물으니 미려는 정면으로 뚫어져라는 듯이 일마의 얼굴을 노리더니 고개를 숙이고

"숨을 좀 돌리러 나왔어요—자리는 점점 요란하구 수다스러워져서요."

대답한다.

미려와 만남이 웬일인지 그것이 마지막이 될 것 같은 느낌이 불현듯이 치밀어 올라오면서 그 순간의 충동으로 일마는 분별을 잃고—방문을 닫고 미려의 앞에 앉아버렸다. 마지막 작별의 말을 해야 할 것같이 느껴졌던 것이다.

"'녹성음악원' 설립의 소식은 종세 군에게서 자세히 들었습니다만—뜻대로 되어 나가 좋은 결과를 맺게 되기를 빕니다."

미려 역시 일마와 같은 생각에 잠겼던 것일까. 일마의 얼굴을 다

시 대담하게 노려보면서 그 타는 눈동자 속에 말로는 나타낼 수 없는 천 가지 회포가 묻혀 있음이 보인다.

“축복의 말은 되려 제가 먼저 드려야 할 것 같아요—앞으로 가정생활에 만복을 누리소서 하고.”

충심으로의 말일는지는 몰라도 일마가 비꼬아 듣는다고 안 될 법도 없을 듯하다.

“앞으로두 함께 이 서울에 살어가게 되련만 웬일인지 더 만나게 되지 못할 것 같으면서…….”

“만나지 못하는 것이 차라리 좋지요. 자꾸 만나서 어떻게 하게요.”

빗나가기만 하던 미려도 참말을 해야 할 때도 있다.

“그러나 만나지는 않는다구 해두 서로 서울에 있다는 것이 웬일인지 든든은 해요.”

이 말이야말로 속임 없는 진실이 아니었을까.

“인생은 짧다구 해두 긴 것이니까. 또 앞길이 어떻게들 될는지 뉘 알겠수.”

“편안하시구 일 잘하시구 안녕히들 계세요. 이 비는 맘에 거짓은 없어요.”

목소리가 흐려지는 것을 경계하며 미려는 이 자리에서 또 울어서는 안 된다고 입술을 꼭 물고 마음을 다구지게 먹는 것이었다.

신문사 사람들의 덕으로 주택도 의외에 수월하게 알맞은 것을 구하게 되었다.

외국 영사관이 바라보이는 언덕 위의 조그만 한 채는 첫눈에 나아자의 마음에 들었다. 일마도 다행으로 생각하면서 집을 돌아보는 날 나아자에게 밑지지 않을 정도로 기뻐했다.

외국 선교사가 들었었다는 그 집은 조그만 벽돌 외채에 넓은 뜰이 달려 있었다. 뜰이 넓은 까닭에 집이 한결 작게 보이는지도 모른다. 평퍼짐하게 열린 언덕 일대가 그 집에 붙은 것이었다. 누렇게 시들은 잔디 위에 장미나무 가시덤불이 군데군데 퍼져 있고 단풍나무가 사이사이에 들어서서 그 도회의 한 폭 위에 전원의 맛이 넘쳐 있었다. 낡은 벽돌 벽에는 담쟁이넝쿨이 일면으로 시들어 붙은 속에 머루 같은 조그만 열매가 지천으로 달려 있다. 여름이면 담쟁이 속에 왼통 싸이게 될 그 푸른 집이 얼마나 아름다우려니 짐작되었으나 넝쿨만 남은 겨울 풍경도 그다지 스산하고 살풍경한 것은 아니었다. 더구나 잠시 동안 내 집이거니 하고 바라보니 부부에게는 달갑고 정다운 생각이 들었다. 새봄에 새집을 짓기 시작해서 들게 될 때까지 한 반년 동안 들어 있을 집이다. 하루하루의 생활이 귀중하고 즐거울 때 반년 동안의 생활이란 길고 오랜 것이다. 부부 생활의 첫 집임을 생각할 때 한층 정회가 깊다.

포치를 들어선 바로 옆방 남쪽 창에 의지하면 시가의 거의 반이 한눈에 바라보인다. 남쪽 시가지의 굵은 집들과 은성한 인상이 손에 쥐일 듯이 굽어보이며 더구나 불 켜진 밤경치는 신선하고도 아름다운 것이어서 그런 조망이 행복감을 한층 더 주는 것도 사실이었다.

집을 살펴본 그날로 위선 석탄을 들여 벽로에 불을 피우고 침대를 들여 놓고는—호텔에서 벼락이사를 하게 되었다. 여러 가지 집안의 정리와 잔손질은 들어서 살면서 조금씩 해 갈 작정이었다. 호텔에서 나르는 이삿짐이라고는 몇 짝의 트렁크뿐이었고 일마는 한편 능보의 아파트에 묻어 두었던 세간, 책과 책상과 의걸이 등속을 나르게 했다.

원체 새살림의 시작이라 새집이 된 후에 쓰게 될 모든 세간 그릇을 미리 사들이게 되었다. 결코 용이한 일이 아니었다. 즐거우면서도 힘드는 일이었다. 찬찬한 계획과 세밀한 주의와 명민한 거래와—그 위에 끈기와 노동이 필요했다. 살림에 드는 것은 의자나 의걸이뿐이 아닌 것이요 한 바람의 실과 한 개의 못조차 필요한 것이기 때문이다. 실과 바늘과 못과 장도리 걱정까지를 하다 나면 머리 속은 실오리같이 헝크러져서 이루 두서를 가릴 수가 없게 되었다.

"생활의 경영이란 쉬운 노릇이 아니구료."

"그러믄요. 인간사의 근원이데 쉬울 리가 있어요. 설계 중에서두 제일 중요한 것이 새살림의 설계가 아니겠어요. 괴롭구두 즐겁죠."

나아자는 잠이 깨면 또 신선한 정신과 새로운 용기로 그날 일을 맞는 것이었다.

수많은 의자와 탁자와 책상과 의걸이와 침대와—대강 굵직한 것을 차례차례로 들여놓으니 방은 한 간 한 간 모양을 갖추어 갔다. 그러나 나아자에게 무엇보다도 중요한 것은 부엌일에 관한 일체의 도구였다. 어느 결에 그렇게 살뜰한 주부가 되었는지 그는 찻잔 한 개의 선택에도 자기의 취미를 주장했고 접시 한 개를 골라도 세밀한 주의를 아끼지 않았다.

조리장의 설비가 대강 갖추어 졌을 때 첫솜씨의 음식을 만들어 보면서 한편 수많은 창을 가리울 커튼을 만들기 시작했다. 나아자의 의견에 의하면 커튼은 한 집의 가장 중요한 인상을 주는 물건이라는 것이다. 교양과 취미를 외부에 보이는 마음의 표징이라는 것이다. 손수 끊어 온 여러 가지 색깔의 헝겊에 독창적인 의장을 베풀면서 재봉기 앞에서 소리에 맞춰 휘파람을 부는 나아자였다.

며칠 동안의 부부의 노력으로 빈 집은 살뜰한 새 손님의 보금자리로 변했다. 색채가 귀한 때이라 뜰이 단조하고 집 외모가 허술하기는 하나 그러나 또 겨울인 까닭에 집안의 공기는 도리어 옥신하고 따뜻한 것이었다. 나아자가 공들여 만든 커튼의 짙은 빛이 창을 가리어 밖에서 보면 그것이 집 전체를 치장하는 한 점의 화려한 터치였다. 단조한 벽돌 벽이 그 안에 풍부한 것을 간직한 듯 연상시키며 사치하게 보였다. 굵은 네모의 굴뚝에서는 종일 가는 연기가 피어오르면서 그것이 흡사 찻그릇에서 피어오르는 따뜻한 김같이도 달갑게 보인다.

젊은 여주인 나아자는 겨울옷 위에 짧은 행주치마를 입고 제법 일가의 주부다운 풍격을 보이고 있다. 선량한 아내라는 것은 언제나 동시에 알뜰한 주부여야 한다. 식모를 두자는 의논이 있어서 구하고 있는 중으로 그가 올 때까지 주부의 노역을 면치 못할 것이며 비록 온 후이라도 나아자는 주부의 특권을 알뜰히 행사할 것이다.

"한 가지 무에 빠진 것이 있는 것 같지 않어요?"

"글쎄 무엇일까—이것만으론 좀 적적한 듯하면서."

"옳아, 음악이에요. 음악이 빠졌어요."

며칠 동안 바쁜 통에 두 사람은 음악을 잊었던 모양이었다. 한시도 그것 없이는 살지 못하던 그들이 이제서야 그 필요를 느낀 것은 일에 얼마나 골몰했던가를 말함이다.

조그만 피아노 한 대를 객실에 날라다 놓고 나아자는 적지 아니 만족한 모양이었다.

행주치마를 벗고 하루 한때씩은 그 앞에 앉았다. 그런 때 나아자는 반드시 몸을 가다듬고 새 옷을 갈아입고 새로운 자태와 경건한 마음으로 그 즐거운 시간을 시작했다. 생활의 잔을 한 방울 한 방울 침착하게 맛보는 것이다. 즐거운 생활일수록에 경건한 마음이 상반(相伴)되는 것이며 경건하게 할 수 있어야만 참으로 즐거운 생활인 것이다.

다뉴브 강을 노래한 왈츠의 곡조가 흐를 때에는 일마는 나아자의 옆에 의지해서 그의 경쾌한 손가락의 움직임을 바라보며 멀리 생각을 하얼빈으로 달렸다. 지난 하얼빈의 나날의 회상은 언제나 왈츠의 곡조와 얼크러져 떠올랐다. 나아자의 마음과 부딪친 것은 왈츠의 밤이 아니었던가.

다뉴브 강의 향수가 나아자에게는 바로 송화강에 대한 향수인 듯 건반을 스치는 손가락이 그대로 하나의 표정을 가진 듯도 하다.

맑게 개인 날이면 피아노의 선율은 한층 또렷하게 흘러나와 그 언덕 위의 집에다 생명과 성격을 주었다. 그때까지 그 집에 들었던 식구들과 또 나아자들 이후에 그 집에 들어 살 식구들 중 그 어느 식구들과도 다른 성격을 지금의 그 집은 가지고 있는 듯하다.

겨울날로서는 드물게 푸른 하늘을 내다보면서 부부는 창에 의지해서 행복의 포화 상태에 있었다. 지금 그들에게 더 필요한 것이 또 무엇일 것인가.

"가이 없는 푸른 하늘—."

행복도 무한하고 불행도 무한한—무한한 인생같이도 가이 없는 창공을 바라보며 나아자는 자기 한 몸이 푸르게 물드는 듯도 한 착각을 느꼈다.

"—저기서 무엇이 떨어질까요."

"무엇이 떨어질꾸. 정녕코 떨어질 것은 같구먼."

반문하는 일마를 바라보며 나아자는

"어디 눈을 감아 보세요. 무엇이 떨어지나."

"자—."

눈을 감으니 또 한 가지 분부.

"입을 벌리구요."

"아!"

눈을 꾹 감고 입을 아 벌리고 푸른 하늘을 우러러 향하고 있는 일마의 얼굴에 떨어진 것은 부드러운 촉감과 따뜻한 체온이었다. 푸른 하늘에서 떨어진 것은 나아자의 몸과 사랑이었던 것이다.

창공의 선물로 그에 지남이 어디 있으랴. 일마는 내 몸의 행복을 새삼스럽게 느끼며 아내의 힘에 응하는 것이었다.

여담(餘譚)

아파트 청운장의 일마가 옮겨 간 뒤의 빈 방에는 다음 날로 즉시 한 사람의 새로운 생활자가 들게 되었다. 은파였다. 능보의 바로 옆방에 동무 일마 대신에 동무라기보다는 좀 더 사이가 가까워진 은파가 옮아 온 것이다.

능보와 은파의 관계는 겉으로는 서로 험구와 싫은 소리를 건네면서도 남모르는 사이에 점점 깊게 맺어졌다. 일종 기묘한 사이였다. 만나면 개와 고양이같이 부질없이 응얼거리던 그들이 어느 결엔지 그렇게 동거를 약속하게까지 되었음을 알았을 때 사실 동무들도 놀랐다. 은파의 알지 못할 숨은 매력에 의함이었을까. 피차의 겉으로의 반목은 도리어 참된 사람의 역 표현이었던가.

능보는 아직 개업은 하지 않았으나 두 사람의 생활비를 지탱해 갈 만한 능력은 가졌다. 은파가 '실낙원'의 초라한 직업을 버리고 능보와 공동생활을 시작하게 된 것은 연래의 희망이었고 희망의 성공이었다. 결혼이니 무어니 하는 구식의 귀치않은 생각을 버리고 뜻이 맞는 때까지 한 지붕 아래에서 살아가자는 것이었지 그 이상의 엄격하고 주체스런 작정은 없었다. 능보는 독신 생활보다는 그 편이 훨씬 편리하고 낫다고 생각했던 것이요 은파도 물론 그 정도의 같은 생각으로였다.

은파가 가져온 짐이라고는 트렁크 두 짝밖에는 안 되었다. 공동 생활이라고는 해도 역시 은파가 능보 쪽에 합류하게 된 셈이다. 두 개의 트렁크만을 들여 놓기에는 빈방은 너무도 넓고 휑휑했다.

"차라리 당신 방에 함께 들여 놀까요."

은파가 방 가운데 서서 그 휑함을 탄식하면 능보는

"될 말인가. 두 사람은 언제나 두 개의 인격인데 좁은 한 방에서 복작거리다니. 각각 제 방 한 간이야 제가 지배해야지."

하며 반대하는 것이었다.

"일마의 혼이 그 어느 구석엔지 남어 있는 것 같어서요."

"육체와 짐과 함께 완전히 나아자에게로 날러가 버린 일마의 혼이 그 냄새 한 방울이나 여기에 남길 줄 아우."

결국 은파는 완전한 방 한 간을 차지하게는 되었으나 실상에 있어서는 그것은 은파만의 방이 아니라 능보의 방이기도 했다. 은파는 두 짝의 트렁크만을 부치고 기실 능보의 모든 세간—의걸이며 책상이며 의자며를 함께 공유하게 되었고 그 한 간의 새 방은 두 사람의 침실로 작정했던 까닭이다. 두 방은 결국은 한 방인 것이요 두 사람은 두 몸이되 한 몸인 것이었다. 벽을 사이에 두었을 뿐인 두 간 방은 그 새로운 인물을 한 사람 더하자 종래와는 판이한 새로운 성격과 풍속을 띠게 되었다. 은파는 '실낙원' 시대보다는 나날의 생활이 말할 수 없이 자유롭고 즐거워져서 다시 낙원을 얻은 셈이었을까. 뭇사람에게서 천대를 받은 인간이 아닌 것이요 자기를 옳게 주장하는 사람이 되었다. 한 가정의 주부처럼 조그만 두 방을 알뜰하게 다스려 감이 얼마나 즐거운지 갱생한 자신의 자태를 돌아보고 또 돌아보고 했다. 능보가 출근 시간이 되어 연구실로 나간 뒤 혼자 남은 은파의 맡은 일과라는 것은 두 간 방을 깨끗하게 치우고 정리하는 일이었다. 머리를 수건으로 가리고 빗자루를 들고 휘파람을 불면서 그는 스스로 즐겨서 점점 의무에 매인 암탉이 되어 갔다.

능보가 소중해 하는 현미경을 닦을 때에는 세심한 주의를 해 가며 능보의 비위를 맞추기에 노력했다. 그 노력이 물론 즐거움의 하나였다.

능보가 돌아왔을 때 기뻐하는 양을 보는 것이 하루 동안의 아마도 가장 즐거운 순간이 아니었을까. 의자에서 냉큼 일어서는 은파를 보고 능보는 무슨 대명사로 그를 불렀으면 좋을지를 몰라 빙긋이 웃으면 은파 역시 능보를 무엇이라고 부르는 것이 좋을꼬 하면서 망설이다가

"저녁이나 먹으러 나갑시다."

귀치않은 대명사는 빼어버림이 결국 제일 편안함을 느끼는 두 사람이었다.

훈은 성냥통을 사들고 능보들의 새살림을 보러 왔다. 아닌 게 아니라 그 말끔하게 정돈된 데 놀랐다.

"공동생활이 독신 생활보단 아무래두 나은 모양인데. 이렇게 깨끗할 법이야 있나. 아주 방 안 공기가 달라졌으니."

"어떻게 달라졌단 말인가."

능보는 반문하면서도 자신 그의 말뜻을 모르는 바도 아니었다.

"전에야 자네 같은 보헤미안이 있은 줄 아나. 게으르구 지저분하구 추접하구—말할 수 없는 놓보였었지. 지금은 사람이 변한 것 같이도 보이네. 방 안이 깨끗해졌을 뿐 아니라 자네 일신까지가 멀끔해졌어. 양복바지에 언제나 곧게 줄이 서구 내의가 날마다 깨끗하구 구두가 반짝이구 하는 걸 자네는 되려 모르리. 오늘의 자네는 어제의 자네가 아니야—여자란 남자를 멀끔하게 솔질하구 닦어 놓는 마부인 모양이지."

"마부는 좀 심한데요."

알코올 풍로로 차를 끓이느라고 설레던 은파는 그 비유에 불만의 표정을 보인다.

"심할 것두 없지. 말을 다스리는 마부의 직책이 얼마나 중하구 크게."

"그럼 난 별수 없이 말이 됐네그려."

이번에는 능보가 불만해 한다.

"말두 마부두 다들 싫다니 욕심쟁이들이야. 만약 그런 알뜰한 마부가 생긴다면 난 즐거이 말 되기를 자진해 나서겠네."

세 사람은 서로 바라보고 웃으면서 결국 훈이 말한 비유는 굳이 불만으로 여길 것도 없는 한자리의 농으로 변하고 말았다.

은파는 한편 탁자 위에 끓인 홍차를 내놓고 잔에 위스키를 몇 방울씩 떨어뜨렸다.

훈에게는 그 차 맛이 또한 각별하게 여겨졌다. 더운 차에 술 향기가 섞여 전신을 훈훈히 녹이는 듯도 하다. 그 어디서 먹은 차보다도 풍미가 한결 나은 듯하다.

"이것두 바루 가정의 맛인가부지, 이 따뜻하구 향기로운 맛두."

"공동생활의 이득이라면 그 외에두 여러 가지가 많다네."

능보는 한 가지 한 가지 감동만 하는 훈에게 더욱 자기의 입장을 설명하려는 것이었다.

"홍차 맛이 따뜻하구 내 몸이 깨끗해진 것만이 이득이 아니야—그 외에 첫째 마음이 침착해졌구 일상생활이 편리해졌구 경제적으로두 되려 피게 됐다네. 밤마다 술을 먹으러 다니지 않아두 좋으니 말야."

"흠 듣던 중 걸작이야. 아닌 곳에 생각지 못한 이득이 숨어 있었네그려."

"결국 나는 꿈을 가장 가까운 곳에서 잡구 말었네. 꿈이라는 게 멀구 높게 가지면 가질수록에 더욱 한이 없는 것이거든. 눈앞에 꿈이나 만 리 밖 꿈이나 잡아 보면 마찬가지일 것이구, 아무 꿈이나 한 가지를 잡아서 그 속에서 맘을 안정하게 잡는 것두 필요한 일일 것 같어서."

"만 리 밖 꿈이 못 돼서 미안합니다."

은파가 샐룩은 해도 반드시 능보의 태도에 불만인 것도 아니었다. 그런 피차의 뜻임을 처음부터 알고 결합된 두 사람이 아니었던가.

"자네는 꿈을 잡어서 맘이 안정됐다구 해두 우리는 다시 '실낙원'을 찾을 흥미가 없어졌거든. 은파가 없으니까 가게는 텅 비인 것 같구—인전 은파에게 대해 전과 같이 농을 걸 수두 없게 됐구."

"어서 단영이나 놓치지 말게. 자네두 어느 때까지 망설이지만 말구."

능보에게서 이렇게 말을 듣지 않아도 사실 훈은 요새 단영에게 대해 다시 무심하게 지낼 수 없게 되어 갔다. 명도들과도 말끔하게 손을 끊고 새로운 의기에 갱생해 가는 단영의 자태는 지금과는 다른 새사람의 탄생과도 같았다. 새로운 의욕이 불현듯이 솟기 시작함을 느꼈다.

오늘도 훈은 그 길로 단영을 찾아가 볼까 마음먹고 있었다. 능보와 은파의 자별스런 태도가 그런 마음을 한층 불 지른 것도 사실이었다.

나아자에게로 온 에밀랴의 편지로 일마는 그 후의 만주의 소식을 대강 알게 되었다.

무엇보다도 궁금해 하던 '대륙당' 사건의 하회를 알게 된 것이 일마에게는 말할 수 없는 기쁨이요 안심이었다. 조만간 벽수에게서도 자세한 편지가 오련만 일마는 위선 아내를 통해서 에밀랴의 입으로 하루바삐 소식을 듣게 된 셈이었다.

결국 예측대로 삼십만 원을 갱단에 보내고 나거(拿去)되었던 운산의 한 몸이 무사히 놓여 돌아왔다는 것이다. 소문대로 몸이 국경 지방에 구금되어 있었던 것이 사실이요 한 몸에는 별로 박해와 상처를 입지 아니하고 탈 없이 돌아왔음이 불행 중 다행이라는 것이었다. 어떤 경로로 놓여 왔는지는 알 바 없으나 그 부대한 몸이 겨우 숨을 돌렸을 것과 벽수와 허씨 부인과 집안 식구들이 근심에서 풀려서 비로소 편안한 잠을 이루게 될 것이 반갑게 추측되었다. 거리에서도 큰 이야깃거리가 되어 사람들은 공포와 불안에서 놓여 일종 흥분된 안심에 잠겨 있고 갱의 정체에 대한 비밀은 밝혀지지 못한 채 여전히 오리무중에 숨겨져 버렸다는 것이었다. 에밀랴조차가 그 정도로 자세히 소식을 전했을 제는 거리의 소문이 얼마나 자자할까를 미루어 생각하기에 넉넉하다.

외로운 외지에서 적수공권으로 수십 년 고생에 한 몸을 거눈 한운산에게 평생에 한 번이 될 그 끔직한 경험이 얼마나 위대한 감회를 주었을까를 생각할 때 일마는 그 자신 남의 일이 아닌 듯한 일종의 회포를 느꼈다. 놀라고 혼을 떼우기도 했겠지만 필시 한편 그에 값갈 만한 교훈도 받았을 것이니 앞으로의 생활 방침에도 변화가 있지 않을까. 숙부의 사업에 불만이던 벽수도 앞으로는 함께 협력해서 참으로 대륙에서 굳건한 발돋움을 닦아 나가는 것이 아닐까도 느껴졌다. 인간 생활의 행복과 불행의 교차를 거기에서도 또 한 가닥 본 듯해서 일마는 가지가지로 생각이 복잡했다.

"갱의 정체는 밝히지 못하고 놓쳐 버렸다니 하얼빈이 위험한 도회라는 사실은 그대로 남은 셈이지. 안심하구 여행이나 할 수 있나."

"우리 같은 사람에게 갱이 두려울 것이 무에 있어요. 남의 눈에 너무 뜨이게 되니 일상 탈이죠. 언제나 보통인 한 사람의 시민으로 지내는 것이 편한 노릇이지. 뭇사람 위에 솟아난다는 것이 반드시 행복의 길은 아닌 모양이에요."

"하긴 복잡한 사회에서 어느 때 그런 암흑면이 곱게 없어질 날이 있겠수만."

"어떻든 잘 해결되었어요. 이렇게 시원하고 안심될 데는 없어요. 일마가 다시 하얼빈으로 혼자 여행을 떠나지 않어두 좋게 되었으니까요."

하면서 나아자는 웃는 것이다. 전번의 일마의 여행이 그렇게까지 나아자에게 걱정을 주었다는 것보다도 그 한마디는 차라리 나아자의 재롱으로 듣는 편이 옳을 듯하다.

"갱보다두 한 가지 제게 걱정되는 것이 있어요."

새삼스런 어조에 일마가 무엇이냐고 물으니까

"에밀랴 말예요. 요새는 몸이 어떻게 추운데 얼마나 고생을 하고 있을지 편지로는 그런 말을 안 해두 뻔히 짐작되는 일인데."

나아자가 에밀랴와 얼마나 친한지 아마도 숙모 수우라와보다도 더 친한 것은 일마도 잘 아는 일이다.

"한 가지 청을 들어 주시겠어요."

기어코 주저하던 말을 집어냈다.

"무엇이오. 못 들어 줄 것이 무어 있겠수."

"에밀랴를 잠간 데려다가 함께 지내면 좋겠어요. 이 겨울 동안이래두 고생을 덜어줄까 해서요."

일마에게도 그다지 어려운 청은 아니었다. 도리어 자청해서 해도 좋은 일이었다.

"에밀랴만 승낙한다면야 이곳에야 무슨 이의가 있겠수. 선뜻 와줄까."

"승낙해 주시겠어요? 고마워라. 답장에 곧 그 말을 적어 보내겠어요. 얼마나 기뻐할까요. 곧 떠나오게 할 테에요."

종세도 능보들의 새살림을 보러 가자고 동무 삼아 일마를 끌어냈다.

“자네들 집을 먼저 보러는 가야겠으나 무얼 들구 갔으면 좋을지 몰라서 아직 주저하구 있는 중이네만—성냥 한 통을 들구 갈 수두 없는 노릇이구.”

종세는 아직도 일마의 신가정을 못 찾은 것을 변명해 말한다.

“들구 오긴 무얼 들구 오나. 그저 맨손으로 오게나.”

“살림두 한 사람쯤이 채릴 제 말이지, 이건 동무들이 하나씩 둘씩 개개들 집을 가지구 나서니 누구부터 찾어가야 옳을지 사실 난처하단 말야. 결국 그렇게 살림을 채리고 나서는 것이 인생의 마지막 행복의 길인지 원.”

“미안하네. 괜히 아닌 걱정을 끼치게 돼서. 살림 채린 게 모르는 곳에 그런 의외의 걱정을 끼치게 되다니.”

“그래 오늘 위선 능보들을 찾어볼까 해서.”

“나두 마침 생각하던 중인데—”

두 사람이 잠시 들어가 앉은 찻집은 창이 바로 포도를 향해 있는 곳인 까닭에 흐린 거리를 오고 가는 사람들의 발과 다리가 어지럽게 창 앞을 스쳐 지났다. 겨울 거리의 분주한 모양이 그 어디인지 드러나 보인다.

“하긴 자네들이 새살림들을 채린 것을 내가 이러쿵저러쿵 시비하는 것은 아니네만—그러나 자네들의 안식처는 각기 그 따뜻한 가정이라구 하구 남은 우리들은 대체 어떻게 하란 말인가. 훈이나 내가 동무에게선 떨어지구 집으로 돌아가면 싸늘한 방이 있을 뿐이

장만해 가지구 법석이라네. 올에는 스키 패가 버쩍 늘 모양이야."

"일소대를 조직해 가지구 주일마다 삼방으로 원정을 가세나."

"안상달이 움직이면 혜주는 가만있을 줄 아나. 거기서두 재없이 부부의 꼴은 보게 될 마련이지."

"그럼 '녹성음악원'의 패들이 전부 동원하게 된단 말인가."

묻다가 일마는 문득 뒤미처

"자네 요새두 미려를 자주 만나나."

천연스럽게 떠보는 것이나 종세는 일마의 말투를 민첩하게 짐작하고 물끄러미 그를 볼 뿐 짐짓 대답이 없었다.

미려와의 사이가 행여나 어떨까 하고 일마가 추측하고 있는 것 같아서 종세는 면구스러웠으나 그러나 사실 자기 스스로도 자기의 심중을 가장 정직하게 떠볼 수는 없는 것이었다.

"그 후로는 못 만났네만 만난댔자 미려가 어떤 사람이게―그렇게 홀홀히 남에게 마음을 도적맞을 여잔 줄 아나."

대답하고는 그럼 만약 마음을 도적맞을 인물이라면 자기가 그 마음을 도적해 보겠다는 생각인가 하고 종세는 자신의 깊은 마음속을 의심하고 매만져 보았다. 알 수 없는 전율이 오면서 순간 몸서리가 쳤다. 모두가―엄청나고 두려운 일만 같다.

"미려가 만만치 않은 사람인 줄야 내 모르지만."

"사람의 앞일을 뉘 알겠나. 한 발자국 앞서 어둠인지 광명인지는 언제나 지내 놓구 봐야만 아는 일인 걸……. 인간사를 작정하는 건 세월뿐이야 세월…… 세월의 뜻에다 모든 것을 맡기는 수밖에 없어."

지껄이다가 종세는 정신을 차리고

"내가 무얼 이렇게 지껄이누. 미려의 일이 내게 무슨 아랑곳이게. 미려보다두 난 차라리 자네에게 청매의 이야기를 해야겠네. 상해로 간 청매에게서 이제야 겨우 편지가 왔단 말야. 자네두 읽어 보게. 상해 재미가 어떤가."

주머니 속에서 집어낸 꾸겨진 편지를 일마에게 전한다.

"청매의 편지라……. 오래간만에 청매의 이름을 듣게 되네그려."

"고생을 하는지 단꿈을 꾸는지 사랑의 줄행랑을 놓은 아귀의 팔자를 뉘 알랴만 낯선 곳이라 저두 고향 생각이 더러 나렷다. 편지 준 것만도 고마워."

"사랑의 편지나 아닌가. 남의 편지 읽기가 웬일인지 어색한데."

일마는 진정 어색한 듯 봉투에서 낸 편지를 펴 들었다. 그런 여자 치고는 익숙한 글씨요 유식한 필치였다. 일마는 대강 군데군데 추려서 읽어 갔다.

……고향을 떠난 지도 벌써 몇 달이 되었는지 그동안 시절도 바뀌어졌건만 분주한 마음에 옳은 정신 없이 지내노라고 이제야 겨우 고향의 소식을 묻게 되었습니다. 몇천 리 거리나 되는지 고향은 먼 바다 건너의 조고만 등불같이 마음속에 아득하게 깜박거리고 있을 뿐입니다. 이제 오래간만에 고요히 생각하면서 붓을 드노라니 아닌 게 아니라 한 가닥 회포가 유연히 솟아옴을 느끼게 됩니다.

꿈결 같은 몇 달이었습니다. 너무도 당돌한 행동을 삽시간에 가져 버리고 나니 이것이 정말 현실 속의 일인가 싶으면서 얼떨떨한 착각을 금할 수 없어요. 제게는 그럴 수밖에는 없었고 그렇게 하는 것이 가장 마땅하다고도 생각하면서 지금도 결코 그것을 뉘우치지는 않으나 원체 저질러 놓고 보니 엄청난 일이라 제 자신 놀라고 있는 중예요. 선생이 저를 오해하고 꾸중이야 하실까만 아무래도 뒤에 남는 생각이 개운치 못하면서 마음 한구석이 무거운 것도 사실입니다. 그러나 내친걸음을 지금 새삼스럽게 어떻게 하겠습니까. 이것도 하나의 운명이요 전세의 인연이 아닐까 하고만 생각합니다.

선생께 대한 미안한 말씀은 적지 않고 그저 제 말만 자꾸 하게 되는 것을 용서해 주세요. 앞으로는 마음을 좀 더 다구지게 먹을 작정입니다. 지난 일을 생각하고 되풀이해야 소용없는 것. 차려진 길을 군세게 걸을 수밖에는 없어요. 지금보다도 더 강해지랴고 마음먹고 있습니다.

편지는 더욱 계속되었다. 여러 장으로 두툼한 것이 제법 만리장서였다. 군데군데 주워 읽기도 일마에게는 지리한 노릇이었다.

……상해, 상해 하고 말로만 크다는 소리를 들었다가 막상 와 보고 그 넓음에 놀랬습니다. 가이 없는 육지의 한 부분입니다. 바다에서 잠을 자고 기슭이 안 보이는 강을 올라와 무연한 육지의 한구석에 짐을 내리니 온 곳이 사람 사는 도회가 아니라 한없는 호지(胡地)의 한복판 같습니다. 분간할 수 없는 벌판에다 일부러 한 몸을 던지러 온 것 같습니다. 몸을 던지러 왔음에는

틀림없으나—사실 이 넓은 천지 속에서 제 한 몸쯤은 바닷속에 모래알 하나 맞잡이도 안 됩니다. 그러니까 몸을 던지러들 숨으러들 모여드는 것이겠지만 사람의 씨는 왜 그리 많은지요. 많고 천한지요. 와글와글 끓는 불개미떼 같어서 한꺼번에 수천 수만쯤 으깨어 없앤대도 이렇다 할 흔적조차 남을 것 같지 않어요. 물론 저도 그 불개미떼 속의 한 사람이요 따라서 그 무엇이 으깨어 주어도 그만이겠습니다만.

상해에 왔다고는 해도 아파트 방에 박혀 있는 까닭에 어디가 어딘지 몇 달을 지내야 아직도 분별을 못하겠습니다만—언제까지 호텔에만 묵을 수도 없는 까닭에 아파트의 방 두 간을 얻어 오래 살 잡도리를 했습니다—어쩌다 거리에 나가 대로를 거닐어 보면 낯설은 곳에 왔다는 느낌이 불현듯이 들곤 해요. 고향과는 얼마나 모든 풍경과 물정과 인심이 다른 곳이겠습니까. 모든 것이 다른 까닭에 되려 안심될 때도 있다가 때로는 안타깝고 답답한 심사가 불끈 솟습니다. 외국 조계(租界) 근처를 거닐다가 강가로 나섰다가 다리를 바라보았다 하노라면 가슴을 파고드는 고향에 대한 근심을 억잡을 수가 없습니다. 지금 고향의 하늘도 개었을까 흐렸을까 하는 걱정조차 솟아요. 다시 고향의 땅을 밟어 볼 수 있을까 하는 조바심이 생기면서 공연한 짓을 한 것이 아닐까 반성되는 것도 반드시 그런 때랍니다.

……제게 대한 소문이 얼마나 자자하고 죽일 것 살릴 것 하고 험구가 많겠습니까. 세상 사람이야 언제나 욕하길 좋아하지 어디 이해하고 칭찬하기를 즐겨 하나요. 필연코 제 소행도 고향에

서는 벌써 검은 판에 박힌 것일 게구 제 이름은 개천 속에 버림 받은 것이겠죠. 그럴수록에 고향은 제게는 더 어려운 곳이 되고 멀어만 지는 듯해요. 안타까운 생각은 이런 데서도 솟아요.

사시장청 밤이나 낮이나 쳐다보는 건 만해의 얼굴뿐이죠. 역시 저는 그를 사랑한다고 하는 수밖에는 없어요. 사랑하니까 지금까지의 행동도 취한 것이고 일이 이렇게 되어 보니까 앞으로는 더욱 사랑하지 않을 수가 없게 되었어요. 그를 사랑하지 않고야 지금 제게 남겨진 일이 무엇이겠습니까. 그가 저를 생각하는 심정이 또한 이만저만한 것이 아니기 때문에 제 마음은 그에게로 더욱 쏠리는 수밖에는 없어요.

이왕 이곳에서 오래 지내게 될 바에는 언제까지 놀고만 있을 수도 없어서 무슨 일이라도 시작해 보겠다고 요새는 자나깨나 그 계획인 모양인데 사람 일 모르죠. 여기서 또 장차 크게 성공할지 뉘 아나요. 요행 떠나올 때 앞에 차려진 것은 몽땅 가져왔던 까닭에 그것만 가지면 못할 일도 없을 듯해요. 아무튼 여기서 마음을 붙여 볼까 하는 중이므로 고향과는 자연 당분간 멀어질 것 같어요. 정말 제 말만 해서 미안합니다만 곡해와 비난을 풀어주시고 그리고 저를 한시바삐 잊어 주세요. 이것만이 피차를 생각하는 소치일 것예요. 제 말을 귀애하시거든 더러 막어 주시고요. 또 소식 드릴 기회 있을까 합니다. 오늘은 첫 편지라 제 이야기만으로 이만 실례하겠습니다. 내내 안녕하세요.

청매 올림

청매의 긴 편지를 읽고 났을 때 일마도 일종의 감회를 금할 수 없었다.

비록 청매가 자기와는 먼 사이요 다만 동무 종세의 호의로 그것을 읽게 되었을 뿐인 것이나 한 여자의 솔직한 마음의 고백을 들었음이 가슴속에 한 줄기 감동을 일으키게 했던 것이다.

"여자란 항용 약하다군 해두 기실 강한 것인지, 청매두 어느새 한 사람의 늠름한 여자가 된 모양이지."

일마의 감상이나 종세의 그것이나가 일반이었다.

"약하다면야 당초에 그런 길을 취하기나 하겠나. 아무리 사랑의 길이라군 해두 그곳이 어딘가. 맹랑하구 올찬 여자야, 청매는."

"고향 생각에 잠기는가 하다간 되로 현재의 입장을 자각하구 꿋꿋이 돌아서는 모양이 눈에 선히 뵈이는 듯도 하네. 제법 인생에 처해 가는 태도가 잡혔단 말야."

"하긴 사람이 그런 입장에 서게 되면 제물에 강하게 됐지 별수 있겠나. 개천 앞에 닥쳐서면 그것을 건너 뛰어야지 그 밖에 무슨 재조가 있겠나. 환경이 사람을 맨든다는 것두 사실일 것 같어."

"어떻든 오늘 편지는 유쾌하게 읽었네. 한 여자의 숭엄한 자태에 접한 것 같어서 맑은 감동을 오래간만에 받었어."

일마는 거듭 말하면서 사실 유쾌한 심정인 모양이었다.

"그의 행동이 바르느니 그르느니 하는 시비는 그다음 문제야. 그르다면 그를는지두 모르나 세상에 또 그다지 바른 일이 무엇인가. 사랑의 문제만은 생각하기를 따라서 얼마든지 판단이 다를 것이야."

이 점에 있어서도 종세는 일마와 같은 의견이었다.

"거리의 소문은 대체로 청매에게 불리한 듯하나 그런 때 으레껏 허물을 둘러쓰는 것은 언제나 여자 편이 아니겠나. 건듯하면 남자가 여자의 유혹에 걸렸다구, 여자만을 죽일 것 살릴 것 욕질이지만—불공평하기 짝 없는 노릇이야. 실상을 따져 보면 언제나 유혹의 첫손을 거는 것은 되려 남자의 편이지. 남자가 꿈적하지 않을 때 여자의 뜻 하나로만이야 어떻게 한단 말인가."

"만해가 사업에 실패한 까닭에 상해행을 생각해서 거기에 청매가 휩쓸려 맞장구를 친 것이니까 시비의 귀착점은 빤한 것이지만."

"나타난 행동이 무엇이든지 간에 지난날의 청매와 나와의 관계가 어떤 것이었던지 간에 나는 지금 청매를 비난할 생각은 없네. 편지의 부탁대로 사람들의 부당한 소문을 되려 항의하구 교정해 주구 싶은 생각두 있어. 그리구 아예 고향 돌아올 생각 말구 오래도록 상해에 머물러 사업에 성공하도록—회답은 그렇게 할 작정이네."

"과거의 사랑을 말끔하게 잊어버린다?—자네로선 대단한 용단이야. 청매를 후원하구 만해를 원망치 않구……."

일마의 표정에 종세는 잠자코 면전을 보다가

"생각해 보게나. 청매들이 지금 다시 돌아온다면 미려들의 계획은 어떻게 되구 '녹성음악원'의 장래는 어떻게 될 것인가를. 물론 만해와 미려의 사이는 청산된 것이기는 하지만 그래두 장차 지장이 없을지 뉘 알겠나. 비록 내가 청매를 그렇게 쉽게 잊을 수는 없다구 해두 사람의 장래를 생각하면 그렇게 충고하는 수밖엔 없단 말야."

"알겠네 자네 뜻을."

알고 보면 종세의 심중은 복잡한 것이었다. 일마는 한마디 한마디 찬찬히 새겨들으며 동무의 심중을 갈피갈피 들여다볼 수 있었다.

"—결국 모두 미려 때문이라는 것 말이지."

"왜 하필 미려 때문이겠나. '녹성음악원'의 전도를 나는 걱정하는 것이네."

"'녹성음악원'은 미려의 대명사가 아닌가."

일마가 빙그레 웃음을 띠니 종세는 더 길게 지껄이다가는 말이 거북해질 것 같아서 그만 자리를 일어서려는 것이었다.

"남의 살림 보러 간다는 게 실없이 너무 오래 앉아 있지 않었나—."

찻집을 나와서 눈 오는 거리를 걷다가 일마는 문득 먼 앞쪽을 걸어가는 한 쌍의 남녀를 발견하고 호기의 눈동자를 빛내었다.

"자네 저걸 보나? 눈이 번쩍 뜨이는 한 쌍이네. 저렇게 모던한 남녀는 이 거리에서는 처음인걸."

종세에게 주의하니 그도 그들을 바라보고 걷던 터이라

"모던하다느니보다두 유행어로 시크하지 않은가. 훌륭한걸. 눈이 번쩍 뜨이기는 고사하구 둘러 패일 지경이네."

여자는 검은 외투에 진홍빛 머플러를 옷섶 위에 비죽이 내민 것이 눈 내리는 속에서 형용할 수 없이 아름답고 정하게 보인다. 검은 구두의 뒤꿈치가 유리 조각같이 반짝인다. 남자의 차림도 여자의 모양과 어울려 손색이 없다.

"아니!"

종세는 자기 눈을 의심하는 듯 몸을 앞으로 쏠리는 듯하면서

"단영이 아닌가."

놀라니 일마도 덩달아 몸을 으쓱하면서

"정녕코 단영은 단영이야. 단영이 어느 결에 저렇게 몰라보게 됐나. 옳지 옆에 선건 훈이구, 틀림없는 훈이야."

"훈과 단영의 자태를 이렇게들 몰라봤나. 딴은 저렇게 시크하게 차렸으니 눈이 어두워진 것두 무리는 아니렷다."

종세는 감탄해 마지 못하는 듯 정신없이 두 사람을 바라보았다.

"훈과 단영의 산보하시는 그림이라 — 대체 언제부터 저렇게 단짝이 됐단 말인가……. 쫓아가서 놀래나 줄까 아웅하고."

"글쎄."

일마도 응하고 함께 두 사람의 뒤를 따라 덜렁덜렁 재게 걸어가다가 문득 돌려 생각하고 그 장난을 단념하기로 했다.

"오늘은 그만두고 다음날 만날 때나 톡톡히 족쳐내세. 저 알뜰한 사이를 휘저어 놓기가 아까워."

종세는 그 말에 좀 트죽했으나 필경은 동의하는 수밖에는 없어서 요번만은 신사답게 두 사람의 자태를 되려 피해서 일마와 함께 옆 골목으로 들어선 것이었다.

훈과 단영은 자기들의 자태가 그렇게 두 동무들에게 발견되었을 줄은 꿈에도 모르고 무심히 걸어가는 중이었다. 그날 그 자기들의 호사스런 모양이 뭇시선을 끌고 있음을 알고서인지 모르고서인지 침착하고 정다웁게 소곤거리는 것이었다.

"……그대로가 꼭 소설이란 말요. 조금두 채색할 것 없이 지낸 대

로를 써두 좋은 소설이 될 거요. 틈을 타는 대로 나는 붓을 대기 시작할 거요."

훈의 계획에 단영은 급작스럽게 찬성할 수는 없었다.

"자기두 그 속의 한 사람이면서두 지내온 이야기를 소설로 쓴단 말요."

"나두 그 속의 한 사람이니까 더 좋은 소설이 되거든. 소설가가 자기를 사정없이 그려냄은 소설가 된 의무일 것이니."

"그러니까 소설가가 싫어요. 뭐든지 보고 겪기만 하면 곧 소설로 쓰려는 태도, 아마도 소설가의 본능인 모양이죠."

"소설로 쓰지 않곤 어떻게 한단 말요. 자기 얘기나 남의 얘기나 소설 속에서는 다 함께 무자비한 재료가 되는 거요. 당신두 예술가면서 그렇게 몰이해하단 말요."

단영은 뻗서도 하릴없는 노릇―결국은 훈에게 굽고 타협하는 수밖에는 없었다.

"그럼 어서 소설에 쓰랴거든 잘이나 써 주세요. 아예 무참히 난도질은 말구―."

"흡사 화가에게 초상을 그려달라는 여자가 얼굴을 이쁘장하게만 그리라는 것과 마찬가지구료. 그러면서두 예술간가."

훈이 껄껄 웃으니까 단영은 무참(無慚)해서 훈의 옆구리를 찌르면서 가웃이 흘겨보았다.

"어서 내 음악이 성공인가 당신 소설이 성공인가―경쟁이나 해봐요."

단영은 음악 수업을 가제 시작한 것이었다. 늦공부든 말든 음악원의 책임자 될 의무이기도 했다. 오늘은 훈과 함께 피아노 교사를 찾아가는 길이었다. 작정된 일과의 날이었다.

"남의 십 년 수업의 소설과 지금 막 시작한 음악과 경쟁을 하다니 그것두 망발이야. 취소 취소!"

훈과의 관계에서는 단영은 늘 한 수 꿀리기만 했다. 그러나 그것으로서 단영에게 불만이 없다면야 다른 사람들의 무슨 참견할 바 되랴만.

《매일신보》, 1940. 1. 25.~1941. 7. 8. (1~148회)

번역소설

밀항자[1]

—제럴드 워코니시 작 / 이효석 역

바다가 내다보이는 송네 피오르 강 하구에 가까운 강 언덕을 한 척의 보트가 고요히 저어가고 있었다. 배꼬리에는 키를 잡은 배 주인이 앉았고 그의 딸과 자식인 두 소년 소녀는 삿대를 젓고 있었다. 때는 저녁물이요 피오르 강 양편 언덕의 산은 멀리 두어 마일이나 그 그림자를 강 위에 던지고 있었다. 얕게 깔린 산과 섬의 선이 아물아물한 넓은 바다의 끝이 멀리 보이고 그 위에는 하루의 마지막 선물인 황금 놀이 깔려 있었다. 배꼬리에 앉은 이는 행복스런 얼굴과 수염을 가진 웅장한 사람이었고, 그의 딸은 씩씩하고 넓은 가슴과 넓은 허리를 가지고 건강하고도 아름다운 용모를 한 대표적 노르웨이 여자였다. 그리고 그의 아들은 영국 아이같이 보였다. 주인 앉은 배의 바로 뒷전에는 '제이 홀로웨이의 소유인 샌드너 호'라는

1 원작은 영국의 학자 겸 작가 제럴드 워코니시(Gerald Warre-Cornish, 1875~1916)의 단편소설 "The Stowaway"이다. 원작의 텍스트를 구하지 못해 몇 군데 미심한 점을 바로잡지 못하였음을 밝혀 둔다.

글발이 써 있었다. 보트는 이쪽 언덕을 떠나 샌드너라는 마을이 보이는 건너편 언덕으로 건너갔다. 샌드너는 작은 냇가에 있는 모두가 나무로 된 작은 마을이었다—거기에는 나무로 지은 호텔과 나무로 지은 교회당과 탑이 있었다. 동리 위에는 산이 솟아 있고 산에는 수북 우거진 수풀 사이로 떨어지는 폭포가 걸려 있었다. 제이 홀로웨이는 그의 동네에서 중요한 지위에 있는 인물이었고 그의 집 뜰에는 깃대가 다 서 있었다. 그는 시시부스렁한 것과 떨어져서 교회당의 탑 훨씬 저쪽에 있는 그의 조그마한 집과 깃대를 볼 수가 있었다. 그의 시선은 그의 집을 떠나서 넓은 바다와 누런 황혼빛 속에 헤매었다. 그 쪽에는 영국과 헐(Hull)이라는 곳이 있었던 것이다. 그는 묵묵하였다. 고요한 물결, 산, 삿대 젓는 소리, 황혼빛 그리고 때때로 흘러오는 배 젓는 이들의 이야기 소리—이 모든 것이 그의 마음속에서 사라져 버리고 그의 정신은 그의 과거 속에 멀리 바다 건너편 헐이라는 곳을 헤매었다. 이것은 그의 가슴속에 떠오른 것이었다.

제임스 홀로웨이는 두 달 동안이나 직업을 잃고 있었다. 그동안에 그는 아무것도 안 먹었다—고 하여도 병인이나 혹은 양 적은 사람처럼 말이다. 또 전과 같이 술도 먹지 않았다. 그러나 밥보다는 더 먹었다. 그는 자기와 같은 체질을 가진 사람에게는 술이라는 것이 밥만큼 몸에 이(利)하다는 생각을 가지고 있었다. 그러나 그것은 전혀 체질 문제이었다. 어떤 이는 술 먹고 몸이 부대하여지고 어떤 이는 파리하여진다—이것은 어디를 가더라도 증명되는 사실이다.

그는 술 먹고 부대하여지는 축에 드는 이였다. 그런고로 그는 그것을 하나님께 감사하였다. 그러나 그가 오늘 아침에 헐의 부두 바깥편 행길가에 그 또래의 친구들 수백 명과 같이 서 있을 때에는 그의 독특한 체질은 다른 이들 위에 또렷이 뛰어나지 못하였다. 그러나 그들은 높은 계급의 사람들은 아니었다. 여러 떼로 모여 서서 직업을 얻으려고 기다리고 섰던 것이었다. 때는 마침 아침 여섯 시였고 가는 비가 보실보실 뿌렸다. 전후 사정은 매우 절박하였으나 그들 사이에는 침착한 기분이 흘렀다. 그들은 구수한 아침 입맛에 대에다 값싼 담배를 눌러 담았다. 그들 가운데에는 그래도 이럭저럭 아침을 마친 이가 대부분이었다. 그들은 땅에다 침을 탁탁 뱉고 이야기할 적에는—대개는 잠자코 있었으나—목소리를 높이고 대담스럽게 혹은 짧고 뾰족하게 농담도 하고 욕지거리도 하면서 떠들었다. 그들 턱에는 수염이 꺼칠하였다. 그들은 일주일에 한 번씩 수염을 깎는다. 그들 가운데는 목에 칼라를 낀 사람이라고는 하나도 없고 제각기 목도리를 매고 있었다. 그리고 그들은 어떻게 이럭저럭 주워 모은 여러 가지의 외투를 입고 있었다. 항구와 그 고을 상업에는 오랫동안의 불경기가 계속되었었다. 그들은 대개 지난 두 달이나 혹은 석 달 동안에는 아무것도 벌지 못하였다. 게다가 그들 가정에는 아내와 식구들이 득실득실 굶었다. 만약 사회학자가 있었다 하면 그 오랫동안에 그들과 그들 식구가 어떻게 살아왔을까를 물어도 보면서 재미있는 아침을 지냈을 것이다. 하나 그 결과를 써서 발표할 수는 없었다. 왜 그러냐 하면 그들 중의 아무도 그들이 어떻게 살아왔다는 것을 몰랐던 것이다—비록 그들의 아내일지라도 그 비밀을 설명할 수 없었던 것이다. 여러 가지의 그럴듯한 통계표에 의하면 그들은 전혀 살아올 수 없었던 것이다. 사실 그것은 가장 아지 못할 사실이었다.

제임스 홀로웨이는 홀아비였다. 그러나 그는 그러한 자기의 운명을 고맙게 여기지 않았다. 원래 그는 무엇을 고맙게 여기는 성격의 사람이 아니고 그의 마음속은 여러 가지 이론으로 그득하였다. 만약 그가 아내를 가졌다 하면 그의 아내는 때때로 이십 전이나 오십 전 벌이를 할 것이요 또 자식들은 교회당에서 무엇을 얻어도 오고 혹은 학교를 하학하고 나온 뒤에라도 약간의 벌이를 할 것이라고 그는 생각하였다. 또 그렇다 하면 홀아비 살림보다도 더 잘해 갈 수 있으리라고도 생각하였다. 사실 그런 이가 많이 있으니 말이다. 그는 또 쓰는 사람이 아무리 많더라도 돈은 돈일 것이요 만약 칠십 전이라는 돈이 있다 하면 그것을 사람이 비록 많을지라도 오십 전이라는 돈보다는 항상 낫다는 생각을 가지고 있었다. 이러한 생각은 그가 그의 친구들과 같이 모여 있을 때에 그에게 만족을 주었으리만큼 늘 증명되었다.

그는 외투 주머니에 손을 쑥 넣고 이따금 팔로 옆구리를 쿡쿡 찌르면서 기다리고 기다렸다. 그는 헐에서 이십오 년 동안의 반생을 살아왔다. 혹은 마음이 내켜서 혹은 사정에 의하여 노동도 하고 놀고도 지내면서. 그러나 그는 그의 생애는 아직도 참으로 시작되지 않았다고 생각하였다. 언제든지 한번 지금까지보다는 더 잘해 가리라고 생각하였다. 그것은 사실이다. 그는 한번이라도 그의 궁하고 불규칙한 생활이 영원히 계속되리라고 믿어 본 적이 없었다. 그 궁한 생활은 다만 일시적에 지나지 못하고 그러니까 꾸준히 참고 있었던 것이다. 그렇게 기다리고 섰는 동안에 그의 친구 두어 사람과 지껄이기도 하고 웃기도 하였다. 그의 입과 눈 가장자리에는 얼마간 엄숙한 기색을 띤 창백하고도 쌉쌀한 빛이 떠돌았다. 그러나 그들이 똑똑하고도 바른 어조로 지껄이고 웃고 할 때에 그와 그의 친구들의 안색을 활기 있게 하는 힘차고 씩씩한 얼굴과 감정 때문에 그것이 똑똑히 눈에 띄지 않았다. 그들의 불안만은 모든 그들의 말 구절의 뜻을 명백히 하는 상스러운 형용사 속에 가장 많이 나타났었다.

이럭저럭 두어 시간이 지난 후에 그날은 벌써 벌이 구멍이 없다는 것이 확실하여졌다. 그는 제법 일정한 직업이나 있어서 집으로 아침이나 먹으러 가는 듯이 용기 있게 큰 행길을 걸으면서 거리로 나갔다. 그는 다른 때와 같이 낮 동안을 지냈다……. 즉 다시 말하면 어떻게 하여 보낼지를 몰랐던 것이다. 시간은 저 혼자 제멋대로 지나갔다. 그의 마음속은 여러 가지의 생각과 이론과 또 장래를 생각하고 또 생각하노라고 여전히 바빴다. 그는 무엇을 하지 않으면 안 되었다—그것은 사실이다. 이 따위로 하고 더 지낼 수는 없다. 이러한 생활은 반드시 끝을 지어 버려야 한다. 내가 새로운 출발을 하고 새로운 생활을 시작할 때는 왔다. 그는 이것을 몇 해 동안이나 부르짖어 왔다. 부르짖고 또 부르짖고 지금에 와서는 십 분 만에 한 번씩 부르짖게 되었다. 그가 이렇게 자기 자신에게 부르짖지 않을 때에는 그의 친구들에게 말하였다. 그들은 하늘 밑에 있는 모든 상상할 수 있는 일에 대하여 서로 지껄였다. 그러나 결국은 아무 일정한 의견에 도달치는 못하였다. 그들의 의견은 적어도 모두 일정한 것이었으나 다 각각 제멋대로였다. 가령 말하자면 그들은 기독교 신자답지 못한 참혹한 생활을 하고 있고, 그 생활의 향상을 도모하기 위하여 무엇이든지 하지 않으면 안 되겠다는 의견에 일치하였다. 이것은 한 일정한 심정이었다. 그러나 세상에는 직업이 없고 더 갈 곳이 없으니 그들은 더 잘해 갈 수 없다는 것이 따라서 일어나는 의견이었다. 이 두 의견은 다 명백하고 확실하였다. 또 정치 문제가 그들의 이야깃거리가 될 때에는 짐 홀로웨이는 정부라는 것은 그들과 같은 사람에게 대해서는 그 의무를 다하지 못하였다는 신념을 가지고 있었다. 즉 정부는 시골 사람들의 피와 살이 썩어 없어져도 그것을 본체만체하고 아무것도 안 하면서 공연히 떠들기만 하고 상류사회 귀부인들의 세력에 의지하여 그들의 지위를 보존할 뿐이요, 그러므로 지금 이 지방의 사정이라는 것은 너무도 참혹하다는 것을 그는 믿고 있었다. 동시에 또 마음이 내키면 그는 옛날의 영국 정부라든지 국기라든지 또, 옥좌(玉座), 육군, 해군, 놀고만 지내는 귀족들이라도 신용하기를 싫어하지 않았다. 또 그들 숙소에서 가끔 하루저녁의 토론거리가 되는 종교에 대해서도 역시 그러하였다. 그는 종교라는 것은 모두 허위요 만들어 놓은 것이요 말하자면 '노아의 배와 그 홍수' 같은 것이라는 것을 굳게 믿고 있었다. 목사와 승정(僧正)들은 모두 돈 때문에 일을 해 왔다. '종교는 문명이었다.'라는 것은 역시 그 숙소에 있는 한 사람의 의견이었다. 그는 그 뜻을 모든 친구들에게 명백히 알릴 수 있었다. 만약 하나님이 재화(災禍)와 고통을 우리들에게 보냈다 하면 하나님이라는 것은 선량할 리가 만무하다. 모든 것은 허위이다. 그러나 문명은 그 허위를 요구하였다. 단순한 이성을 가진 그들은 이것을 명백히 깨달았다. 진리라는 것은 남이 양해하고 그것을 믿으라고 말하는 것이다—이것은 한 의견이었다. 모든 것을 잘 이해하는 그 무슨 선량하고 위대한 힘과 운명이 그들 생애의 등 뒤에 있다는 것은 또 다른 의견이었다. 이것도 역시 확실한 사실이었다. 직접으로는 아니지만은 그 사실은 지금까지에 여러 번 증명되어 왔었다—만약 생명이 항상 그들을 도와주지 않았다 하면 여러 가지 이유로 더구나 먹지 못한 이유로 그는 벌써 죽어 버렸을 것이요 그 친구들도 역시 죽어 버렸을 것이다. 이러한 모순되는 의견과 또 그가 장차 하여 가려고 하는 것에 대하여 여러 가지 생각을 하면서 낮 동안을 그는 술집 밖에서 지냈다. 그 어떤 이유로 그는 오늘은 전보다도 더욱 자주 또 심하게 이 문제를 생각하여 보았다. '무엇을 하지 않으면 안 되겠다. 이 따위로는 더 살 수 없다.' 하고 그는 생각하고 또 생각하였다. 해외로 이주나 할까 병대(兵隊)에나 뽑혀 들어갈까 시골로나 돌아다닐까 또 한 번 거리를 헤매어 볼까 하고 이 모든 한 번은 거절당했던 계획을 몇 번이나 생각하여 보았다.

무엇을 하지 않으면 안 되겠다는 신념에 이끌려 이러한 생각을 하고 있는 동안에 그는 또다시 거리를 헤매고 있는 자신을 발견하였다. 마침 오후였다. 지난 두 달 동안에 그는 그렇게 허기가 지고 뱃속이 빈 때는 없었다. 많은 사람들이 큰 거리에서 떨어져 있는 공회당으로 몰려가고 있었다. 입장료가 없는 듯하기에 그도 그들 숲에 쓸려서 들어갔다. 그가 무엇을 하고 있는가 하는 것보다도 무엇을 하려고 하나, 즉 무엇에 착수하지 않으면 안 될까를 생각하면서 쓸려 들어갔다. 그것은 정치 문제에 관한 회합이었다. 키가 작고 뚱뚱하고 수피(獸皮) 양복을 입고 미소를 띤 신사인 의장이 연사를 소개하였다. 의장은 청중을 둘러보고 조그마한 두 손을 비비면서 점잖고 부드럽게 말하였다. 그는 유쾌한 듯하였다. 다음에 연사가 강연을 시작하였다. 그는 음기로운 사람이었다. 제임스 홀로웨이는 그의 말하는 것을 죄다 알아들었다. 그에게는 두 가지의 마음이 있는 듯하였다. 하나로는 강연을 들으면서 그의 하는 이야기를 모두 양해하고 또 하나로는 무엇을 하지 않으면 안 되겠다—병대에 뽑히든지 이민을 하든지 목을 베든지 그렇지 않으면 무엇을 하든지—는 것을 결정하고 있었다. 그 음기로운 연사는 차차 열렬하여졌다. 그는 영국의 영광, 그 영광을 완성할 필요 또 그것을 보존하기에 전력을 다해야 할 것 그리고 그것을 자손들에게 전해야 할 것에까지 이르렀다. 그 영광을 위하여서는 우리들 몸이라도 희생하지 않으면 안 된다. 비록 개인의 의견에는 어떤 희생이든지 필요치 않지만 우리는 희생할 각오로 있지 않으면 안 될 것이다. 제임스 홀로웨이는 다른 청중과 같이 언제든지 자기 몸을 희생하겠다는 것을 높은 목소리로 표시하였다. 그가 박수갈채를 할 때에 그의 둘째 마음은 무엇을 하지 않으면 안 되겠다, 이대로는 도저히 해 갈 수 없다, 종이 공장에라도 다시 가서 일을 찾지 않으면 안 되겠다고 속살거렸다.

연사는 이제 청중을 협박하려 들었다. "그래, 영국이 제2류 강국이 되어야 할까?" 하고 그는 청중에게 물었다. 그는 이 문제를 제출

하기 전에 잠깐 침묵하였다. 그리고는 승리나 한 듯이 — 보다는 무서운 표정으로 이렇게 물었다. 그의 목소리는 저절로 낮아졌다. "영국이 일찍이 제2류 강국이 될 뻔하다니 말이 되나?" 그는 상류 사회에서는 말하지 않는 어두운 문제의 하나를 암시하는 듯이 말하였다. 셋째 번에 그는 엄숙한 낮은 소리로 똑같은 질문을 또 하였다. "이 가운데 영국이 정말(丁抹)이나 서전(瑞典)이나 또 혹은 노르웨이 같은 제2류 국이 될 가능성에 직면한 사람이 있나?" 제임스 홀로웨이는 정신이 멍하여졌다. 연사는 새 정신이 돌아온 듯이 이상 문제에 대하여 그의 힘 있는 부인을 하기 시작하였다. 그는 영국 충성 국기 육군 해군이라는 문제에 또 한 번 돌아와서 힘 있는 결말을 맺었다. 뒷구석에 앉았던 홀로웨이는 여러 청중과 같이 일어나서 손뼉을 쳤다. 그가 일어날 때에 그는 몸이 점점 늘어나는 듯하였다. 한참 동안 그는 혼이 빠진 줄로 생각하였다. 그다음에는 필연코 몸에 병이 생긴 것을 깨달았다. 공포의 염(念)이 불현듯이 그를 잡았다. 그는 불유쾌를 느꼈다. 문께로 가서 급히 밖으로 나왔다.

제임스 홀로웨이는 몸이 성치 못하고 노곤한 때의 가장 좋은 약은 일을 하는 것이라는 생각을 가지고 있었다. 이것은 그가 실제로 많이 경험하여 본 일이었다. 그는 일을 하러 가려고 그 자리에서 결심하였다. 그 어떤 일이 있더라도 밤이 되기 전에 일을 하려고 항구에 나가서 부두에 살짝 기어들었다. 세상없어도 어떤 곳에서 무슨 일을 하려 하였다. 그것이 병을 고치는 유일의 방법이었다. 하나님은 관대하였다. 쓸쓸한 부두 바로 곁에 있는 고요한 구석에 재목을 내리고 있는 노르웨이 사람의 배를 한 척 발견하였다. 재목은 선원들이 선창에서 밖으로 던졌다. 두 사람은 갑판에 서서 선창에서 쑥쑥 빠져나오는 재목을 받아서 부두에 수북이 쌓인 나뭇더미 위로 던졌다. 또 두 사람은 나뭇더미 곁에 서서 좀 넉넉한 네모를 짜도록 천천히 재목을 주위로 던졌다. 제임스 홀로웨이는 살그머니 나뭇더미께로 가서 한참 동안이나 그 일하는 사람들을 보고 있었다. 그들 가운데의 한 사람과 시선이 부딪치자 그는 눈을 끔적하였다. 키 큰 노르웨이 사람은 하던 일을 멈추고 느릿하고 유쾌한 한숨을 쉬면서 몸을 쭉 폈다. 짐은 나뭇더미 위로 기어 올라가서 한가운데 넉넉한 네모를 쌓게 나무를 저편으로 던지기 시작하였다. 노르웨이 사람은 웃음을 띠면서 그의 일을 계속하였다. 짐은 그가 하고 싶어서 일을 하는 것이었다. 자기의 힘을 또다시 내는 것이 그에게는 유쾌하였다. 그는 성치 못하던 몸이 차차 나아가는 듯하였다. 선원이 와서 자기를 쫓지나 않을까 하여 그는 각각으로 마음이 죄였다. 선원은 배 끝에 와서 홀로웨이를 보고 빼저린 미소를 띠우면서 뱃전에 기댔다. "일이 하구 싶은가?" 하고 그는 물었다. 홀로웨이는 잠자코 일만 하였다. 그 친구는 빙긋 웃었다. 그리고 한참이나 느른히 뱃전에 기대섰더니 선창 위 일하던 곳으로 돌아가서 쑥쑥 튀어나오는 재목을 받았다. 홀로웨이가 자발적으로 일을 거들어 준 이외에는 아무 다른 이의 조력 없이 선원들끼리로만 배의 재목을 내리고 있었다. 그들은 늦도록 일을 하였다. 홀로웨이는 아무 질문도 하려고 하지 않았다. 그러나 그들은 확실히 일정한 시간 이상의 노동을 하고 있었다. 다만 한 가지의 생각이 그의 마음속을 차지하고 있었다. 그들이 어떠한 형식으로든지 그의 일하여 주는 공을 알아줄까 하는 생각이었다. 허락도 없이 와 일하는 것은 항구 규칙에 위반되는 일이었다—그리고 그들은 그더러 일해 달라고 요구도 하지 않았다. 그러나 그는 선원의 시침을 딱 뗀 얼굴에서 그래도 그 무슨 좋은 수나 생길까 하고 예기하였다. 늦었기 때문에 그들은 부지런히 일을 하였다. 그의 거듦은 그들에게 적지 않은 도움이 되었다.

좀 있다가 선원이 이상스런 소리를 내더니, 그들은 일을 그쳤다. 선원은 또다시 뱃전에 기대었다. 나뭇더미 위에 있던 키 큰 선원은 또 한 번 몸을 쭉 펴고 아까와 같은 유쾌한 숨을 내쉬었다. 그들은 느릿느릿 조그마한 간판 앞 선실로 들어갔다. 홀로웨이는 점점 어두워 오는 황혼 속 나무더미 위에 서서 음울한 낯으로 그들 가는 것을 바라보았다. 운전수도 배 앞편으로 사라졌다. 그의 마지막 희망은 없어져 버렸다. 운전수의 얼굴이 돌연히 갑판 위에 나타났다. 그는 홀로웨이를 보고 선실을 향하여 머리를 되고말고 끄덕거렸다.

짐 홀로웨이는 갑판 위에 기어올라 머리를 숙이고 길이가 여섯 자 옆이 여덟 자 되는 선실에 들어가서 다른 선원들 틈에 끼었다. 기름에 볶는 파와 감자의 좋은 냄새가 담배와 기름과 그 연기와 같이 그의 콧구멍을 간질였다. 그들 가운데 한 사람은 조그마한 난로 위에 먹을 것을 기름에 지지고 있었다. 한복판에 있는 식탁은 식사의 준비가 되어 있었다. 홀로웨이는 될 수 있는 대로 자리를 조금 차지할 양으로 식탁 곁 나무통 위에 쪼그리고 앉았다. 세 사람의 다른 선원들은 힘 드는 일에서 벗어져 나온 편안한 기쁨을 느끼면서 침대 위에 누워 있었다. 그들은 짐에게는 아무 주의도 하지 않고 노르웨이 말로 서로 지껄였다. 요리하는 이는 냄비를 휘저으면서 그를 보고 웃었다. 그리고 그는 영어를 할 줄 알았다. "헐에는 불경기로 하야 일두 없구 모두들 직업을 잃었지." 하고 말하였다. 그리고는 지지는 파를 먹음직스럽게 보고 웃었다. 잠깐 후에 먹을 것이 식탁 위에 올랐다. 선원들은 침대에서 일어나서 식사를 시작하였다. 짐 홀로웨이가 그렇게 잘 먹어 보기는 처음이었다. 선원 가운데의 두 사람은 아직 애송이였다. 그들은 아름다운 금발과 파란 눈과 푸른 재킷에 싼, 파들파들하게 보이는 웅장한 어깨를 가지고 있었다. 홀로웨이의 오른편에는 늙은 친구가 앉았다. 무릎 위에까지 올라오는 긴 구두를 신은 채로, 그것을 벗으려고도 하지 않았다. 홀로웨이의 건너편에는 요리번(番)이 앉았다. 그들 다섯 사람은 먹음직스럽게 식사를 하였다. 작은 램프가 벽을 향하여 반짝이고 김이 식탁 위에 서리어 있다. 노르웨이 사람들은 먹으면서도 자꾸 지껄였다. 홀로웨이는 그 네 사람 같은 그렇게도 유쾌한 얼굴을 한 사람도 본 적이 없다고 생각하였다. 홀로웨이는 그들의 만족스런 얼굴을 보고 있는 것이 퍽이나 유쾌하였다. 그러나 그들은 그에게는 별로 안 체도 아니하고 서로 고요하게 이야기하고 웃었다. 그들이 이야기하는 뜻은 모를망정 그들 외국어 또 그들의 미소와 웃음과 몸짓은 보기에도 유쾌하였다. 선실은 대단히 따뜻하였다. 제각기 담배를 내어서 피기 시작하였다. 그들은 담배 연기 가운데로 서로 건너다 보면서 이번에는 더 유쾌하게 지껄였다. 요리번은 손가락으로 식탁전을 두드리면서 콧노래를 읊었다. 그는 점점 크게 읊다가 나중에는 그것이 참말 노래가 되었다. 그는 몇 번이나 그 노래를 불렀다. 그가 그 노래 가운데의 어떤 구절에 이르렀을 때에 다른 이들도 문득 이야기를 그치고 같이 합창하였다. 요리번은 아름다운 목소리를 가지고 그것을 아름답게 내었다. 그는 멋지게 또 다른 노래를 꺼내었다. 다른 이들은 알맞은 구절에 왔을 때에 또 따라서 노래하였다. 홀로웨이의 귀에는 그 노래가 유쾌하게도 들리고 또 낯설게도 들렸다. 그는 전에 그와 같은 노래를 들은 적이 없었다. 건너편 벽 위에 한 장의 그림엽서가 걸려 있었다. 그것은 산 위에서 바다로 떨어지는 폭포를 그린 것이었다. 홀로웨이는 그 위에 눈을 박았다. 노래가 높아지고 낮아짐을 따라 홀로웨이는 그들 사는 고향을 상상할 수 있었다. 그리고 그들 고향의 기분을 알 수 있었다. 그 그림은 선실을 신선하게 하고 맑게 하는 듯하였다. 그들 고향은 행복스런 고향이고 그들에게는 정다운 곳이었다. 그것은 괴롬 많은 헐에서 떠나서 저 북쪽에 있는 조그마한 곳이었다. '행복스런 사람들이다, 행복스런 사람들이다.' 하고 그는 속으로 생각하였다. 마루 위에 침을 뱉으면서 가라앉지 않고 울렁거리는 마음과 부러운 마음을 금할 수 없었다. 그는 평생 헐을 떠나 본 적이 없었다. 그러나 그 선원들 사는 고향을 속으로 짐작도 하여 보고 생각도 하여 보았다. 그는 밀접한 관계와 기쁨을 가지고 노르웨이 사람들을 보았다. 선원 가운데의 또 다른 이가 노래를 시작하였다. 애송이의 한 사람이 침대에서 종이갑을 내리더니 그 속에서 신문지에 싼 사진과 편지를 꺼냈다. 그는 큰 눈을 시원하게 뜨고 아름다운 금발을 이마 앞에서 갈라서 뒤로 땋아 넘긴 처녀의 사진을 꺼냈다. 그는 그것을 물끄러미 들여다보고는 홀로웨이에게 눈짓을 끔쩍하였다. 그리고 그것을 키스하고 품에다 갖다 대면서 홀로웨이를 보고 빙긋 웃었다. 그리고는 사진을 조심스럽게 신문지에 쌌다. 홀로웨이는 그것을 보고 혼잣소리로 욕을 하였다. 요리번은 그에게 소리 한 마디를 청하였다. 그는 요전에 음악당에서 주워들은 아는 대로 소리를 하였다. 그의 목소리는 코메인 소리였다. 그는 그들을 감동시키려고 애썼으나 그들 얼굴을 보면 그의 몸짓이라든지 노래의 장단을 이해하는 것 같지는 않았다. 마침내 그는 그곳을 나오지 않으면 안 되었다. "편안히들 주무시우. 너무 폐를 끼쳐서 미안하우." 그의 놀란 것은 의외에도 그들이 악수의 손을 내민 것이었다. 그는 돌아가면서 모든 친구들과 인사를 마쳤다. 캄캄한 갑판 위에 잠간 머물러 한숨을 쉬면서 밝고도 따뜻한 김이 서리어 있는 작은 선실 안을 돌아보았다.

그는 부두를 벗어져 나왔다. 배는 든든하였으나 돈이라고는 한 푼도 없었다. 적적한 부두를 지나서 그는 창고의 그림자 속으로 들어갔다. 그러자 즉시 큰 빈 나무통과 마주쳤다. 그 속에는 짚이 깔려 있었다. 그는 그 속에 들어가서 푹 파묻혔다. 그는 노곤하고 유쾌하고 행복스러웠다. 그러나 잠은 오지 않았다. 노르웨이 배와 장차 그 배가 갈 곳을 생각하였다. 그들은 모레 떠날 것이다—이것을 그는 행복스런 요리번의 눈치로부터 상상하였다.

불현듯이 그는 자기도 그들과 같이 가려고 결심하였다. 그래, 그의 지금까지 해온 모든 일은 이 목적 때문이었던 것이다. 그는 무엇을 하지 않으면 안 된다. 그래서 노르웨이로 가는 것이다. 그에게는 아지 못할 기운이 솟아올랐다. 물론 그것은 마땅히 할 일이다. 그는 선창 속 한구석에 몸을 숨길 작정이었다. 그러나 그 곳에 간 후에는 무엇을 할 예산인가? 그것은 그에게 조금도 상관이 없었다. 그들이 그를 감옥에 잡아넣을 테면 넣고 또 그들 할 대로 한다 하더라도 괜찮다. 그는 다만 조그마한 항구와 산과, 요리번의 키스하던 사진의 주인공인 젊은 여자를 보고 싶었다. 헐에는 그를 붙들 만한 아무것도 없었다. 의문이 복받칠 때에는 일을 하지, 하고 그는 중얼거리고 잠이 들었다. 꿈속에서 폭포와 산을 보았다. 그의 귀에는 듣기도 좋게 높았다 낮았다 하는 노르웨이 노래가 쟁쟁하게도 울려오고 그는 폭포가에 앉아서 젊은 여자의 허리를 껴안았었다.

아침에 출범할 때에 그는 또다시 일어났다. 어젯밤에 한 결심을 생각하여 보았으나 아직도 마음이 확정치 못하였다. 그 따위 생각을 하는 게 미친 놈이지 하고 생각하였다. "노르웨이를 가다니?" 그는 웃었다. 그리고 잠깐 짚 부스러기 위에 침을 뱉었다. 한참 동안이나 누워서 생각하다가 거기를 기어 나와서 부두께로 걸어갔다. 가는 비가 축축이 뿌리고 날이 점점 밝아갔다.

짐 홀로웨이는 누구든지 운명과 싸울 수는 없다는 생각을 가지고 있었다. 이것은 그의 반생 동안 여러 번 증명되어 온 일이다. 그는 늘 그를 잘 시중하여 주는 여자와 결혼하려고 생각하여 왔으나 그 실상은 이때까지 홀아비로 지내왔다. 그것은 운명이다. 그는 헐을 떠나 어디든지 다른 곳에서 새로운 생애를 시작하고 일을 힘써서 친구들의 존경과 일정한 수입을 얻으려고도 여러 번 생각하였다. 그러나 그는 여전히 헐에 있어서 때때로 직업을 얻기도 하고 잃기도 하였다. 이것은 운명이었다. 그는 늘 운명의 파수를 보아 왔다. 그의 외투는 운명으로 하여 그의 수중에 들어왔다—그는 그것이 못에 걸려 있는 것을 집은 것이었다. 운명은 그의 생활을 지배하였다. 이제 운명은 그를 거리로 데리고 왔다. 그리고 무엇보다 먼저 그의 외투를 잡히고 두 개의 빵과 약간의 치즈와 한 병의 물을 그에게 주었다. 운명은 가장 조심스럽게 행동하였다. 그리고 밤낮 이틀 반을 기다렸다. 운명은 그의 마음을 안식시키고 지금까지 여러 주일 동안의 고통을 사그라뜨렸다. 운명은 헐과, 가는 비와, 부두에서 부두로 공장에서 공장으로 헤매기와 서로 작별하였다. 그는 하루 날의 대부분을 단골 술집 밖에서 지냈다. "대체 무엇이 나에게 노르웨이 갈 생각을 먹게 하였나?" 그는 혼자 중얼거렸다. 그리고는 혼자 웃었다. 그는 다른 때와 같이 술집 밖에서 어떤 친구와 여러 가지 제목에 대하여 토론하였다. 그는 그가 말할 때에 자기의 눈이 반짝임을 깨닫고 미소를 그치지 못하였다. 만약 그가 노르웨이 간다는 소리를 하면 그들이 무엇이라고 말할까를 생각하여 보았다. 그러나 어떻게 될는지 아나? 그것은 전혀, 운명이니까. 그는 어젯밤 선실에서 노르웨이를 보았다. 그것은 그에게 적당한 곳이요 그를 위한 곳이었다. 그 날과 그 이튿날, 배가 짐을 싣고 떠나려고 하는 것을 기다리는 동안이 지금까지 그의 생애에 가장 행복스런 때이었다. 그는 이제 무엇을 하려고 하는 것이다. 과거 십 년 동안에 운명은 그 어느 방향으로 움직이고 있는 듯하였다. 그 무엇이 일어나려는 듯이 그것은 오고 있었다. 이제 그는 그것이 다 닥쳐온 줄을 알았다. 그는 불쌍한 친구들에게 관대한 미소를 주었다. 그는 회화의 서두가 되었다. 그에게는 든든하고 쾌활한 기색이 넘쳤다. 친구들도 알 수 없이 생기가 솟아올랐다. 짐 홀로웨이는 또다시 그의 두 가지의 마음을 의식하였다. 한쪽 마음으로는 친구들과 지껄이고 농담도

하고 욕지거리도 하고 다른 쪽 마음으로는 운명이 움직이고 있다는 것, 새 생애가 시작되었다는 것을 알았다. 한편으로는 건전한 의미와 이성으로 친구들과 이야기하고 다른 편으로는 다른 이에게 말하지 못할 계획과 의미를 발견하였다. 그러나 이 계획을 생각할 때 그는 행복스러웠다. 두 손을 양복바지 주머니에 깊이 넣었다. 그래 그는 가려고 하였다. 그날 밤에 가 버리려고 하였다—어디로? 그는 모른다. 무엇하러? 그것은 상관없다—어떻든 그는 어디론지 가려고 하였다. 운명이 그를 그리로 끌고 가는 것이었다.

귀항할 짐을 다 실을 때까지 그는 한쪽 눈을 배에서 떼지를 않았다. 그날 밤에 이슥하여 그는 항구로 나갔다. 그는 감쪽같이 밀항할 수 있다는 데 대하여 조금도 의심치 않았다. 아무 곤란 없이 부두에 가서 곧 그 조그마한 배를 발견하였다. 구식 돛대와 공중에 솟은 돛줄을 달고, 배는 그곳에 있었다. 사실 그는 배에 살짝 올라 선창에 숨기만 하면 그만이었다. 그것은 드러누워 팥떡 먹기였다. 부두 위에서 순사도 안 만났고 항구 지킴이에게도 들키지 않았다. 선창에는 여러 가지 짐이 쌓여 있었다. 짐은 있기 좋은 구석을 찾았다. 여러 가지의 의심이 그의 마음속에 떠돌았다. 이러한 얼토당토않은 짓을 할 제야 나는 미치지나 않았나 하고 그는 의심하였다. 그러나 이 의심은 곧 사라졌다. 그는 사람이 한 가지를 생각할 때에는 그 반대의 것도 대개는 참되다는 생각을 가지고 있었다. 그 생각은 그를 위로하여 주었다. 그는 성냥을 그으면서 조심스럽게 선창 안을 더듬었다. 마침내 그는 짐짝 밑에 조그마한 구석을 발견하였다. 거기에 그는 편편하게 몸을 숨길 수 있었다. 거기에는 그의 물병과 두

덩이의 빵과 약간의 치즈를 올려놓을 만한 선반까지 있었다. 그는 배도 고프지 않고 피곤하지도 않고 목도 안 마르고 아무렇지도 않았다. 그는 만족히 한숨을 쉬면서 몸을 쪼그렸다. 그리고 곧 깊은 잠에 빠졌다.

쾅쾅…… 아침이었다. 많은 짐짝이 선창 안으로 날라 들어왔다. 짐은 앞 창구(艙口)로부터 선창에 내려가서 배꼬리로 기어갔다. 선미의 창구는 닫혀 있었다. 그것은 언제든지 닫혀 있는 것이라고 그는 생각하였다. 그러자 놀랍게도 거기가 환히 빛났다—창구가 또다시 열렸던 것이다. 그가 증기 기중기의 덜컥거리는 소리를 듣자 커다란 통들이 그 위에 날라 들어왔다. 짐은 고요히 앉았었다. 그의 가슴은 두근거렸다. 쾅 소리가 나더니 수백 관이나 되는 큰 통이 하나 바로 그의 머리 위에 떨어져서 그의 앉은 위에 빼꼼히 났던 구멍을 꽉 틀어막아 버렸다. 그는 통 속에 꼭 갇혔다. 잠깐 동안 그의 머리는 흔들흔들하고 큰 소리라도 내서 부르짖을까 하고 그는 생각하였다. 그러나 다음 순간에 운명이 그의 이성 앞에 나타났다. 그는 강제의 힘에 끌려 행동하여 왔다—그 힘이라고 하는 것은 그의 길잡이인 운명의 정다운 농담에 지나지 못하였다. 아직도 아무 변화는 없고 모든 것이 여전하였다—지옥같이 어둡기는 하였으나. 그는 조그만 선실에 꼭 갇혀서 유쾌하고도 고요하게 누워 있었다. 머리 위의 창구가 닫혀지고 모든 소리가 끊어지자 그는 그 감옥의 벽의 힘을 시험하여 보았다. 그의 감옥을 싸고 있는 짐짝 사이에 있는 구멍은 높이가 넉 자쯤 되고 넓이가 석 자쯤 되었다. 마침내 그는 감옥 천장에 그의 등을 대고 전신의 힘을 다 써서 그것을 올리려 하였다. 두 손을 양쪽 무릎 위에 놓고 그는 징긋이 힘을 썼다. 그의 힘은 어찌도 성한지 그것을 막을 것은 아무것도 없는 듯이 그에게는 생각되었다. 그러나 짐짝은 꼼짝도 하지 않았다. 그것은 수백 관 되는 무게였다. 또다시 그는 전신의 힘을 다 내었다. 그의 힘은 그에게는 비상한 것으로 보였으나 아무 소용도 없었다. 그에게는 물병과 두 덩어리의 빵이 있었다. 바다를 건너려면 그리 여러 달 걸리지는 않을 것이다—그때에는 만사가 다 해결되는 것이다. 그에게는 담배가 있었다. 대에 불을 붙여서 유쾌히 피웠다. 그는 곧 그들이 움직이고 있는 것을 깨달았다. 그들은 즉시 바다 가운데에 나왔다. 배는 가로 위로 흔들렸다. 파도가 뱃전에 부딪치고 지나가는 것을 그는 들을 수 있었다. 여러 가지 생각으로 분주하기 때문에 뱃멀미는 조금도 안 났다. 그들이 바다 복판에 나오려니 캄캄한 어둠 속에서 담배를 피우면서 그는 또다시 마음이 늘어졌다. 처음부터 끝까지 미친 짓이었다. 그는 그런 줄을 알았다. 그러나 그것이 중대한 점이었다. 이러한 항해를 하려고 그는 결코 마음먹지는 않았다—이것은 모두 그를 위한 때문이었다. 그는 여러 해 동안 기다렸다. 이제 그때가 온 것이었다. 운명이 여러 친구들 가운데서 그 한 사람만 빼가지고 이와 같이 그의 손목을 잡고 충실의 항해에 보내는 것을 생각해 봐라. 그것은 영광이다—물론 미친 짓이지만. 그가 노르웨이 가는 데는 무슨 소용이 있었던가? 그가 그곳에 간 뒤에 대체 무엇을 하려 하였던가? 무엇이 그런 것을 그에게 암시하였던가? 그러나 이러한 의문은 오히려 운명의 신의 존재를 증명하는 것이었다. 왜 그러냐 하면 이러한 모든 의문이 서린 가운데에도 그는 역시 가고 있으니 말이다.

이렇게 생각하는 가운데에서 그는 유쾌한 잠에 빠졌다. 잠을 깨서는 생각하고 그리고 또다시 잠이 들었다. 때는 갔다. 잠자고 눈뜨고 생각하고 또 잠자는 동안에 며칠은 지났다. 그에게는 여러 주일 아니 여러 달이 지난 듯하였다. 하나 실상은 이삼일밖에 지나지 않았다고 그는 판단하였다. 그러나 그들은 벌써 노르웨이에 가까운 곳까지 온 줄로 그는 생각하였다. 이때까지 그는 아무것도 먹지 않고 마시지도 않았다. 그는 혹 날씨가 사나워 연착되는 경우도 있을까 하여 먹을 것을 저축하여 두었다. 또 누워서 잠만 자려니 그다지 먹고 싶지도 않았다. 며칠 전에 그가 잠에서 깨었을 때에 먹을 것이 필요한 때가 온 듯이 배가 고프고 목이 말랐다. 그러나 그는 먹고 마시고 싶은 유혹을 물리쳐 버렸다. 식욕은 또 사라져 버렸다. 그때로부터 꽤 오랫동안 그는 아무것도 먹지 않고 지냈다. 그래서 그는 자기를 단단한 사람이라고까지 생각하였다. 그는 잠이라는 것은 음식만큼 이롭다는 생각을 가지고 있었다. 그는 그것을 충분히 증명하고 있었다. 그러나 이제 약간의 음식을 취하지 않으면 안 될 때가 왔다고 생각하였다. 그는 얼마간의 빵을 먹기 시작하였다. 그러나 물을 마시기 전에는 빵이 목에 넘어가지 않았다. 그는 찬물을 벌떡벌떡 들이켰다. 그리고 빵을 먹기 시작하였다. 그러나 그것만으로는 부족하였다. 빵이 목에 걸리는 듯하였다. 그는 물을 좀 더 마셨다. 그러나 만족하지 못할 정도로. 그리고 누워서 또 잤다. 하나 목이 말라서 또 잠이 깼다. 그는 식욕을 고치는데 어름어름해 넘기는 것은 아무 소용 없고 한꺼번에 흡족히 만족시켜 놓고 그 뒤에는 그대로 내버려 두는 것이 제일 좋은 방법이라는 그의 논리의 하나를 생각하였다. 그리고 그는 흡족하게 물을 마시고 입을 닦고 병마개를 막았다. 오분 후에 그는 또 목이 말랐다. 요번에는 참았다. 그러나 병에 든 물 생각을 할 때에 잠이 오지 않았다. 또 목이 말라서 애를 썼다. 하나 그는 잘 처치할 수 없었다. 일도 안 하고 제멋대로 뻰질뻰질 누워만 있는 사람의 목숨을 이을 만한 정도로 그는 두어 홉가량의 물을 마셨다. 또 그는 즉시 목이 말랐을까? 좋은 방침은—떳떳한 방침은 목마른 것을 고치는 것이었다. 그러면 스물네 시간 동안 더 마실 것 없이 유쾌하게 지낼 수 있었다. 그는 기갈을 완전히 만족시키기 위하여 물병을 끌어당겼다. 그리고 또 누워서 잤다. 삼분도 안 되어서 그는 되 목이 말랐다. 적군이 그에게 대항하여 일어난 그러한 시련을 당하고 있다고 그는 생각하였다. 더 그는 잘 수 없었다. 이 적군이 점점 세력을 뻗쳤으니까. 그가 잠들려 할 때에 이 적군은 새롭고 괴이한 형체를 하고 나타났다. 자면서 싸우는 것보다는 일어나서 싸우는 것이 더 낫다. 그를 괴롭히는 것은 다만 기갈이 아니고 공포였다.

공포는 점점 굳세게 그를 잡았다. 어둠의 아지 못할 공포가 그의 앞에 누워 있었다. 그는 죽음을 무서워한 적이 없었다. 이 순간에 밖에서 목을 시원히 축이고 죽는 것은 사실 행복일 것이다. 그러나 이 자리에서 목마른 채로 죽는다 하면…… 불현듯이 그는 물병에 입을 댔다. 그리고 두어 순간 말할 수 없는 쾌락에 잠겼다. 기갈은 순간적으로 구하였다. 그러나 공포는 남아 있었다. 즉시 괴롬이 또다시 돌아왔다. 마침내 물은 다 없어졌다. 그의 전신은 한 가지의 무서운 요구에 싸였다. 그의 의식의 대상—어둠, 감옥의 벽, 빈 물병, 빵과 치즈의 나머지, 그의 몸뚱아리—이런 것이 모두 그 형체를 사그라뜨려 버리고 형언할 수 없는 기갈이 되어 버렸다. 그는 목소리를 높일 대로 높여서 부르짖기 시작하였다. 등을 감옥 천장에 대고 전력을 다하여 그것을 쳐들었다. 그는 며칠 동안이나 부르짖고 또 부르짖었다—고 그에게는 생각되었다. 난폭한 광증이 그를 붙잡았다. 그는 그 자신을 감옥 속에 던지고 누워서 울고 훌쩍거리고 깔깔한 혀로 입에 흘러 들어오는 눈물을 맛보았다. 헐에서 통용하는 모든 쌍소리로 그는 하나님, 창조물 그리고 운명을 저주하였다.

어떤 때에는 이런 광증 가운데에서도 잠이 왔다. 이렇게 고요한 순간 그가 반은 정신없이 누워 있을 때에 그는 돌연히 배가 그리 흔들리지 않는 줄을 알았다. 파도 부딪치는 요란한 소리가 달가닥거리는 소리로 변하고 배는 고요한 바다에 잔잔한 파도를 일으키면서 갔다. 큰 희망이 그의 가슴속에 솟아올랐다. 배는 노르웨이에 가까이 온 것이 틀림없었다. 그는 여러 주일 동안이나 감옥에 갇혀 있었다. 이제 여행의 마지막이 온 것이 틀림없었다. 한동안 그의 고통은 희망의 밥이 되어 사라지고 말았다. 잔잔한 파도조차 안 들리고 고요한 항구가에 닿기를 그는 조밋조밋하게 기다렸다. 몇 시간이나 파도는 뱃전에 탕탕 부딪쳤다. 그는 다시 부르짖고 또 부르짖었다. 그러나 그의 목소리는 파도 소리에 눌리어서 아무 힘 없이 그 자리에 꺼져 버렸다. 그들이 항구에 닿기 전에 고통의 시간이 몇 시간이나 더 지났던가? 때가 감을 따라 시간이 그치지 않는 대답을 하였다. 그 여행에는 끝이 없었다. 결코 끝이 없는 듯하였다. 그 끝이 오기 전에 그는 미쳐 죽을 것 같았다. 고요한 파도 소리가 영원히 그의 귀에 울렸다. 그러나 그들은 바닷가에 닿지는 않았다. 배는 확실히 움직이고 있었다. 그런고로 밖에는 잔잔한 바람이 불 것이 틀림없다. 그러나 벌써 파도는 배도는 배를 흔들지 않았다. 다만 비말(飛沫)만 올리고 뱃전에 잔잔한 파도를 일으켰다. 이것이 의미하는 뜻을 알려고 그는 무한히 마음을 썼다. 희망은 점점 광증과 실망으로 변하였다. 그는 또 한 번 그의 정신을 잃고, 조그만 무덤 속에서 날뛰었다. 또다시 그는 진정하였다. 무의식의 상태에서 깨어난 듯하였다. 파도는 역시 아무 의미 없이 아까와 같이 뱃가에 수물거리고 있었다. 그의 의식은 이상스럽게도 명백하여지고 모든 것을 똑바른 정신으로 보게 되었다. 그는 이때까지 천치요 미치광이였었다. 운명은 무의미하다는 것 — 모든 것이 백낮의 꿈에 지나지 못하는 것은 거짓말이었다. 이것은 참된 진리이고 그가 인생의 사실에 눈뜨는 것이었다. 그는 항상 사실에 직면하기를 피하고 그의 상상의 작은 세상에 살기를 좋아하였다. 이것은 그 마지막이었다……. 참된 사실이었다……. 어둠과 고통, 무서운 고통……. '사람들은 고통이 무엇인가를 믿지 않는 것이다.'고 그는 생각하였다. "암만 그들에게 말하여 주어도 나중에는 짜증까지 내서 말하더라도 그들은 믿지 못하는 것이다……. 고통이라는 것은 그 누가 생각하는 것보다도 더 나쁜 것이다……. 이것이 진리이다. 틀림없다. 진리이다. 나는 동화를 믿었다. 당연히 받을 만한 것을 받았다." 그는 또다시 부르짖고 소리를 지르기 시작하였다. 그리고 그는 차차 혼수상태에 빠졌다.

그가 의식을 잃고 누웠을 때에 배는 육지에 둘러싸인 노르웨이의 해안을 향한 장구한 항해를 마친 뒤에 항구에 들어왔다. 반 시간쯤

후에 그는 또다시 그의 의식을 회복하였다. 그의 주위의 모든 것은 고요하였다. 잠깐 동안 그는 죽은 줄 생각하였다. 그 뒤에 그는 머리 위에서 나는 소리를 들었다. 빈틈으로 새는 빛이 그의 감옥 천장에 나타났다. "사람 살려라!" 승리나 한 듯한 굳센 목소리로 그는 부르짖었다. 기쁨이 밀려와서 그의 기갈까지 고쳐 주었다. 흥분하였을 사이에도 그는 기갈이 잠깐 동안 사라진 것을 깨달았다. 그는 그의 위에 사람들의 걸어다니는 것을 듣고 굳세고 기쁨에 넘치게 또다시 부르짖었다. 그의 위에 쌓였던 짐은 움직이기 시작하였다. 그는 즉시 그 구멍에서 나왔다. "물!" 그는 부르짖으면서 갑판 위에 기어올랐다. 반짝이는 광선에 눈이 부시다. 또 두 손을 내밀고 부르짖었다 "물!" 하고. 그들은 그에게 물을 가져왔다. 그는 전력을 다하여 탐욕을 억제하면서 그것을 마셨다. 그는 생명을 발견한 이상 그것을 헛되이 하기는 싫었다. 그는 억지로 찬찬히 마셨다. 눈을 꼭 감은 채로 물을 마셨다. 눈부신 일광의 바다가 그를 빵 둘러섰다. 그는 마치 하나님의 앞에 있는 듯도 하였다. 생명의 물을 벌떡벌떡 마실 때에 그의 전신에는 희열과 참을 수 없는 광명이 넘쳤다. 얼마 안 되어 그는 비틀거리면서 일어섰다. 어떤 손이 쑥 나와서 그를 붙들었다. 그러나 그는 그것을 밀쳐 버리고, 뱃전에 다다랐다. 광명의 바다에서 차차 그 자태를 보이면서 세상이 그의 눈앞에 나타나기 시작하였다. 그의 위에 산이 있는 것을 그는 알게 되었다. 그 중턱과 봉우리에는 눈부신 안개가 피어올랐다. 황금빛 놀 가운데로 양편에 산이 덧보였다. 바다인지 호수인지는 모르나 멀리서도 그림자를 던지고 있었다. 그의 시각은 차차 꿋꿋하여지고 확실하여졌다. 그는 해가 쪼이고 폭포가 산 중턱을 내려찧고 있는 것을 보았다. 그는 멀리 그 싱싱한 소리를 들을 수 있었다. 머리 위에는 하늘이 푸르고 산 밑에는 곡식이 좋았다. 폭포는 바위를 쏜살같이 내려찧고 들에 떨어진 곡식밭 위에 무지개를 뻗쳤다. 그는 허둥지둥 또다시 물병 있는 곳으로 가서 선실 벽에 등을 기댄 채로 갑판 위에 주저앉았다. 선원들은 미소를 지으면서 그를 둘러싸고 섰다. 그는 물을 마셨다. 그러나 이제 그들의 햇볕에 탄 얼굴과 씩씩한 자태를 볼 때에 그에게는 그들이 한없이 만족을 주었다. 갑판 위에 누워서 그들이 그를 어떻게 할까를 생각할 때에 그는 눈이 부시고 외로움을 느꼈다. 비틀거리면서 일어나기는 하였으나 너무 맥이 없어 잣지도 못할 듯하였다. 요리번은 되지도 않은 영어로 그에게 지껄이기를 마지않았다. 선원들은 다만 웃기밖에는 아무 도리가 없었다. 그러나 이제 요리번의 말소리는 더 힘 있어 갔다.

"무슨 일이 있는가? 여기서 무얼 할려나? 뭐 때문에 여기를 왔나?" 짐 홀로웨이는 정신을 차렸다. 또다시 허둥지둥 일어났다. 머리는 흔들리고 무릎은 허뚱허뚱하였다. 요리번은 그의 허리를 붙들었다. 그러나 짐은 그 팔을 물리쳐 버렸다. "뭐든지 먹을 것을 좀 주. 그러문 나두 가서 일이래두 찾게." 하면서 그는 다른 이의 도움 없이 혼자 꼿꼿이 서서 위의 산을 쳐다보았다. 어떤 일이 생기든지 그의 운명을 다시 놓치지 말고 사내답게 싸워 가리라고 그는 생각하였다. 요리번은 미소하였다. 그는 뱃전에 몸을 넘겨 의지하고 나무로 짠 부두 위에 서 있는 처녀에게 이야기를 하고 있었다. 그리고는 배에 올라와 친구들과 지껄이더니 뱃전에 의지하며 산을 바라보고 있는 짐에게로 돌아왔다. “저기 저이와 같이 가게.” 하고 처녀를 가리키면서 말하였다. 짐은 씩씩하게 배에서 내려서 그 처녀와 같이 볕 쪼이는 길을 걸어 내려갔다. 여자는 푸른 눈과 고요한 붉은 얼굴빛을 하고 있었다. 누르스름한 머리에는 숄이 걸리고 옷소매는 희고 푸른 서지 치마를 입고 있었다. 기름때 묻은 파랗고 검은 옷을 입은 짐은 여자의 곁에서 발을 절었다. 헐에서 지낸 반생 동안 그는 지금같이 그렇게 방랑자 같고 ‘소용없는 사나이’같이 느껴본 적은 없었다. 흥분된 가운데에서도 그는 유창한 영어로 그의 사정과 고통을 여자에게 설명하기를 마지않았다. 그들은 작은 돌로 깐 길을 걸어, 마른 풀들을 지나 물살 센 내 위의 다리를 건너 나무로 짠 튼튼한 집으로 왔다. 짐은 식탁 곁에 앉아 우유와 빵과 치즈와 또 여러 가지 위안을 받았다. 그의 마음은 포만하였다. 그 집의 어머니 되는 이와 그 딸은 자유롭고 친절하고 좀 거칠게—그것은 오히려 그를 편편케 하였다—그를 대접하였다. 짐은 그들에게 농담까지 붙이고 빵을 우유에 적셔 먹었다. 힘을 회복하였을 때에 그는 웃었다. 요리번은 곧 배에서 돌아왔다. “이제 자네는 행복일세.” 하고 그는 말하였다. “저 샌드너에서는 2킬로미터나 되는 부두를 짜고 있는데 사람이 모자라서 마치 목장에서 젖이나 짜는 듯이 바쁘다네. 자네는 거기서 일을 얻을 수가 있단 말이야.” “나두 그렇게 생각했다네.” 짐의 얼굴에는 승리나 한 듯한 미소가 떠올랐다. 그는 곁방 정한 짚을 깔아 놓은 광 속에 안내를 받았다. 거기에서 그는 열 시간의 잠에 잠겼다. 이튿날 그는 일찍이 나갔다. 그의 고통은 아무 흔적도 남기지 않고 사라진 듯하였다. 그는 가볍게 해안을 걸어갔다. 즉시 그는 해안의 모퉁이를 돌았다. 나무로 세운 호텔이 있는 작은 마을이 보였다. 틀림없이 거기서는 목조의 부두를 짜고 있었다. 그는 즉시 목조의 사무실로 가서 일하기를 청하였다. 감독은 영어를 할 줄 알았다. 그의 말에는 사투리가 꽤 많았다. 짐은 그가 일을 구하러 헐에서 왔다는 것을 설명하였다. 감독은 놀라면서 눈썹을 찌푸렸다. 짐은 감독의 질문에 대답하기에 몇 마디의 거짓말까지 하였다. 샌드너에서는 일을 찾을 수 있다는 것을 헐에서 들었다고 그는 말하였다. 감독은 놀랐다. 그는 모자를 뒤로 젖히고 그 다리 저는 사람을 똑바로 들여다보았다. 짐은 말뚝 박는 사람으로 일주일 9원에 채용되었다. 그는 열심으로 일을 하였다. 때때로 그는 혼이나 빠지지 않을까 하고 생각하였다. 그는 네 사람의 노르웨이 사람과 같이 일하였다. 몇백 관이나 되는 망치를 들어서는 말뚝 위에 쿵 하고 떨어뜨렸다. 그는 한번 고생한 뒤로는 참을 힘이 많아진 것에 놀랐다. 그를 힘 있게 한 것은 운명이라는 것을 생각하는 것이었다. 그가 거의 거의 맥이 빠지려 할 때에 이 생각이 문득 일어나서 행복의 느낌이 그의 마음속에 살짝 들어와서는 그의 힘을 새롭게 하여 주었다.

키를 잡은 이는 깜짝 놀라 자아로 돌아왔다. 그들에게는 벌써 샌드너가 가까웠고 보트는 산 그림자 속으로 들어갔다. 노 젓는 소리가 높게 반향하였다. 그는 목조의 부두께로 키를 돌렸다. 그 위에는 그의 처가 웃음을 짓고 손을 내흔들면서 서 있었다. 그들은 상륙하여 밤 동안의 방비로 보트를 단단히 매 놓고 깃대 서 있는 집으로들 걸어갔다. 그의 집 위로는 넓고 거친 잿빛 산이 점점 어두워 가는 황혼 속에 솟아 있었다. 그러나 그것은 그의 가슴속에 아무 쓸쓸한 느낌도 막연한 예언도 주지는 않았다. 그는 걱정 없이 넉넉히 살기는 살았으나. 역시 운명을 사랑하였으니까.

《현대평론》, 1927. 9.

기원후 비너스[1]

—루 키플링 작 / 이효석 역

바티칸 궁전 브라치오 누오보관(館) 안, 비스콘티 작(作) 세레스 상(像)과 나일 신상(神像) 사이에 놓인 십팔 호 비너스 초상과는 아무 관계도 없으니, 그는 순전히 인도의 여신—즉 영 본국에서 나서 인도에 와서 자라난 여신이다. 우리는 진짬의 비너스와 구별하기 위하여 그를 기원후의 비너스라고 불렀다. 그 산골짜기 사이에는 그도 한때 젊던 시절이 있었다는 소문이 돌았으나 누구 한 사람 나서서 그 소문의 진위를 대담히 증명하는 이는 없었다. 심라 촌(村)에 가 있던 사람들이 다른 곳으로 가서 이름을 내고 사업을 하고 다시 돌아와 보면 이 기원후의 비너스는 더 늙지도 아니하고 그들이 떠날 때의 자태 그대로 있었다. 그는 그다지 푸릇푸릇은 하지 않았으나 산과 같이 변하지 않았다. 십팔 세 처녀의 하는 일, 즉 승마라든지 산보라든지 무도라든지 원족이라든지 대체로 과격한 운동을

1 조지프 러디어드 키플링(Joseph Rudyard Kipling, 1865~1936)의 "Venus AnnoDomini"를 번역한 작품이다.

비너스도 하기는 하였으나 조금도 피로의 빛은 보이지 않았다. 사람들은 말하기를, 그는 영원히 젊게 하는 법 이외에 영원히 건강하게 하는 법까지 알고 있다고 하였다. 그의 이름은 전 인도에 퍼졌다. 젊은 남자치고 누구나 한번 이 비너스를 숭배하여 보지 못한 사나이는 변변치 못하다고까지 말 들으리만치 그는 평범한 여성으로 나중에는 일개의 명물이 되고 말았다. 위조물은 많았으나 그와 같은 사람은 한 사람도 없었다. 그의 여섯 해 나이 먹는 것은 보통 여자의 여섯 달 먹는 폭밖에는 안 되고, 십 년의 세월도 그에게는 다른 여자의 일주일 동안 앓고 난 뒤의 인상 이상의 쇠퇴는 주지 않았다. 누구나 다 그를 숭배하였다. 그 답례로 그는 누구에게든지 유쾌하고 친절한 낯으로 대하였다. 젊게 하자는 것이 오랫동안 그의 버릇이었으므로 그는 그 젊음과 떨어질 수 없었고 떨어질 필요도 느끼지 않았다. 따라서 동무들 가운데에도 젊은 사나이가 많았던 것이다.

그를 숭배하는 사람 가운데에 게이슨이라는 젊은 사나이가 있었다. 벵갈 주의 관리요, 항상 젊게 굴려는 버릇을 가진 그의 부친 '청년 게이슨'과 구별하기 위하여 그는 '소년 게이슨'이라고 불리었다. 소년 게이슨은 다른 젊은 사나이들과 달라서 다만 온온하고 점잖은 태도로 비너스와 같이 말 타고 춤추고 이야기하는 따위의 평온하고 미미한 짓에는 만족할 수 없었다. 그는 비너스의 사랑을 간청하였다. 그러면 비너스는 그를 억제시켰다. 게이슨은 쓸데없는 일에 병이 날 만큼 애태웠다. 이렇게 열중된 그는 역시 비너스를 흠모하는 늙은 축들 앞에 나아가면 기분에 따라서 때로는 부끄러워도 하고 때로는 거칠게도 굴었다. 그것을 보면 비너스는 퍽도 민망하였다. 이십삼 년 전에 역시 한 소년이 그를 무척 사모하였다. 비너스도 한 일주일 동안은 그를 좀 달리 생각도 하였다. 그러나 그 소년은 그 후 도무지 오지 않았고 그를 사모하여 좇아다닌지 일 년도 못 되어 다른 여자와 결혼하여 버렸었다. 비너스는 벌써 그의 이름을—전연은 아니나—거의 잊어버렸던 터이다. 이제 이 소년 게이슨은 그 때의 그 소년을 생각케 하였다. 두 사람 다 똑같은 커다란 푸른 눈을 가졌고 흥분될 때에나 좀 난처한 경우에는 아랫입술을 내민다. 그러나 비너스는 이 소년 게이슨의 사랑을 엄격히 억제시켰었다. 너무 열렬한 사랑은 그의 즐기는 바가 아니기 때문이었다. 보다도 평온하고 진중한 애정을 그는 좋아하였다.

소년 게이슨은 퍽도 애태웠다. 그리고 그는 그의 번민을 감추려고도 하지 않았다. 그는 군대에 있었다. 확실치는 않으나 아마도 보병연대에 있은 듯하다. 얼굴에 거울을 달고 이마 위에 책을 펴놓은 듯이 그의 마음씨가 원래 단순하고 속이 훤히 들여다보이는 까닭에 그의 동무들은 그를 놀리고 그의 순진한 성품을 괴롭혔다. 그가 비너스가 몇 살이나 되었다고 생각하고 있는지 아무도 몰랐고 그 역시 결코 말하지 않았다. 아마도 비너스는 스물다섯 살이라고 그는 생각할 것이다. 혹은 비너스가 그렇게 가르쳐 주었을지도 모른다. 소년 게이슨은 비너스의 말이라면 홍수 때의 인더스 강이라도 안 건너지 않을 위인인 만큼 그를 절대로 신임하는 터이었다. 누구나 다 게이슨을 좋아 하였다. 그만큼 비너스에게 반하여서 마치 노예같이 되어 있는 것을 민망히도 여겼었다. 그러나 그가 그렇게 반한 것도 비너스의 죄는 아니라는 것도 모두들 인정하였다. 비너스는 '혹스비 부인'이나 '레이버 부인'과는 달라서 남을 홀리는 데 손가락 하나 움직이는 법 없고, 마치 불란서 명기 '니논 드 랑크로'같이 가만히 있어도 뭇 사나이들이 몰려오는 것이었다. 혹스비 부인은 찬미를 하여 두고 레이버 부인은 경멸하여 버린다 하여도 이 비너스만은 숭배하지 않을 수 없었다. 소년 게이슨의 부친은 벵갈이라는 아주 고약한 곳에서 수세서(收稅署)와 일 사단의 군대를 거느리고 정부의 일을 보아 나갔다. 벵갈이라는 곳은 이 청년 게이슨을 네로니, 악마니 하고 신문에다 욕지거리하여 놓은 인도 토인 바부스 족이 많이 살고 있는 곳이요, 그 위에 또 일 년이면 아홉 달 동안은 이질과 호열자의 전염병이 빼지 않는 곳이다. 청년 게이슨은 나이 마흔 다섯쯤 된다. 그는 바부스 족을 차라리 즐겨 하는 터이었다. 그들을 일종의 위안물로 생각하였기 때문이다. 그러나 그는 이질은 절대로 싫어하여서 틈만 있으면 다즐링이란 곳으로 갔었다. 요번에는 아들도 볼 겸 심라로 오려고 생각하였다. 그러나 그 아들은 그것을 반가이 여기지 않았다. 그가 비너스에게도 그의 아버지가 온다는 것을 이야기하였을 때에 비너스는 얼굴을 좀 붉히면서 나도 그럼 만나보겠다고 말하였다. 그리고 그는 소년 게이슨을 오랫동안 진짓이 바라보았다. 그것은 소년 게이슨이 너무도 가엾고 우둔하고 천치인 까닭이었다.

"게이슨 씨, 이제 보름만 있으면 나의 딸도 온답니다."

"당신의 무, 무엇이요?"

"나의 딸이요."

하고 비너스는 말하였다.

"그 애는 본국에서 사교계에 나아간 지 벌써 일 년이 된답니다. 그래서 요번에 이 인도를 좀 구경시켜 주려고요. 나이는 열아홉 살이고 퍽 똑똑한 계집애예요."

아직 스물두 살이 채 못 된 소년 게이슨은 너무도 기가 막혀 의자에서 굴러떨어질 판이었다. 세상 사람이 아무리 말하던 간에 그는 지금까지 아직 비너스가 젊다는 것을 믿어 오고 주장하여 오던 까닭이었다. 비너스는 커튼 친 창을 등지고 서서 그의 말이 게이슨에게 어떤 효과를 주었나를 살펴보면서 미소를 띠었다.

열이틀 후에 소년 게이슨의 부친이 심라에 온 지 스물네 시간이 되기 전에 두 사람의 그의 옛 친구가 그에게 요사이의 소년 게이슨의 거동을 일일이 이야기하였다.

청년 게이슨은 실컷 웃는 끝에 대체 그 비너스가 누구일까를 물었다. 이것으로만 보아도 그가 오랫동안 벵갈에 있어서 미두 시세 밖에는 아무것도 몰라왔다는 것을 짐작할 수 있다. 그는 젊은 것들은 다 그 모양이라고 말하고 그의 아들에게 이 이야기를 하였다. 소년 게이슨은 그가 매우 번민하였고 불행하다는 것을 말하였다. 청년 게이슨은 어리석은 자식을 이 세상에 보낸 것이 후회된다고 말하고 속히 휴가를 없애고 즉시 군대에 근무하러 가라고 아들에게 이른즉, 아들은 불효막심한 대답을 하였다. 이렇게 하여 부자의 관계가 매우 절박하여 간 끝에 청년 게이슨은 그러면 같이 비너스를 찾아가자고 요구하였다. 소년 게이슨은 다소 불유쾌하고 거북한 것을 무릅쓰고 부친과 동행하였다.

비너스는 그들을 진중히 맞이하였다.

청년 게이슨은 비너스를 보더니

"오오, 키티가 아닌가!"

소년 게이슨은 그의 부친이 비너스를 보고 왜 이런 소리를 하나, 거기에 대한 설명을 듣고자 하였다. 그러나 실상인즉, 그의 딸이라고 비너스에게 소개 받은 큼직하고 아름답고 침착하고 곱게 치장한 여자와 이야기하려 하기에 틈이 없었던 것이다. 그의 말투와 몸맵시와 침착한 태도로 보면 여자는 소년 게이슨보다 훨씬 나이가 많은 듯하였다. 이것을 깨달은 소년 게이슨은 퍽도 불유쾌하였다.

그 때에 비너스의 말소리가 들렸다.

"당신의 아드님도 나를 열렬히 숭배하는 사람의 한 사람이랍니다."

"그것이 그다지 망측할 것이야 없겠지."

청년 게이슨은 대답하였다. 여기서 그의 목소리는 한층 높아졌다.

"애비의 뒤를 잇는 자식의 하는 것이 범연할라구, 나야 그전에 그대의 밟은 땅까지 숭배하지 않았던가. 키티! 그 뒤로 그대는 조금도 변하지 않았으니 정말 이상도 한 일이다."

소년 게이슨은 아무 말도 없었다. 이 방문의 마지막 판에 그와 비너스의 딸과의 서로 건넨 회화는 동강동강 끊어진 것이었다.

"그럼 내일 다섯 시에요……. 시간을 꼭 지키셔야 돼요."

비너스의 말소리였다.

"암, 꼭 다섯 시에."

하고 청년 게이슨은 대답하고 소년 게이슨을 향하여

"얘 너, 애비에게 네 말을 좀 빌려주겠니. 내일 오후에 나는 말을 좀 달리련다."

"네, 빌려 드리구 말구요."

소년 게이슨은 이렇게 대답하고 말을 채웠다.

"저는 내일 아침에 군대로 내려가렵니다. 그러니 말은 얼마든지 아버지의 소용되시는 대로 쓰세요."

비너스는 어두워 가는 방 안에서 소년 게이슨을 바라보았다. 그의 커다란 회색 눈에는 눈물이 굵게 맺혔다. 그는 일어나 소년 게이슨과 악수하고 그의 귀에 속삭였다.

"잘 가요, 톰!"

《신흥》, 1930. 4.

시

흰 눈

흰 눈은
푸실푸실 나리노라
정한 눈은 고요히 나리노라
깨끗하고 아름다운 꿈나라로부터
이런 추오(醜汚)한 세상으로 나리노라

아, 흰 눈이여! 정한 눈이여!
아름다운 나라를 버리고
어찌하야 이런 불서러운(咀呪) 세상으로
이렇게 정하게 푸실푸실 나리느냐?
"나는 이 추오한 세상을
정화시키기 위하야 나리노라"
고 눈은 대답하고
변치 아니하고 고요히 나리노라

《청년》, 1923. 2.

인생의 행로

갈 길은 멀고도 험하고
방향 없이 방황하여라
아, 영원히 반복되는
인생의 행로!

상쾌한 마음과
가벼운 보조로
설렁설렁 걸어가는
장미색의 아침

걸음에 피곤하여
망연히 저립(佇立)하고
깊은 생각에 들어가는
회색(灰色)의 진주(眞晝)

머리 수그리고
고민하면서도 역시

결음을 계속하는

청색의 황혼

《청년》, 1923. 8.

파(波)와 암(岩)

자지(紫地)빛 하늘엔 한 점의 구름도 없고
새파란 바다엔 한 조각의 배도 없도다
다만 파란빛 한 점 없는
검은 바위가 홀로 앉아 있도다

멀리 건너편에서 모여오는
큰 흰 파도!
노하여 부르짖으면서
홀로 있는 바위에 부딪치노라

사자같이 부르짖으며
바위에 부딪쳐서 깨지고
우뢰와 같이 노하여
바위에 부딪쳐서는 또 깨지는지라

파도는 싸움을 싫어하지 않노라
홀로 있는 검은 바위에

부딪쳐서는 또 깨지고
깨져서는 또 부딪치는지라

검은 바위는 홀로 앉아서
모여오는 파도를 뒤집어쓰고
흰 연기를 차면서
다만 홀로 앉아 있을 따름이라

바위도 싸움을 싫어하지 않노라
사자같이 부르짖는 파도를!
우뢰같이 노하는 파도를!
다만 앉아서 차고 있도다

오, 파도여!
너의 노함은 위대하도다
오, 바위여!
너의 의력(意力)은 위대하도다

《청년》, 1923. 9.

봄

가혹(苛酷)에 울고 있던 천지는
압박의 손에서 벗어났어라
땅속 깊이 은인(隱忍)하고 있던 풀싹은
지각을 뚫고 쑥쑥 피어오른다
—아름답고 위대한 힘으로
겨울 폭왕(暴王) 매질 느끼던 나무는
희망에 빛나는 녹색 옷을 입고
노래를 부흥시킨 종달새는
온 천지에 넘치는 신명(神明)을 노래한다
모든 것은 재생하였어라
죽음과 침묵 가운데서
미운 폭왕은 장사지내 버리고
사랑과 광명의 분위기로
온 세상은 화(化)하였다
그러나 그러나
우리의—인류의 봄은 안 왔어라
오—슬프다

인류의 영원의 봄이여!

《매일신보》, 1925. 1. 18.

만월

사랑의 신이 열어 놓은
아름다운 밤하늘
주욱 널어 앉은 성좌의 사이를
춤추고 돌아다니는 포만(飽滿)의 부녀(婦女)
푸른 무도복을 비추어
유백(乳白)의 향기 높은 살빛이
한없이 흘러 나려온다

한 조각의 구름같이
고요한 바다의 흰 돛대같이
타오르는 불꽃같이
환락에 부녀는 춤추노라

그러나 그러나
남모르는 고민을 그 뉘 알리
—포만의 비애를!
면치 못할 애격(哀激)의 운명을 생각하고

때때로 안색까지 변하여지고
춤의 장단조차 떨려져 간다

그렇다
역시 그 때가 좋았었다
희망 많은 현월(弦月)의 시대가!

「신시(新詩)」, 《매일신보》, 1925. 7. 26.

아침 뜰 앞

주 주 주 주
붉은 수탉 흰 암탉
어미 닭 병아리들……
다 모여든다
—생기 있는 아침 뜰 앞
뿌려준 모이를 쪼으면서도
파리한 마음과
조심스런 보조로
나의 앞을 돌아다닌다
손만 좀 움직여도
화다닥 쫓겨 갔다가
어느덧 살금살금
또다시 모여든다
순간순간
미지의 위난(危難)을 염려하여
불안에 떨면서도
역시 하나씩 둘씩

모이를 쪼아 먹어라

《매일신보》, 1925. 9. 13.

겨울 시장[1]

재앙의 계시처럼
바람이 허공에서 소용돌이치고
차디찬 눈발이
영혼까지도 얼어붙게 하려 한다

허나 이것은 또한 어쩌자는 흥청거림이냐
생기에 넘치는 아침 시장

가게 앞을 물들이는 과일들
싱싱한 야채
신선한 생선들의 무더기

장사치의 손님 부르는 소리가
심포니처럼 낭랑하게 울려퍼진다

---

1 이 시의 원본은 일어이므로 여기에는 정한모의 번역본을 싣는다.

얼마나 활기에 가득찬
귀하디 귀한 생활인가!

차디찬
겨울의 아침 시장은
즐거운 봄의 축제 같아라

정한모 역, 《청량》, 1926. 3. 16.

겨울 식탁

수척한 겨울
기름기가 없어진 공기
민감하게 괴로워하는 겨울 아침은
신경질적으로 떨고 있다

오전 9시다
따뜻하게 타고 있는 스토브 옆에서
좋은 차의 향기를 홀짝이면서
우리들은 겨울 식탁에 둘러앉는다
—미소와 건강과
그리하여 온화함 가득 넘치는 식탁을

밖은 무서운 아침이다
수척한 겨울

정한모 역, 《청량》, 1926. 3. 16.

겨울 숲

하얀 비로드와
발가벗은 마른 나무와
—그렇지 지극히 단순한 거다
그런데 어떤가
이 상쾌함은

신선한 공기는
명랑하게 뛰뛰고 있다
가만히 서서 그 단순함을 응시하고 있으면
태고의 내음이 퍼져온다
원시의 내음이 떠돌아온다
그렇다 여기는
아담과 이브와의 세계란다

무어라고? 도시로?
어리석은 소리는 제발 그만둬 줘
도시로 돌아가련다고?

저 과학 썩은 냄새를 또 맡게 하려 하느냐
허위와 죄업(罪業)의 컵을 빨라는 것이냐
이제 더 필요없다
자유롭게 이대로 가만히 놔둬 줘
다시는 귀찮게 굴지 말아 줘
껍데기 문명을 외치는 일은 질색이네

나는 지금
천국에라도 흘러 다니고 있는 것처럼
황홀해지고 있네
아 나는 춤을 추고 있는 것일까
날고 있는 것일까……
—나의 마음은 황홀로 가득 차 있다네

정한모 역, 《청량》, 1926. 3. 16.

거머리 같은 마음

태양은 가라앉는다
묘지와 같은 고요함과
촉루(髑髏) 눈과 같은 어둠을 남기고
태양은 가라앉는다

그러나 나의 마음에는
무거운 피로와
푸른 실망과
모욕과 유린과
무서운 죄악을 남겨놓고
아 오늘의 태양은 영원히 가라앉는다

그러나
차지디 차진 마음이여
네 집착은
검은 거머리와 같다—

죽은 듯 지쳐 있으면서도
내일이라는 힘찬 매력에 이끌려서
아직도 묵묵히 발걸음을 계속하는
(그렇다, 다만
내일 속에
미래 속에
너는 살고 있는 거다)

아 차지디 차진 마음이여
네 집착은
검은 거머리 같다

정한모 역, 《청량》, 1926. 3. 16.

야시(夜市)

―싸구려 싸구려
―골라잡아요, 자
열광적 음향 사람의 파도

난무하는 공족(蛩足)에
지반은 흔들린다

탄력 유동(流動)
소리와 일루미네이션의 착잡(錯雜)
열정과 혈조(血潮)의 나열
생활 생활!

횃불은 새롭게 타오르고
태양은 재생한 듯

―싸구려 싸구려
―에, 막 파는구려, 자

— 얘, 굉장한 엉덩이 바람 괜찮구나. 추격이다, 추격
— 음악회 가나?
— 아씨 돈 한 푼만

오, 타올라라 끓어올라라!
위대한 용광로!
지반이 깨트려질 때까지
지축이 부서질 때까지
오, 타올라라 끓어올라라!

《학지광》, 1926. 5. 1.

오후

숨이 막혀 거의 미칠 듯도 하다—
납덩어리의 하늘은 무겁게 드리우고
혼을 잃은 대지에는 짐승 한 마리 안 기고……
쓰디쓴 약 마시는 상(相)의 연돌(煙突)은 심장을 뱉어버린 듯
모래나 씹는 듯한 십자가의 오후
—이제 그 무엇이 일어날 듯 날 듯한 이상스런 오후이다!

《학지광》, 1926. 5. 1.

저녁때

벌써 저녁때인가 보다
— 장 복판을 아까부터
웬 여자 하나가 빙빙 돌아다닐 제는

꽤 오랫동안의 주저와 선택 뒤에
그는 겨우 세 개의 붉은 사과를 골랐다
— 리본으로 자수(刺繡)한 새빨간 새빨간 사과를

그리고 바구니 속에는
한 무더기의 나물과 계란이 수북이 담겼다
그러나 가만 있거라 이것은 또 웬 모험인가
오늘은 이상하게도
그의 대담스런 분발과 결단으로
빨간 레테르 붙은 박래품(舶來品) 포도주 한 병이
그의 가난한 바구니를 오래간만에
풍족과 사치로 장식하였다
그리고 그의 얼굴은 만족과 희열로 빛난다

반짝이는 은전으로 회계를 마친 그는
느릿한 보조로 전(廛) 앞을 떠난다
잿빛 철학보다도
아나크로니즘의 이론보다도
아니 무엇보다도
가장 중한 생활의 바구니를 들고
전례 없는 그 무거움에 가볍게 미소하면서 그래……
그리고 집에서 아빠와 같이 그를 기다리는
젖먹이 있는 줄은 그래도 잊어버리지 않고

《학지광》, 1926. 5. 1.

유월의 아침

유월
아침
신선한 맥박은 푸른 잎처럼 건강하다

야채가게 앞은
아침 세례를 받아서
생기 있는 채마밭이 아름다워라

반짝이는 은화로 셈을 치르고
생활의 바구니는 풍요롭게 빛나고
그녀의 뒤꿈치는 기운차게 돌았다

어디선가
아침체조의 구령소리가
힘차게 울려 퍼진다

식기 부딪치는 소리가 흐른다

—아《아름다운 오늘에》의 찬가가 들려온다

정한모 역, 《청량》, 1927. 1. 31.

마을 숲에서

덜컹 덜컹 덜컹 덜컹……
고요한 공기에 파문을 만드는 숲의 교향곡이여

남편은 끌고 아내는 밀고
야채를 가득 실은 손수레
숲속의 작은 길을 미끄러져 간다

그의 얼굴은 땀으로 흠뻑 젖고
그녀의 가슴에서는
늘어진 젖가슴이 엿본다

그러나 남편은 끌고 아내는 한마음으로 밀고 간다
덜컹 덜컹 덜컹 덜컹……

"그런 피비린내 나는 주먹다짐은 말았어야 좋았을 것을"
—갑자기 푸른 회오(悔悟)가 내 가슴에 쏟아져 내려왔다.

정한모 역, 《청량》, 1927. 1. 31.

집으로 돌아가자

여보게 이젠 그만둬 줘
이치 같은 거야 어떻게든 맞게 마련
플라톤의 머리가 인생의 양식이 된다고?
신이 어찌했다고?
농담을 말아 주게
벌써 머리가 아프다네

그보다도
그렇지, 빨리 집으로 돌아가자
이젠 배도 무척 고프다
돌아가면 화롯가에서
따끈한 차라도 홀짝이자
게다가 아내도 기다리고 있을 터이니

정한모 역, 《청량》, 1927. 1. 31.

하나의 미소

배가 기차로 변하더라도
달이 기차 지붕에서 굴러 떨어지더라도
그녀는 역시 성내고 있는 불상(佛像)이었습니다
물론 아주 남남인 사이이긴 했지만
오랫동안 곁에 있는 나의 마음은
검은 상복 속에서 훌쩍훌쩍 울기만 했습니다

달을 향해서라도 좋아
다만 하나의 미소가 보고 싶었던 것입니다

정한모 역, 《청량》, 1927. 1. 31.

빨간 꽃

피를 삼켰는가
태양을 먹었는가
빨간 빨간
너의 그 붉은빛은

나는 불꽃 같은 너의 심장을 느끼고
붉은 호흡을, 분명하게 들어볼 수가 있는 것이다

하여 너의 뜨거운 핏줄기는
별까지도 모두 태워버릴 것이다

아아 빨간 빨간 꽃이여
나는 금방 질식해 버릴 것 같다
허나 너의 외골진 정열로
나는 차라리 모조리 타버리고 싶은 것이다

정한모 역, 《청량》, 1927. 1. 31.

노인의 죽음

—무어라고, 병을 비관해서 죽은 것이다
—빚 때문에 움치고 뛸 수 없었기 때문이다
—이웃 사람한테 참을 수 없이 모욕을 받은 때문이다
—아니야, 실은 술을 마실 수 없었기 때문이다
—그것보다도 아침쌀이 없었던 것이다

모두 구구하다
허나 맨 마지막에 이웃집 할머니는 나직히, 어둡게, 말했다

—"그가 사랑하던 강아지가 죽어버렸기 때문이다"라고
아내도 자식도
물론 손자도 없이
오직 한 마리 강아지를 사랑해 온 것이다

그리고 그 강아지가
아, 그 강아지가 죽어버렸기 때문이다

정한모 역, 《청량》, 1927. 1. 31.

님이여 들로!

흰 달 아래에서
미미한 환상만 먹고 살 수 없나니
님이여!
건강한 태양 아래에서 끓어오르는
8월의 원야(原野)로 갑세다
여기에서 이렇게
거북한 옷을 입고
스틱을 짚지 않으면 안 되다니……
아니 그러고
이 넘치는 힘을 다 어찌하려나
태양은 타오르고
바람은 불고
흙냄새 진동 치니
오—님이여!
백주(白晝)의 들로 갑세다
발갛게 익은 태양을 따먹으러
붉은 피 뒤끓는 들로

《문우》, 1927. 11. 1.

살인

악마적 단검이
월광에 뾰족이 빛났다
그 찰라 —

그의 전신은 긴장하고
얼굴은 장엄히 빛나고
안광(眼光)은 바위라도 뚫을 듯
일각수(一角獸)의 뿔 같은 팔에는
전신의 피가 쇄도(殺到)하고
절대적 힘은 칼끝에 맺히고 —

《문우》, 1927. 11. 1.

시나리오

화륜(火輪)[1]

시(時) 1930년대
처(處) 도회

—화면 암흑.

화폭 속에 가득차게 커다란 불 붙은 수레바퀴 나타난다. 불꽃은 잠시 맹렬히 타오르다가 차차 스러져 버리고 나중에 불바퀴는 무수히 연결된 주먹의 바퀴로 변한다. 빙빙 돌아가는 주먹의 바퀴 복판 멀리 격분에 타오르는 얼굴 하나 나타나더니 급속도로 카메라 앞으로 내달아와 바퀴 안에 가득히 찬다. 눈 부릅뜨고 입 무섭게 부르짖는다.

얼굴 돌연히 광적으로 커다랗게 웃는다. 웃다가 또다시 격분에 타오르는 얼굴로 변한다. 부릅뜬 눈 부르짖는 입. (용암(溶暗))

---

1 1930년 7~9월경까지 게재된 시나리오다. 이효석, 안석영, 서광제, 김유영이 차례로《중외일보》에 연재하였다. 현재 6~7월까지의《중외일보》가 유실되어 연재된 정확한 시기를 알 수 없다. 이효석이 연재한 부분은 그의 유족들이 보관하고 있어 여기에 싣는다.

—감옥의 철창.

—어두컴컴한 감방.

높은 철창에서 한 줄기 빛이 가늘게 흘러 들어올 뿐. 어두운 한구석에 웅크리고 있던 사나이 간수에게 불리어 벌떡 일어나 문께로 향하여 걸어 나온다.

—형무소 문전.

육중한 철문이 고요히 열린다.

—철문을 주춤 걸어 나오는 사나이의 다리. (이중(二重))

—빙긋이 열리는 철함의 살창 밖으로 나오는 범.

—으르렁대는 범의 낯.

범의 낯이 차차 철호의 얼굴로 변한다.

—옥문 앞에 우뚝 선 철호.

자막

철창에서 신음한 지 십 년 만에 사바에 나온 철호.

—철호의 얼굴.

말할 수 없이 수척한 얼굴에 눈만 매섭게 빛난다. 기쁨인지 슬픔인지 분함인지 말할 수 없이 복잡한 표정.

—옥문 앞의 팔짱을 끼고 고개를 숙이더니 생각한다. (이중)

—두 손을 높이 들고 "××××!"를 고창하던 열중된 군중으로 발끈 뒤집히던 네거리.

—여러 동지들과 포박을 당하여 옥문으로 끌려 들어가는 철호.

물을 차 버리고 빙글빙글 도는 수차.

저절로 장장이 떨어져 나가는 캘린더. (삼중(三重))

—창살 사이로 보이는 수척한 철호의 얼굴.

물을 차 버리고 빙글빙글 도는 수차. (이중)

돌아가는 수차 차차 사라져 버리고 수척한 철호의 얼굴만 화면에 남는다. (이중)

—옥문 앞에서 고개 숙이고 생각하는 철호, 고개를 천천히 쳐든다.

—그의 얼굴. (대사(大寫))

엄숙하고 비장한 표정, 이를 간다.

—형무소 앞에서 거리를 바라보는 철호.

—내려다보이는 거리. (원경(遠景). 카메라 서서히 선회)

—거리를 바라보는 철호

자막

철창을 나오기는 하였으나 이 넓은 장안에 그의 갈 곳은 어디인가. 십 년 만에 사바의 흙을 밟는 이 아침, 그를 반가이 맞이하는 한 사람의 그림자도 없는 그의 몸을 용납할 곳은 어디인가. 그의 가난하던 옛 가정—십 년 동안 한 장의 소식도 없었으니 지금에는 어떻게나 되었는지. 세상에 나온 첫걸음으로 철호는 그의 옛집을 찾기로 하였다.

—철호 형무소 앞을 떠나 거리로 걸어 내려온다.

—거리를 걸어가는 철호. (측면 이동)

—걸어가는 그의 상반신. (이동. 이중으로 환상(幻想)에)

—병석에 누운 늙은 어머니의 얼굴.

—아름다운 아내의 얼굴.

—어린 아들의 얼굴. (순간)

—어머니의 얼굴. (순간)

—아내의 얼굴. (순간)

—아들의 얼굴. (순간)

—아내의 얼굴. (이중)

—파리하게 변한 아내의 얼굴.

—장성한 아들의 얼굴.

—변한 아내의 얼굴. (이중)

—걸어가는 철호의 상반신. (측면 이동)

—걸어가는 그의 다리. (이동)

—다리를 건너는 철호.

—자동차를 피하는 철호.

—전차 선로를 건너는 철호.

—네거리를 꼬부라지는 철호

—좁은 골목으로 들어가는 철호.

—빠르게 걸어가는 철호의 다리. (측면 이동)

—넓은 거리.

아스팔트 대로 양편에는 가로수 심겨 있고 벽돌집이 즐비하여 있다. 철호 거리 복판에 우뚝 서서 의아해 하는 모양.

—그의 상반신.

엄청난 변화를 믿지 못하겠다는 듯한 표정.

—좁은 행길을 싸고 양편으로 초가가 늘어서 있는 작은 거리. (이중)

—벽돌집과 아스팔트의 넓은 거리.

—마저마저 쓰러져 가는 한 개의 초가. (이중)

—우뚝 솟은 빌딩.

—철호의 상반신.

엄청난 변화를 믿지 못하겠다는 듯한 표정.

—철호 지나가는 사람보고 집을 물으니 행인 고개를 절레절레 흔들고 가 버린다.

—인력거 병문(屛門)에서 차부에게 집을 묻는 철호.

자막

이 근처에 복규네라는 작은 초가집이 있었지요?

—대답하는 차부.

자막

복규네요? 이 곳의 초가집이 없어진 것이 벌써 태곳적이오.

—말을 그치는 차부의 얼굴.

—철호 실망하는 병문에서 발을 돌린다.

자막

초가는 헐리고 백성은 쫓기고 그의 살던 옛 거리는 벽돌과 아스팔트의 새

거리로 변하였으니 가난하던 그의 집안, 지금은 대체 어디 가 어떻게 하고 있을 것인가. 낯선 장안 천지에 그의 집 찾을 길 아득하다.

—힘없이 거리를 걸어가는 철호. (후경(後景) 이동)

—걸어오는 철호. (상반신 이동)

이 화면에 (이중으로) 병석에서 신음하다가 고요히 눈을 감는 어머니의 자태 나타난다. 어머니의 자태 사라지고 (이중으로) 굶주려서 우는 아들의 자태 나타난다. 그것이 사라지자 (또 이중으로) 열차에 깔리는 아내의 자태 나타난다. 이 동안에 철호의 얼굴 차차 험악하게 빛나간다.

—걸어오는 철호의 얼굴. (이동) 의혹과 공포에 그의 두 눈 광적으로 빛난다. 얼굴 불시에 경련적으로 전율한다.

—걸어오는 철호. (전신 이동) 긴장된 자세 걸음 차차 빨라진다.

—파출소에서 순사에게 물어보는 철호.

—철호 거리를 걸어가면서 지나가는 여인의 얼굴을 유심히 바라본다.

—거지 아이를 붙들고 물어보는 철호.

—뒷골목에서 이집 저집 문패를 기웃기웃 살펴보며 집을 찾아내려고 애쓰는 철호.

—거리거리를 부지런히 찾아 돌아다니는 철호의 다리. (이동) 걸음의 속력 차차 줄어진다. (이중)

《중외일보》, 1930. 7. 19.~9. 2.

출범시대

한민(韓民), 박철(朴哲), 이완읍(異完湆), 영호(英浩), 영애(英愛), 혜련(惠蓮), 오빠, 부루(富婁), 동지 5~6인, 형사 수인(數人), 여급(女給), 기타

자막 용명(溶明)

출범시대에 속하는 단순하고 낡은 이야기이니, 현 단계의 요구에 어그러질는지도 모르나 앞으로 닥쳐올 새날의 한 서곡이 된다면 스스로 족한 이야기다.

1. 땅에 누운 황소. (대사(大寫))

2. 성난 황소의 낯. (대사)

3. (생략)

4. 성난 황소의 낯. (대사)

5. (1과 동(同))

황소 불시에 벌떡 일어나니 그의 몸뚱이 화면에 가득히 차고도 오히려 남는다.

6. 뿔을 휘두르며 맹렬히 달려드는 황소. (이중(二重))

7. 암흑의 화면에 촛불이 떨린다.

8. 흐린 하늘에 구름장이 뭉게뭉게 흐른다.

9. 바람에 나부끼는 나뭇가지.

10. 바람에 떨리는 문풍지.

11. (7과 동)

별안간 촛불이 꺼진다.

12. 떨리는 암흑의 화면.

13. 암흑의 화면에 붉은 불꽃이 차차 맹렬히 타오르더니 나중에 전 화면이 새빨갛게 변한다.

14. 바위에 들이치는 파도.

15. 대지를 들어 갈 듯한 폭풍우. (이중)

16. 멀리서 급속히 카메라 앞으로 육박하여 오는 부르짖는 입.

17. (생략)

18. 거리로 밀려가는 시커먼 ×××의 시위 행렬. (이중)

19. 삐라를 등사하는 등사판.

20. 돌아가는 등사판의 롤러.

21. 등사된 삐라를 집어내는 손.

22. 높이 쌓인 삐라.

23. 어두운 방. (근사(近寫))

등사판을 둘러싸고 앉은 한민 박철 이완읍의 세 사람. 롤러를 돌리며 삐라를 집어내며 그것을 접으며 매우 분주하다.

24. 긴장된 한민의 얼굴. (대사)

25. 긴장된 박철의 얼굴. (대사)

26. 긴장된 이완읍의 얼굴. (대사)

27. 등사에 분주한 세 사람.

28. 돌아가는 인쇄기.

29. 돌아가는 바퀴.

30. 시위 행렬.

행렬 위에 삐라가 무수히 날린다.

31. 거리로 밀려가는 수많은 다리.

32. 부르짖는 입.

33. (23과 동)

삐라를 등사하는 세 사람.

34. 시위 행렬.

35. 달려오는 ×의 떼.

36. 보얗게 거리를 덮는 먼지.

37. 보얀 먼지 속으로 달려오는 기마대.

38. (23과 동)

삐라 박는 세 사람.

39. 땅을 차고 닫는 말굽.

40. 시위 행렬을 포위하는 기마대.

41. 거리의 모퉁이를 닫는 개.

42. 굴러떨어지는 돌.

43. (28과 동)

분주히 삐라 박던 세 사람 별안간 깜짝 놀라 일제히 문께를 바라본다.

44. 문이 거칠게 열리며 혜련 급한 걸음으로 뛰어 들어온다.

45. 방 안. (근사)

혜련 세 사람에게로 달려가

46. 황급히 말하는 그의 입.

와요 와요! 얼른들 치우세요.[1]

47. 놀라는 세 사람. (상반신)

48. 정지되는 등사판.

49. 흩어지는 삐라.

50. (카메라 급속히 후퇴)

방 안. (전경(全景))

혜련과 세 사람 급히 어수선한 주위를 치운다.

51. 황급한 손.

52. 떨리는 삐라.

53. (50과 동) (순간(瞬間))

54. 뜰 앞을 살금살금 걸어 들어오는 발.

55. (50과 동)

네 사람 별안간 일제히 문께를 바라본다. 그들 손에서 삐라가 떨어진다.

56. 문을 홱 열고 뛰어 들어오는 형사.

57. 빛나는 세 사람의 얼굴. (순간)

---

1 무성 영화의 자막에 해당한다.

58. 놀라는 혜련의 얼굴. (순간)

59. 형사 세 사람에게 달려든다.

60. 형사의 손에 잡힌 팔.

61. 노리는 형사의 얼굴.

62. 박철과 이완읍의 긴장된 얼굴.

63. 형사의 손에서 팔이 홱 빠진다.

64. 방 안. (전경)

박철과 이완읍 형사를 뿌리치고 방을 튀어 나간다. 뒤미처 한민 튀려다가 형사에게 붙들린다.

65. 한민 형사를 뿌리쳐 쓰러뜨리고 화면에서 사라진다.

66. 다시 형사에게 붙들린 그의 팔. 한민 팔을 빼려고 애쓰나 헛일이다.

67. 거리를 달아나는 박철과 이완읍. 모퉁이에서 두 사람 각각 갈라진다.

68. 기마대에 포위되어 흩어지는 시위 행렬.

69. 달아나는 전차를 집어타는 박철.

70. 다른 거리를 달아나는 이완읍.

71. 형사에게 잡힌 한민.

72. 한민의 부르짖는 입.

73. 노리는 형사.

74. 어쩔 줄을 모르는 혜련.

75. 형사 한민의 등을 밀치며 방을 나가려 한다.

76. 기차에 오르는 박철.

77. 다른 기차에 오르는 이완읍.

78. 질주하는 기차 바퀴.

79. 한민 형사에게 이끌려 방을 나간다. 혜련 뒤미처 쫓아 나간다.

80. 창졸한 가운데에 슬퍼하는 혜련.

81. 한민 혜련을 돌아다보며

내가 다녀 나올 때까지 몇 해가 되든 혜련은 나를 기다려 줄 수 있겠소?

82. 눈물을 머금고 대답하는 혜련.

기다리고 말고요. 부디부디 안녕히 다녀나 오세요!

83. 혜련의 눈에 눈물이 맺혔다.

84. 형사 한민의 등을 밀친다.

85. 형사에게 끌려가는 한민의 뒷모양과 눈물 흘리며 이것을 바라보는 혜련. (용암(溶暗))

(흐르는 물과 '이중'으로 다음 자막)

박철은 해외로

이완읍은 항구로

한민은 옥으로—

이런 후 삼 년의 세월이 흘렀다.

(용암)

86. (교개(絞開)) 다락에 종이 울린다. (이중)

87. 교당의 뾰족탑.

(카메라 아래로 점차 이동)

88. 교당 정면.

정문으로 사람들 몰려 들어간다. (이중)

89. 교당 앞마당.

나열하여 있는 여러 대의 자동차.

90. 교당 정면.

마지막 사람 당 안으로 사라진다.

(카메라 이동하여 당 안에 들어서니)

91. 당 안은 결혼식장.

천장과 벽에 오색의 테이프와 만국기 무수히 드리워 있고 정면 멀리 탁자 앞에 주례 서 있고 가운데 길은 훤히 트이고 양편에 관중 꽉 들어섰다. 가운데 길에는 무명을 펴고 사이에 일렬로 화분을 놓아 길을 둘로 나누었으니 그 왼편 길을 신랑, 세 사람의 들러리와 같이 고요히 주례 앞으로 걸어 들어간다.

92. 당 안 한편.

결혼행진곡을 울리는 악사들.

93. 첼로를 켜는 악사. (대사)

94. (91과 동)

(카메라 신랑의 행진을 따라 앞으로 이동하다가 다시 서서히 후퇴) (이중)

95. 교당의 뾰족탑.

까마귀 한 마리 뾰족탑을 끊고 날아간다. (이중)

96. 교당 입문 벽돌담에 아래와 같은 글발 붙어 있다.

김부루 군 임혜련 양	결혼식장

97. 글발. (대사)

손 하나 나타나 이 글발을 뜯어 버리려다가 다시 멈칫한다.

98. 울분에 타오르는 얼굴. (대사)

99. (96과 동)

글발을 등지고 문 앞에 선 청년 주먹을 징긋이 쥐었다.

100. 손 기어코 담의 글발을 뜯어 쪽쪽 찢어 버린다.

101. (96과 동) 청년 글발을 찢어 버리고 문을 들어간다.

102. 교당 정문 앞.

청년 카메라를 등지고 우뚝 서서 멀리 당 안의 결혼식장을 들여다보다가 정문 옆 작은 문으로 당 안에 들어간다.

103. 결혼식장. (카메라 정문에서) 신랑과 들러리는 이미 주례 앞에 가 섰고 신부 역시 세 사람의 들러리와 소녀에게 받들려 가운데 길 오른편을 걸어 들어간다.

104. 행진곡을 울리는 악사들.

105. 결혼식장.

106. 교당 안 정면 난간에 의지한 청년. (정면 상반신)

107. (카메라 청년의 등 뒤에서 부감(俯瞰)으로)

청년 난간에 의지하여 멀리 식장을 내려다본다. 식장에서는 신부 여전히 행진을 계속하고 있다.

108. 행진곡을 울리는 악사들.

109. (107과 동)

신부 행진을 마치고 주례 앞에 신랑과 나란히 섰다.

110. 악사들 행진곡을 그친다.

111. (109와 동)

주례 손짓을 하여 관중을 자리에 앉히고 입을 열어 두 사람의 결혼을 고한다. 난간에 의지한 청년 괴롭게 몸짓한다.

112. 신랑과 신부의 뒷모양. (접사(接寫))

그 너머로 주례 말을 그치고 탁자에서 성경을 집어 펴 들고 한 구절 읽는다.

113. 읽는 주례. (대사)

114. (112와 동)

주례 성경을 다 읽고 신랑과 신부를 번갈아 바라보면서 성경을 덮어 탁자에 놓고 입을 연다.

115. 엄숙히 서 있는 신랑과 신부. (정면 상반신)

면사포에 싸인 신부 고개를 수그렸다.

116. (112와 동)

주례 신랑을 향하여 묻는다.

117. 대답하는 신랑. (정면 대사)

118. (112와 동)

주례 신부를 향하여 묻는다.

119. 신부 더욱 고개를 숙일 뿐. (정면 대사)

면사포 위에 굵은 눈물 한 방울 떨어진다.

120. (112와 동)

주례 신랑과 신부를 번갈아 바라보면서 말을 막는다.

121. (107과 동)

난간에 의지하였던 청년 괴로운 듯이 몸을 일으켜 몸부림친다.

122. 고민하는 청년. (정면 상반신)

두 손으로 머리를 꺼들면서 번민하다가 다시 난간에 의지한다.

123. 그의 얼굴. (대사)

124. (107과 동)

청년 난간에 의지하여 식장을 내려다본다. 식장에서는 예물을 교환한다.

(카메라 교당 정면에서 급속히 이동하여 식장에 접근)

125. 식장. (근사)

신랑 편 들러리 소녀가 들고 섰는 바구니 속에서 반지를 집어 든다.

126. (카메라 주례 앞에서 신랑 신부를 정면으로)

신랑 편 들러리 반지를 탁자에 놓으니 주례 그것을 집어서 신랑에게 준다.

127. 난간에 의지하여 멀리 이것을 바라보는 청년의 뒷모양.

128. 청년의 얼굴. (대사)

눈물 두 줄기 얼굴을 스쳐 내린다.

129. (126과 동)

신랑 반지를 들었고 신부 편 들러리 신부의 장갑을 열어 손가락을 내민다.

130. 슬픈 표정이 차차 분한(憤恨)의 표정으로 변하는 청년의 얼굴.

131. 신랑 신부의 손가락을 잡고 반지를 끼우려 한다.

132. 고개 숙인 신부. (상반신)

면사포에 떨어지는 눈물.

133. 청년의 얼굴.

134. 신랑 신부의 손가락에 막 반지를 끼워 주려는 찰나.

(핀트가 어긋나며 화면이 뿌옇게 떨린다.)

135. 고함치는 청년의 얼굴. (대사)

136. (107과 동)

청년 고함을 치며 난간에서 몸을 일으켜 두 팔을 들어 식을 제지하니 식장 군중의 얼굴들이 불시에 이곳으로 쏠린다. 청년 비호같이 몸을 날려 난간에서 층층대를 뛰어 내려간다.

137. (카메라 교당 정면에서)

청년 교당 정문에서 쏜살같이 식장으로 뛰어 들어간다.

(그 뒤를 따라 카메라 급속히 전진)

138. 식장에 다다라 신랑과 신부의 사이를 죽 갈라놓는 청년의 뒷모양.

139. (카메라 주례의 등 뒤에서)

청년 분한에 타는 얼굴로 주례 앞 탁자에까지 늠름히 걸어 들어온다.

140. 황당한 주례의 얼굴. (대사)

141. (측면) 청년 탁자를 격한 주례의 얼굴에 침을 탁 뱉고 돌아서서 신랑과 신부를 대한다.

142. 놀라는 신랑과 신부와 들러리들. 그 배후에 수물거리는 군중.

143. 눈물에 젖은 신부의 얼굴. (대사)

청년을 똑바로 인식한 그의 얼굴에는 놀람과 참회의 빛이 떠돈다.

144. 경멸과 노기에 찬 청년의 얼굴. (대사) 그의 입 무엇인지 날카롭게 외친다.

145. 신부 청년의 이름을 부르며 두 팔을 벌리고 사과하면서 청년에게로 몸을 쏠린다. 청년 비웃으며 몸을 피하니 신부는 그 자리에 기절하여 쓰러지고 만다. (근사)

146. 비웃는 청년. (대사)

147. 쓰러진 신부. (대사)

148. 신랑 청년에게 육박하매 청년 주먹으로 지르니 신랑도 그 자리에 쓰러져 버린다. 청년 손에 잡힌 반지를 신랑의 얼굴에 힘껏 던진다. (근사)

149. 어지러운 관중.

그 숲에서 신부의 오빠 나타나 청년에게 달려든다.

150. 조소하는 청년의 얼굴. (대사)

151. 오빠 육박하다가 청년의 몸에 부딪쳐 그 자리에 쓰러진다.

청년 그의 얼굴에 침을 뱉는다.

152. 노기에 찬 청년의 얼굴. (대사)

그의 입 부르짖는다.

153. (카메라 교당 정면 난간에서 부감으로)

어지러운 식장. (전경)

154. 쓰러진 신부 앞에 서 있는 청년.

그의 얼굴에 눈물. (근사)

155. 눈물짓는 청년의 얼굴. (이중)

156. 난간에 얼굴을 묻고 있던 청년. 고개를 쳐드니 이것은 잠간 동안의 환상이었다. 청년의 얼굴에 눈물자국이 편적편적하다.

157. (카메라 청년의 등 뒤에서)

멀리 식장에서는 신랑 신부의 손가락에 막 반지를 끼워 주려 하는 찰나.

158. 난간에 의지한 청년의 얼굴이 경련적으로 실룩실룩 떨린다.

159. 반지를 끼워 주려 하는 찰나.

160. 난간에 의지하였던 청년 별안간 손을 들고 식장을 향하여 고함친다.

161. (카메라 급속히 회전하여 부감으로)

식장. (전경)

관중의 눈이 일시에 이쪽으로 향한다.

162. (카메라 급속히 이동하여)

식장. (근사)

신랑 깜짝 놀라 손에 들었던 반지를 떨어뜨린다. 일제히 놀라 청년 쪽을 바라본다.

163. (카메라 식장에서 멀리 조감(鳥瞰)으로)

난간에 선 청년 손을 들고 고함친다.

(카메라 앞으로 이동하여 청년에게 접근)

부르짖는 그의 입. 비장한 표정.

혜련아! 나를 잊었단 말이냐? 내가 나올 때까지 기다리고 있겠다고 언약한 지 세 해가 못 되는 이 날에 이 한민을 벌써 잊어버렸단 말이냐?

164. 부르짖는 청년. (전신)
165. 식장. (근사)

영문을 몰라서 눈을 휘둥그렇게 뜬 신랑 주례 들러리들 사이에서 신부 놀라서 이쪽을 똑바로 바라본다.

166. 놀란 혜련의 얼굴. (대사)

그의 입 외친다.

엣 한민 씨?

167. 신부 외치면서 고요히 걸어 나온다.

(카메라 서서히 후퇴)

이 동안에 신랑은 떨어진 반지를 찾느라고 엎드려 뒤번적거린다.

168. (식장에서 난간을 조감으로)

청년 식장을 내려다보면서 신부를 손가락질하며 부르짖는다.

혜련아! 약한 사람아! 가난이 그다지 괴롭던가. '불명예'가 그다지 싫던가. 나의 하는 일과 밟는 길을 이미 양해하였고 이렇게 될 나의 오늘을 이미 짐작하던 그대가 아니었던가?

169. 말하는 청년. (대사)

눈물이 죽죽 흘러내린다.

170. 걸어 나오는 혜련의 얼굴에 (대사) 새로 눈물이 쏟아진다.

171. 신부 고요히 걸어 나오면서 면사포를 벗어 버리고 두 팔을 들고 멀리 청년에게 호소한다. (원경. 측면 이동) 면사포 찢겨 발치에 질질 끌린다.

172. 걸어 나오면서 말하는 혜련.

오 — 한민 씨! 아니에요 아니에요. 한민 씨!

173. (171과 동)

174. 말하는 청년. (대사)

말 말어라! 계집의 소갈머리가 항상 그런 것이니 이제 나의 앞에서 구태여 변명하려고 애쓰지 말어라!

175. 말하는 청년.

176. 혜련 걸어 나오다가 절망한 듯이 문득 그 자리에 서서

용서하세요. 한민 씨!

177. 난간에 선 한민 고개를 흔들며

용서? 나에게는 지금 그대를 용서할 권리도 없지 않은가……. 나는 가노니 그리워하던 나라로 나는 길 떠나노니 돈 많은 사람과 '명예'로운 사람과 잘 살어라! 길이길이 잘 살어라!

178. 눈물을 머금은 한민의 얼굴. (대사)

179. (카메라 난간에서 부감)

청년 난간에서 몸을 일으키며 식장을 향하여 고별의 손짓을 하니 식장에서는 요란한 군중에 싸인 혜련 두 팔을 높이 들고 마지막으로 한민을 쳐다보며 소리 높여 호소한다.

한민 씨! 한민 씨! 저를 버리십니까 한민 씨!

180. 혜련의 절망적 얼굴.

181. (179와 동)

한민 고별의 손짓을 하고 난간을 두어 걸음 떠나니 식장에서는 혜련 "한민 씨! 한민 씨!"를 여러 번 외치다가 그 자리에 졸도하여 버리고 만다. 군중 혜련에게로 와르르 몰려든다.

182. (179와 동)

쓰러진 혜련 옆에 신랑 들러리들 몰려들고 그 뒤를 관중이 빽빽이 둘러쌌다. 군중을 헤치고 혜련의 오빠 달려들어 혜련을 일으키려다가 다시 일어나 난간 쪽을 노리니 다른 사람들도 그의 시선을 따라 난간 쪽을 바라본다.

183. (카메라 식장에서 난간을 조감)

그러나 난간에서 한민의 자태가 사라진 지는 이미 오래이다.

184. 멍하니 서 있는 오빠.

185. (난간에서 부감)

수물거리는 군중.

186. 영문을 몰라 넋을 잃고 서 있는 신랑.

187. 쓰러진 혜련. (접사)

감은 눈 밑으로 화장한 얼굴을 이지러뜨린 눈물 흔적이 아직도 새롭다. (교폐(絞閉))

188. (용명) 한민의 하숙방. 의자에 걸어앉아 책상에 의지한 한민의 뒷모양.

189. 그의 상반신. (정면)

침울한 표정. 그의 손에 사진첩이 들렸다.

190. 사진첩.

장장이 넘어가던 사진첩이 문득 한 장의 사진 위에 머무르니

191. 사진. (대사)

몇 해 전 한민과 혜련 연구회의 여러 동지들과 같이 박힌 것.

192. 한민 사진을 한참 들여다보다가 고개를 쳐든다.

193. 한민의 얼굴. (대사)

옛 생각에 잠기는 침착한 표정.

(이중으로 다음 자막)

이야기는 다시 삼 년 전으로 올라가니 삼 년 전 저무는 여름 동무 영호의 집에서 주일에 한 번씩 열리는 연구회의 밤—한민이 혜련을 처음으로 알게 된 것은

이날 밤이었다.

(이중)

194. 영호의 서재. (밤) (근사)

영호 그의 누이동생 영애 박철 이완읍 그 외 오륙 인의 학우들, 한민을 중심으로 책상을 둘러싸고 앉아서 한민의 보고에 귀 기울이고 있다.

195. 보고를 마친 한민, 원고 접는다. (상반신)

196. 좌중의 긴장이 풀리며 일동 잡담에 들어간다. (이중)

197. 다시 긴장된 좌석. (전경)

일동 각각 지니고 왔던 책을 자기 앞에 펴 놓는다. 영애 자리를 일어나 책시렁 앞으로 간다.

198. 책시렁 앞.

영애의 손이 양서 한 권을 뽑아 낸다.

199. (197과 동)

영애 책시렁을 떠나 좌석으로 돌아가 한민에게 미소를 던지며 책상 복판에 양서를 놓는다. 한민 역시 미소로 사례하고 양서를 앞으로 끌어당긴다.

200. 양서의 표지. (대사)

경제학의 원서이다. 한민의 손, 원서의 표지를 열고 책장을 넘기며 페이지를 찾는다.

201. 각각 이 원서의 번역 책의 페이지를 찾는 동무들의 손.

202. 한민의 책상 앞.

그의 손 원서의 바른 페이지를 찾아 놓았다.

203. (카메라 책상 위를 회전)

동무들의 책상 앞에 놓인 책들 각각 바른 페이지를 가리키며 정지되어 있는 가운데에

204. 아직까지도 바른 페이지를 못 찾아서 뒤번적거리는 손 하나 있으니 (대사)

205. (카메라 손을 따라 위로 이동)

그는 영애이다. (반신)

206. 동무들 웃으니

207. 무참(無慙)하여 얼굴 붉히는 영애. (상반신)

208. 한민 원문의 한 구절을 읽는다. (상반신)

209. 원문. (대사)

210. 한민 그것을 번역한다. (상반신)

211. 동무들 고개를 숙이고 책에다 적는다.

212. 번역 책. (대사)

삭제된 부분에 역문이 적힌다.

213. 번역하는 한민. (대사)

214. 적는 동무들의 뒷모양.

215. 서재. (전경)

연구에 열중되어 있는 그들.

216. 별안간 책상에서 한 권의 책이 떨어진다.

217. 한민 원서에서 시선을 옮겨 문께를 바라본다. (순간)

218. 글 쓰던 동무들의 붓 일제히 멈춘다. (순간)

219. 문을 노크하는 손. (대사)

220. 서재. (전경)

그들 문께를 바라보고 있다.

(카메라 그들의 시선을 따라 문께로 이동)

221. 손 여전히 문을 노크한다. (대사)

222. (220과 동)

영애 자리를 일어나서 "누구요?" 하고 외치면서 문께로 간다.

223. 문밖.

손 노크하면서 입 부른다.

영애! 영애!

224. (220과 동)

영애 문께로 가서 장지를 연다.

225. 어둠 속에 서 있는 창백한 여자의 얼굴. (대사)

226. 놀라는 영애의 얼굴. (대사)

227. 어둠 속의 여자 입을 간신히 열며

영애야!

228. 영애 장지를 활짝 열고 여자의 손을 잡으면서

웬일이냐? 혜련아!

229. 하고 혜련을 방으로 끌어들인다.

230. 한민과 그의 동무들 의아하여 자리를 일어선다.

231. 방 안. (전경)

영애에게 끌려들어 온 혜련 힘을 잃고 그 자리에 쓰러진다. 한민과 그의 동무들 일제히 몰려 이것을 둘러싼다.

232. 쓰러진 혜련의 얼굴 몹시도 창백하다. (대사)

233. 혜련에게 무릎을 베인 영애, 혜련을 흔들면서

웬일이냐? 혜련아! 정신을 차려라.

234. 눈감은 혜련의 얼굴. (대사)

235. 영애 조급히 "혜련아, 혜련아!" 부르면서 손가락으로 혜련의 눈을 열려고 애쓴다.

236. 가엾이 여기는 한민의 얼굴. (대사)

237. 동무들의 의아해 하는 양.

238. 한민 가운데 들어서 영애를 대신하여 혜련을 붙들고 영애에게 물을 떠오라고 이르니 영애 급히 방을 나간다.

239. 긴장된 동무들의 얼굴.

240. 영호 동무들에게 말한다.

미안하지만 오늘 밤 연구회는 여기서 중지하는 것이 어떤가.

241. 동무들 쾌히 승낙한다.

242. 방 안. (전경)

동무들 책상에 가서 각각 책을 수습하여 가지고 한민과 영호에게 작별의 인사를 하고 한 사람 두 사람씩 방을 나간다.

243. 한민 눈 감은 혜련의 얼굴을 들여다보면서 그를 흔든다.

244. (242와 동)

동무들 한 사람 두 사람씩 나가는 동안에 영애 컵에 물을 떠 가지고 들어온다. 영애 나가는 동무들에게 작별의 인사를 하고 다들 나가니 장지를 닫고 혜련에게로 뛰어온다. 방 안에는 영호 영애 남매와 한민 혜련의 네 사람이 남았을 뿐이다.

245. 혜련을 중심으로 한민 영애 영호 둘러앉아 있다.

한민, 영애에게서 컵을 받아

246. 혜련의 입에 물을 기울인다. (대사) 물이 입을 넘쳐 흘러내린다.

247. 한민 컵을 옆에 놓고 손수건을 내서 흐르는 물을 씻어 준다.

248. 근심되는 영애의 얼굴. (대사)

249. 영애 혜련을 가볍게 흔들다가 그래도 응기가 없으니 옆에 놓인 물컵을 들어 그의 입에 또 물을 기울인다.

250. 물을 마시는 혜련의 입. (대사)

251. 차차 근심이 풀리는 영애의 얼굴. (대사)

252. 같은 표정의 한민의 얼굴. (대사)

253. 영애 컵을 입에서 떼어서 옆에 놓는다.

한민 손수건으로 혜련의 입을 씻어 준다.

254. 혜련의 얼굴. (대사)

얼굴을 약간 좌우로 요동하더니 두 눈이 방긋이 열린다.

255. 기뻐하는 영애의 얼굴. (대사)

256. 영애 혜련의 얼굴을 어루만지며 묻는다.

혜련아! 정신 좀 차렸니?

257. 혜련 의아하여 좌중을 둘러보다가 한민의 눈과 마주치니 낯선 그의 무릎 위에 누운 것을 부끄러워하여 일어나려고 애쓴다.

258. 영애 "그대로 누워 있으려므나." 하고 그것을 제지한다.

259. 그래도 혜련 일어나려고 애쓰니 영애 한민의 무릎에서 혜련을 일으켜 앉히고 그의 머리를 가다듬어 주면서 말한다.

그다지 부끄러워할 것 없다. 이분이 바로 오빠의 동무 한민 씨란다.

260. 하며 눈으로 한민을 가리키니 혜련 선뜩하여 한민을 똑바로 바라본다. 한민 역시 혜련을 유심히 바라본다.

261. 부끄러워하는 혜련의 얼굴. (대사)

262. 듬직이 혜련을 바라보는 한민의 얼굴. (대사)

눈이 윤택있게 빛난다.

263. 혜련 고개를 떨어뜨린다.

264. 빛나는 한민의 얼굴. (대사)

265. 영애 혜련의 고개를 쳐드니 애수에 담뿍 찬 그의 얼굴.

영애 그의 얼굴을 찬찬히 살피며

얼굴이 몹시도 창백하고나. 이 밤에 이것이 대체 웬일이냐?

266. 영애를 바라보는 혜련의 자태 몹시도 애처롭다.
혜련 입을 열며

집이 싫어서 도망해 왔지.

267. 영애 혜련의 머리카락을 쓸어올려 주며

부루에게 시집가라고 오빠가 또 몹쓸게 굴었나 보구나.

268. 하고 말하니 혜련 부끄러워서 고개를 숙여 버린다.
이 동안에 한민은 영문을 몰라 영애와 혜련을 번갈아 바라본다.
269. 의아해 하는 한민의 얼굴. (대사)
270. 영호 애처롭게 여기며 혜련을 바라본다.
271. 영애 혜련에게 말

오늘 밤에는 또 무슨 일이 있었는지 시스러워 여기지 말고 이 자리에서 시원히 이야기나 하려므나.

272. 하며 친절히 어루만지니 혜련 고개를 들고 부끄럽다는 듯이 한민을 바라본다.
273. 애정에 빛나는 한민의 얼굴. (대사)

274. 혜련의 얼굴. (대사)

애수를 품은 눈에 눈물이 굵게 맺혔다.

275. 영애 혜련에게 이야기를 간청하니 혜련 입을 고요히 연다.

집이 가난하고 늙은 어머니 병드시니 오빠의 하는 일이 바른지 나의 뜻 좇는 것이 그른지 어떻게 했으면 좋을는지 도모지 알 수가 없고나. 오늘 밤에 한한 일이 아니지만 허구한 날 너무도 징그럽고 무섭고…….

276. 혜련 말하면서 몸서리를 친다. (이중)

277. 혜련의 침실. (밤)

반듯이 누워 잠자는 혜련의 위에 시커먼 그림자 나타난다.

278. 화면 암흑.

279. 시커먼 사나이 혜련의 이불을 벗기고 혜련의 배 위에 가로타고 앉아 두 손으로 혜련의 목을 누른다.

280. 혜련의 얼굴. (대사)

시커먼 두 손, 그의 목을 죄니 숨이 막혀 괴로워하는 표정.

281. 목을 죄는 시커먼 손. (대사)

282. 괴로워하는 혜련의 얼굴. (대사)

283. (카메라 위에서)

검은 사나이에게 깔린 혜련 사지를 파닥거리며 몸을 요동하려고 애쓴다.

284. 혜련의 얼굴. (대사)

검은 손, 더욱 그의 목을 죄니 혜련 얼굴을 좌우로 흔들다가 드디어 괴로운 비명을 올린다.

285. (283과 동) 혜련의 전신.

검은 그림자는 간 곳 없이 사라졌고 잠을 깬 혜련 몸을 요동한다. 이것은 잠간 동안의 악몽이었으니 이불은 물론 처음과 같이 덮여 있다.

286. 혜련의 상반신.

혜련 가슴 위에 두텁게 덮인 이불을 두 팔로 벗기니 가슴은 벌떡이고 숨은 가쁘고 이마에는 진땀이 빠지지 흘렀다.

287. 혜련의 얼굴. (대사)

손으로 이마의 땀을 씻는다.

288. 침실. (전경)

혜련 이불을 차 버리고 벌떡 일어나 앉으니 이지러진 자태. 수건으로 땀을 씻고 방 안을 휘둘러 보나 물론 아무것도 없다. 아랫목 쪽을 내려다보니 늙은 어머니 잠들어 있다.

289. 잠든 어머니. (상반신)

이마 동이고 이불 깊이 썼다.

290. 어머니의 머리맡.

약병과 그릇 어지럽게 놓여 있다.

291. (288과 동)

혜련 어머니에게서 시선을 옮기고 흩어진 머리를 가다듬어 올리고 옷고름을 매려다가 문득 장지에 귀를 기울인다.

292. 장지에 귀를 귀울인 혜련. (대사)

293. 근심스런 그의 얼굴. (대사)

294. 혜련 장지를 살며시 열고 그 틈으로 건넌방을 바라본다.

295. 건넌방 장지. (접사)

마주 앉아 수군거리는 두 사나이의 그림자 어리었다.

296. 혜련 열었던 장지를 닫아버리고 고개를 이쪽으로 돌린다.

297. 분개하면서도 애달픈 그의 얼굴. (대사)

298. 혜련 다시 주춤하면서 장지에 귀를 기울이고 건넌방에서 흘러나오는 말을 엿듣는다.

299. 엿듣는 혜련.

말하는 부루. (측면)　　　　　이중소

(가늘고 작은 다음 자막)

그럼 약소는 하나마 우선 이것만 받어 두시고 본인의 승낙은 오늘 밤 안으로 맡어두셔야 합니다.

300. 엿듣는 혜련.

말하는 오빠. (측면)　　　　　삼중소

(가늘고 작은 다음 자막)

본인의 승낙이고 말고 나의 뜻 하나면 그만이니 그것은 염려 말게.

301. 엿듣는 혜련.

302. 애닯고 근심스런 그의 얼굴. (대사)

303. 엿듣는 혜련 장지를 가만히 열고 건너다보니

304. 건넌방 장지에 어린 두 사나이의 그림자, 지폐 뭉치를 주고 받는다. (접사)

305. 선웃음 치는 그림자. (대사)

306. 엿듣던 혜련 다시 장지를 확 닫아버리고 고개를 이쪽으로 돌이킨다.

307. 황당한 그의 얼굴. (이중)

308. 징그러운 부루의 얼굴. (순간)

309. 험악한 오빠의 얼굴. (순간)

310. 병든 어머니의 얼굴. (순간)

311. 어머니의 약병. (순간)

312. 지폐 뭉치와 혜련. (이중소)

313. 약병과 어머니. (이중소)

314. 혜련 고개를 숙이고 고민하다가 고개를 들고 아랫목 어머니를 바라본다. 다시 고개를 돌리니

315. 애달픈 그의 얼굴. (이중)

316. 다시 육박하는 징그러운 부루. (순간)

317. 험악한 오빠의 얼굴. (순간)

318. 징그러운 부루. (순간)

319. 혜련 이를 갈며 결심하고 자리를 일어선다.

320. 침실. (전경)

자리를 일어선 혜련 급하게 치마를 갈아입고 잠자는 어머니에게 일별(一瞥)을 던지고 장지를 살며시 열고 방을 나간다.

321. 마루.

건넌방 장지에는 두 개의 그림자 여전히 비치어 있다.

살금살금 마루를 걸어 내려가는 혜련의 뒷모양.

322. 혜련 주추에서 황급히 구두를 신는다.

323. 조급한 그의 얼굴. (대사)

324. 혜련 구두를 신고 막 주추를 내려서니

325. 건넌방 장지 홱 열리며 오빠 뛰어나온다. (접사)

326. 혜련 급히 뜰을 건너 대문께로 나간다.

327. 대문을 여는 혜련. (순간)

328. 주추에서 신을 신는 오빠. (순간)

329. 대문을 여는 혜련. (순간)

330. 뜰을 뛰어나오는 오빠. (순간)

331. 대문을 나선 혜련 부리나케 내닫는다.

332. 부르는 오빠의 입. (대사)

333. 닫는 혜련. (하반신. 측면 이동)

334. 대문을 나선 오빠 소리쳐 혜련을 부른다. 저편을 닫는 혜련.

335. 멀리 닫는 혜련의 뒷모양. 거리의 모퉁이를 돌아간다.

336. 닫는 혜련. (하반신. 측면 이동)

337. 가쁘게 숨 쉬는 그의 얼굴.

338. 닫는 혜련. (전신. 측면 이동) (이중)

339. 말하는 혜련.

얼굴 창백하다.

340. 영호의 서재. (근사)

혜련 말을 마치니 옆에 앉았던 영애 영호 한민 그를 위로한다.

341. 영애 혜련을 위로하며 말한다.

너무 걱정 말어라. 그리고 당분간 우리 집에 와 같이 있자꾸나.

342. "고맙다." 하며 숙였던 고개를 쳐드는 혜련의 얼굴에 눈물 흐른다. 한민 유심히 그를 바라본다.

343. 애정에 넘치는 한민의 얼굴. (대사)

344. 혜련 한민과 시선이 마주치니 고개를 숙여 버린다.

345. 여전히 혜련을 바라보는 한민. (이중)

346. 옛 생각에 잠긴 한민.

눈을 사진첩으로 떨어뜨린다.

347. (191과 동) 사진. (대사)

348. 한민 사진첩을 들여다보며 침울한 표정으로 한참 생각하다가 사진을 또 한 장 번긴다.

349. 사진. (대사)

한민과 혜련 두 사람의 박힌 것.

350. 한민의 빛나는 얼굴.

351. 사진. (대사) (이중)

이렇게 알게 된 두 사람의 그 후 어떤 날.

352. (교폐(絞閉)) 한민의 두 손 둥글게 말린 테이프를 들고 장난친다. 테이프는 차차 하트의 형상으로 변한다.

(카메라 위로 이동하니)

353. 한민의 얼굴. (대사)

바른편의 그 무슨 대상을 바라보며 미소를 띠었다.

354. 테이프를 만지작거리는 두 손. 테이프는 온전히 하트의 형상으로 변하였다.

(카메라 오른편으로 회전)

355. 한민을 위하여 사 온 선물의 갑을 열던 혜련 테이프의 하트를 보고 부끄러워한다. (카메라 왼편으로 회전)

356. 테이프의 하트. (대사)

357. 교의에 앉은 한민 책상에 의지하여 하트를 반듯이 들고 미소를 띠우며 혜련을 바라보면서 책상 위의 철필을 집어 든다.

(카메라 오른편으로 회전)

358. 혜련 갑을 열고 선물을 집어내려 한다.

(카메라 왼편으로 회전)

359. 한민 집어든 철필로 하트의 복판을 쏜다.

360. 철필이 하트의 복판을 꿰었다. (대사)

그것은 마치 큐피트의 화살이 하트의 복판을 쏜 것과 흡사하다.

(카메라 오른편으로 급속히 회전)

361. 선물의 과자 커트 글라스를 내던 혜련 하트를 보고 고개를 숙이며 부끄러워서 황망히 어쩔 줄을 모른다.

362. 혜련의 손에 들려 떨리는 커트 글라스. (대사. 순간)

363. 하트. (대사. 순간)

364. 혜련 커트 글라스를 떨어뜨린다.

(카메라 급속히 후퇴)

365. 한민의 방. (근사)

방바닥에 커트 글라스 바싹 부서져 흩어졌다. 혜련의 황급한 모양. 한민 자리를 벌떡 일어나 선다. 두 사람 방바닥을 내려다본다.

366. 방바닥에 흩어진 커트 글라스의 조각조각.

367. (365와 동)

방바닥을 내려다보다가 정신이 아뜩하여진 혜련, 한민의 두 팔에 쓰러져 버린다. 한민 혜련을 두 팔에 안고 교의에 걸어앉으려 할 때에 혜련의 치맛자락이 책상 모슬기에 걸려 찢어진다. 두 사람의 놀라는 모양.

368. 찢어진 치마폭.

혜련의 손 애석한 듯이 그것을 만진다.

369. 한민의 방. (접사)

한민 혜련을 안은 채 교의에 걸어앉았다. 혜련 여전히 찢어진 치마폭을 만지며 한민을 반듯이 쳐다보며 입을 연다.

저의 모든 것은 이미 한민 씨의 것이에요!

370. 한민 열정적으로 혜련을 포옹한다.

371. 포옹한 두 사람의 상반신. (이중)

눈 오는 날 밤에는—.

(이중)

(암청조색(暗青調色))

372. 눈 오는 밤거리.

가로등 밑에 혜련 의지하여 서서 초조하게 기다린다.

(암청조색) (암청조색 끝)

373. 영호의 서재. (전경) (밤)

연구회가 끝나자 동무들 책을 덮고 자리를 일어선다. 그 속에 한민도 섞였다.

(이하 393까지 암청조색)

374. (372와 동)

375. 영호 집 문전.

한민 동무들과 헤어져 걸어간다.

376. 눈 오는 거리를 걸어가는 한민. (측면 이동)

377. 걸어가는 한민의 다리. (측면 이동)

378. (372와 동)

가로등 밑에 초조히 기다리고 섰는 혜련의 하반신.

이 화면 속에 한민의 하반신 걸어 들어오니 혜련의 하반신 뛰어가서 이를 반가이 맞이한다.

한데 얽힌 두 사람의 하반신.

379. 가로등 밑.

한민과 혜련 잠시 포옹하였다가 떨어져 걸어간다.

380. 걸어가는 두 사람의 하반신. (측면 이동)

381. 걸어오는 두 사람. (상반신) (이동)

한민의 얼굴 침울하다.

굵은 눈송이 두 사람을 덮는다.

382. 거리를 돌아가는 두 사람. (이동)

383. 다리 난간에 두 사람 의지하였다.

384. 두 사람. (상반신)

애수에 가득 찬 표정.

한민 다리 아래를 내려다본다.

385. 등불이 어린 물 위에 눈이 날린다.

386. (384와 동)

한민 고개를 쳐드니 혜련 그를 위로하며

왜 그리 슬퍼하세요?

387. 한민 혜련을 바라보며 고개를 흔든다.

아니!

388. 한민의 얼굴. (대사)

눈에 눈물이 맺혔다.

389. 혜련 한민을 바라보며

눈에 눈물이 그득히 괴었는데요!

390. 혜련 손가락으로 한민의 눈물을 씻어 준다.

한민 애수에 넘치는 얼굴로 혜련을 바라보며

'눈'물이지 눈물인가.

391. 혜련 여전히 한민을 바라보며

가난 때문에 운다면 너무도 약한 사람이 아닐까요.

392. 두 사람 열정적으로 포옹한다.

393. 포옹한 두 사람. (상반신)

한민 혜련을 징긋이 바라보며

내년 봄 내가 대학을 마치는 때에는 어김없이 아라사로 같이 가줄 터이오?

(이하 402까지 암청조색)

394. 열정에 넘치는 혜련 한민을 쳐다보며 입을 연다.

같이 가고 말고요. 왜 이제 새삼스럽게 그것을 물으세요. 약속한 지 이미 오래가 아니에요……. 눈 깊은 아라사의 밤은 흡사 눈 오는 이 거리의 오늘 밤 같겠지요!

395. 하며 혜련 깊은 하늘을 우러러보며 두 팔을 펴서 굵은 눈송

이를 맞이하는 듯.

396. 등불 밑에 보얗게 날리는 눈.

397. 눈 오는 밤 도회. (전경)

398. 바람 부는 넓은 눈벌판. (밤)

399. 흔들리는 고목나무 가지. (밤)

400. (395와 동)

401. 한민과 혜련 다시 한참 포옹하였다가 떨어져서 다리 난간께를 떠난다.

402. 거리를 걸어가는 두 사람의 뒷모양. (이중)

(암청조색 끝.)

403. (349와 동)

한민과 혜련의 사진.

404. 사진을 들여다보던 한민 고개를 드니 그의 눈 빛나며 얼굴 무섭게 찌그러진다.

405. 그의 손에서 떨리는 사진첩.

406. 찌그러진 한민의 얼굴. (이중)

407. (13과 동)

408. (14와 동)

409. (15와 동)

410. (18과 동)

411. (23과 동)

412. (24와 동)

413. (30과 동)

414. (40과 동)

415. (71과 동)

형사에게 잡힌 한민. (이중)

416. 철창 속에 웅크리고 앉은 한민. (이중)

417. (406과 동)

찌그러진 한민의 얼굴.

418. (405와 동)

그의 손에서 떨리는 사진첩.

(이중으로 다음 자막)

삼 년간의 철창 생활이 그다지 괴로운 것은 아니었으나 사바에 나온 날 그는 또한 무엇을 발견하였던가—. 고향의 외로운 어버이를 잃어버리고 대학을 쫓기우고 그 위에 사랑하는 혜련까지 빼앗겨 버리고…….

419. 처참히 빛나는 한민의 얼굴.

420. 한민 사진첩을 뜯고 여러 장의 사진을 장장이 찢어 버린다.

421. 찢긴 사진의 조각 책상 위에 어지럽다.

422. 두 팔로 턱을 고이고 앉은 한민의 상반신. 눈 감고 결코 움직이지 않는다.

423. 여섯 시를 가리키는 시계. (대사)

424. (423) 시계

(422) 한민의 상반신 이중소(二重燒)

시계의 바늘이 돌고 돌아 마침내 열두 시를 가리킨다. 이 동안에 화면도 차차 어두워져 가나 한민의 자세만은 결코 움직이는 법 없이 처음과 똑같은 포즈이다.

열두 시를 가리키는 시계는 드디어 화면에서 사라지고 움직이지 않는 한민의 상반신만 남는다. (이중)

425. 어지럽게 날리는 테이프.

426. 컵에 술이 넘는다.

427. 쓰러지는 술병.

428. 결혼 피로 연회장. (밤. 전경)

식탁 위 어지럽고 취홍에 겨운 수많은 남녀 허둥거린다. 맞은편 멀리 식탁 옆에 테이프로 전신을 감기운 신랑 신부 서 있다.

429. 신랑 신부. (접사)

그들은 부루와 혜련이다.

신부는 고개 숙였고 그 옆에 선 신랑 말을 마치고 웃음을 띠며 인사한다.

(카메라 서서히 후퇴하니)

430. 차차 회장. (전경)

박수하는 사람 소리치는 사람 신랑 신부에게 테이프를 던지는 사람.

431. 회장. (전경)

어지러운 군중.

멀리 신랑 신부 자리를 떠나 걸어 나간다. 테이프 그들 전신에 얽히었다. (이중)

432. 창에서 등불 흘러나오는 화려한 주택 문전. (중경(中景))

자동차 여러 대 뒤를 이어 와 선다. 맨 앞 자동차에서 신랑 내린다.

433. 자동차. (근사)

먼저 내린 신랑, 뒤를 따라 내리는 신부의 손을 잡아 부축한다.

434. 문전. (중경)

신랑과 신부 앞서서 문으로 들어가니 뒤차에서 내린 사람들 그 뒤를 이어 걸어 들어간다. (이중)

435. 침실. (밤)

왼편에 놓인 침대 반쯤 보인다. 그 옆으로 탁자 의자 등이 놓여 있다. 탁자 위에는 술병 컵 등.

436. 침대 발 밑.

두 켤레의 슬리퍼 나란히 놓여 있다.

437. (435와 동)

침대 속에서 그 옆 의자 위로 여자의 저고리 날아온다. 뒤를 이어 치마 날아오고 한참 있다가 남자의 양복바지 그 위에 날아와 떨어진다.

438. 침대 머리맡.

침대 속에서 벌거벗은 남자의 팔이 나타나 머리맡 탁자 위의 탁상 전등을 더듬으며 스위치를 찾는다. (이중)

439. 암흑 속에 떨리는 촛불.

(전 화면 438은 촛불을 중심으로 차차 교폐(絞閉)되어 나중에 촛불 속에 온전히 흡수되어 버리고 암흑의 화면에 떨리는 촛불만 남는다.)

(카메라 서서히 회전)

440. 어둠 속에 촛불을 노리고 앉은 한민. 눈은 떴으나 422와 똑같은 포즈. 그의 눈과 촛불 일직선상에 있다. (측면 상반신)

441. 암흑 속의 한민의 얼굴. (대사)

교교히 빛나는 눈 밑으로 눈물이 흘러내린다.

442. 흘러내리는 촛물. (대사)

443. 비에 젖은 밤 도회.

444. 눈물 맺힌 처녀의 눈동자.

445. 책상 위에 머리박고 번민하는 한민의 뒷모양.

446. 세 시를 가리키는 시계. (대사)

447. 흘러내리는 촛물. (대사)

마저마저 타버린 초의 길이는 매우 짧다.

448. 어두운 방. (전경)

교의에 앉은 한민의 반신, 촛불의 광채를 받아 처참하다.

두 손으로 머리를 꺼들며 번민하는 모양.

449. 한민. (근사)

교의에서 고요히 일어서서 촛불을 손에 들고 책상 앞에 세운 거울을 들여다본다.

450. 거울 속에 비친 촛불과 한민의 얼굴. 한민 한 손으로 여윈 얼굴을 만져 본다. 비장한 표정에 차차 엄숙한 기색이 돌더니 나중에 광적으로 커다랗게 웃는다. 촛불이 떨린다. 웃음을 수습하고 이를 부드득 가는 한민. (용암)

이튿날 아침.

451. (용명) 한민의 방. (근사)

한민 높은 책시렁 앞 의자에 앉아서 시렁의 책을 뽑아낸다. 한 권을 뽑아서 흔드니 속은 비었다. 옆으로 집어던져 버리고 또 한 권을 뽑아 옆에 쌓아 놓는다.

계집. 사랑—이것이 그의 생활의 전부요 괴로움의 으뜸이 되어서는 안 될 것이다. 한민은 사랑의 고민을 정복하고 드디어 그의 오랫동안의 숙망이던 아라사행을 단행하기로 결심하였다. 마지막 여비를 짓기 위하여 가난한 장서를 정리하고 있는 한민—.

452. (451과 동)

한민 책시렁에서 또 한 권의 책을 뽑아낸다.

453. 옆에 쌓아 놓은 책. (접사)

그 위에 한 권 두 권 책이 놓여 순식간에 높이 쌓인다.

454. (451과 동)

한민 책 뽑아내던 것을 문득 중지하고 맥없이 한참 동안 그대로 앉아 있다.

455. 한민의 상반신. (대사)

얼굴에는 풀기가 없고 광채를 잃은 눈의 초점은 매우 흐리다.

456. (454와 동)

457. 방. (전경)

책을 거의 정리하여 놓은 한민 여러 권의 노트를 두 손에 그득히 들고 책시렁 앞을 떠나 방 복판 화로께로 간다.

458. 화로께. (근사)

한민 화로전에 앉아서 손에 든 한 권의 노트를 찢는다.

459. 쌓여 있는 노트. (대사)

460. 한민 찢은 노트를 화로 속에 넣고 불을 켜서 다루니 연기 피어오르며 노트가 탄다.

461. 화로 위에 피어오르는 불꽃.

462. 타는 노트 조각.

463. 한민 타는 화로 속에 또 한 권의 노트를 찢어서 넣는다.

대학에서 강의 받던 곰팡내 나는 노트를 불살라 버리고—.

464. 널름거리는 불꽃 속에 타서 사그라지는 노트 조각.

465. 방. (전경)

한민 노트를 찢다가 문득 문께를 바라보며 벌떡 일어나 그리로 간다. (이동)

466. 문께. (접사)

한민 방문을 여니 문밖에는 영호와 영애 남매 서 있다.

467. 반기는 한민. (상반신)

468. 영호 방문을 들어온다. 뒤를 이어 영애도 들어온다.

반가워하는 세 사람.

(상반신)

469. 방. (전경)

469. 한민 자리를 권하니 두 사람 각각 알맞은 곳에 앉는다.

470. 여윈 한민을 한참이나 바라보던 영호 너무도 딱해서 시선을 방바닥으로 떨어뜨린다.

(카메라 따라서 밑으로)

471. 방바닥 위에 어지럽게 흩어진 노트 조각과 사진 조각.

472. (사진 조각 위에 카메라 접근)

혜련의 얼굴 반쯤 찢기었다.

(카메라 후퇴)

473. 고개 숙인 한민.

474. 영호 한민을 바라보며 입을 연다.

출옥할 때보다도 신색(神色)이 더욱 못 됐네. 기껏해야 계집 한 사람이 아닌가. 과히 슬퍼 말게!

475. 한민 고개를 들고 풀기 없는 얼굴에 비장한 미소를 띠며 손으로 여윈 볼을 만져 본다.

476. 한민을 바라보며 딱해 여기는 영애.

477. 한민 영호를 바라보며 말한다.

괴롬도 잊어버릴 겸 새 전술도 배울 겸 나는 아라사로 떠나겠네.

478. 세 사람. (접사)

한민 말을 마치고 입을 다무니 영호와 영애 약간 놀라는 표정으로 한민을 새삼스럽게 바라본다.

479. 영호 입을 열며

늘 벼르던 아라사로 기어코 떠나네그려.

480. (478과 동)

영호 말하면서 한민을 듬직이 바라보니 한민 고개를 약간 끄덕인다. 세 사람 사이에 침울한 침묵이 흐른다.

481. 침울한 표정의 영애의 얼굴. (대사)

영애 고개를 숙여버린다.

482. 힘없는 한민의 얼굴. (대사)

483. 영호 한민을 바라보며 말한다.

길 떠날 준비는 되었나?

484. 대답하는 한민.

준비고 무어고 할 것이 있겠나. 책 팔어 여비 맨들면 그만이지.

485. 하면서 한민 책시렁 앞에 쌓인 책을 가리키니 그들의 시선이 모두 그리로 몰린다. 한참 그곳을 바라보다가 시선을 다시 돌리는 그들의 얼굴 쓸쓸도 하다.

486. 영호 숙였던 고개를 들며

오늘 밤 옛 연구회의 동지들이 자네의 출옥을 위로하기 위하여 간단한 연회를 베풀게 되었으니 부디 꼭 출석하여 주게.

487. 고맙네.

하며 한민 사의(謝儀)를 표한다.
488. 한민을 바라보는 영애의 얼굴 몹시도 쓸쓸하다.
489. 방 안. (근접)
침묵한 세 사람. (용암)

그날 밤 위로연—.

490. (교폐) 악수하는 두 손.
(악수하는 두 손을 중심으로 화면이 차차 열리니)
동지 한 사람과 악수하는 한민.
그 동지 화면에서 사라지고 다른 동지 화면에 들어와 한민과 악수한다. 이 동지 사라지고 또 다른 동지—이렇게 하여 수삼 차. (이중)
491. 회장. (전경)
식탁 양편으로 한민 영애 기타 여러 동지들 각각 알맞은 곳에 앉아 있다. 영호만이 일어서서 사회를 한다.
492. 말하는 영호.

출옥한 한 군을 맞는 이 위로연이 아울러 북으로 길 떠날 군의 앞길을 축복하는 송별연을 겸하게 될 줄야 누가 알었겠나. 바라노니 한 군! 의미 깊은 이 잔치를 달게 받고 그곳에 가 있는 동안 다시 만날 그때까지 길이길이 잘 싸워 주게!

493. 침울한 표정으로 말하는 영호.

494. 영호 말을 마치고 침착하게 자리에 앉는다.

495. 박수하는 동무들의 손.

496. 외치는 동무들의 입.

497. 고개 숙이고 앉았던 영애 고개를 쳐드니 눈에 눈물이 어리었다.

498. 박수하는 손들.

(카메라 식탁 위를 이동)

499. 한민 자리를 일어서서 숙였던 고개를 쳐드니

500. 박수하던 손들 일제히 머뭇는다.

501. 회장. (전경)

모두 긴장되어 고요히 서 있는 가운데에 한민만이 우뚝 서 있다.

502. 한민 비장한 표정으로 답사를 하려고 한다.

503. 긴장되어 앉아 있는 동무들.

504. 한민 막 입을 열려다가 정신이 아찔하여지며 그 자리에 졸도하려는 찰나.

505. 면사포를 쓴 혜련. (순간)

506. 한민 탁자 위에 쓰러지니 동무들 놀라 그에게로 와르르 달려든다.

507. 달려오는 영애.

놀라는 가운데에 슬퍼하는 표정.

508. 쓰러진 한민과 그를 둘러싸고 있는 동무들.

509. 쓰러진 한민. (접사)

영애 이 화면에 들어와 한민에게 달려들며 그의 머리를 어루만진다.

(카메라 이동하여 접근)

510. 쓰러진 한민. (대사)

영애의 손이 한민의 머리를 쳐드니 한민의 얼굴에 두 골의 코피 흘러내렸다.

511. 코피 흘리는 한민의 얼굴. (대사)

512. 식탁 흰 보 위에 흐른 피 흔적.

513. 눈 감은 한민의 얼굴.

영애의 손이 손수건으로 그의 코피를 씻어 주고 컵의 물을 그의 입에 기울인다.

514. 정성을 다하여 시중드는 영애. (상반신)

515. 한민을 가엾이 여기는 영호의 얼굴. (대사)

516. 영문을 모르는 동무들.

517. 어지러운 회장. (전경)

518. 고요히 눈 감은 한민의 얼굴. (대사)

영애의 손이 그의 이마를 짚었다. (용암)

519. (교폐) 잠들어 누운 한민의 얼굴. (대사)

이마 위에 물 젖은 손수건이 얹혀 있다. 여자의 손이 이 손수건을 떼어간다.

520. 여자의 손, 손수건을 찬물에 적셔서 쥐어짠다.

521. (519와 동)

여자의 손이 손수건을 다시 한민의 이마 위에 얹고 그의 머리를 짚는다. 한민 문득 잠을 깨어 눈을 뜨고 이마 위에 손 있음을 깨닫고 반듯이 누운 채 손을 들어 이마를 만지니 여자의 손이 쥐인다. 한민 잡았던 여자의 손을 놓고 다시 힘없이 눈을 감는다.

522. 맥없이 놓인 한민의 손 위에 어디서인지 눈물 한 방울 떨어진다. 이어서 또 한 방울 떨어지니

523. 한민 감았던 눈을 뜨고 고요히 고개를 돌려 여자 쪽을 바라본다. 여자의 정체는 물론 화면에 나타나지 않았다.

524. 대상을 노리는 한민의 얼굴.

놀라고 의아하여 잠시 멍하다.

525. (523과 동)

여자를 바라보던 한민 실색하여 불시에 고개를 바로 돌리니 노기에 찬 얼굴이 무섭게 찌그러졌고 입술이 경련적으로 실룩 떨린다.

526. 한민의 손 위에 또 한 방울의 눈물이 떨어지니 한민 손을 홱 뿌리쳐 눈물을 떨어버린다.

527. (523과 동)

한민 분을 못 이겨 날카롭게 소리치며 이마에 놓인 여자의 손을 홱 뿌리쳐 버리고 벽을 향하여 돌아눕는다.

528. 침통한 한민의 옆 얼굴.

529. 떨리는 여자의 손.

용서하세요. 한민 씨!

530. 노기에 찬 한민 물론 대답이 없다.

531. 벽 위에 비친 여자의 그림자 고개 숙이고 울고 있다.

532. 울음에 떨리는 여자의 어깨.

533. 요 위에 떨어지는 눈물.

534. 벽 위에 비친 여자의 우는 그림자를 바라보고 누웠던 한민 짜증을 내며 홱 돌아누워 여자 편을 날카롭게 노려보며 소리친다.

왜 또다시 나타나 나를 괴롭게 하느냐. 더러운 계집!

535. 더욱 울음에 떨리는 여자의 어깨.

536. 날카롭게 여자 편을 노려보던 한민 얼굴을 바로 돌리고 비웃는 듯이 웃다가 다시 노기를 띠고 귀치않다는 듯이 얼굴에 이불을 깊이 써 버린다.

537. 벽 위에 비친 울던 여자의 그림자 앞으로 쓰러진다.

538. 한민의 쓰고 누운 이불 위에 얼굴을 묻고 느껴 우는 여자의 뒷모양. 한민 별안간 이불을 탁 차 버린다.

(카메라 급속히 후퇴)

539. 이불을 차 버리고 누웠던 한민 벌떡 일어난다. 이 바람에 이불에 얼굴을 묻고 울던 여자의 얼굴이 번쩍 들리니 그는 혜련이다.

540. 눈물에 젖은 혜련의 얼굴. (대사)

541. 성난 한민의 얼굴. (대사)

(539와 동)

542. 한민 손을 번쩍 들어 문을 가리키며 혜련을 보고 부르짖는다.

나가거라! 그리고 다시는 나의 앞에 나타나지 말어라!

543. 애원하는 혜련.

용서하여 주세요. 한민 씨!

544. 한민 여전히 손으로 문을 가리키며 나가라고 부르짖는다.
545. 애원하던 혜련 한민에게 푹 쓰러지니 한민 그를 뿌리치고 벌떡 일어선다.

네가 안 나간다면 네 꼴 보기 싫은 내가 나갈 것이다.

546. 한민 외치며 자리를 떠나려 하니 혜련 그의 다리를 붙들며

잠간만 참아 주세요!

547. 한민 혜련을 발길로 차 버리고 가니 혜련 여전히 그의 다리에 매달리며 애원한다.

노여만 마시고 자세한 이야기를 들어 주세요.

548. 애원하는 혜련의 얼굴. (대사)
549. 한민 혜련을 차 버리고 간다.

550. 방. (전막(全幕))

한민 맥없이 허둥허둥 책상께로 가서 양복저고리를 입는다.

자세한 이야기를 들어주세요.

하며 혜련 여전히 애원하나 한민 아무 대답도 없다.

551. 옷 입는 한민의 팔을 혜련이 붙드니 한민 혜련의 손을 말없이 뿌리쳐 버린다.

552. (550과 동)

옷을 입은 한민 허둥허둥 방을 나간다. 하릴없이 이것을 바라보고만 섰는 혜련.

한민이 나가고 방문이 홱 닫히자 혜련 절망하여 그 자리에 쓰러져 버린다.

553. 눈물에 젖은 혜련의 얼굴. (대사)

554. 방바닥에 주저앉아 느껴 우는 혜련의 등. (이중)

「출범시대」, 《동아일보》, 1931. 2. 28.~4. 1.

신부의 명랑성[1]

항구의 애수

"마디 길게 느껴 우는

가을 바이올린의

구슬픈 울음소리

나의 넋을

찌르누나 찌르누나 (베를렌)."

"그런 구슬픈 시를 읊으시면 저의 마음이 아프고 저려요."

"마치 노스탤지어에 우는 마도로스의 마음과 같이 아프고 저려요."

" 오리알 빛 같은 마스트, 굵은 연돌(煙突), 흰 갑판, 육중한 기선, 이 모든 것이 오늘은 왜 이리도 애닯게만 보이나. 오늘의 출범이 마

1 작가 이름이 이경원으로 게재되었으나, 「첩첩자를 질타함」(《삼천리》, 1931. 11.)에서 이효석 스스로 자신의 작품이라 밝혔다.

치 마지막 이별같이도 생각되는구료."

"울지 마세요. 울지 마세요. 아—그 눈 그 눈물이 항상 저의 간장을 녹이는 것 같아요."

"이 항구에 바람이 과해서 눈물이 나나부외다."

"제발 눈물 좀 그만 흘리세요. 수건으로 고이고이 씻어 드릴게. 저는 웃는답니다. 보세요. 순이는 이렇게 웃습니다. 웃습니다."

"아! 출범의 기적소리 들리는구료. 자 그럼……."

"부대 안녕히 다녀오세요. 이 가을이 지나면 겨울을 기다리지요. 겨울이 오면 봄은 멀지 않겠지요. 손꼽아 손꼽아 기다리리다."

"약한 몸 주의하고 뱃속의 어린 것 잘 길러 주시오."

"얼른 배에 오르세요. 배의 그림자 보이지 않을 때까지 흰 갈매기 검어질 때까지 나는 여기서 수건 흔드르리다. 바다 바라보며 수건 흔드르리다. 수평선 멀리 꿈을 날리리다."

부두의 표정

—안개 속에 어리운 항구 (밤—이하 전부 밤.)

—안개 속에 어리운 가등.

—바람에 흔들리는 나뭇잎.

—안개 자옥한 부두.

—거무칙칙한 육중한 선체.

—연돌과 마스트의 입체.

—부두에 가까운 창고지대.

안개에 흐린 창고와 창고 사이에서 산발한 한 사람의 여인 허둥허둥 뛰어나온다.

—수척한 여인의 얼굴. (이동. 대사(大寫))

—부두로 달려가는 여인. 옷자락 휘줄거리고 머리카락 나부낀다.

—바람 부는 밤 황야.

—우뚝 선 여인의 상반신.

(카메라 서서히 여인의 몸을 아래로 내려 훑으니) 여인의 발밑은 바로 부두석벽 낭떠러지다.

—높이 치어다 보이는 부두석벽. 그 위에 섰는 여인의 자태 까맣게 치어다 보이다.

—검은 바다.

—여인 두 손을 쳐든다.

(카메라 접근)

—두 손에는 피 흔적이 임리(淋漓)하다.

여인의 새삼스럽게 놀라는 표정.

(카메라 후퇴)

—여인 두 손을 힘없이 떨어뜨리고 절망한 듯 눈을 감다.

—뱅 도는 물의 둥근 파문.

파문 속에 윤곽이 흐리고 분명치 못한 형태만의 얼굴이 나타났다 꺼지다. 다른 얼굴이 나타났다 꺼지고 또 다른 얼굴이 나타났다 꺼지다.

—눈을 감았던 여인 별안간 정신이 아찔하여지며 꼿꼿이 섰던 그의 자세가 앞으로 휘어지다.

(화폭 안에 그득히)

—여인을 삼킨 검은 바다 비말을 날렸다가 다시 늠실하여지다.

—고래의 늠실한 기세.

—안개 자옥한 부두 다시 적막하다.

—거무칙칙한 육중한 선체.

—안개 깊은 항구.

월광의 성격

달밤의 정원.

풀숲과 나무와 연못 위에 찬 월광이 찬연히 쏟아진다. 물을 한꺼번에 급히 마시면 목이 메어서 느끼듯이 정원의 모든 것이 너무도 풍요한 월광에 목이 메어서 느끼고 있는 듯.

벤치에 앉은 청년은 오랫동안의 명상과 고민에 자세가 매우 어지럽다.

멀리서 발랄라이카의 애조가 흘러온다. 그 주인공은 마치 표박하는 망명객이려니 짐작되는, 간장을 찌르는 애닯은 애조가 면면히 흘러온다.

이 역시 월광에 목이 메어선지 확실히 느껴 우는 듯한—마디마디 아질아질한 애조.

청년은 돌연 벤치를 일어섰다. 안광이 결의에 빛난다. 달을 쳐다보는 청년의 손에는 어느 결엔지 한 자루의 브라우닝이 쥐어졌다. 청년은 처연(凄然)한 무기를 들어 그의 옆 이마를 겨누었다.

다음 순간 총성과 함께 청년의 몸은 처량히 풀밭에 쓰러졌다.

차디찬 월광이 — 죄 많은 월광이 찬연히 시체 위에 쏟아질 뿐 바람에 불린 낙엽 한 잎 외롭게 날아와서 청년의 피 흘린 이마를 덮는다.

독방의 비극

> 사랑하는 아내여! 나의 가는 길은 패배의 길이 아니외다. 나의 뒤를 잇는 수많은 동지가 나날이 늘어감을 볼 때에 안심하고 나는 이 길을 걷겠나이다. 나 한 사람의 패배가 나의 속한 계급의 패배는 아니외다. 이 마지막 편지를 그대는 그다지 놀라지 말기를 바라며 — .

이런 혈서를 써서 차하해 내보낼 옷 솜 갈피 속에 넣은 것은 어젯밤이었다.

또한 날을 지나고 오늘 밤에 이르니 그의 마음은 더욱 어두운 구렁으로 빠져갔다. 결국 그는 오늘 밤으로 작정하였다.

높은 창으로 달빛이 비껴 나렸다. 달빛은 어두운 감방을 건너 건너편 벽에까지 냉정한 직선을 그었다.

창으로 내다보이는 언덕 위 나뭇잎새의 표정과 그 언덕을 지나는 여인네들의 복색으로 가을을 짐작하는 그는 밤에는 창에 비끼는 차디찬 달빛으로 깊어가는 가을을 느꼈다 — 그리고 이 달빛과 언덕 위의 세상이 실로 그를 요사이의 정신 상태에 이르게 하였다. 시절의 마술이 그의 신경을 가리가리 끊어 놓고 그의 정서를 포기포기 찢어 버렸던 것이다.

달빛을 피하여 어두운 구석에 웅크리고 앉았던 그는 엉금엉금 기어서 달빛 있는 곳으로 갔다. 차입하여 들여온 책갈피에서 그는 형색 없는 그 무엇을 집어내서 달빛에 비췄다. 그것은 한 오리의 머리카락이었다. 동시에 그것은 감방 속의 그의 아내였던 것이다. 이 한 오리의 머리카락으로 그는 오랫동안 아내를 생각하고 밖 세상을 그리워하여 왔던 것이다.

달빛에 젖은 머리카락을 그는 입에 넣고 먹어 버렸다. 이것이 이 세상에 있어 그가 아내에게 보내는 마지막의 안타까운 사랑이었던 것이다.

다음에 그는 달빛을 정면으로 향하였다. 실룩실룩 찌그러지는 그의 얼굴은 웃는 듯도 하고 우는 듯도 하였으나 웃음소리도 울음소리도 흐르지는 않았다. 그는 확실히 달빛을 향하여 짖고 있는 것이다. 그러나 그 짖는 소리는 입 밖에 새어 나오지는 않았다—그의 입은 이미 웃음소리를 잊고 울음소리를 잊고 말을 잊어버렸던 것이다.

이 짖는 표정을 오 분 십 분 이십 분—실로 반 시간 동안이나 하였다.

거의 반 시간이 지났을 무렵에 그의 여윈 몸은 그 자리에 그대로 힘없이 쓰러져 버렸다.

사그라져 폭 주저앉은 재 덩어리같이 지극히 고요한 자태였다.

무감정한 달빛은 여전히 싸늘하게 그의 얼굴을 비추었다.

이웃 방 동지의 꿈자리가 뒤숭숭하였으리라.

혀를 깨문 자살자의 입에서는 한 줄기의 선지피가 넘쳐흘렀다.

어쩐지 가을의 감정은 이러한 것 같다.

그의 표정은 멜랑콜리하고 그의 성격은 음산하다.

이 깨끗한 니힐리스트는 그 니힐리스틱한 감정으로 인간 생활까지 율(律)하려고 드는 듯하다. 그의 감상적 눈초리를 받을 때 애수가 생기고 그의 음산한 성격에 부딪칠 때 비극이 탄생된다.

그러나 괴상한 것은 이 니힐리스트가 그의 니힐리즘의 반면에 그것과는 무릇 멀고 먼 명랑성을 가지고 있음이다.

우리는 그에게 이 명랑성을 캐어내야 하고 흡수하여야 하고 그것을 또한 양기(揚棄)하여야 할 것이다.

가을의 명랑성. 가량―.

신부의 명랑성

―종루에 종이 울리다.

―햇빛 흐르는 마을.

―마을길로 달리는 부녀들.

―울리는 종.

―결혼식장.

―결혼행진곡의 음보와 울리는 피아노의 건반. (이중경(二重境))

―주례 앞으로 걸어가는 신부. (이중)

―나란히 선 신랑과 신부.

신랑 신부의 손에 반지를 끼어 주었다.

신부는 엄숙한 표정을 버리고 양기로운 표정으로 신랑을 쳐다본다.

—신부의 얼굴. (대사)

—신랑을 쳐다보던 신부 돌연히 명랑하게 웃는다. 신랑도 같이 웃는다.

이것은 확실히 예규를 벗어난 일이기 때문에.

—주례의 의아해 하는 얼굴.

그러나 그 의아해 하던 얼굴에도 차차 웃음이 떠돌았다. 나중에는 크게 웃는다.

—군중 역시 따라서 웃는다. 웃는다.

—명랑히 웃는 신부. (교폐(絞閉))

아내 편지를 왜 못 보여 주었어요. 보여만 주어도 이렇게 당신을 원망치 않지요. 그렇게 감추어 두면 누가 모를 줄 압니까. 인제부터 나는 당신한테 언제나 속아 지내지 않을 테요. 편지를 태워 버렸다고 당신의 범죄가 없어질 줄 압니까. 못 없어져요. 아무리 변명을 하더라도.

남편 그런 게 아니라 실은 그 편지가.

아내 듣기 싫어요. 당신의 말을 누가 믿을 줄 압니까. 왜 깜짝 놀래서 그 편지를 불에다 집어넣었어요. 그러면 아무 일도 없을 줄 알고 아무 말 말아요. 인제는 다 듣기 싫어요. (울면서 안방으로 들어간다.) 참말 몰랐드니 여태 나를 속여 왔어?

(남편은 일이 잘 아니 되었는 듯이 얼굴빛이 좋지 않아서 모자와 단장을 집어 들고 길가로 난 문을 열고 나아간다.)

부기(附記): 이것은 헝가리의 모르날의 에스페란토 역(譯)을 의역한 것으로 원문의 묘미는 하나도 전하지 못하였습니다. (역자)

《삼천리》, 1931. 11. 1.

달밤

—달 구름 속에서 나오다.

—달빛 속에 잠든 마을.

—외양간에서 소 졸다.

—꽃 채 지지 않은 펑퍼짐한 능금밭 달빛 속에 우렷하다. 밭 복판에 초막 한 채 보이다.

—능금나무. 바람 불어 꽃 날리다.

—마을 길을 걸어가는 갑남.

—다른 길을 걸어가는 을녀.

—걸어오는 갑남의 얼굴

걸어오는 을녀의 얼굴

—능금밭.

—을녀 나타나 초막 앞으로 가까이 나가다.

—초막의 단간의 문이 시커멓게 입을 벌리고 있다.

—꽃 속에서 노래하는 바우의 얼굴.

꽃 송이송이 흔들리다.

―초막 앞.

―을녀 문 앞까지 이르러 서다.

―주위를 돌아보며 초막 안으로 들어갈까 말까 망설이다가 들어가다.

―시커먼 문.

―꽃 속에서 웃는 바우의 얼굴.

꽃 송이송이 흔들리다.

―초막 앞.

시커먼 문으로 을녀 화다닥 뛰어나오다.

입을 씻으며 고개를 절레절레 흔들며 봉변한 후의 부끄럽고 혼미한 표정.

능금나무 속으로 뛰어가다.

뒤미처 초막 속에서 길룡 뛰어나오다.

곡절을 모르겠다는 듯한 현혹한 표정.

을녀의 간 곳을 휘둘휘둘 둘러보다 나무 사이로 뛰어가다.

―능금밭.

복순 나타나 초막 앞으로 가까이 나가다.

―걸어오는 복순의 얼굴. (더블(DE)로)

―길룡의 얼굴.

―초막 앞.

복순 문 앞까지 이르러 서다.

주위를 돌아보며 초막 안으로 들어갈까 말까 망설이다가 들어가다.

—시커먼 문.

—재게 걸어가는 갑남.

어느덧 초막 앞까지 이르다.

—능금나무 사이로 을녀를 쫓는 길룡.

길룡은 을녀의 얼굴을 보지 못하며 다만 나무 사이로 어른거리는 발을 볼 뿐이다.

—흔들리는 꽃.

그 사이로 웃는 바우의 얼굴.

—초막 앞.

갑남 안으로 들어가다.

한참 동안 시커먼 문이 잠자코 있다.

복순 화다닥 뛰어나오다.

입을 씻으며 고개를 절레절레 흔들며 봉변한 후의 부끄럽고 혼미한 표정.

능금나무 속으로 뛰어가다.

뒤미처 초막 속에서 갑남 뛰어나오다.

곡절을 모르겠다는 듯한 현혹한 표정.

복순의 간 곳을 휘둘휘둘 둘러보다 나무 사이로 뛰어가다.

—능금밭 나무 사이로 서로 찾아 헤매는

갑남 복순 길룡 을녀 네 사람.

서로 용모들은 못 보고 다리들만이 숨었다 나타났다 하면서 나무 사이를 뱅뱅 돌며 어른거리다.

—달 구름 속으로 들어갔다 나오다.

—달빛 아래 질펀한 능금 꽃.

—초막 앞.

왼편 뒤로부터 을녀 쫓겨나와 앞을 경계하며 뒷걸음질 쳐 초막 안으로 들어가다.

바른편 뒤로부터 복순 쫓겨나와 앞을 경계하며 뒷걸음질쳐 초막 안으로 들어가다.

물론 두 사람은 서로 그인 줄 모르다.

을녀 나온 편에서 길룡 쫓아 나와 문안으로 들어가다.

좀 있다 복순 나온 편에서 갑남 쫓아 나와 막 안으로 들어가다.

—꽃 속에서 웃던 바우의 얼굴.

—초막 앞.

갑남은 복순의 손을 쥐고 길룡은 을녀의 손을 끌고 두 패 일시에 막을 나오다.

네 사람 비로소 대면하고 서로 짝이 바뀐 것을 알고 놀라는 표정.

갑남은 을녀를, 길룡은 복순을 찾아서 손을 이끌다.

을녀와 복순 부끄러워 서로 외면하다.

짝을 찾은 두 패 각각 갈라져 나무 사이로 숨어지다.

—꽃가지 사이에 걸린 넋을 잃은 듯한 천치 바우의 얼굴.

—능금나무 밑에 선 길룡과 복순.

—다른 나무 밑에 선 갑남과 을여.

회포 넘치나 말이 없다.

—마주선 두 사람의 얼굴.

아닌 때 을녀의 볼에 물방울 떨어지다.

갑남은 그것을 눈물인 줄만 알고 손가락으로 찍어 맛보다 웃다.

그러는 동안에 난데없는 물방울이 방울방울 두 사람의 얼굴 위에 떨어지다.

—별안간의 비에 두 사람 정신 차리고 황망해 하는 양.

돌연한 웃음소리에 두 사람 주위를 휘둘휘둘 둘러보며 의아해하다.

두리번거리다 나중에 빗줄기를 따라 나무 위를 올려다보다.

(카메라 서서히 상향)

—뱅도는 물결.

—화면 암흑.

—기겁을 하고 외면하는 을녀.

—껄껄 웃는 바우의 얼굴(을 중심으로 카메라 급히 후퇴하며 화면 활짝 열리니).

—능금나무 위 꽃 속에 서서 바지춤을 헤친 천치의 양.

부분은 꽃 속에 가리어 있다.

여전히 줄기차게 '비'를 쫓고 있다.

—펑퍼짐한 능금밭.

—외양간에 소 잠들다.

—달빛 속에 조는 마을.

—달 구름 속으로 들어가다. (교폐[絞閉])

《영화시대》, 1935. 8.

애련송(愛戀頌)[1]

각색 이효석	연출 김유영
촬영 양세웅	제작 극연영화부(劇研映畵部)

1.

—여자의 손, 일기첩을 펴고 일기를 적다. 종이 위를 닫는 글자 자취. 하루의 일기면(日記面) 볼 동안에 글자로 차지다. OL

—몽금포 해변. (1)

바다. 하늘. 구름. 먼 바닷가 모래불에는 벌써 흔하지 않은 늦여름 해수욕 남녀의 두서너 쌍 혹은 서고 혹은 앉고 혹은 물에 잠기다.

—해수욕장과는 멀리 떨어진 모래 언덕 위로 발자욱 길게 뻗히다. 발자욱을 좇아가는 여자의 다리.

"선생니임."

1 원작은《동아일보》영화소설 현상 공모에 당선된 최금동의《환무곡》이다. 이효석에 의해 시나리오《애련송》으로 대폭 개작되었다.

다리 뛰어가다. 치마폭 날리다.

"선생니임."

목소리의 주인공은 안남숙이다. 언덕 위로 발자욱은 아직도 멀게 뻗쳤다. 남숙 구두를 벗어들고 맨발로 숨차게 달린다. 이윽고 언덕 위까지 달아 올라간 남숙, 숨이 차서 언덕 너머로 굴러 쓰러지다. 모래 언덕은 별안간 문득 끊기어서 그 너머는 급스러운 경사가 진 것이었다.

—언덕 너머로 쓰러진 남숙은 공교롭게도 모래 위에 누워 있는 철민과 얼굴이 거의 마주칠 지경으로 가깝게 서로 대하게 되었다. 빛나는 두 사람의 눈. (멀리 해수욕장 풍경 아련히)

남숙 어쩌면 혼자만.

철민 선생님이라구 부르지 말구 철민이라구 부르래두요.

남숙 그럼 철민 씨.

눈싸움이라도 하는 듯이 두 사람의 눈 한참이나 마주쳐 움직이지 않다. 타오르는 열정의 불길. OL

—글자로 거의 차가는 일기면. 남숙의 손, 한 장의 일기를 다 적으니 그 장 넘어가다. 아직 일기 적히지 않은 다음날의 일기면. OL

—바다 위로 갈매기 한 마리 아련히 날다. 바다를 바라보며 모래 불에 앉은 철민과 남숙.

철민 갈매기같이 외로운 사나이. 집도 없고 절도 없고 갈 곳도 올 곳도 없는 외로운 사나이. 친구들과 여름 바다를 찾았다가 우연히 아름다운 동무를 얻었죠—알고 보면 옛 중학교 교장 어른의 무남독녀— 얼마나 놀랐는지.

남숙 그럼 바로 청구중학교를…….

철민 지금까지 잊히지 않는 한 가지 기억이 있어요— 하루는 작란을 치다가 안 교장께 호되게 뚝밤을 맞었소…….

그때에 안 교장의 표정과 시늉을 해 보이다.

남숙 그것두 무슨 인연인가 부죠.

하면서 요절을 할 듯이 깔깔깔 웃는다.

남숙 집에선 그렇게 부드러운 어른이 학교에선 그렇게 엄하셨나요. 제겐 아버지같이 인자한 분은 없어요. 지금까지 세상엔 아버지의 사랑밖에는 있는 줄을 몰랐어요……. 어릴 때—학교에 갈 나이 때까지두 일상 저를 업어 주셨죠. 따뜻하던 등의 기억이 지금두 가삼 속에 흐르는 것도 아버지의 그 유난스런 사랑을 갚어드릴 도리가 제겐 있을상 싶지 않어요. 그 아버지의 사랑만이 큰 줄 알었드니 지금 와 보면 또 하나…….

마주치는 두 사람의 눈길. OL

—다 적힌 일기면 넘어간다. 아직 적히지 않은 다음날 일기면. OL

—달밤의 해변. (2) 언덕에 달빛이 비끼다.

새풀 속에 철민과 남숙. 남숙, 철민의 바이올린 소리에 귀 기울이다. 이별의 곡조 면면히 흐른다. (바이올린 소리 흐르는 동안 바다 달 구름 마을 나무숲 철민과 남숙의 표정 등의 장면 적당히 몇 컷 삽입) 곡조 끝났을 때 남숙의 얼굴 감동에 넘친다. 두 사람 그 자리를 떠나 모래불 쪽으로 걸어 내려가다. 걸으면서 이야기. 바이올린 줄 통기는 소리 간간히 나다.

철민 전 지금 말할 수 없이 행복스러우나 한편 불행한지두 몰라요.

남숙 …….

철민 쉬이 동경으로 건너가게 될 듯 하니요.

남숙 동경으로…….

애수의 얼굴. 두 사람의 걸어가는 뒤로 남겨지는 모래 발자욱. (이하 발자욱을 따라 카메라가 이동하며 말소리만 들리다.)

철민 날탕인 제게야 무에 있나요. 동무들이 후원회를 조직하구 기어이 떠나라는 권고이군요.

남숙 …….

철민 바이올린 없는 생활은 제겐 생각할 수 없는 것에요. 음악과 평생을 지내라는 것이 천상에 외롭게 제겐 한 인연인가 봐요.

남숙 …….

철민 한 삼 년 공부하면 그래두 그 무에 되겠죠.

남숙 정말 떠나시겠어요.

철민 벌써 작정된 것인데요.

남숙 정말, 정말 떠나시겠어요.

어세가 급하게 외치며 철민에게 흙을 던지는 남숙. 두 사람 모래불 속에 우뚝 머물러 서다. 구름 속에 가리어진 달. OL

—다 적힌 일기면 넘어가다.

—연속해서 장장이 넘어가는 일기면.

—해변의 이곳저곳을 거니는 철민과 남숙.

—넘어가는 일기첩만 남는다. OL

—바닷가에 솟은 바위 위 저녁때. (3)

철민 혼자 바위 위에 앉아 바다를 바라보다.

—해변을 뛰어오는 남숙.

—바위 위.

남숙 숨차게 달아와서 급스럽게 바위를 기어올라 반석 위 철민에게로 달려가다.

남숙 오늘 밤으로 떠나게 됐어요.

철민 …….

남숙 들었던 전보를 보이다.

남숙 아버지가 별안간 병으로 누으셨대요.

철민 학교 문제 때문에요?

남숙 경영 문제로 시비가 많드니 아마도 폐교가 되나 봐요. 아버지같이 청구학교를 생각하시는 분이 또 있겠어요. 상해에서 실패를 하시고 돌아오신 길로 손에 잡은 것이 그 학교. 최후는 그 학교를 위해서 마치시겠다고 늘 그러셨는데—아마도 뇌심하신 끝에 누으셨나 봐요.

철민 학교 일이 잘 해결되어야 할 텐데요.

하면서 철민 자리를 일어서 남숙과 같이 바위를 내려오다.

남숙 서울 학교도 개학날이 가깝고—어떻든 밤으로 떠나야겠어요. 철민 씨는 언제쯤…….

철민 저도 동무들과 함께 쉬이 우선 평양으로 갈까 합니다.

남숙 동경으로 가시기 전에 어디서 어떻게 만날 수 있는가요.

남숙 험한 바위 기슭을 급하게 내려가다 빗디디고 바위 아래로 쓰러지다. 철민 속히 뛰어내려 붙들다. 치마폭 찢어졌고 다친 다리에는 피가 내배이다.

철민 손수건으로 피를 닦고 일으켜 세우다.

남숙 일어는 섰으나 발을 절면서 걷기가 거북한 양.

철민 사방을 휘돌아보고 남숙의 의향을 떠본 후 다짜고짜로 남숙을 등에 업으려 한다. 남숙 주저하다가 결국 업힌다.

— 업고 모래 위에 걸어가는 철민.

남숙 부끄러운 양 등에다 얼굴을 묻다. 그렇기 때문에 그의 목소리는 보재 속에서 새어나오는 듯이도 가늘다.

남숙 아버지 등에 업혔을 때와두 같어요.

철민 …….

남숙 세상에 꼭 두 분. 어느 분이나 똑같이 귀중한 두 분 —아버지와…….

남숙 얼굴을 더욱 깊이 묻는 까닭에 다음 목소리는 안 들리다.

— 황혼의 해변을 멀리, 남숙을 업고 걸어가는 철민의 뒷모양.

— 어두워진 해변 별장 앞. (4)

철민 절름거리는 남숙을 붙들고 별장 앞 돌층계에 이르다.

철민은 층계 아래에 머물러 섰고 남숙 혼자 층계를 올라가 노대(露臺)에 서다. 아래와 위에서 말없이 마주 한참이나 대하고 섰는 두 사람. 좀체 서로 떠나기 어려운 양.

— 애끊는 두 사람의 표정. (오랫동안) OL

— 덮여진 일기첩. FO

2.

—남숙 아버지의 병실. (5)

아버지(안영만(安榮萬)) 침대에 누워 있다. 옆 의자에 남숙 앉아 아버지를 위로한다.

남숙 너무 걱정 마세요. 그까짓 학교 아무렇게 되건 말건.

아버지 네가 무얼 안다구…….

남숙 아버진 세상에서 학교가 제일 중하죠.

아버지 그럼.

남숙 가량—사랑보다두 더…….

아버지 딸이 말하는 뜻을 아지 못하는 듯이 남숙을 물끄러미 바라본다. 이윽고 고개를 돌리고

아버지 그래—내겐 학교가 하늘만큼 중하단다…….

이번에는 남숙이 아버지를 이해할 수 없다는 듯이 그를 물끄러미 바라볼 차례다.

아버지 어서 넌 걱정 말고 네 공부나 해라. 개학도 가까우니 밤차로 올라가도록 하구.

3.

—맑은 하늘을 배경으로 서 있는 능금나무에 익기 시작한 능금 송이송이 달렸다. 바람에 나부끼는 잎새. 간들거리는 열매. 긴 장대 하나 올라와 열매 한 개를 떨어뜨린다.

―거리의 식당. (6)

들어찬 손님들. 이야기 소리, 웃음소리, 그릇 소리, 소녀들이 음식을 들고 식탁 사이로 휘돌아치다. 창 기슭에 화분. 창으로 바라보이는 도회의 하늘. 초인종 소리 나다. 여급 한 사람 그쪽으로 가다.

―한편 식탁. (7)

송병희(宋炳熙)와 천재일(千載一) 마주 앉아 식사를 하다. 가까이 온 여급에게 송병희(사십이 넘은 대머리 신사) 차 두 잔을 분부하니 여급 물러가다.

송 그래, 그렇게 되면 정말 될 듯싶소.

천 그야 당사자의 말은 아직 듣지는 못했으나―그 일만은 제가 담보하리다.

송 ……강필호란 분은 그런데 대체 언제부터 남숙을 마음속에 치부해 두었던가요.

천 발이 넓은 사람이라 여자전문학교 선생들도 대개는 아는 처지에―언젠가 교내 음악회 때에 초대를 받어 갔다가 그 자리에서 남숙의 독창에 마음을 뺏겼던 모양이죠.

송 고개를 끄덕이다.

천 본부인과 이혼은 했을망정 같이 동경서도 지내봤지만 인금은 훌륭합니다. 음악회가 있은 후부터 어떻게도 절 졸라대는지.

송 어떻든 곧 교장과는 의논해 보죠. 그러나 원래 교장은 고집 세인 어른이래서…….

천 쓰러져 가는 학교를 살리자는데 따님 한 분쯤야……. 하긴 강씨라는 위인이 돈과 사람을 바꾸려는 사람은 아니지만 이왕이면 사업을 하고 사(社) 얻으면 이를 데 없죠.

송　　어떻게 해서든지 일만 되게 해 주시오. 난 나대로 힘써 볼게. 한 가지래두 우리 일 우리가 해야잖우.

여급이 차를 날라 온 바람에 두 사람 말을 그치고 차를 젓는다.

—소란스런 식당.

—창으로 내다보이는 늦여름 오전의 맑은 하늘.

4.

—괘종이 오후 세 시를 고하다.

—청구중학교(青丘中學校). (8)

평퍼짐한 산의 언덕 위에 서 있는 역사 오랜 학교. 군데군데 우거진 백양나무와 구름 뜬 맑은 하늘과의 대조 아름답다. 언덕 아래 운동장에서는 흰 유니폼의 학도들 풋볼을 차는 것이 나무 그늘 사이로 엿보이다. 볼이 맑은 하늘에 가볍게 솟아오르며 탄력 있는 소리 아름답게 울리다.

—낡은 교문. (A)

학교 이름을 새긴 기둥 또한 낡다.

—교장실. (B)

탁자 위 화병에서 꽃잎 하나 탁자에 떨어지다. 늙은 손 가만히 나타나 그 꽃잎을 집어든다.

—교장 안영만 꽃잎을 물끄러미 바라보다가 화병 위에 전과 같이 얹어 두다. 병석에서 일어난 얼굴 아직도 수척하다.

불시에 늙은 듯한 흰 머리. 궐련을 피워 물고 연기를 뿜다. 연기 서리서리 피어오르다. (오랫동안)

전화기 종소리에 교장 정신을 차리고 책상 위 수화기를 든다.

교장 ……누구? 음 남숙이냐. 왜 또 왔니. 음. 음. 허나 공부하는 애가 그렇게 번번히 토요일마다—뭐? 애비가 보고 싶어서…… 오냐 곧 가마.

수화기를 놓고 인자스런 웃음을 쓸쓸히 웃고 일어서려 할 때 문에 노크 소리 들리다.

교장 들어오시오.

들어온 것은 교무주임 송병희. 서울서 막 돌아오는 길인 양 한 손에 여행용 가방이 들리다.

교장 얼마나 수고하셨소.

송 지금 차로 나렸는데. 공교롭게도 남숙이와 서울서부터 동행이 되었습니다.

곧 이야기를 돌려서

송 직원회는 하셨나요.

교장 바로 그저께 —그래 가셨던 일 어떻게 되었소.

송 웬만한 재벌은 모조리 찾어보았습니다만 그렇게 선뜻 나설랴는 사람이 웬 있나요. 간혹 있다고 하더라도 대개는 제 이름 내걸고 제 속 차리랴는 것이지 진정으로 사업을 위하랴는 사람이 있어야죠.

교장 ……절망이란 말요.

송 고개를 떨어뜨리고 잠시 침통한 침묵을 지키다가

송　　선생님.

교장　　…….

송　　여쭙기 황송하나 일이 이렇게 된 바에야 마즈막 수단으로 말씀드려 보렵니다……. 사실인즉 절망이라면 절망이나 교장 선생님의 의사에 따라서는 일루의 희망이 없는 것도 아닌데.

교장　　의사라니요. 무슨…….

침묵이 흐르다가 이윽고

송　　남숙이를 출가시키실 뜻은 없으신지요.

교장　　남숙이를……. 지금 공부하는 몸이오. 또 아시다시피 내 슬하에 혈육이라곤 그 애밖에 없지 않소. 그리고 그 애와 학교와 무슨 관계가…….

송　　학교를 살리는 덴 그 길밖에 없습니다.

교장　　…….

송　　여러 방면으로 교섭해 보던 중 우연히 강필호라는 사람을 알게 되었는데—몇 해 전에 동경서 공부를 마치고 나오는 길로 오십여만 원의 재산을 상속받은 것이 원체 위인이 눈이 밝은지라 광산 그 외 사업으로 지금은 한 백만 원은 조이 되는 모양입니다. 동경서 나오는 길로 본부인을 물리고 지금은 새사람을 찾는 중인데.

교장　　하하하. 그래 딸을 후취로 보내단 말요.

송　　…….

교장　　이래봬두 예조 판서의 피를 받어 나려오는 집안인데 외딸자식을 후취로—말이 되오.

송　　…….

교장 돌아오는 이사회나 기두립시다.

그의 얼굴빛 다시 엄숙해지다.

5.

—강필호(姜弼浩)의 집 객실. (9)

호화롭게 치장되어 있다. 강필호와 천재일.

강 성사만 되면 자네 그대로 버려두겠나.

천 힘껏은 해 보겠지만…….

강 내 이 계획이 불측한 것은 아니겠지. 세상에 흔한 소위 교환 조건이 아니구 손을 대려는 사업과 밀접한 인연을 맺으랴는 것뿐이니까.

천 암 떳떳한 생각이구말구.

강 문제는 남숙 씨 의사 여부인데—그만 승낙한다면야 다시 더 문제될 것이 있겠나. 곱게 자라난 그에게 딴 생각이 있을 리는 만무할 게고…….

강, 일어서서 탁자 있는 곳으로 가서 고여 놓은 사진을 들여다보다.

—남숙의 사진이다.

—천재일도 가까이 가서 사진을 들여다보며

천 사진까지 손에 넣었나.

강필호 설합 속에서 조그만 사진기를 내어 보이면서

강 음악회 때 몰래 박은 걸세.

—남숙의 사진.

6.

— 새어나오는 바이올린 소리. (음(音))

— 철민의 하숙방. (10)

가난한 차림. 벽에 베토벤의 초상화. 철민 바이올린에 열중하고 있다. 밖에서 들리는 소리.

소리 철민 씨.

철민 들은 체 만 체.

소리 철민 씨.

— 문 밖. (11)

남숙 부르다 못해 문께로 가까이 가서 문을 두드리면서

남숙 철민 씨.

바이올린 소리 그치며 문이 열리고 철민의 얼굴 나타나 놀라다. OL

— 대동강가. (12)

청류벽 아랫길을 철민과 남숙 걸어가다.

가을을 재촉하는 듯도 한 능라도 버들 그림자 물 위에 어리우다. 멀리 배 두어 척 떠 있다. 두 사람 걸어가면서 이야기— .

철민 편지나 주실 줄 알었더니 이렇게 또 오셌어요.

남숙 되루 갈까요.

철민 그런 뜻이 아니라 —.

침묵이 흐르다. 물소리 찰락여질 뿐.

철민 내 동경 간 후엔 어떻게 지내실 작정이오.

남숙 신화 속의 여주인공처럼 끝없는 베나 짤까요— 풀었다

짰다 풀었다 짰다.

철민　……．

남숙　밑 없는 독에다 물이나 길어 부을까요. (OL)

철민 열정에 타는 낯으로 남숙을 녹일 듯이 바라보다.

—멀리 강이 바라보이는 수풀 속을 나란히 걸어오는 철민과 남숙. OL

—어두워 가는 강가 길을 멀리 걸어가는 철민과 남숙의 아련한 뒷모양.

7.

—다방. (13)

철민과 동무인 동섭 영호.

동섭　어떻게 해서나 자네 하나야 끝까지 못 시키겠나.

철민　한편 생각하면 너무 어림없는 짓 같어서.

영호　쓸데없는 걱정은 말게.

철민　……사실 너무도 어림없어.

동섭　자네 형편 잘 보아서 어서 떠날 날이나 속히 작정해 놓게.

철민　……．

8.

—청구학교 이사회장. (14)

십여 명 이사들이 탁자를 앞에 하고 둘러앉아 있다. 안 교장 자리를 일어서 흥분된 어조로

교장 제 것도 제 힘으로 못 길러 나가는—이 얼마나 부끄러운 일이오.

장내 고요하다.

교장 시작은 하고도 끝을 여밀 줄 모르는—이것이 우리의 길이란 말요. 이십여 년 동안 길러온 것을 이제 와 구할 사람이 한 사람도 없단 말요. 청구학교의 마지막 날에 이것을 걸머지고 나설 사람이 한 사람도 없단 말요. 이십 년의 운명의 마지막 날—임종의 날…….

애끊게 부르짖으며 교장은 그 자리에 쓰러진다.

9.

—황혼의 한강 철교. (15)

철민과 남숙 걸어가다.

남숙 무슨 일이게 기별도 없이 아닌 때 이렇게 올라오셔요.

철민 당분간 이것이 아마두 마지막 상면이 될 것 같소.

남숙 그럼 당장 떠나시게 됐단 말예요.

철민 동무들의 알선으로 수일 후 떠나게 됐소.

남숙 …….

두 사람 말없이 걸어간다. OL

—보트 속. (16)

철민과 남숙. 검은 물 위를 고요히 저어가다. 어디서인지 하모니카의 소리 은은히 들리다.

철민 누구나 말하는 낡은 투 같으나 삼 년 동안 기다려 주겠소.

남숙 새삼스럽게 물을 필요가 어디 있어요.

철민 마음이 너무도 안타까워서 하는 소리요.

검은 물 뱃전에 찰락거린다.

—서편 하늘에 초생달.

먼 물 위에 고요히 선 보트. 철민과 남숙의 하염없는 자태.

10.

—×여자전문학교. (17)

방과 사이렌이 울리다.

고요하던 교정에 학생이 흩어져 교문으로 나간다.

—텅 빈 교실 안에 남숙의 그림자 외롭다. 창 기슭에 의지하고 밖을 내다보다.

—학생들 그림자 드물어지고 볼 동안에 고요해지는 교정.

—가을 화단.

—나부끼는 나뭇잎.

—창 기슭에 의지한 남숙.

일기첩을 펴들고 장을 번기며 군데군데 읽다.

때때로 시선을 옮겨서 하염없이 먼 하늘을 바라보다. 모르는 결에 눈에 눈물 고여 일기첩 위에 떨어진다. 복도를 걸어오는 인기척

소리 나더니 교실 문이 열리다.

남숙 급히 눈물을 씻고 일기첩을 덮다.

소리 여기 계신 걸 모르구……. 네 네 그러지요. 그럼 ―.

― 전화실을 나가는 남숙 수심에 쌓이다.

11.

― 밤 속을 달리는 열차.

― 차 안.

차창에 기댄 채 눈을 감고 생각에 잠기는 남숙. 눈을 뜨고 어두운 창밖을 내다보다.

― 긴 기적 소리.

12.

― 남숙의 집 대청.

남숙은 어머니와는 비스듬히 앉아 벌써 두 사람 사이에는 건너지 못할 금이 간 눈치다. 남숙의 옆에 사진 한 장 놓였다.

어머니 고집만 피우지 말구 잘 생각해 봐라.

남숙 꼭 한마디 하지요 ―어머니 전 싫어요. 인물두 재산두 다 싫어요.

하면서 사진을 밀쳐버리다.

― 필호의 사진.

—대청.

어머니 ……지각두 없다. 집안 일두 좀 생각해 봐야지. 요새 아버지의 애쓰는 꼴두 네 눈엔 안 뵈니.

침묵.

남숙 ……그럼 결국 절 이용물루 쓰자는 생각이야요.

어머니 그게 무슨 소리냐. 못 알아들을 소리만 하니.

남숙 ……또 한 번 말씀드리겠어요 —전 싫어요.

13.

—바람에 우수수 흔들리는 나무.

—청구학교 교장실. 안 교장 담배 연기를 길게 내뿜으며 감았던 눈을 힘없이 뜬다.

문이 열리며 급사가 차를 가져다 놓고 나가다. 교장 담뱃불을 끄고 차를 한 모금 마시고 자리를 일어서다. 탁자에 화병을 굽어보나 꽃이 다 떨어져 버린 꽃묶음에는 잎새 몇 잎 애잔하게 달렸을 뿐이다. 교장 고요히 걸어 문을 나가다.

—쓸쓸한 복도.

—닫혀진 교실 문.

—군데군데 회가 떨어진 복도 벽에 교장의 외로운 그림자 쓸쓸히 어리우다.

—교실 문을 여는 교장의 손.

—교실 안. 텅 비다. 먼지 앉은 교단 책상.

—교정에 교장의 그림자 외롭게 움직이다.

—우수수 흔들리는 가을 나무들.

—닫혀진 교문.

—교정을 거니는 교장의 얼굴. 눈을 스르르 감다. 아찔하며 금시에 쓰러질 듯도 한 자세.

14.

—×여자전문학교 음악실.

환호에 쌓인 빈 방 안 피아노 앞에 남숙 홀로 앉아 있다. 생각에 잠긴 쓸쓸한 자태.

—창밖 가을나무 잎새 바람에 한 잎 두 잎 떨어지다.

—피아노 흰 건반 위에 남숙의 손이 떠다니다.

—미칠 듯이 피아노를 치는 남숙. 곡조는 한참 동안이나 어지럽게 울리다. 마지막 구절을 탕 치고는 건반 위에 그대로 얼굴을 묻다.

—엎드린 남숙의 등에 황혼의 그림자 점점 짙어가다.

소리 남숙 씨.

소리에 문득 몸을 일으키는 남숙.

—남숙의 얼굴, 눈물 자취에 어지럽다. 손수건을 내서 씻다.

—음악실. 문께 소녀 급사 "면회에요." 절하고는 나가 버리다. 남숙 얼굴을 수습하고 피아노 앞에서 일어서다.

—층대를 힘없이 내려오는 남숙.

—응접실 문을 여는 남숙의 손 떨리다.

—응접실.

남숙 들어와서 소파에 앉은 아버지를 발견하고 잠시 멍하니 서 있다가 "아버지." 외치며 아버지의 무릎에 가서 왈칵 쓰러지다.

아버지 남숙아.

목소리 떨리다.

아버지 이렇게 찾아온 애비를 용서해라.

—남숙 고개를 들고 소파에 앉다.

아버지 애비는 기어코 졌다. 모든 것 잃어버렸다.

남숙 …….

아버지 네가 날 따르던, 내가 세상에서 가장 사랑하는 것이 너 아니냐. 그런 네게—.

남숙 …….

아버지 한 줄기의 마즈막 희망을 걸게 될 줄을 뉘 알었겠냐.

남숙 …….

아버지의 주름 잡힌 얼굴 돌같이 굳어진다. 남숙 손 안에 얼굴을 묻다. 울음소리 터지다.

15.

—어둠 속에서 바람에 불려 나뭇잎 우수수 떨어지다.

—바람에 밤 유리창 흔들리다.

—×여자전문학교 기숙사 남숙의 방. 책상 앞에 앉아 망상에 잠긴 남숙.

—책상 위.

일기첩의 한군데가 펴져 있는 옆에는 편지지 위에 단 한마디 "철민 씨"라고 적혀 있을 뿐.

—쓸쓸한 남숙의 뒷모양.

—편지지 위에 눈물 방울방울 떨어져 글자 흐려진다.

—남숙의 얼굴에 눈물 줄줄 흘러내리나 씻을 생각도 하지 않다.

—흔들리는 유리창. 우수수 떨어지는 나뭇잎. OL

16.

—청구학교 교문.

간판 새롭다.

—언덕 아래 운동장에서는 흰 유니폼의 학도들 풋볼 차는 것이 나무 그늘 사이로 엿보이다. 볼이 맑은 하늘에 가볍게 탄력 있는 소리 아름답게 울리다.

—교실에서 합창 소리 흘러나오다. OL

17.

—맑은 하늘에 솟은 교회당. 종소리 낭랑히 울리다.

—탑 위 시계 오후 두 시를 가르치다.

—교회당 마당. 수십 대의 자동차 늘어섰고 수많은 사람들 현관 층계로 몰려 들어가다.

—교회당 문 앞.

'강필호, 안남숙 결혼식장'의 현판 걸리다.

—당내 결혼식장.

군중. 이야기 소리. 어지럽다.

—한편 구석.

남숙의 동무인 조영자 김애라 정숙자 김명희 몰려서서 수군덕거리다.

영자 ……결국 늘 있는 격식 그대로야—원수 놈의 돈 때문에…….

애라 사실 장하긴 해—한 몸 희생해서 아버지 구하고 학교 살리구…….

명희 사랑과 아버지. 몸과 학교…….

영자 ……대체 그이가 알문 어떻게 될까.

애라 아직 모르나.

물을 뿌린 듯이 고요해지다. 결혼행진곡 엄숙하게 울리다. 신랑 신부 걸어 들어오다.

—한편 구석.

애라 남숙이 얼굴 좀 봐라.

명희 또 울었나부구나.

—걸어 들어오는 남숙의 얼굴.

—풍금을 타는 손.

—신랑 신부 걸어 들어와 주례 앞에 서다. 정숙한 군중의 얼굴. 주례 손을 들어 막 입을 열다.

18.

—역 플랫폼. 전차 들어오다. 마중 나온 군중. OL

—플랫폼. 열차 가 버리고 사람의 그림자 드물다. 한편 벤치에 하염없이 앉은 사나이—철민이다. 얼굴 수척하고 꼴 초라하다. 생각에 잠기다. OL

—같은 플랫폼. 막 떠나려는 차 속에 철민의 얼굴 보이다. 폼에는 그를 보내는 동섭 영호 등 십여 명의 동무들. 그 속에 남숙의 자태도 보이다.

—별안간 수그러지는 남숙의 얼굴.

—기적과 함께 기차 움직이기 시작하니 남숙 문득 고개를 들고 떠나는 철민을 바라보다. 동무들 입에서 "이철민 만세!" 소리 새어 나오다. 철민 손을 흔들다.

—곧은 폼 저편으로 멀리 사라지는 열차의 뒷모양. OL

—플랫폼. 벤치에 하염없이 앉아 생각에 잠기는 철민. OL

—거리를 걸어가는 철민. (남대문을 배경으로). OL

—또 다른 거리를 걸어오는 철민. OL

—교회당 결혼식장 문 앞. 벌써 군데군데 찢어진 '강필호, 안남숙 결혼식장' 현판 앞에 철민 발을 멈추다.

—교회당 뜰 앞에는 사람의 그림자 드물다. 결혼식은 이미 끝난 것이다. 걸어 들어가는 철민.

—식장. 거기에도 사람의 그림자 흔하지 않고 휑뎅그러하게 어지럽다. 막 걸어 들어온 철민의 뒷모양. 문간 탁자 위에는 노트가

놓이고 남은 몇 사람이 나가면서 그 위에 축하의 서명을 하는 것이 보이다.

—복잡한 철민의 표정.

—노트 놓인 탁자께로 철민 걸어가다. 힘없이 펜을 들어 노트에 서명하는 철민. '이철민'.

—문 앞 돌 층계에 철민의 그림자 외롭다.

—거리의 가로수 아래를 걸어가는 철민.

—교외에 길을 걸어가는 철민 멀리 보이다.

—길 위로 먼 하늘.

—가을 벌판을 거닐고 있는 철민. 지평선 멀고 풀이 얕다.

—강가 뚝 위에 앉아 강물을 바라보는 철민. 그의 몸은 간들거리는 새풀 속에 묻히다. 황혼 속에 그의 자태 점점 어두워 가다.

19.

—벌판을 달리는 기차.

—식당차. 찻그릇만이 놓인 흰 탁자를 사이에 두고 마주 앉은 강필호와 남숙. 필호 창밖을 손가락질하며 말하다.

필호 보시오. 저 넓은 벌판.

남숙 …….

필호 저것이 다 당신의 것이오.

남숙 …….

—차창으로 내다보이는 들. 움직이는 전원의 풍경.

— 식당차.

필호 ……당신을 위해서래면 뭐건 애낄 것이 없소.

남숙 …….

필호 왜 대답이 없소.

그래도 돌부처같이 잠자코만 있는 남숙을 위로하는 눈으로 바라본다.

20.

— 금강산.

솟은 산 단풍 든 나무.

— 산속 길을 필호와 남숙 걸어간다

— 우러러보이는 하늘 손바닥만하다. 암자에서 종소리 울리다.

— 산속 길을 걸어가는 필호와 남숙.

험한 길을 오를 때에는 필호 남숙의 손을 잡고 부축해 주다. OL

— 절벽에 걸린 폭포 멀리 소리 요란하다. 필호와 남숙 폭포 근처에 나타나는 것이 보이다.

— 반석 위에 서서 폭포를 바라보는 필호와 남숙. 폭포 아래는 검은 소(沼). 물방울이 두 사람 있는 데까지 날아온다. 남숙 두려운 생각에 별안간 몸을 으쓱하니 필호 그의 어깨를 부드럽게 붙들고 같이 반석 위에 앉다.

필호 남숙이.

남숙 …….

필호 왜 대답이 없소. 슬픈 얼굴만 지니구.

남숙 …….

필호 이것이 즐겁다는 신혼여행이오?

남숙 고개를 숙이다. 필호 남숙의 손을 들어다 자기의 볼에 대어 보다.

필호 이렇게 마음이 기쁜데 남숙이는 왜 그리 처량한 얼굴만 한단 말요.

남숙 …….

필호 잠자코만 있지 말구 자, 무엇이든지 한마디만 말해 주시오 한마디만.

하며 남숙을 안으려 할 때 남숙 그의 팔을 빠져서 폭포 있는 쪽으로 달아가다. 필호 기겁을 하듯이 뛰어가 그를 붙든다. 남숙 그 자리에 쓰러지다.

—떨어지는 폭포.

—폭포 아래 검은 소. OL

—산봉오리 위에 오른 필호와 남숙. 까맣게 우러러보이다.

—필호와 남숙이 선 봉오리에서 까맣게 내려다보이는 첩첩한 봉오리들 깊은 산골짝들.

—하늘이 활짝 열리고 동쪽으로 멀리 바다가 바라보이다.

—남숙의 발아래는 절벽. 남숙 어머어마한 아래를 내려다보다 문득 고개를 들고 눈을 감고 두 손을 가슴에 포개 얹다. 필호 등 뒤에서 고요히 남숙의 두 팔을 붙들다.

—그 자세대로 봉오리 위에 까맣게 우러러보이는 필호와 남숙.

21.

—바이올린 줄 위를 활이 미친 듯이 더듬으며 어지러운 곡조가 요란하다.

—방에서 바이올린을 켜는 철민.

—하늘을 배경으로 떨어지는 나뭇잎. (바이올린의 느끼는 소리)

—쓸쓸한 벌판. (바이올린의 느끼는 소리)

—바이올린 줄 위에 가늘게 떨리는 손가락.

—소리 문득 끊기며 철민의 손에서 바이올린 힘없이 떨어지다.

—방바닥에 떨어진 바이올린. 철민 의식없이 머리를 쥐어뜯다. 헝클어진 머리카락 빛나는 눈. OL

22.

—바(BAR).

철민 동섭 영호 세 사람 탁자를 둘러싸고 앉다. 여급들 먼 편 소파에 각각 고요히 앉아 있다. 레코드 노래.

동섭 ……세상에서 제일 중요한 것이 무엇일까.

한참 동안이나 아무도 대답이 없다가

영호 사랑보다 더 큰 것이 있다는 뜻인가.

동섭 적어도 그 무엇이 있을 것 같애. 그것이 무엇인지는 사람을 따라서 각각 다를 것이요, 나도 그것이 무엇인지는 아직 모르네만.

영호　　……

동섭　　……가량 사랑을 잃었을 때에는 사랑이 가장 중요한 것 같지만, 사랑 속에 있을 때엔 사랑은 벌써 중요한 것 아니나니 한다. 그 밖에 그 무엇이 절실히 필요하고 벌써 마음은 사랑 속에서만 헤매는 것이 아니야—사랑이 제일 중요한 것은 아니야. 사랑이 인생의 전부는 아니야……철민 자넨 그렇게 생각하지 않나.

하고 철민에게 술을 권하니 철민 컵을 들고 노란 술을 노려보다.

—말없이 컵을 노리는 철민. (오랫동안)

—철민의 손아귀에서 별안간 컵이 와삭 부서지며 술이 흐르다. 동섭과 영호 문득 놀라 자리를 일어서다. 여급들 몰려오다.

—철민의 손. 꽉 쥔 주먹에는 피가 흘러 탁자 위에 떨어지다.

—동섭 철민의 팔을 붙들고 여급들 어쩔 줄 모르고 설레다.

23.

—나뭇잎도 거의 떨어져 버린 늦가을의 뜰.

—연못 속에 어린 남숙의 얼굴.

어느 때까지나 움직이지 않는 고요한 표정. 나뭇잎 하나 떨어져 얼굴 위를 스쳐가다. 가볍게 주름잡히는 물결에 얼굴의 모습 이지러졌다가 이윽고 고요해진 물결 속에 얼굴도 고요하다. 한참 있다 얼굴은 다시 이지러졌으나 이번에는 낙엽의 장난이 아니고 남숙이 손수건을 내서 얼굴에 대인 까닭이다. 손수건 속에 묻힌 얼굴 푹 숙여지고 어깨 가볍게 떨리다.

—큰 체경 속에 비친 남숙의 얼굴.

어둠 속에서 촛불에 비친 얼굴에 그림자가 깊다. 왼손에 쥔 촛불이 이리저리 움직임을 따라 얼굴의 음영과 인상이 변하다. 바른손 얼굴을 어루만지다. 여윈 볼을 만지다. 모르는 결에 눈에 눈물이 고여 두 볼을 흘러내리다.

—어두운 밤 뜰.

—남숙의 방. (밤 늦게)

남숙 은근히 주위를 살핀 후 책상 앞에 앉아 열쇠로 설합을 열고 문갑을 집어내다. 다시 열쇠로 문갑을 여니 속에서 한 묶음의 편지와 일기첩과 노트 나오다.

—책상 위에 널려진 편지들. 물론 모두 철민에게서 온 것. 남숙 손 편지의 한 장 한 장을 손아귀에 꼬옥 꼬옥 쥐어 보다. 일기첩을 펴 든다.

—남숙 속으로 일기를 읽다. 한 장을 읽고 다음 장을 번기다.

—천천히 한 장 한 장 넘어가는 일기첩. OL

—시계. 열 시부터 바늘이 한꺼번에 돌아가 열두 시를 가리키다.

—일기첩에 얼굴을 묻고 책상 위에 엎드린 남숙의 뒷모양. 별안간 놀란 듯이 고개를 쳐들고 일어나다.

—남숙 창께로 가서 밖을 내다보다.

—창밖에 밤.

—남숙 안심한 듯이 가슴에 손을 대고 이번에는 방문께로 가서 문밖을 살며시 내다보고는 문을 닫고 다시 책상 앞에 와서 앉고 숨을 내쉬다. 일기첩을 덮고 편지를 다시 묶어서 문갑 속에 수습하고

노트를 들척거리다.

—남숙의 눈 문득 노트 위 한 곳에 머무르다. 낯빛이 금시에 변하고 입이 감동에 열리다.

—노트 위 한 곳에 —이철민—이라고 적혀 있다.

—남숙 "그럼 식장에도 오셨던가." 외치며 노트 위에 다시 쓰러지다. OL

—시계. 열두 시를 넘은 바늘이 돌아 새로 한 시를 가리키다.

—필호의 집 현관. 밤의 적막을 깨트리고 자동차가 굴러와 현관 앞에 서다. 필호 내려서 문 안으로 걸어 들어가다.

—복도. 필호 모자를 걸고 방에 들어가다. 한참 있다 옷을 갈아입고 나오다. 복도를 구부러지다.

—남숙의 방문 앞. 필호 그 앞에 머물러 서서 노크를 하려고 손을 내밀었다가 그만두고 그대로 문을 열고 들어가다.

—남숙의 방. 필호 들어와 문을 살그머니 닫고 남숙에게로 와서 그의 두 어깨에 두 손을 가볍게 대었다가 열린 문갑을 보고 편지 묶음과 일기첩을 무심히 집어내다.

—필호 편지의 봉투를 읽고 놀라며 일기첩을 들척거리다. 더욱 놀라다.

—남숙 문득 고개를 쳐들고 필호의 그 거동을 발견하고 기겁을 할 듯이 일어나 그의 손에서 일기첩과 편지 묶음을 채어내다. 필호 처음에는 노기가 등등 하였으나 금시에 풀리며 의자에 주저앉는다.

남숙 일기첩과 편지 묶음을 안고 소파에 가서 쓰러지다. 느껴 울다. 한참 동안 침묵이 흐르다.

필호　……그것이 우울의 원인이었었구려.

남숙　…….

필호　결혼하기 전부터 벌써 그런 사람이 있었단 말요.

남숙 듣기 싫다는 듯이 자리를 불시에 일어나 문밖으로 나가버리다.

—우울에 잠기는 필호.

24.

(이하 사경(四景)을 통하여 반드시 나무 선 풍경임을 요함.)

—소슬한 벌판을 걸어가는 철민. 낙엽이 날리기는 하나 아직 나뭇잎이 다 떨어진 것은 아니다. OL

—나무 서 있는 강 언덕을 걸어가는 철민. 나뭇잎 다 떨어지고 휘추리만 남다. OL

—첫겨울의 벌판을 걸어가는 철민. 앙상한 나뭇가지에는 눈이 희끗희끗 인다. 철민의 옷자락 바람에 몹시 날리다. OL

—눈 오는 속을 걸어가는 철민. 나뭇가지는 눈 속에 함빡 가리어 흡사 크리스마스 트리와도 같이 아름답게 보이다.

25.

—체경 속의 남숙. 화려하게 화장하였다.

—남숙의 화장실. (밤) 남숙 화장을 마치고 자리를 일어나 의결

이를 열어 젖히고 이옷 저옷을 내서 몸에 걸어 보다가는 다시 던져 넣고 문을 닫다. 의걸이 서랍을 열고 수많은 반지를 내서 손가락에 차례차례 끼어 보다가는 그것도 도로 집어넣는다.

—자기를 스스로 비웃는 남숙의 얼굴.

—남숙 화장실을 나가다.

—층계를 내려오는 남숙.

—남숙의 방. 등불이 켜지지 않은 어두운 속에서 난롯불만이 두렷하게 불그스름하다. 맞은편 벽에 남숙의 그림자 움직이다. 남숙 책상에 가서 서랍 문갑 속에서 편지 묶음과 일기첩을 꺼내 가지고 난로 앞으로 가서 앉다.

—난로 앞. 남숙 난로 문을 여니 이글이글 타는 불빛이 그의 얼굴을 비추다. 잠시 눈을 감고 생각에 잠기다. 이윽고 눈을 뜨고 편지 묶음을 풀고 한 장을 난로 속에 집어넣다. 이어서 또 한 장 두 장……. 난로 안에는 불꽃이 피어오르며 더한층 환하게 밝아지다.

—아랫입술을 지그시 깨문 남숙의 얼굴.

—때마침 라디오에서는 《아베 마리아》의 바이올린 솔로가 흐르기 시작하다.

—서글픈 멜로디는 남숙의 슬픈 마음의 반주인 양 편지를 마저 사르고 나중에 일기첩을 불 속에 던지고는 애달픈 마음을 참을 수 없는 듯이 자리를 일어서 외면하면서 창 있는 데로 걸어가다. 창을 활짝 열자 바람이 들어와 커튼을 날리다.

—음산한 어두운 밤.

26.

—눈 오는 밤거리. 가로등 아래로 철민 비틀거리며 걸어오다.

—카페 앞에서 철민 (머뭇거리다) 비틀비틀 들어가다.

—카페 안. 요란한 분위기 속에서 여급 나와 철민을 데려다 한편 자리에 앉히다.

—철민 취기를 못 이겨 탁자 위에 엎드리다. 여급 철민의 등의 눈을 털어 주며

여급 또 어디서 이렇게 취하셨어요.

철민 수, 술 가져와.

여급 더하시군 어떡허실라구.

철민 잔소리 말구 가져와.

하며 밀치는 바람에 여급은 마지못해 안으로 들어가다. 철민 다시 탁자 위에 엎드려 활개를 펴다. 문득 손에 따끈 쥐이는 것이 있다. 철민 고개를 들다.

—손에 닿은 것 타다 남은 담배. 그 담배 놓인 신문지가 타다.

—철민 신문을 집어 들고 불을 끄다가 문득 정신이 번쩍 들며 그의 눈 한 곳에 못 박히다 내려 읽다.

—신문 기사. '백만장자전부인(百萬長者前夫人). 수수께기의 실종. 안남숙 여사 돌연 행방불명.'의 기사가 야단스럽게 크다. 손에 쥐인 신문이 약간 떨리다.

—철민 정신없이 한참이나 신문을 내려 읽다 탁자 위에 던져 버리다. 돌같이 굳어진 표정 속에서 눈만이 빛나다. 여급 술을 가져다

놓고 따라서 권하다. 철민 군은 표정 그대로 한 곳을 노린 채 술을 들어 단모금에 마시다. 여급이 다시 따른 술을 또 단모금에 마시다. 동하지 않는 그의 얼굴.

—여급의 의아하는 표정.

27.

—아침 종소리.

—눈에 싸인 마을. 먼 산 아래 수도원이 보이다.

—앙상한 나뭇가지에 아침 햇빛이 걸치다.

—수도원. 장엄한 문 앞. 문을 열고 들어가 성당에 이르다. (이동)

—성당. 높고 넓고 엄숙한 맞은편에 제단이 있고 단 위에 수많은 촉(燭)불이 삼엄하다. 아침 예배가 막 시작되려는 때. 검은 옷 흰 두건의 수녀들이 점점 모여들어 당 안에 차다.

—복도. 한 둥근 기둥이 들어선 넓은 복도 동편 창을 향하여 한 사람의 수녀 아침 햇빛을 받고 서 있다. 다른 수녀 성당으로 가는 길에 거니다가 그 수녀의 어깨에 부드럽게 손을 걸치고 "요안나." 하고 동행을 청하는 듯이 재촉하다. 요안나라고 불린 수녀 고개를 돌리다.

—그는 수녀의 옷에 싸인 남숙이다. 고요한 얼굴. 눈썹이 젖었다.

—다른 수녀 남숙을 남기고 먼저 가다. 성당에서는 성가 들리기 시작하다. 남숙 성당 쪽으로 한 걸음 한 걸음 고요히 움직이다. 맞은편 벽 아래에까지 가 서서 벽을 우러러보다.

— 벽에 걸린 성구(聖句)의 액.

이곳은 나의 영원한 안식처로다.
내가 스스로 이곳을 찾았으매
이로부터 영원히 이곳에 살리로다.

— 액을 우러러보는 남숙의 얼굴. 원망스러운 듯도 하다. 눈썹은 여전히 젖어 있다.

28.

— 필호의 집 남숙의 방. 주인 없는 빈방에 모든 것이 전과 그대로 놓이다.

— 화장실. 체경 속에 어리는 그림자조차 없고 병의 꽃 시들어 버리다.

— 필호의 서재. 필호와 천재일.

천 ……아무리 그러기로서니 석 달이 넘도록 가만히만 있단 말인가. 수색원이라두 내보잖구.

강 …….

천, 말없이 창밖을 내다볼 뿐.

천 ……갑갑두 하다. 평양으론 알어봤나.

강 철민이란 사람이 동섭과 영호에게 알어봤드니 그들두 모른다네.

침묵.

강 ……어떻게 해서든지 그 철민을 찾어 주게.

천 그 사람을 만나선 무엇하게.

강 꼭 만나야겠어—그 사람의 마음두 지금은 나와 똑같은 것일 테지.

천 부인은 찾을 생각 안 하구 엉뚱한 철민을…….

강 그런 결심을 가지고 떠난 사람을 찾아선 무엇하나. 어떻게든지 해서 철민을 꼭 만나게 해 주게. 그것이 지금의 나의 소원일세.

29.

—남숙의 집 대청. 안 교장과 어머니, 한참이나 말없이 쓸쓸한 얼굴로 서로 한숨만 짓다.

안교장 ……내가 잘못이었지. 내 손으로 내 딸의 앞길을 꺾어 버릴 줄야.

어머니 ……학교구 무에구 집안을 왼통 망쳐 놓았으니…….

두 사람의 쓸쓸한 표정. (오랫동안)

—쓸쓸한 겨울 벌판. OL

30.

—같은 벌판에 봄이 오다. 싹트기 시작한 초목. 맑은 하늘.

—꽃 핀 화분 놓여 있는 창 기슭.

—바.

이른 봄 오전. 유성기에서는 고요한 민요의 멜로디 흐르다. 철민과 필호. 두 사람이 앉았을 뿐.

필호 ……그때 마침 광산 일로 여행을 하고 있었는데—그런 일이 생길 줄야. 꿈엔들 생각했겠소. 전보를 받고 돌아와 보니 사람은 간 곳 없고 편지 한 장이 있을 뿐이죠. 가는 길을 찾지 말라는 간단한 편지. 형의 이름은 그 전에 대강 짐작은 했었으나 그렇게까지 마음 깊히 박혔을 줄은 몰랐소.

철민 …….

필호 사실이지 두 분의 관계를 진작 알았던들 결혼을 강청하지는 않었을 것요. 반다시 사업과 사랑을 교환하려고 한 그런 타산적 인간은 아니였었소. 설혹 남숙이가 아니드래두 나는 청구학교 하나만은 키워 볼 작정이었고—그 증거로 난 앞으로 가지고 있는 전부를 학교에 바칠 생각이오. 그것이 남숙이의 뜻을 이루어 주는 바도 될 것이니까.

철민 …….

필호 생각하면 이렇게 고요한 마음으로 당신을 대할 수 있는 것이 우습잖소. 칼부림이래두 할 처지에 이렇게 화목하게 앉아 있는 것이 생각할수록 우스워요—이것도 남숙이에게 대한 내 마음이 아직도 살아 있는 탓인가도 합니다만.

말하는 필호의 표정 서글프다.

—잠자코만 있는 철민 애수에 넘치다.

—돌아가는 레코드.

31.

—한강 철교 위. 철민 난간에 의지하여 서다. 강 위를 내려다보다.

—늦게 풀린 얼음 한 덩이 강물에 떠서 흐르다.

—철민 강물에서 시선을 옮기고 활개를 펴고 하늘을 우러러보다. 개운한 마음 얼굴에는 미소조차 떠오르다.

—먼 철교를 달리는 기차.

—철민 기차를 바라보다. 기차의 뒷모양 멀어지다. 철민의 시야에서 기차의 모양이 완전히 사라졌을 때 철민의 얼굴 그 어떤 결심으로 긴장되어 힘차게 발길을 돌리다.

32.

—잎 피기 시작한 나무들.

—나는 비둘기의 무리.

—봄을 맞이한 수도원. 아지랑이 속에 평화롭다. 합창 소리 은은히 울리다.

—수도원 복도. 햇살이 들어와 둥근 기둥을 비추다. 합창 소리 크게 울리다.

—그릇 깨트려지는 소리.

—남숙의 방.

병든 남숙 침대에 누워 있다.

—수척한 남숙.

팔에는 핏줄이 솟아 보이다.

—침대 옆 벽에는 '철민'의 낙서 이곳 저곳에 지저분하다.

—복도.

저편에서 신부가 하나 걸어오다. 그 뒤를 수녀들 몇 사람 따르다.

—남숙의 방.

문이 열리며 신부와 수녀들 들어오다. 엄숙하면서도 불안스런 그들의 얼굴. 남숙 일어나려다 그대로 쓰러지다. 신부 가까이 가서 그를 안정시키다.

—남숙의 핼쓱한 얼굴. 흐트러진 머리카락. 메마른 입이 그 무엇을 구하려 움직이다.

신부　　……요안나 정신을 차리시오.

남숙　　……신부님 저를 저 세상으로 도로 놓아주세요.

신부　　요안나. 주의 사랑 버리고 어디서 그대의 사랑 구하랴 하오. 주의 광명 떠나서 어디서 그대의 빛 찾으랴 하오. 어둠에서 어둠으로 흐르는 저 세상, 죄악의 폭풍이 그칠 줄 모르는 저 세상에 그대는 주를 떠나 어이 가랴 하오. 그대 어둠과 죄악의 바다에서 헤어나 이제 주의 밑에 구원을 받었거늘, 어찌 이단의 슬픈 길을 다시 가려하오.

남숙　　……어둠두 죄악두 좋아요. 다시 저 세상으로 놓아주세요. 신부님. 놓아주세요…….

신부는 설레는 남숙을 간신히 가라앉히고 침대 맡에서 묵도를 드리다. 수녀들도 같이 묵도 드리다.

—고요히 눈을 감은 남숙의 얼굴. 눈물 고이다.

33.

—구르는 기차 바퀴.

—기차 속. 철민 차창에 의지하여 밖을 내다보다.

—창밖에 움직이는 풍경. 산 들 마을 시내 위에 황혼이 짙다.

—길게 뻗친 레일.

—구르는 기차 바퀴.

—수도원 남숙의 방. 황혼 속에서 남숙 꿈에서나 깨난 듯이 별안간 벌떡 일어나 침대 위에 안다. 설레며 주위를 휘둘러보다. 차차 흥분이 가라앉음에 따라 두 손을 가슴에 얹고 다시 고요히 눈을 감다.

이중소(二重燒)

—생각에 잠기는 핏기 없는 남숙의 얼굴.

—남숙의 방에 철민 나타나 침대 곁으로 가까이 오다. 두 사람 손을 마주 쥐다. 남숙의 얼굴에는 생기가 흐르며 별안간 철민의 품에 뛰어들으려는 듯이도 몸을 벌컥 일으켰으나 모르는 결에 철민의 자태 사라져 있다. (이 컷의 남숙의 포즈는 아까 벌떡 일어섰을 때의 그 자세와 꼭 일치되다.)

—생각에 잠긴 남숙의 얼굴.

—수도원.

—구르는 차 바퀴.

— 굴 속을 나오는 기차.

— 연기를 뿜는 기관차.

— 벌판을 닫는 기차.

— 기차 속. 차창에 의지한 철민의 얼굴 열정에 빛나다.

— 창밖에 움직이는 풍경.

— 멀리 바라보이는 수도원.

— 흔들리는 신록의 나무들.

— 빛나는 철민의 얼굴.

— 벌판을 달아가는 기차의 뒷모양.

금시에 까맣게 멀어지다. (오랫동안) FO

(끝)

李鐵民　　金治根

安南淑

安學萬　　金一英

姜弼浩　　李　雄

宋炳熙　　李白水

千載一　　宋寬燮

南淑 母　　姜貞愛

鐵民 동무

　東燮　　尹芳一

永鎬　　申泰善

南淑 동무　金信哉

英子　　金福鎭

愛羅　　金蓮實

淑子　　金麗順

明姫　　朴亨淑

學校理事　徐恒錫, 金晋燮, 鄭寅燮, 金珖燮, 曺喜淳, 李軒求, 咸大勳, 異河潤

神父　　柳致眞

修女　　金壽任, 毛允淑, 盧天命, 金甲順, 鄭德仁, 李萬禮

醫師　　安福祿

스텝

製作主任　徐恒錫

原作　　崔琴桐

脚色　　李孝石

監督　　金幽影

撮影　　梁世雄

臺詞　　柳致眞

錄音　　朝映시스템

美術　　姜聖範

音樂　　洪蘭波

現像　東京水中商會

字幕　崔一松

照明　李相南, 崔進

進行　李炳璨, 朴昌赫

스틸　朴弼浩

記錄　崔永秀

大道具　姜聖範

小道具　金大奎

監督補佐　李駿圭, 李翼

撮影助手　李丙穆, 孫一星, 李求學

錄音技師　崔寅奎

同 助手

宣傳　李雄, 高貞燮

衣裳　白商會, 二五商會

效果　劇研管絃團

부기(附記): 이 시나리오는 원(元) 촬영용으로서의 것이 아니다. 어느 정도까지 독물적(讀物的) 성질을 가진 것이올시다. 다음 촬영 개시 직전에 정말 이 영화 제작에 관련하실 분에게 또다시 촬영용의 대본을 배본하겠습니다.

영화부 백

인물과 그 배역

李鐵民 (南淑의 戀人)

安南淑 (校長의 딸)

安榮萬 (南淑의 父)

姜弼浩 (南淑의 男便)

宋炳熙 (敎務主任)

千載一 (弼浩의 友)

鐵民의 友　東燮, 永鎬

南淑의 友 英子, 愛羅, 淑子, 明姫

바- 女給　A, B, C, D

學校의 理事　A, B, C, D, E

女子專門小女給仕

神父

修女　A, B, C, D, E, F

結婚式場客　約 百 名

海水浴場客　七 八 名

靑丘中學生　十 余 名

女子專門校生　多數

以上

《동아일보》, 1937.

역사

등장인물: 마르타, 마리아 막달라, 나사로, 토마스, 예수, 유다, 로마 병사 갑, 로마 병사 을, 군중(목소리만)

삼월 보름의 유월절(逾越節)을 앞둔 엿새 전. 나사로가 소생한 날 저녁. 베다니에 있는 나사로의 집 대청. 바른편은 부엌으로 통하고, 왼편에 출입문. 정면 벽에 창. 그 아래에 침상. 나사로 누웠고, 마리아 식탁의 준비에 분주하다. 축복의 만찬이 열리려는 것이다. 포도와 무화과의 바구니, 감람, 종려, 백향목의 가지, 주호(酒壺), 밀항(蜜缸) 등을 알맞게 배치한다.

나사로 누님.

마리아 (본다.) …….

나사로 그래 정말 지금 내 있는 곳이 저세상이 아니구 이 세상이란 말이죠. 감람산 아래 베다니 마을 바로 나사로의 집 늘 눕던 침상 위에 살아서 누워 있단 말이죠. 거기 서 있는 게 그게 바로 마리아 누님이구 부엌에서 일하고 있는 게 마르타 누님, 식탁 위에 놓인 것이 그게 틀림없는 포도와 무화과와 종려나무와 술과 꿀이란 말이죠.

마리아 아무렴. 바로 감람산 아래 베다니 마을 나사로의 집이구 말구. 지금 저녁 잔치 준비에 분주하고 좀 있으면 예수께서 오실 테구.

나사로 이 눈으로 다시 해를 보고 달을 볼 수 있단 말이죠. 누님들이 보는 그 별들을 나두 볼 수 있단 말이죠. 너무도 신기해서 거짓말만 같아요.

마리아 우리두 처음엔 거짓말로만 알았단다. 죽어가는 걸 살린다는 건 예수께서 늘 하시는 이적이니 믿을 수도 있었지만, 죽어 버린 사람을 살린다는 건 이건 생각할 수 없거든. 네가 위독하다는 기별을 보낸 지 이틀이 되어도 예수께서 안 오시길래 사실 은근히 원망도 해 보았다. 네가 죽어서 장사까지 지낸 지 나흘 만에 — 오늘 아침에서야 겨우 오시지 않았겠니. 울며불며 맞이해 드리니, 선생님께서도 눈물을 흘리시면서 그래 나사로는 대체 어디다 묻었누 하시길래 인도해서 무덤에 이르렀을 때 — 사람들은 거기서 무얼 보았겠니. 선생님이 관 위에 놓인 돌더러 굴러 내리라 하니 돌이 굴러 내리더구나. 눈을 드시고 하느님께 감사를 바친 후 엄숙한 목소리로, 나사로여! 나오너라, 부르시니 죽었던 네가 살아나왔단 말이다. 모두들 거짓말로만 알았지 어찌 정말로 알았겠니. 네 몸을 다쳐 보구 말소리를 들어 보구 해도 갈 데 없는 죽기 전의 나사로 너더구나. 놀랍구 두려운 맘에 선생님께 감사도 드릴 염(念) 못하구 묵묵히들 집으로 돌아왔단다. 살아나는 순간을 네게 보이구 싶었다. 너두 네 목숨을 정말로는 믿기 어려우리라.

나사로 죽었든지 어쨌든지를 내가 알 리가 있소. 앓다가 잠이 들구 꿈속에서 어두운 바다를 한없이 헤메이던 것만 같아요. 잠을 깨서 일어나 보니, 눈앞에 선생님이 서 계시구 집안사람들과 이웃 사람들이 울레줄레 서 있는 게 웬일인가만 생각되면서 집으로 들어왔죠. 침상에 누워서 하루 동안 곰곰이 생각하니, 무척 어두운 세상에서 오래간만에 돌아온 것 같으면서 기쁨이 전신에 흘러 넘쳐나와요. 갓난아이의 마음이 아마도 그럴는지 세상만사가 새롭고 신기하게만 보이면서 지금 살아 있다는 기쁨이 샘같이 가슴속에 솟아나와요. 하늘도 나무도 방 안도 과실도 꼭 처음 보는 것만 같이 귀하고 거룩하게 여겨지면서 마음을 뛰놀게 해요. 전 가제 난 아이예요. 제 일생은 오늘부터 시작되는 것만 같아요.

마리아 (포도 한 송이를 나사로에게 갖다 주면서) 어서 기운을 내서 신기한 것 실컷 먹구 보구 아이같이 즐겁게 살어가요. 오늘이 생일잔치인 셈인데, 어서 일어나 활기를 펴구.

나사로 (침상에 일어나 앉으며 포도 알을 맛본다.)

마리아 선생님의 은혜를 생각하면 가슴이 벅차면서 어떻게 하면 다 갚아드릴는지, 자나 깨나 이젠 그 궁리뿐이란다. 우리 식구들을 남달리 사랑해 주시는 것만두 고마운 데다 내 죄를 씻어 주시고 네 목숨까지를 살려 주시니, 이 몸이 진한들 그 은혜 보답할 도리 있겠니.

나사로 어떻게 신령하시면 못하시는 일이 없으시니 하느님 대신으로 하느님의 뜻을 행하시는 분이 왜 우리 곁에 친히 계셔서 우리와 마주보고 이야기할 수 있는 것인지, 아무리 생각해도 모를 일이란 말요. 내 자격이 좀 더 칠칠하고 집안 형편이 좀 더 피었더라면 제자로나 들어가서 은혜의 만분지 일이나 갚아 드리지 않겠수. 누님 덕으로 살아가던 집안이 누님이 허물에서 발을 씻으시고 나오시니, 이제는 책임이 내 한 손에 달렸는데 보람 없는 꼴을 돌아볼 때 부끄런 생각만 나요. 별수 없이 다시 양이래도 쳐서 살아갈 수밖엔 없는데, 양의 무리에 매어 놓으면 더 선생님을 돌아볼 여가가 있을는지.

마리아 난 이왕 선생님께서 죄를 씻은 몸이니 평생 몸을 바치기로 작정했거니와, 사실 집안 사정을 생각하면 딱해 못 견디겠다. 어떻게 했으면 좋을는지 토마스 말마따나 어지러운 세상이니 차라리 살림을 떠가지고 아라비아나 바빌론으로 이주해 가두 좋으련만, 당장에 선생님 곁을 뚝 떠날 수도 없는 노릇이고.

나사로 어지러운 시절이라니, 이렇게 살기 어려운 때가 있었겠수. 무엇을 하든지 간에 큰 용기가 필요하건만, 어쩌다가 이런 졸장부로 태어났는지. 토마스만큼만 태어났더라도 이렇게 사람 구실 못하진 않았을 걸. 녀석은 제법 사람된 품이 명민하고 용감스럽고 베다니를 통틀어도 그만한 위인은 없을 테야. 열심당(熱心黨)의 한 사람된 자랑을 그같이 끔찍이 여기고 소중해 하는 젊은이도 드물고. 난 토마스만큼 부러운 사람이 없구 그는 이 고장의 자랑거리예요.

마리아 토마스의 열정이 점점 무서워지더라. 물인지 불인지를 모르구 당의 일을 위해서는 개인의 사정은 다 잊어버린단 말이다. 가꾸던 포도원을 던지구 집을 버리구는 허구한 날 어디론지도 모르게 분주하게 휘돌아치거든. 지금 같아서는 난 도저히 그의 열정을 받을 수 없어. 그처럼 생각해 주는 것이 고맙긴 하구 인금으로 해서 난 그 값에 가지는 못하지만, 그의 사랑을 받아들일 수 없어. 무엇보다두 내 맘에 거슬리는 건 예수와 길이 어긋나서 늘 맞서게 되는 것. 뜻과 사상이 너무도 달러. 사상이 다르면 자연 그렇겠지만, 어떤 때는 옆에서 보기가 민망하리만큼 빗서구 충돌하거든.

나사로 그야 칼과 돌로써 백성을 구하려는 생각과 깨끗한 마음으로 사람을 건지려는 생각이 어긋나고 충돌하는 것은 당연한 일이지만, 사실 나는 지금도 어느 편이 바른지를 몰라요. 토마스의 말을 들으면 그의 주장이 세상에서 제일 옳은 것 같으나, 예수 앞에 나서면 그 온화하고 성스러운 위엄 아래 스스로 고개가 숙여지거든요.

마리아 선생님을 섬기면서 토마스를 사랑할 수는 없는 노릇이니까, 두 사람 중의 한 사람을 선택해야 할 처지이고, 그것을 토마스도 지금 요구하고 있으니, 딱하단 말이다. 물론 선생님의 뒤를 따라야 할 것은 빤한 노릇이나, 한 젊은이의 열정을 저버린다는 게 여간 괴로운 일이 아니거든.

나사로 누님의 심중은 헤아릴 수 있어요. 허나 세상에는 선생님을 공경하고 믿는 사람이 날로 늘어가기는 하나, 한편 반대하고 미워하는 사람도 많거든요. 하긴 열심당원 가운데도 점점 예수에게로 기울어지는 사람이 있다더구만, 제일 괴악한 것이 바리새 교인과 사도개파. 그뿐인가 왕과 로마의 호민관(護民官)을 비롯해서 집의원(集議院) 패들 이하 얼마나 선생님을 시기하고 미워하는 사람들이 많게요.

마리아 ……오늘두 저자에 갔다가 시몬을 만나지 않았겠니. 바리새 교인의 시몬 말이야.

나사로 언제인가 그 집에서 선생님이 초대를 받아 식사를 하던 날, 누님이 들어가 처음으로 죄를 뉘우치고 무릎을 꿇고 눈물을 흘리고 그 발에 향유를 바를 때 누님을 비웃던 그 시몬 말이죠.

마리아 그래. 선생님을 조롱하면서 그렇게 죄 많은 여자도 용서할 수 있느냐구 나를 비웃던 그 시몬 말이다……. 저자에서 문득 보고는 무어라는고 하니 나사로가 살아나서 기쁘겠다고 하면서 위선자니 무어니 하고 선생님의 험구를 하는구나. 자칭 다윗의 후예인 구세주로 사람들을 구하러 왔다는 것은 인심을 수람(收攬)하기 위한 거짓말이라고 하면서, 갖은 욕설을 다 하는 눈치가 실상은 백성들이 점점 선생님을 믿게 돼서 큰 당파를 이룰 것을 두려워하는 것이 완연하더구나. 또 하는 소리가 자기들도 선생님과 대항하기 위해 바리새 교인들을 가만히 예루살렘 궁전으로 보낼 작정이라고 귀띔하지 않겠니.

나사로 일은 큰일이야. 신도가 늘어가면 왜 그만큼 적도 늘어가는 법인지. 선생님께는 바리새 교도가 종시 화 되지 않나 두구 보지. 유월절도 가까워 왔구 그때엔 선생님께서도 예루살렘에 들어가실 텐데, 그 요란하고 수선스런 속에서 한바탕 북새가 일어나지 않고 배길까. 내겐 그게 큰 걱정이에요.

마리아 그런 생각을 하면 우리가 어찌 선생님을 버릴 수 있겠니, 비록 한 줌의 힘으로 돕지는 못한다 하더라두 수고를 위로해 드릴 정도로래두 마지막까지 선생님을 극진히 섬기는 게 우리들의 의무가 아니겠니. 네가 선생님의 뜻으로 해서 살아났다면, 나두 선생님의 은혜로 해서 허물 속에서 재생하지 않았니. 죽은들 잊겠니. 시몬의 집에서 오백 냥과 오십 냥의 비유로 내 허물을 씻어 주셨을 때의 일을. 오백 냥의 죄를 진 나를 오십 냥의 빚을 진 사람과 똑같이 용서해 주시는구나. 선생님의 그 고마운 뜻이 없었더라면 나두 벌써 죽은 몸이겠다. 그 뒤에도 무지한 바리새 교인들에게 가끔 들려 주신 포도원의 비유라든지 혹은 방탕한 아들의 비유가 모두 나를 막아 주시려고 나를 두고 하신 말같이만 생각된다. 어찌 다 그 은혜를 잊을 수 있단 말이냐. 토마스가 다 무어냐. 선생님과 감히 비길 바가 되니. 토마스는 가슴속에 불을 가진 젊은이, 선생님은 하늘의 뜻인 존귀한 어른—어느 편을 섬겨야 옳을까가 문제가 아니라, 선생님께 어떻게 하면 정성을 다할까가 지금 내 걱정이란다.

(마르타 부엌에서 요리된 음식 쟁반을 들고 나타난다. 몸에 힘을 준 폼이 무거운 모양이다.)

마르타 나사로야. 와, 좀 들어 보렴. 기운이 전보다 나은가 못한가 보게. 오늘 가제 태어난 아이인 셈이니.

나사로 아무리 오늘 새로 세상에 나왔기로 기운까지 빠졌을까요. 까짓것쯤. (가서 쟁반을 주체스럽게 받아들고 식탁께로 간다.)

마르타 밀 한 푸대 무게는 되지. 오늘 저녁은 우리가 베다니로 이사해 온 후 처음 가지는 성대한 잔치인 것 같다. 기껏해야 떡과 생선이었지, 오늘같이 소고기와 양고기를 이렇게 흐붓하게 삶아본 적은 없었거든. 나사로의 생일이 스무 번을 넘었어도 오늘같이 야단스런 잔칫날은 없었다. (음식 그릇들을 식탁 위에 주섬주섬 옮겨 놓는다.)

마리아 (마르타를 거들며) 언니, 수고하셨소. 진종일을 부엌에서 일 하느라구.

마르타 내야 언제나 부엌일밖엔 더 하는 사람이냐. 네 정성에 비기면야 내 하는 일쯤 아무것두 아니지. 나사로도 나사로지만 오늘 예수께서 오신다니까, 너는 지금까지 보던 중 제일 큰 저자를 보아 왔더구나. 아마도 장거리에서는 오늘 제일 뽐을 냈을걸.

나사로 (떡을 한 조각 뜯어 먹으며) 어쩐지 오늘에 한해서 음식 절차가 야단은스러. 선생님 덕에 식구 전체가 영광을 받는다면, 이 또한 기쁜 일이 아니오.

마르타 이게 시실리 섬에서 왔다는 진귀한 포도주인가. 이 밀항(蜜缸)의 꿀이 타볼산에서 온 것이구. 굉장은 해.

마리아 선생님이 반드시 사치를 좋아하시는 분이 아니니, 마음의 정성으로 족하겠죠. 하치않은 물건이나 내 마음은 그보다 몇 곱절 윗길이거든요.

마르타 고귀한 날드의 향유가 바로 이게군. (상자 속에서 향유 든 도기를 내보며) 향기도 높다.

나사로 (향기를 맡는다.)

마르타 이 한 근에 삼백 냥이라지.

마리아 오늘 밤 최대의 정성을 바침이 예일 듯해서 난 농 속에 간직해 두었던 마지막 저축을 들추어냈어요. 식구들 몰래 내 단독으로 했다구 노여워들 말 것이, 나두 집안 살림을 아는 형편에 그만한 용기를 내지 않고는 이만한 일두 못할 것 같아서 그랬던 것예요.

마르타 암 마리아야. 선생님이라면 그저 그만이지. 세상에서 제일 소중한 분이니까. 그렇게 자별스런 사이는 세상에 없다. 무슨 이야기가 그렇게 잦은지, 가령 내가 부엌에서 일할 때에도 방 안에서는 두 분의 말소리가 소군소군 들려온단 말이지. 철없이 한번은 내가 화를 내면서 대체 무슨 이야기들이 그렇게 자별스러우냐구 했더니, 예수의 말씀이 마리아에게는 마리아의 맡은 일이 있나니라 하셨으니, 그래 대체 마리아의 맡은 일이 무엇일구.

마리아 언니, 나를 조롱하자는 작정이오. 선생님의 은혜를 그래 모르구 지내도 좋단 말이오.

마르타 누가 은혜를 모른다구 그랬니. 은혜를 생각하구 덕을 사모하니까, 오늘 나두 너와 함께 애써 일하지 않았겠니. 네가 선생님과 사이가 자별스럽다는 게 무슨 해로운 말이게. 아니면 아니라구 말 좀 해 보렴.

마리아 천한 몸으로 선생님을 대접하는 도리는 향유의 예밖에는 없다고 생각했어요. 언제인가 시몬의 집에서 선생님의 발을 향유로 씻어드렸을 때에도 그렇게 기뻐하시는 양은 없었기에 오늘도 위대한 은덕을 베푸신 날이라 향유의 예로 모실까 한 것인데, 언니가 그토록 싫은 소리를 할 줄야—.

마르타 향유의 예를 누가 모른다니. 나는 급한 내 발등이 먼저 내려다보여서 하는 소리다.

마리아 집안 형편을 누가 모른댔어요. 철부지 아이가 아닌 바에야 난 내 발등 못 보는 줄 알어요?

마르타 당장 내일부터래두 넌 선생님의 뒤를 따라나서면 그만인지는 모르나, 남은 식구들은 마주 눈을 뜨구 바라보고 있으면 좋단 말이냐. 나사로를 살려 주는 것만 해두 과한데 선생님이 또 우리를 위해서 맨손에 만나의 떡과 생선이 생기는 기적까지 베풀어 주시겠니.

마리아 어서 걱정 말어요. 내 다시 뭇 사내에게 몸이래두 팔게요. (별안간 고개를 숙이고 눈물을 짓는다.)

나사로 누님들은 괜히 또 쓸데없이들. 아닌 때 무슨 꼴이오.

(다시 침상께로 간다.)

마르타 아니 내 말이 무에 과혹했게 그러니. 집안사람들끼리두 터놓고 말 못한다면 이 답답한 속을 어떻게 하란 말이냐. 마리아 네가 그런다면 차라리 내 불찰이지. 지금까지 집안을 살려온 네 덕을 내 모를 바 아니구, 생각하면 한 식구로서 원통한 마음에 뼈가 갈리고 치가 떨리는데, 다시 너를 그런 죄의 구렁 속으로 몰아넣을 수가 있단 말이냐. 살아가는 게 왜 그렇게 어려운지 허구한 날 근심과 걱정이 삐지 않구 가난한 속을 헤어 나가려니 내 스스로 악이 나는구나.

나사로 다 내 허물이죠. 내 못난 탓이죠. 걱정 말어요. 내일부터래두 양의 무리 몰러 목장살이로 들어갈 테니.

마르타 도시가 어렵고 무서운 때가 온 것만 같다. 태평하고 좋은 시절에 태어나서 복 받고 사는 사람도 있으련만 왜 하필 이런 험하고 박한 시대에들 태어났을까. 유대 왕을 섬겨야 하구 로마 황제에게 매이구 일 년에 수십 가지 세금을 바치노라면 벌이의 반 이상이 달아나니, 죽으라는 게지 살라는 마련은 아니야. 좋은 세상이 언제나 올려는지 차라리 열심당이 돼서 칼부림을 놀아 보든지 그렇지 않으면 나라 밖으로 싸 가지구 도망을 치든지 하지 않고야…….

(열심당원 토마스 나타난다. 늠름하고 진취적인 호(好)청년, 투석기(投石器)를 메고 무장한 폼이 어떤 의무 속에 매어 있는 사람인 듯 그 어디인지 조급해 하고 설레는 태도가 보인다. 마리아 눈물 어린 양을 그에게 보이기 부끄러워 얼굴을 감출 듯이 하고 부엌으로 뛰어 들어간다.)

토마스 나사로 자네 소생했다는 소식은 아침에 들었네만 오늘은 또 유난스럽게 바쁜 날이라 손이 놓여야 말이지, 늦게 온 걸 허물 말게.

나사로 마침 울가망하고 답답하던 차에 — 자네는 언제나 내게 기운을 주러 나타나는 사람만 같애.

토마스 위대한 체험을 했을 테니 죽음의 세상이 대체 어떻던가. 즐겁던가 괴롭던가.

나사로 괜히 다시 살아난 것 같네. 사람 사는 게 이렇게 답답하구야 차라리 죽음의 세상이 편하지. 살아났다구 조금도 기쁠 게 없어.

마르타 너무 노여 마라. 내 불찰로 괜히 자리를 어지럽혀서.

토마스 오늘 마침 이웃 사람 한 가호가 바빌론으로 이사를 떠난다게 그 시중을 들고 나니 이렇게 꼬박 저물었어. 이번에 새로 당으로 들어온 친구에게 나는 우리들의 수령 메슈람에게로 증명서를 써 주고, 거기서 다시 허가를 얻어 가지구 바빌론으로 들어가게 되는 마련이라네. 그래두 살던 고장을 떠나는 게 설다구 울며불며 하는 걸 간신히 떼서 동구 밖까지 보내지 않았겠나.

나사로 사마리아와 유태 지방에 사는 농민들이 요새 와서 부쩍들 갈던 땅을 버리고 외국으로들 가게 됐으니 짜장 어려운 시절인 모양인데.

토마스 로마는 삼군단이나 되는 남은 군대를 소아시아와 시리아와 팔레스타인에 배치하고 예루살렘에 새로 연대를 증원했으니, 그들을 먹여 살릴 부담이 누구게로 돌아오겠나. 새로운 세금이 또 내리자, 그 시기를 앞두고 자연 고향을 떠나게 되는 것이라네. 열심당의 세력이 팔레스타인 안에서만 아니라, 멀리 모압 바빌론 애급까지 뻗쳤으니, 메슈람의 말 한 마디면 못 갈 곳이 없게 됐거든.

나사로 스물네 가지나 되는 세금에다 또 새 세금을 작정하면 어쩌란 말인구. 신전세(神殿稅), 인두세(人頭稅), 지세(地稅)로부터 수확세(收穫稅), 가옥세, 하다 못해 창세(窓稅), 소금세, 샘물세, 양식세(糧食稅)까지를 물게 되니, 그야말로…….

토마스 부채의 이자까지를 물다 나면 백성은 꼭 전 수입의 오분지 삼 이상을 떨리게 된다네. 그래두 자넨 이 땅에서 이대로 살아갈 수 있다구 생각하나. 예수만을 믿구 마음만의 신앙으로 살아갈 수 있단 말인가. 예수가 자네 목숨을 살려 줬다구 자네들 입 속의 양식까지를 장구히 보증해 준단 말인가.

(마르타 한숨을 지으며 고개를 흔들고 말없이 부엌으로 들어간다.)

토마스 자네 여자 예언자 하비라의 이야기를 들었나.

나사로 시나이 문 장날 시로암 못가에 나타났던 예언자 말인가.

토마스 그래. 얼마 안 가 구세주가 하늘의 군세를 이끌고 예루살렘에 강림하실 것이다, 오늘부터 이스라엘 백성으로서 여호와 이외의 권자(權者)에게 세금을 바치는 자는 지옥의 불의 형벌을 받을 것이다―고 예언한 여자 말이네. 하루는 대관(代官) 피라토가 오펠산에 올라 그 양을 바라보고 천인장(千人長) 타시터스와 무어라 수군거리더니 이튿날 아침 한 놈 산골짜기에 하비라의 시체가 쓰러져 개밥이 되어 있더라네. 그는 헵론에 가까운 마을의 농부의 아내인데 남편이 빚 때문에 옥에 갇히게 되구 갓난애가 굶주려 죽고 하니까, 그만 실성해져서 예언자가 되었다는데―문제는 그런 불쌍한 예언자는 지금 우리 주위에 얼마든지 있는 것이구 그들이 다 필경은 하비라와 같은 운명을 당할 것이란 말이네. 이런 어지러운 세상에 예언자인들 왜 안 나오겠나만, 구세주라는 게 결국 위대한 한 사람의 개인이 아니라, 우리들이 다 각각 마음속에 가지고 있는 용기와 지혜라고 나는 믿네. 우리 자신을 떠나서는 구세주두 없는 게구 우리의 힘을 믿지 않고는 구원을 받을 수도 없는 것이야.

나사로 자넨 예수의 권능을 소홀히 여기진 않나. 예수의 힘으로 만백성을 구할 수 있다고 생각지 않는가.

토마스 예수는 약하구 온순하구 생각이 우리와는 달러. 칼로써 악한 권세를 물리치구 나라를 편안함에 두는 게 우리들의 바라는 것이지, 모욕을 무릅쓰구 괴롬을 참구 적을 사랑함이 우리의 원이요 할 일은 아니거든. 차라리 나는 우리들의 영웅 메슈람을 더 위대하다구 보네. 용기와 계략과 전법이 참으로 만인을 거느리기에 족하구 나라를 계료함에 넉넉하단 말이야.

나사로 메슈람. 그가 그토록도 위대하단 말인가. 한번 이 눈으로 보았으면 좋겠네……. 머가 먼지 내겐 분간할 수 없어.

(마리아 어지러운 얼굴을 수습하고 부엌에서 나온다.)

마리아 (토마스에게) 잘 오셨어요. 마침 만찬을 준비했는데 함께 참가해 주세요. 나사로도 기뻐하게—.

토마스 과히 늦지 않고 폐 되지 않는다면 자리에 앉지요. 내게도 오늘 걸음이 당분간 마지막일 것 같으니요. 오늘밤 요단강을 건너야겠어요.

나사로 페레야로 간단 말인가.

토마스 메슈람의 천막을 찾을 때가 왔네. 각지에 있는 동지가 다 모여드는 때가 왔어. 키데론 강변에서는 벌써 세 차례나 집회가 있었구 열심당의 기세는 더욱 높아 간단 말이야.

나사로 때가 온 셈인가.

토마스 로마의 군단과 같은 수의 당원이라네. 메슈람의 부군(父君) 유다—왜 타불 산중에서 가슴을 찌르고 몸을 던진 용사 말이네—그가 남긴 단검으로 단검당(短劍黨)을 조직하고 이 시카리당의 한 사람 한 사람이 각각 로마군의 한 사람씩을 찌르기로 한 것이네. 즉 같은 수로 같은 수를 물리치자는 맹세에 당원들의 의기는 하늘을 찌를 듯이 높단 말이야.

나사로 여호와, 자네들을 지키소서!

마리아 그럼, 아주 싸움이 시작된단 말인가요.

토마스 ……떠나기 전에 마리아의 마음도 한번 더 알아보아야겠구 — 오늘 저녁은 여러 가지로 가슴속이 복잡하구 막히는구료.

나사로 (두 사람을 피해 창 기슭으로 가 선다.)

토마스 마리아의 소원이라면 난 메슈람에게 부탁해서 당장이래두 이 고장을 뜨게 하겠소. 난 벌써 평생을 싸움에 바친 몸이니, 앞으로 그다지 한가한 때가 있을 듯하지는 않으나, 이 집안이 아라비아나 바빌론에 가 살게 된다면 틈틈이 들리겠구, 거기서 농토를 얻어서 갈며 편안하게 지내게 되면, 난 나사로를 한 사람의 동지로서 메슈람에게 추천할 작정이오.

마리아 살던 고장을 뜬다는 게 어디 그렇게 쉬운 노릇인가요.

토마스 결국 마음 문제인데, 나더러 마리아의 마음을 몇 고패나 떠보란 말이요.

마리아 전 그 열정에 값가지 못하는 몸예요. 내 스스로도 기구한 반생이 부끄러워 견딜 수 없는데, 이 더럽힌 천한 몸을 생각하시는 것이 괜히 불행하시지.

토마스 불행이니 행복이니 하는 건 내가 할 소리 아니오. 내가 만약 그 불행을 원한다면 어떻게 할 작정이오.

마리아 마음이 허락지 않아요. 지금과 처지가 달랐던들 생각도 달랐을는지 모르나, 한번 구렁에 빠졌던 몸이라 이제 다시 행복을 주장할 낯이 없어요.

토마스 언제인가 메슈람의 사랑하는 여자를 본 일이 있었는데, 그 조각 같은 용모에다 말 없고 권위 있는 자태가 마음을 치며 그 후부터 난 마리아를 볼 때마다 그를 연상하게 됐었소. 그들같이 훌륭한 한 쌍이 못 되더라두 난 마리아와의 자랑스런 사이를 메슈람에게 한번쯤은 보여 주려고 작정했었고 그날이 오기를 기다리고 있었소.

마리아 행복의 뜻이 제게는 달라졌어요. 행복 속에서가 아니라 불행 속에서 행복을 찾는 것이 행복이 됐어요. 될 수 있는 대로 몸과 마음에 벌을 주며 속죄의 생활을 하는 게 의무니까요.

토마스 전과는 달리 어디서 어느새 그런 이치를 배우게 됐소. 누구를 위한 의무구 무엇을 위한 속죄란 말요. 전의 마리아의 마음속을 누가 빼앗구 무엇이 차지하구 들었단 말요.

마리아 확실히 저두 알지 못하는 무엇이 차지하고 든 것 같아요. 그것이 마음을 묶어 놓고 감시하는 모양이에요.

토마스 사랑에는 지혜가 금물이니 영리한 소리는 그만두구 어서 대답이나 해 봐요.

(목적(牧笛)이 울린다. 나사로가 심심파적으로 찾아내어 부는 것이다. 토마스 주머니 속에서 조그만 갑을 내서 여니 반지가 들었다. 마리아 앞에 놓으며)

토마스 주머니 속에서 묵은 지 오래였었소. 메슈람이 그의 애인에게 준 것과 똑같은 형상으로 쳐서 예루살렘의 인각사(印刻師) 루키오에게 부탁해 돌을 넣은 것인데 루비의 형상이 하트가 아니구 별의 모양으로 된 것은 우리 당의 당표를 표징한 것이오. 돌의 붉은 빛은 우리들의 피의 상징이구. 난 이 조그만 선물 속에 최대의 경의와 정성을 표했소.

마리아 선물도 몸에 맞아야 편편하지 과분한 것은 되려 괴롭기만 해요.

토마스 이게 내 마지막 시험이니 그런 줄이나 아시오.

마리아 똑바로 말씀 드리죠—제 마음속엔 벌써 반지를 꼈어요.

토마스 누 누구의 반지를 꼈단 말요. 그 마음을 묶어 놓고 감시하는 게 그게 대체 무어란 말요. 누구란 말요.

마리아 양심의 목소리구 하늘의 뜻이에요.

토마스 더 좀 자세히 말해 보시오. 양심의 목소리와 하늘의 뜻이 곧 예수란 말이죠. 예수가 마리아의 마음을 그렇게 붙들구 묶어 놓았단 말이죠.

마리아 …….

토마스 예수가 무엇이길래 사랑의 자유까지를 속박한단 말요. 하늘의 뜻이 아무리 엄격해두 사랑의 뜻만은 지울 수가 없는데 양심과 사랑이 왜 어긋나야 한단 말요.

마리아 전 예수께 평생을 바쳤어요.

토마스 평생을 바쳤기루 사랑하지 말구 혼인하지 말라는 법이 어디 있겠소. 예수는 이미 가나안의 혼례에 참석하지 않았소. 그 가난한 사람들의 결혼을 축복하고 모인 사람들을 대접하기 위해 여섯 독의 물을 술로 변하는 이적을 베풀지 않았소. 우리들의 혼인두 응당 축복해 주기를 인색해 하지 않을 테구 축복해 주어야 할 것이오. 그가 만약 하늘의 뜻을 대변한다면 바다같이 인자하구 너그러워야 할 것이니까. 난 오늘 그에게 우리들의 혼인을 선언하고 축복을 원할 것이오.

마리아 (앞에 놓인 반지를 거절해 물리치며) 제 마음은 이미 예수와 혼인했어요. 두 사람과 혼인하는 법은 없으니까, 더 저를 괴롭히지 마세요.

토마스 혼인을 했다 — 예수두 혼인을 원하나.

마리아 선생님은 어찌 됐든 간에 전 마음으로 혼인을 했어요.

토마스 (격해서) 그렇다면 예수는 위선자이지, 땅의 아들과 다를 바 없지. 입으로만 뭇사람의 행복을 원할 뿐, 속에는 사욕이 그득 차 있는 셈이지.

마리아 (노여워하며) 선생님을 욕하는 것을 전 좋아하지 않아요.

토마스 위선자이오. 사랑의 도적이오…….

마리아 (발끈해지면서) 입을 다물어요. 다시 내 앞에서 험구를 했다간…….

토마스 (몸을 주춤하면서 입을 다문다. 격해 눈이 형형히 빛나나 금시 분이 누그러지며 날카로운 일맥의 기개만이 남는다.)

잠시 침묵이 흐르는 동안에 목적만이 높이 올린다. 나사로는 난처한 처지에서 무관심을 가장하고 자연 목적에 힘을 들이는 수밖에는 없다. 피리 소리에 섞여 밖에서 부르는 목소리 들리더니 유다 들어온다. 고수머리와 짧은 수염의 텁석부리. 우울하면서도 표표한 자태이다.

유다 웬 피리 소리가 이렇게 야단스러운가. 나사로가 완전히 살아난 셈이지. 오! 토마스 자네두 와 있었나. 오래간만이네그려. 요새 자네들이 움직이기 시작했다는 소식은 듣고 있었네만.

마리아 선생님두 오시나요.

유다 지금 오시던 길에 또 한 군데 클로파의 집에 병을 고치러 들어가셨는데 좀 있으면 오실걸. 문둥병인 모양이니 선생님 손길 한번만 가면 나을 테니깐.

마리아 (이지러진 모양을 매만지며) 다른 분들두 오시구.

유다 제자로는 오늘 나 하나야. 페트로와 야곱이 아까까지 모시구 있었는데 집으로들 가구 나 혼자 남았어.

나사로 (피리를 그치고 와 선다.) 오늘 그래 도합 몇 집이나 들리셨나.

유다 대여섯 집 될까. 설교하구 기도하구 찬미하구 병을 고치시구—그러기에 그저 또 하루가 다 갔지. 그 수많은 기적을 베푸시는 힘으로 내게 부귀를 주신다면 얼마나 선생님께 더 감사하련만. 내 마음 얼마나 만족하고 행복스러우련만, 그저 늘 하시는 소리가 가난한 자는 행복스러우니라—니 가난해 가지구 사람이 어떻게 행복되단 말인가. 믿음이 첫째구 마음만 마음이라구 허구한 날 금욕과 악식(惡食)과 노동의 생활의 찬미니 그렇게 하구 무슨 살 재미가 있겠나. 이때껏 제자 노릇해 복 받은 것 없어. 이 이상 제자 노릇 못 하면 못했지, 이 가난을 더 참을 수 없구 더 깨달을 도리두 없어. 차라리 다시 천막업자 노릇을 하든지, 낙타를 한 마리 사가지고 대상(隊商)이나 한몫 끼었으면 돈 벌이두 좀 되련만, 그도 못하는 이놈의 신세 언제 가면 고쳐질는지.

마리아 (책망하는 눈초리로) 제자두 알량하다. 열두 사람 제자 중에서 당신이 제일 빠지리다. 당신 같은 제자를 가지신 선생님이 얼마나 불행하신지. (더 듣기 싫다는 듯이 부엌으로 걸어간다.)

유다 (자조(自嘲)하는 듯 혼잣말같이) 제일가는 수제자가 됐다간 그야말로 큰일 나게. 내게는 정신보다는 물질이 낫구, 믿음보다는 떡이 더 긴하거든. (식탁 위를 바라보며) 오늘은 웬 고기가 이렇게 흔한구. 선생님이 고기를 즐기지 않는데. (하면서 양고기 한 저름을 뜯어서 입에 넣는다.)

마르타 (접시들을 들고 부엌에서 나오다가 유다를 보고) 손버릇 얌전하다. 선생님은 어쩌구 혼자 날름 와서는, 제자 꼴 됐어. (하면서 식탁 위에 접시들을 늘어놓는다.)

유다 내 입이 첫째로 중하구 그다음이 선생님이 아니겠소.

마르타 선생님 대접을 잘은 해.

토마스 예수의 행사(行事)로서 권력 계급을 힐난하고 그 타락을 규탄함은 확실히 하나의 공이나, 경건파의 생활 신조를 백성에게 권하구 가난과 인종의 하천한 생활을 가장 훌륭한 것인 양 강잉히 종용함은 되려 해로울지언정 조금도 유익하지 못한 일이야. 그런 소극적이고 비굴한 사상으로는 이스라엘의 오늘의 사태를 조금도 개혁할 수는 없단 말이네.

유다 나두 찬성이야. 왼빰을 칠 때 왜 바른 빰까지 내놓아야하는지, 지금까지두 그 이치는 터득하지 못했어. 먹을 것을 못 먹구 입을 것을 못 입구 밟히는 대로 맞는 대로 사람 값에 못 가는 비굴한 생활을 하면서 살아서는 무엇하구 그 속에 무슨 뜻이 있단 말인가. 오늘을 버리고야 내일은 무엇하자는 게구, 지금을 천하게 여기구 미래는 무엇을 쓰자는 것인가.

토마스 오늘의 형편을 바로잡을 수 있는 것만이 필요하고 긴급한 일이지. 내일을 믿고 다음으로 미루는 것은 대개는 꿈이요 헛소리이니, 참으로 위대한 영웅은 현재를 고치고 눈앞을 헤이게 하는 법이네.

유다 먼 날의 안락보다는 그저 내겐 눈앞의 은 몇 닢이 더 중하게 뵈어.

마리아 (촛대를 들고 부엌에서 나타난다. 유다를 보고) 아직두 무어라고 지절대구 있나. 얼른 가서 선생님이나 모셔 오지 못하구.

유다 (비죽비죽 웃으면서 질기게 서 있으니)

마리아 (발을 구르며) 그래두 냉큼 못 나설까.

(유다 마지못하는 듯이 문께로 향한다. 마리아 촛대를 식탁에 올려놓고 불을 켜는 동안 모두들 침묵. 세 개의 촛대에 불을 켜고 나니 방 안이 밝아지며 모든 것이 훤히 솟아 보인다. 막 문밖으로 나갔던 유다 다시 들어오니, 그 뒤에 예수 따르다. 식구들 국궁(鞠躬)하고 서 있는 동안에 마리아 날쌔게 뛰어가 예수의 옷자락을 붙들

고 상좌로 인도. 차례차례 자리에 앉은 속에서 토마스만이 뻣뻣스럽게 예수 앞에 서 있는 결과가 되었다. 예수 눈을 감고 기도 드리는 모양.)

유다 막 문밖까지 나가니, 손수 오신단 말야.

마리아 (아직도 눈 감은 예수를 보고) 얼마나 수고로우세요. 진종일 창생을 구하시느라고.

나사로 선생님 덕에 이렇게 또 펀둥펀둥 살아났습니다.

마르타 아무것두 없으나 정성을 다했사오니 오늘 밤 잔치를 축복해 주옵소서.

마리아 (잔에 포도주를 따라 예수 앞에 놓는다.)

예수 (겨우 눈을 뜨고) 자비하신 하느님의 덕택으로 오늘두 하루 무사히 지냈도다. 즐거운 자나 괴로운 자나 다 같이 그 은혜 속에 젖었도다.

나사로 (토마스에게) 자네도 자리에 앉게나.

예수 (토마스를 보고) 그대가 열심당원 토마스인가. 여호와는 그대의 용기와 수고도 또한 축복해 주실지니라.

토마스 여호와가 만약 우리의 사업을 축복해 준다면 백성의 한 사람 한 사람을 모두 당원으로 만들어 주구, 우리로 하여금 로마의 대군을 박멸할 힘을 주셔야 하지 않겠습니까?

예수 군으로서 군을 물리치고 힘으로서 힘을 이김이 참된 승리가 아니니라.

토마스 이미 수십 만의 대적이 우리들을 둘러싸고 우리들의 나라와 생활을 짓무찌르고 있으매, 이에 거역함이 옳은 일이 아니고 무엇이겠습니까. 시리아 총독 비테리우스와 호민관 콜네리우스와 대관 폰테오 피라토와 갈릴리 분봉영주(分封領主) 헤롯과 그들의 거느리고 있는 수십 만의 병력—이를 물리침이 어찌 우리의 의무가 아니며, 그 우리를 지도하고 위대한 능력을 주는 이만이 참으로 우리의 구세주 메시아일 것입니다. 우리들은 이제 그들과 대항할 만반의 준비를 갖추어 가지고 메시아의 나타나기만 기다리고 있는 것입니다. 선생님이 만약 참으로 다윗의 후예 메시아라면 이제 우리들을 이끌고 로마의 세력을 이 땅에서 물리쳐야 할 것이 아닙니까.

예수 그대들의 기개는 장하고 용기는 상 줄만 하나, 싸움에는 또 다른 방법이 있나니라. 하느님은 피를 보시기를 즐겨하지 않으시며 적으로 하여금 그들의 무지를 알게 함이 참된 싸움이니라. 칼을 들기는 쉬운 노릇이나, 이것이 참으로 어려운 노릇이니라.

토마스 우리들의 수령 메슈람은 이미 페레아에서 콜네리우스의 군과 싸워 로마식 창법(槍法)과 코끼리의 전술로 네 번이나 그의 중대를 전멸시켰으므로 콜네리우스는 분풀이로 시리아 총독에게 원병을 청해 다시 싸움을 계획 중인데, 그가 동원할 수 있는 병력은 소아시아, 시리아, 애급, 팔레스타인에서 이만의 로마병과 이만의 사병 합 사만인데, 메슈람은 바빌론 모압의 원조와 팔레스타인의 농민의 반수로 조직된 농민군과를 동원하면 족히 그 사만의 군력과 싸울 자신이 있으나, 단지 겁나는 건 로마의 삽십 군단—이때에 그 역시 메시아의 출현을 기다리는 마음 간절한 것입니다. 예루살렘과 갈릴리와 사마리아와 페레아와 파샨을 이끌고 일거에 팔레스타인에서 로마의 세력을 내쫓지 않고는 우리들의 구원은 없는 것입니다.

예수 구원은 다른 곳에 있나니라. 사랑으로 무지를 물리치고 어떠한 곤란 속에서나 기도로서 마음의 평화를 얻을 때 구원이 있나니라. 각 사람이 다 그렇게 함으로써 필경은 세상에서 고난이 없어지고 아름다운 때가 올 것이니라.

토마스 그건 졸장부의 잠꼬대요 비겁한 발뺌이지, 그렇게 해서 천 년 만 년 가야 아름다운 시절 나타날 리 없죠.

예수 사람이 힘으로 싸운다면 천 년 만 년 가도 싸움이 그치지 않을 것이니라.

토마스 지금 우리에게 필요한 건 잠꼬대가 아니고 참으로 삼손과 같이 사자의 턱을 찢을 만한 힘과 용기요, 이것을 가지고만 다윗 왕국의 꿈이 재현될 것입니다. 하늘에는 정의의 태양이 빛나고 있습니다. 때는 온 것입니다. 이때를 당해 분기하지 않는 것은 이 땅의 백성이 아닙니다.

예수 그대는 아직 모르누나. 하느님의 뜻을 이해하지 못하누나.

토마스 선생은 우리들의 메시아가 못 됩니다. 용감해야 할 것입니다. 한 개의 돌로써 (투석기에서 돌을 집어낸다.) 능히 로마의 백졸장을 넘어뜨리고, 당원 각 사람이 품고 있는 이 단검으로써 (품속에서 단검을 집어내니 그 광채 촛불에 휘황해서 좌중이 엄숙해지다.) 각각 한 사람씩의 로마병을 찔러야만 우리의 원하는 다윗 왕국이 오고 백성들은 구원을 받을 것입니다. 나라가 일어서려고 하는 때입니다. 용감해야 할 것입니다.

예수 하느님이여, 이 용감한 아까운 젊은이를 용서하소서. 그는 아직도 어두운 길을 헤매고 있나이다.

토마스 (단검과 돌을 수습하며) 메슈람이 나를 부릅니다. 지금 나는 페레아로 떠나야 합니다. 우리들이 힘을 다할 때 여호와 우리를 지키시고 만세(호산나!) 소리 땅에 그득 넘칠 것입니다. (주춤하고 발을 한 걸음 옮긴다.)

나사로 (벌떡 자리를 일어서며) 그래 자네 정말 떠나려나.

토마스 (반지 든 갑을 식탁에서 집어 들고 손아귀에 꼭 쥐며 마리아를 지그시 바라본다.) 마리아의 대답이 내게 한층의 용기를 주었네. 벌써 마음에 남길 것이 없이 개운한 몸으로 싸움터로 갈 테야. 백성들의 부르는 소리 귓속에 들려온다. (예수에게) 마리아의 마음은 선생께 맡기겠소이다. 마을에 남은 내 일은 이것으로 끝났고 이제는 벌써 싸움이 있을 뿐입니다. (갑을 투석기 속에 넣고 문을 향한다.)

마리아 (고개를 숙인다.)

나사로 토마스, 이 어두운 밤에.

마르타 저녁두 안 먹구 이대로…….

좌중의 시선을 받으며 문밖으로 사라진다.

유다 내게두 토마스의 용기가 부럽다.

마리아 선생님, 토마스를 용서하세요. 자기 생각만을 바르다고 아는 토마스를 용서해 주셔요.

예수 훌륭한 청년이다. 생각과 방법만이 그르니라.

나사로 선생님, 토마스의 생각이 왜 그릅니까.

예수 나사로야. 네 마음도 아직 구렁 속을 헤매이고 있는 증거야—싸움은 싸움을 낳을 뿐이요, 사랑만이 평화를 낳나니라.

나사로 이 어려운 때 사랑만으로 어찌 결단이 나겠습니까. 적을 사랑하다 적에게 물리어도 옳습니까.

예수 적이 그 스스로의 그릇됨을 깨달을 날이 반드시 있는 것이요, 그때에 너는 이기는 셈이 되나니라.

나사로 당장의 욕을 참고 그때에 이겨서는 무엇합니까. 욕을 받고 참는 것이 되려 죄가 아니겠습니까.

예수 네 마음의 미혹이 아직도 크니라. 내 말을 새겨 듣고 하루바삐 깨달을지니라.

마르타 어서 식사들을 시작하셔요. (각각 잔에 포도주를 따라 주니 천천히 떡들을 뜯기 시작한다.)

유다 선생님은 그 위대하신 힘으로 왜 토마스의 이상을 실현시켜 주시지 못합니까. 바른 일을 위해서만 하느님의 힘을 대신해서 기적을 베푸시는 선생님이 이제 큰 국가의 바른 일을 위해서 왜 위대한 기적을 베푸시지 않습니까. 나라의 이상이요 백성의 희망인 그 큰 사업을 행함은 선생님의 힘밖에는 없는데 왜 그것을 행하시지 않으시렵니까.

예수 내게 그것을 묻는 사람이 많다. 그러나 내 대답은 늘 같으니라—그들은 메시아의 참된 뜻을 모르고 묻는 것이니라. 종래의 메시아의 관념으로 나를 해석하면 내 뜻을 그르치나니라. 나는 마음의 메시아인 것이요, 힘과 권세는 내 원하는 바 아니니라.

유다 그러나 사람들의 원은 그와는 다르지 않습니까. 토마스의 열정을 도와주고 인도함이 어찌 옳은 일이 아니겠습니까. 다윗 왕국의 꿈을 실현함에는 그것이 가장 첩경인 것을.

예수 칼을 들고 싸운다고 금시 왕국이 오는 것이 아니니라. 싸움은 싸움을 낳고 피는 피를 불러서 천 년 이천 년을 가도 세상은 지금과 매일반. 결코 좋은 시절이 오지는 않을 것이니라.

유다 그러면 대체 세상은 필경 어떻게 되어 나가고 어느 때에나 좋은 시절이 온단 말입니까.

예수 사랑과 믿음은 언제든지 착한 것이요, 그 외의 모든 것은 다 악한 것이니라. 세상 구석구석에 악이 늘어 가고 넘쳐 갈 때 최후의 심판의 날이 올 것이니라. 삼천 년 후가 될 지 구천 년 후가 될지 그것은 세상이 되어갈 나름이나 그날 착한 것은 구원을 받고 악한 것은 멸망을 당할 것이니라.

나사로 최후의 심판까지는 너무도 세월이 멀지 않습니까. 주의 힘으로 눈앞의 악을 왜 당장에 심판할 수 없습니까. 지금두 세상 구석구석에 악이 충분히 넘쳐 있지 않습니까.

예수 그것을 나도 잘 안다. 악이 넘쳐 있음을 나도 잘 안다. 그것을 생각할 때 내 마음 아프니라.

나사로 그 악을 물리치려는 토마스의 용기가 얼마나 갸륵합니까.

예수 (침묵)……사실 내게도 오늘 저녁 토마스가 남기고 간 말이 범연하지는 않다. 자꾸만 가슴속을 헤치고 드누나. 세상에는 악이 너무도 많다. 그 악이 내 신변에도 점점 가까이 미쳐 옴을 내 못

볼 리 없느니라.

마리아 (다시 침묵하는 예수를 의아해 그 안색을 살핀다.)

예수 ……(고요하고 침통한 어조로) 엿새 있으면 유월절, 그날 나는 예루살렘으로 들어갈 것이다. 나귀를 타고 성문을 들어설 때 백성들은 종려나무 가지를 땅에 펴고 "호산나!"를 부르며 나를 왕으로서 맞이하리라. 그러나 바리새 교도와 사도개파와 제사장은 나와 그 백성들의 환영을 즐겨하지 않으리라. 그리고 열두 사람 속에 나를 배반하는 한 사람의 제자가 생기리라. (유다 영문을 몰라 예수를 바라본다.) ……물독 놓인 이층집 객실에서 최후의 만찬을 나눌 때 나는 그 배반한 제자를 지적해 내리. 올리브 산에 올랐다 케데론 강을 건너 겟세마네 동산에 들어가 혼자 기도를 드릴 때 배반자는 병사들을 데리고 나를 잡으러 오리라. 은전 서른 닢으로 그는 나를 제사장에게 판 것이니라……. 다음 날 나는 필라토와 해롯의 재판을 받고 자색 옷에 가시관을 쓰고 십자가를 등에 지고 거리를 걸을 것이다. 골고다에서 갈보리 언덕으로—거기에서 병사들의 모욕 속에서 목숨을 버리리라……. 그러나 사흘 만에 다시 부활해서 하늘로 오를 것이니라……. (두 줄기 눈물이 볼을 흘러내린다. 침묵 속에서 좌중은 놀람과 의구의 표정으로 예수를 바라본다.)

마리아 선생님, 선생님. 그게 정말입니까. 선생님은 선생님의 앞날을 그렇게 또렷이 보십니까.

예수 (눈물 속에서) 세상 죄악이 각각으로 나를 둘러싸 오는 것을 나는 아느니라. 그러나 마리아여, 그대는 마지막까지 나를 모시는 자의 한 사람이 될 것이니라.

유다 그래 선생님을 배반하는 건 대체 누 누구이겠습니까? 열두 사람 중의 누 누구이겠습니까.

예수 그때가 오면 알리라.

마르타 여호와여, 선생님을 길이길이 지켜 주소서!

나사로 그 악과 박해를 선생님은 왜 물리치지 못하십니까. 하느님의 힘을 빌어 왜 물리치지 못하십니까.

예수 하느님은 그들을 용서하실 것이다. 그들은 그들의 범하고 있는 허물을 모르는 까닭이니라.

마리아 선생님, 그 불길한 예언을 정말이 아니라고 말씀해 주세요.

(하면서 마리아 일어서 날드의 향유를 들고 예수의 앞에 이르다. 무릎을 꿇고 그 발에 접문(接吻)하고 향유를 바른다. 예수 흔연히 발을 맡기니 방향이 집안에 넘치고 좌중은 그 양을 물끄러미 바라본다. 한 근의 향유를 다 바른 후 마리아는 자기의 머리카락으로 그 발을 훔친다.)

마리아 여호와께서 선생님을 영원히 보호해 주소서. 이교도들의 괴악한 음모에서 선생님을 속히 건져 주소서! 이 죄 많은 자의 꼭 한 가지 원이로소이다.

예수 마리아여. 그대의 고마운 뜻은 내 항상 기쁘게 여기는 바이니라. 그대는 여호와를 믿으니 행복되고 여호와는 그대의 정성을 지지 않으리라.

마르타 향유의 정성으로 선생님이 무사하시기를 비나이다.

유다 이 향유! 날드의 향유는 집안을 금시에 꽃밭으로 변하고 수풀로 화한 것도 같다.

마르타 (변덕스런 말에 유다를 본다.)

유다 그러나 마리아 이건 확실히 사치한 짓이야.

마리아 (공구(恐懼)하고 민망스런 표정으로 유다를 쳐다본다.)

유다 (노여운 어조로) 적어도 삼백 냥어치는 되는 향유를 그렇게 물 쓰듯 헛되게 흘려 버려. 그것을 팔아서 가난한 사람들에게 그 돈을 논아 준다면 그 편이 얼마나 더 값있고 여호와의 뜻에 맞을는지 모를 것을. 사치한 짓이야. 쓸데없는 짓이야.

마리아 저런 버릇없는 소리.

마르타 (그 역 나사로와 함께 유다의 말에 뜨끔하고 놀라는 표정)

예수 (변하는 기색 없이 유다에게) 그대의 말이 옳도다. 가난한 사람들에게 논아 줌이 훨씬 생색 있는 노릇이니라. 그러나 유다여. 그대의 뜻은 참으로 가난한 사람들을 생각해서 하는 소리인가 나는 의심하노라.

유다 무, 물론 가 가난한 사람들을 생각해서 하는 소리지 그럼, 내 내가 그 그 돈을 머…….

예수 옳다 그대의 뜻을 내 잘 아노라. 그대는 회계를 맡은 사람, 행여나 검은 마음에서 나오지 않았을 것을 내 잘 아노라. (물론 이 말은 유다에게도 풍자로 들리지 않을 수 없다.)

유다 제 마음을 의 의심하신다면 앞으로는 회계를 맡지 않아도 좋습니다. 그까짓…….

예수 아예 장담을 할 것이 아니니라. 사람은 제 마음을 제 스스로 모르는 때가 있느니라. 그대는 더욱더욱 기도를 드리고 하느님의 뜻을 바로 깨달으려고 힘써야 할 것이니라.

유다 그래도 자꾸 의 의심하시려 하시니—마치 열두 제자 속의 한 사람의 배신자가 되리라는 것처럼.

(아까부터 밖에서 들리는 군중의 목소리—이때 한층 집 가까이 수선스럽게 나며 집안사람들의 주의를 끌게 되었다. 창과 문께를 두리번거리고 바라보는 동안에 토마스 황급하게 문으로 뛰어든다. 헐레벌떡거리며 위급한 모양. 사람들의 시선 그에게로 집중된다.)

나사로 아직 떠나지 못했나. 어 어디를 헤매구 있었나.

토마스 …….

마르타 무슨 일이나 저지르지 않았나 또.

토마스 백 졸장을 죽였어. 돌을 던졌더니 그 자리에 쓰러지면서.
(모두들 뜨끔하는 기색)

나사로 그래 자네가 백 졸장을.

토마스 헤파 문을 나서려니 앞을 와 막으며 길을 주지 않네. 그걸 물리치지 않고는 오늘 밤으로 떠나기 어렵겠기에 한 수를 먼저 짚어 돌총을 주었더니 그 자리에 쓰러져 버렸어. 병졸들이 와르르 몰려오는 속을 단숨에 내달았더니 땀이 한바탕 몸을 씻었네.

유다 기어코 자넨 용감한 짓을 하고야 말았네그려.

나사로 괜히 쓸데없는 짓을 하지 않았나. 큰일도 터지기 전에 쓸데없는 조그만 일에.

토마스 앞을 막는 장해는 조그만 것이래도 차례차례로 물리칠 수밖엔.

마리아 어쩌면 땀이 저렇게 물 흐르듯. 저 손의 피와!

예수 토마스여, 그대의 그 용기의 값이 무엇인고. 그 수고와 불안뿐이 아닌가.

토마스 저는 제가 한 일을 언제나 그르다고는 생각지 않습니다. 비록 수고가 크더래도 결코 뉘우치는 법이 없습니다.

유다 용감하다, 토마스. 요새 백 졸장의 기세가 급작스리 올라 지나는 사람을 누구나 할 것 없이 세워 보고 수색하고 하는 그 꼴이 눈에 드러나게 아니꼬와서 견디기 어려웠는데 궐자를 없애버린 건 통쾌하기 짝 없어.

마리아 로마의 백 졸장이 왜 겨우 한 사람이라구. 한 사람 없앤 것이 바닷가의 모래 한 낱 집어낸 것만큼밖에 안 되는데, 그 바다 세력을 이루 다 어떻게 물리친단 말요.

마르타 한 사람 없애면 비 온 뒤 버섯 돋아나듯 또 차례차례로 한 사람씩 돋아날 텐데.

나사로 그래 부하의 병졸들이 자네 뒤를 따르지나 않았나.

토마스 와르르 헤어져서 따르는 눈치데만 어둠 속에서 어디가 어딘지 분간을 하겠나.

나사로 그렇게 태연스럽게 서 있는 건 위험해. 금시 밀려들면 어쩌겠나. 잠간 동안 몸을 숨기게.

토마스 그까짓 밀려들면.

마르타 무폭한 것이 용기가 아니야. 일을 좋을 대로 해야 하는 것이지. 자 어서.

마르타 토마스의 등을 밀치며 부엌으로 급스럽게 향한다. 토마스 뻣뻣스럽게 선걸음을 치면서 결국 부엌으로 들어가 버렸다. 마르타 문을 닫고 나와 함께들 다시 자리에 앉았을 때 요란스런 발소리가 나며 로마 병사 갑, 을 밀려든다. 방 사람들 지극히 침착한 태도로 식사를 계속.

로마 병사 갑 이 집두 아닌 모양인가. 조용할 젠.

로마 병사 을 (두리번거리다 식구들을 향해) 바로들 대. 투석기를 멘 열심당원이 이 집으로 들어오는 걸 보았어.

나사로 보았으면 찾든지 하지 웬 큰소리오.

마르타 집을 잘못 들었나 보오.

로마 병사 갑 차례차례로 아무 집에두 없으면 그럼 하늘엘 올랐단 말인가.

로마 병사 을 (방 구석구석을 살피고 부엌을 빼꼼히 엿보았다 창 밖을 기웃거렸다 한다.)

마르타 뉘 아우. 하늘에 올랐는지 땅에 들었는지.

로마 병사 갑 속이면 안 돼. 로마 사람을 속였다간 하느님—이 아니라 우리가 너희들을 벌줄 테야. (칼로 위협하며) 너희들을 지켜 주는 우리에게 충성을 다하는 것이 너희들의 의무가 아니냐.

나사로 그러게 마음대로 찾아보라니깐.

로마 병사 갑 (이번에는 나사로를 달래며) 바로 대 주렴. 집으로 안 들어왔으면 다른 곳으로 가는 걸 보았다든지—놈이 우리들의 백 졸장을 돌로 쳤단 말이야. 병영 안은 지금 한바탕 발끈 뒤집혔는데 놈을 찾아내서 당장으로 목을 자르지 못한다면 그 책임을 맡은 우리들의 목숨이 위험하단 말이다. 영창에 들어가 며칠을 개끼든지 감식(減食)을 당하든지 하지 않으면 안 되는 판이야. 군율이 추상같이 엄하다. 바로 대는 것이 너희들의 의무이자 동시에 우리를 사랑하는 셈도 된다.

나사로 (분한 마음에) 아 불쾌하다.

마르타 벌써 잘 갔으면 동구 밖은 나갔겠소.

로마 병사 갑 그래 정말 도망가는 걸 보았단 말인가.

로마 병사 을 (칼끝으로 식탁의 양고기를 집어서 먹으면서) 요새 백성들의 말을 믿을 순 없어. 거개 열심당이 아니면 예수의 당파이고, 적어도 그들과 내통하고 있는 기미가 보이거든. 어느 놈이나 보는 족족 다 그 놈들의 당파라고 보면 어김없어.

로마 병사 갑 (을과 고기를 논으며) 그럼 도망가는 걸 보았다는 것두 거짓말일까.

로마 병사 을 믿을 수 없어. (식탁의 고기를 또 찔러 간다.)

유다 버릇없는 자들이여. 예수의 앞을 두려워하라!

로마 병사 갑 (그제서야 주춤하면서 바로 앞에 앉은 것이—예수임을 인정한다.) 정말 언제인가 본 예수의 모습이야. 갈릴리의 나사렛 사람 예수는 다윗의 후예인 구세주로서 하늘의 힘을 빌어 그 신령스런 재주가 놀랍다는데.

로마 병사 갑 (자태를 바로잡으며) 만나의 떡과 고기의 기적을 행하구 병을 고치구 장님을 뜨게 하구 죽은 사람을 살리고 한다는 그 예수 말인가.

로마 병사 갑 그러구 보니, 오늘도 죽었던 사람을 살려냈다는데—옳지 바로 이 집 나사로 네가 살아났단 말이구나. (비로소 외구(畏懼)의 표정으로 예수를 대하며, 병사 갑도 그를 본받는다.)

유다 버릇없는 말과 행동을 삼가라. 선생님의 기적으로는 너희들의 목숨을 이 자리에서 고스란히 얻을 수도 있는 것이다.

나사로 불쾌한 것들.

로마 병사 갑 (겁을 먹고 당황해 하며) 예 예수에게는 거짓이 없을 테니, 그가 사람을 감추었을 리는 만무하지 않은가.

로마 병사 을 글쎄 다음 집에나 가 볼까.

로마 병사 갑 (나사로에게) 정말 속이지는 않으렷다.

나사로 …….

로마 병사 을 (마르타에게) 속였다간.

마르타 (고개를 흔든다.)

유다 그래도 냉큼들 선생님 앞을 못 떠나.

(병사 갑, 을, 비슬비슬들 나간다.)

나사로 불쾌한 것들이다. 이런 욕을 보면서 여기서 더 살고 싶지 않어.

마리아 살지 않고는 어떻게.

나사로 이 고장에선 더 살 수 없어요.

마르타　(부엌으로 들어가 토마스를 데리고 나온다.)

유다　외람하게 선생님 이름을 빌었으나 그러지 않고는 녀석들을 물리칠 수 없습니다.

예수　토마스의 위기를 구할 수 있었다면 나는 내 이름을 그다지 아끼지 않나니라.

토마스　선생의 덕을 감사합니다.

예수　속히 페레아로 그대들의 영웅 메슈람에게로 떠남이 옳으니라. 나는 벌써 그대의 생각을 구속할 수 없느니라. 내게 내 맡은 일이 있듯이 그대에게는 그대의 맡은 일이 있나니라.

토마스　말씀 들으니 용기가 백 배나 솟습니다. 주의 뜻으로 제 행동을 인정하시니, 반드시 성공이 있으리라 믿습니다.

예수　여기는 오래 머뭇기 위험한 곳이야. 속히 나가 성 밖 수풀 속에 잠겼다가 밤중을 기다려 페레아로 가는 길을 잡음이 가하니라.

토마스　말씀대로 좇겠습니다. (몸을 추스른다.)

마리아　기어코 가시나요. 선생님의 뜻이 앞길을 축복해 주시기를!

마르타　저녁두 못 먹구. (양고기 한 덩이를 싸서 그의 투석기 속에 넣어 준다.)

유다　자네 앞길을 비네.

토마스　그럼, 모두 편안히들 —.

나사로　토마스! (그의 앞으로 나서며) 나두 이제야 마음을 작정했네. 오랫동안 헤매이다가.

토마스　잘 있게나.

나사로 토마스. 나두 자네와 같이 가기로 했네.

마르타 나사로!

마리아 (마르타와 거의 동시에) 나사로!

나사로 나두 페레아로! 메슈람의 천막으로 가겠네! 부르는 소리 들리는 듯도 해. 자네와 함께 가서 함께 일하는 곳에만 산 보람이 있을 것 같네.

마리아 너마저 페레아로!

마르타 집을 버리고 가면 어쩌잔 말이냐!

나사로 이 땅에선 더 살 수 없어요. 가서 새 땅을 개척해 놓고 오지요.

토마스 자네 뜻은 장하나—잘 생각해 처단하게.

마리아 (예수에게) 선생님. 나사로의 뜻을 바로잡아 주소서.

예수 (깊게 묵상할 뿐)

나사로 (토마스를 재촉하며) 자, 어서 가세. 난 이 모양 이대로 좋으니, 어서 베다니를 벗어나세.

마르타 (예수에게) 선생님의 한마디만이 나사로를 머무르게 할 수 있습니다.

예수 ……지금에는 내 말도 힘 없나니라. 이상을 가진 젊은이의 마음을 휘어잡을 자 세상에 없나니라.

마리아 나사로가 가면 집안은 어떻게 되겠습니까.

예수 ……그로 하여금 떠나게 함이 가하니라. (고개를 숙인 채 묵상)

나사로 선생님. 떠나겠습니다. 제게는 이것이 제일 바른 길이라고 생각되었습니다. 이제 소원의 길을 떠나는 것입니다. 좋은 동무를 얻은 것이 요행—토마스는 나를 잘 지도해 줄 것입니다.

(토마스 문을 향하니 나사로 뒤를 따른다. 나사로의 자태 밖으로 사라지는 것을 보고)

마르타 나사로! 나사로!

마리아 나사로야. 그래 정말 간단 말이냐. (마르타와 함께 쫓아 나간다.)

(막)

부기(附記): 작중 인물 토마스의 등장과 그와 뭇 인물과의 관계 및 거기에 관련된 일체의 행동은 전거(典據)가 없는 것이며 순전히 작자의 창정(創定)임을 말해 둔다. 8월 12일. 작자.

《문장》, 1939. 12.

이효석전집 편찬위원장
이우현(이효석문학재단)

자문위원 (가나다순)
곽광수(서울대학교 명예교수, 불문학)
김명렬(서울대학교 명예교수, 영문학)
김용직(서울대학교 명예교수, 국문학, 학술원 회원)
김창진(전 가톨릭대학교 교수, 국문학)
박성창(서울대학교 교수, 국문학)
방민호(서울대학교 교수, 국문학)
성석제(소설가)
신범순(서울대학교 교수, 국문학)
오정희(소설가)
이영준(경희대학교 교수, 한국현대문학)
이영춘(시인)
이익섭(서울대학교 명예교수, 국어학)
주종연(국민대학교 명예교수, 국문학)

일어 번역
장순하(시조시인)
이호철(소설가)
한성례(세종사이버대학교 교수, 일문학)
이로미(일어 번역가)

텍스트 교감 · 편집 팀
이상옥(책임자, 서울대학교 명예교수, 영문학)
공강일(서울대학교 대학원 국문학 박사과정 수료)
나보령(서울대학교 대학원 국문학 박사과정 수료)
송민자(춘천교육대학교 졸업)
이지훈(서울대학교 대학원 국문학 박사과정 수료)